面向 21 世纪 课 程 教 材
Textbook Series for 21st Century

U0728175

○○
中国社会工作教育协会　组编
陆士桢　主编

普通高等学校社会工作专业实务系列教材

儿童青少年社会工作

高等教育出版社·北京

内容提要

　　《儿童青少年社会工作》是中国社会工作教育协会组织编写的社会工作实务系列教材之一，是一本综合介绍儿童与青少年社会工作实务的高等院校社会工作专业的教科书。本书从儿童与青少年的概念界定、儿童与青少年生理、心理发展特征、儿童青少年社会工作的基本理论、儿童青少年问题、组织以及儿童与青少年社会福利等方面，系统地解读了儿童青少年社会工作的基本概念、原理和内容，从倡导性工作、发展性工作、治疗性工作三个维度详细介绍了儿童青少年社会工作实务，并专门用一章的篇幅选择了有代表性的案例予以理论分析和工作方法模式的讨论。本书围绕是什么、为什么、怎么办的基本路线，完整、清晰、准确地界定了相关概念，阐述了有关理论，并根据学科特点，在实际应用上作了特别的说明。全书体系严谨、结构完整，作者均为在高校从事儿童青少年社会工作教学科研工作的教师和研究人员。因此，本书吸纳了各校及各位教师和研究人员在教学和研究工作中的最新成果，综合了集体的智慧，反映了目前在儿童青少年社会工作方面的较高水平，不仅可以用作高等院校社会工作专业的教科书，也可作为儿童青少年工作者的工作、学习、培训用书。

图书在版编目（CIP）数据

　　儿童青少年社会工作/陆士桢主编：中国社会工作教育协会组编．
北京：　高等教育出版社，　2008.9（2024.11重印）
　　ISBN 978–7–04–024744–2

　　Ⅰ．儿…　Ⅱ．①陆…②中…　Ⅲ．①少年儿童–社会工作–高等学校–教材②青少年–社会工作–高等学校–教材　Ⅳ．C916

中国版本图书馆 CIP 数据核字（2008）第 117517 号

策划编辑	干咏昕	责任编辑 李　征	封面设计　于　涛	责任绘图　杜晓丹
版式设计	陆瑞红	责任校对 朱惠芳	责任印制　耿　轩	

出版发行	高等教育出版社		咨询电话	400–810–0598
社　　址	北京市西城区德外大街 4 号		网　　址	http://www.hep.edu.cn
邮政编码	100120			http://www.hep.com.cn
印　　刷	山东临沂新华印刷物流集团有限责任公司		网上订购	http://www.landraco.com
开　　本	787mm×960mm　1/16			http://www.landraco.com.cn
印　　张	22.75		版　　次	2008 年 9 月第 1 版
字　　数	420 000		印　　次	2024 年 11 月第 11 次印刷
购书热线	010–58581118		定　　价	45.20 元

本书如有缺页、倒页、脱页等质量问题，请到所购图书销售部门联系调换。
版权所有　侵权必究
物料号　24744–00

本书编者

（按所写章序排名）

陆士桢　　孙晶晶　　于晶莉　　高万红

王永华　　张明锁　　王志毅　　陈　微

蔺文君

本书编写获香港凯瑟克基金会
（Keswick Foundation Ltd.，Hong Kong）资助

社会工作实务系列教材总序

  2000 年以来,我国的社会工作教育获得了快速发展,开办社会工作专业的院校急剧增加,每年有近万名学生进入社会工作专业学习。与之相关,具有不同专业背景的各方面的教师也进入社会工作领域。现实向我们提出了编写社会工作系统教材的任务,加上 1988 年以来我国的社会工作教育已有十多年的发展,较早进入这一领域的教师在教学和研究方面已有不少积累,在这种情况下,中国社会工作教育协会决定集中各校资深教师编写社会工作专业系列教材。这一计划得到了教育部高等教育司的支持,也得到了高等教育出版社的支持,一贯支持中国社会工作教育发展的香港凯瑟克基金会也慷慨资助了这一项目,并将其纳入"2001—2006 中国社会工作教育发展计划"。在各方大力支持下,中国社会工作教育协会组织高校社会工作教师协作努力,于2006 年出版了作为高等学校社会工作专业主干课程的 8 种教材,并获得了社会工作专业师生的好评。

  实际上,在上述主干课程教材编写之初,我们在咨询国外专家关于课程建设的意见时就已经发现,国际上社会工作专业的教学已经转向"以问题为中心"。他们已经开始围绕问题,用整合方法组织教学和进行实习。但是,我国社会工作专业教育的"后发展"特点,使得我们不可能在尚不了解社会工作基本方法的情况下跳到社会工作教育和实践的"整合模式"。然而,国(境)外社会工作教育发展的经验使我们认识到,不能局限于社会工作基本方法教材的编写,必须编写各实务领域的教材,这也是完善我国社会工作专业课程体系的需要。

经过半年多的酝酿,通过召开教材编写研讨会,我们确定了社会工作实务教材编写的优先次序,计划先出版13种教材。这些教材被优先选中的理由是:第一,我国社会工作专业发展的迫切需要——它们是本科课程体系的重要组成部分;第二,我国迫切需要发展这些领域的社会工作;第三,社会工作教育者和实际社会工作者在这些领域已有一定的教学研究经验和实践经验;第四,社会工作教育者有能力编写这些教材。可以发现,这种选择是以现实为取向的。

实际上,编写社会工作实务教材并不比编写基本方法方面的教材更容易,因为这需要对各专业领域的理论、实践经验和特殊方法有更多的了解,需要将国际上的理论和经验同我国的实践结合起来。好在近几年来,我国社会工作教育者奋发努力,学术和实践发展较快,这使得该系列教材的"国际经验与中国实践相结合,立足本土实践"的目的得以实现。该系列教材陆续出版,将展示我国社会工作理论研究和实践经验的发展程度,对完善我国社会工作专业课程体系、提高教学质量将发挥明显的积极作用。

当前,我国正处于社会工作发展的黄金时期。随着我国从计划经济体制向社会主义市场经济体制的快速转变,新的社会问题不断出现,和谐社会建设的战略任务被历史地提到全社会面前。在解决社会问题、建设和谐社会、促进社会进步和增进人民福祉的目标下,2006年10月党的十六届六中全会作出决定,要"建立宏大的社会工作人才队伍",并对我国社会工作的发展和制度建设作出了总体设计。随后,作为落实六中全会《决定》的具体行动,由中共中央组织部牵头,并与国家人事部、教育部、民政部、劳动和社会保障部与中央编制办公室组成领导小组,组织14个部委(人民团体)、8个省市开展了我国有史以来第一次大规模的社会工作人才队伍建设的调查研究,同时邀请社会工作、社会管理方面的专家进行与社会工作制度建设相关的调查研究。许多党政部门对发展社会工作不但予以关注,而且对推进社会工作的发展表现出极大热情。于是,在上述相关部委和省市,发展社会工作正在成为一种热潮。可以说,我国社会工作发展的春天已经到来。

春天是播种的季节。在我国社会工作面临快速发展之际,更加艰巨的任务已经摆在我们面前。专业社会工作产生于西方发达国家,我国与西方发达国家在社会政治制度、经济发展程度和文化上存在明显差异,这使得我国在发展社会工作过程中必须进行认真选择。社会工作是实践的。社会工作的所有理论和方法都将由服务效果作出检验。于是,以实践为本发展我国的社会工作就是不言而喻的选择。

面对这种选择,社会工作教育者承担着重要责任——他们有责任将国际社会工作理论和经验与我国社会工作的经验结合起来,形成符合我国国情的知识体系、实践模式和工作方法,以服务于国家和人民。在这方面,我们需要进一步学习国际上的先进理论和经验,认真梳理本土社会工作的经验,在社会工作本土化和本土社会工作理论化、系统化上下功夫,积极参加我国社会工作的实践和社会工作的制度建构。

有思考的实践,在反思性实践中发展。这或许是我国社会工作发展和成熟之路。我们期待着春天播种和辛勤劳作之后的丰硕收获。

北京大学社会学系教授

中国社会工作教育协会会长

王思斌

2007 年 7 月 30 日

目　　录

　　儿童、青少年是民族的希望,祖国明天的栋梁,他们的发展情况在一定程度上决定着一个国家的前途和命运。对于我国这样一个人口大国来说,儿童、青少年的数量庞大,儿童青少年的服务也涉及千家万户,开展科学有效的儿童青少年工作,是社会发展以及人的全面发展得以最终实现的基本保障之一。在本章中,我们从儿童青少年及儿童青少年观的概念界定出发,进一步探讨儿童青少年社会工作的定义、要素及发展历史,讨论儿童青少年社会工作的基本内容和功能,结合我国儿童青少年社会工作的具体现状,研究儿童青少年社会工作的价值观和儿童青少年工作者的具体角色等问题。

第一节　儿童与青少年的概念界定

　　"儿童"、"青少年"是广为关注的群体,心理学、社会学、法学界对儿童青少年的概念有着不同的界定。在本节中,综合国内外不同学科的界定,根据儿童、青少年的生理、心理和社会发展等多方面因素的考虑,将儿童的年龄界定为 0 ~ 14 岁,将青少年界定为 14 ~ 30 岁的群体,并将这一年龄群体的儿童青少年作为我国儿童青少年工作的主要对象。

一、儿童的概念界定

　　《联合国儿童权利公约》第一条规定:"儿童系指 18 岁以下任何人,除非对其使用之法律规定成年年龄低于 18 岁。"我国有关法律规定,已满 18 岁的为成年人,未满 18 岁的为未成年人。可见,《联合国儿童权利公约》中所指的"儿童"与我国法律中"未成年人"的概念是一致的。

　　在我国学术界,通常将儿童的年龄界定为 0 ~ 14 岁,而著名儿童心理学家朱智贤则将儿童年龄的期限划为从出生到 17 ~ 18 岁。国外的不同学者对儿童的年龄界定也不尽相同。皮亚杰(J. Piaget)认为儿童的年龄期限为 0 ~ 15 岁;而施太伦

（Western）则认为儿童的发展截止到 18 岁。可见，在对儿童的年龄划分上，上限是一致的，即出生之前，生命开始孕育时起，而下限则在 14～18 岁之间浮动不定。

根据儿童生理、心理、社会发展的特征以及我国儿童工作的具体情况，我们将儿童的年龄界定为 0～14 岁。这种界定主要基于下述考虑。

第一，儿童是人生中的起始阶段，对于人 70 岁左右的生理年龄而言，选择 0～14 岁作为儿童期的界定较为适宜。

第二，儿童是人生中处于不成熟状态的年龄阶段，虽然近年来少年儿童的青春期有所提前，但就普遍情况来说，中国儿童的青春期约在 13～14 岁之间，特别是男童，其青春期大多数在 14 岁左右，这样，将儿童年龄阶段界定为 0～14 岁，比较符合中国儿童的实际情况。

第三，中国儿童、少年、青年工作在体制上划分为三个阶段：0～5 岁主要由全国的妇联组织负责，在各地妇联组织中设立有专门的儿童工作部门；6～14 岁主要由共青团组织负责，在共青团组织里建有少年儿童工作部；14 岁以上为共青团组织的工作对象。将儿童年龄界定为 0～14 岁有利于和实际工作的接轨。

二、青少年的概念界定

青少年期是由未成熟的儿童世界向成人世界转变的过渡期，是在身体和精神方面都获得飞跃发展的重要时期，它的特点是处于人生向上的发展阶段。人们通常所理解的青少年是指在成长发育过程中的年轻人，并没有明确的年龄范围。

（一）国内的有关界定

在法律方面，我国相关法律虽然对未成年人有明确的规定，但对青少年却没有统一而明确的界定。我国《宪法》、《未成年人保护法》和《预防未成年人犯罪法》规定不满 18 岁的男女为未成年人。《婚姻法》规定女年满 20 岁，男年满 22 岁可以登记结婚。如果以是否可以登记结婚为区分青少年与成年人的标准，则可以认为女 20 岁以下，男 22 岁以下为青少年。《中华人民共和国治安管理处罚法》规定对年满 14 周岁而未满 18 周岁的人违反治安管理的应从轻或减轻处罚。这里，青少年是指 18 周岁以下的未成年人。《刑法》规定年满 16 周岁的人犯罪，应负刑事责任，已满 14 周岁不满 18 周岁的人犯罪，应当从轻或者减轻处罚，犯罪的时候不满 18 周岁的人不适用死刑。人民法院公布刑事案件中青少年犯罪情况时所指的"青少年"年龄限定在 25 岁以下。

在我国学术界因对青少年的概念的不同解释，对青少年的年龄也各有不同的划分。心理学界根据生理和心理的发展特点，一般把青年界定为 13～25 岁之间，并将这一阶段称为青年期。人口学是以人在青春期生理发育的正态曲线分布为基础，把 15～25 岁确定为青年，并据此进行人口统计。法学是以完全承担法律所规定的权利和义务为标准,把 18 岁作为划分成年人和未成年人的界限。社会学界的青年期外延的上限则扩大到了 30 岁。在群众团体和民间组织中,以青少年为主要工作对象的群众团体和民间组织,也没有统一的对青少年的年龄的界限。共青团目前规定团员的年龄为 14～28 岁。

在社会舆论中,青年的年龄界限就更为广泛,在有些领域把 30 多岁甚至 40 多岁的人才叫做"青年作家"、"青年艺术家"、"青年科学家"等。

(二) 国际上的有关界定

联合国教科文组织在 1982 年墨西哥圆桌会议上,提出青年应包括 14～34 岁年龄组人口。联合国《到 2000 年及其后世界青年行动纲领》(1995)中规定青年为 15～24 岁的年龄组,同时指出,"关于青年的定义随着政治、经济和社会文化情况有波动而不断有所改变"。

世界各国对青少年年龄的规定也各有不同。苏联把 17～21 岁的男性和 16～20 岁的女性确定为青年,而欧洲的其他一些国家规定,18 岁以上的公民才获得一切法律所规定的权利,被认为能对自己的一切作为负责。

(三) 本书关于青少年的界定

我国综合青少年的生理发育成熟的年龄、青少年犯罪研究的主要年龄范围等多方面因素的考虑,将青少年界定为 14～30 岁的群体,并将这一年龄群体的青少年作为我国青少年工作的主要对象。

首先,根据我国国情和青年发展状况,在人们的印象中,"三十而立",一般在 30 岁就已经就业、结婚;另外,共青团团员的年龄的上限是 28 岁,虽然实际工作的对象远不限于 28 岁,但这是一个基本界限。因而,我们将青少年的上限界定为 30 岁。

其次,青少年的年龄的下限应主要取决于生育发育成熟(男孩首次遗精、女孩月经初潮),我国青少年青春期平均起始年龄在 13～15 岁之间,但现在出现了发育成熟趋早的情况;青少年犯罪研究中所称的青少年的年龄下限一般在 14 岁,但近年来青少年犯罪出现低龄化倾向,青少年犯罪研究中青少年人口的下限也逐渐下移;人口统计方面,我国习惯上将 14 岁以下视为少年儿童,而我们所说的青少年也包括少年在内;另外,共青团员的年龄下限是 14 岁;因此,本书中的"青少年"年龄的下限界定为 14 岁。

第二节　儿童与青少年观

从事儿童青少年社会工作需要有一个基本立场,这就是儿童青少年权利的立场,即儿童青少年观。所谓儿童青少年观,是指人们对儿童青少年群体和个体的根本看法,它不但决定社会对儿童青少年的基本态度,同时是一切涉及儿童青少年工作,尤其是儿童青少年社会工作的出发点。而且随着社会的发展,儿童青少年观由以前的功利观、视他们为附属品的传统观念,朝着重视儿童青少年的权利、独特性、社会价值的方向发展。

一、我国儿童观的发展

(一) 儿童观的含义

儿童观是指人们对儿童的根本看法。认识儿童观的问题,必须明确它的内涵及意义。

1. 儿童观的基本内容

儿童观主要包含两方面的基本内容,一方面,是对儿童群体的基本认识,即如何认识儿童在社会中所处的地位、儿童的社会本质、儿童的社会作用等问题;另一方面是对儿童个体的认识,即怎样看待每一个儿童的本质,如何认识儿童的主动性和多样性等问题。就学科内容而言,儿童观涉及与儿童相关的多种学科,如生理学、心理学、教育学、伦理学、管理学等,应该说,在多种学科内容和学科框架上都会从特定的角度反映出各自不同的儿童观;而不同的儿童观也会从不同的角度反映在不同的学科领域中。

2. 儿童观的重要意义

正确的儿童观的树立对社会具有十分重大的意义。

首先,它决定社会对儿童的基本态度。儿童作为社会中被照料和被保护的对象,在成人世界里,特别是在一些领导者那里,往往会被忽视;与社会物质建设相比,与儿童相关的事务往往会被放在第二或者更靠后的位置。儿童观包含着对儿童地位和未来性的认识,一个社会里总的儿童观念如何,决定着整个社会对儿童寄予什么样的期望,也决定着社会将投入多少人力、物力和财力去照顾、培养儿童,决定了儿童的受教育、受保护程度。

其次,儿童观是全社会一切涉及儿童事务工作的出发点。儿童服装的设计等儿童物质需求的满足、儿童课程的设置等儿童教育需求的满足,儿童活动的组织等儿童成长发展一切需求的满足,等等各项涉及儿童事务的工作究竟是以社会为本还是以儿童自身的发展为本,抑或是从其他方面考虑,归根结底都要由社会的儿童观决定。

最后,儿童观决定着儿童社会工作者职业行为的性质。儿童在社会中是弱势群体,儿童工作的对象具有极强的特殊性。因而儿童社会工作者在所有的职业行为中,都无法回避其对儿童的根本看法,怎样对待儿童,决定了这一职业具体的职业行为不可避免地带有从业者各自儿童观念的烙印,会对从业人员的工作态度、工作介入模式、职业伦理等产生本质的影响,这必然对儿童自身、社会以及儿童社会工作者这一职业的社会功用等方面形成巨大的冲击力。

（二）我国儿童观的发展

传统的社会形态和人们的社会意识中，儿童属于两个角色。从社会属性来看，儿童仅仅是社会的附属物，是不具备社会属性、没有独立的社会地位、不被承认社会主体价值的，他们是不具有独立性的，也并未成为社会中一个有自主发展空间的主体；从家庭——社会最小的细胞角度来看，儿童是家庭的私有财产，儿童是隶属于家庭的，不具有任何真正的社会性权利。毋庸讳言，这种儿童观之下，儿童的自由发展必然会受到严重的阻碍。

在当代，中国社会发生了快速的变化，人们对儿童也有了新的认识，这使得儿童观具有了历史性和现代感双重特色。从内容方面，可以概括为以下两个组成部分。

第一，功利观。即把儿童作为某种客体来认识。在这一观念中，有一部分内容是承袭了传统观念中对于儿童的认识。在中国古代，由于传统文化中对人自身价值实现的认识和对于人的社会性实现的界定，儿童在社会期望中，充当的是实现家族利益或家族理想寄托的角色，或者说，在大多数中国人的观念里，儿童是一个家族用以实现自己愿望的工具。中国人伦理道德中的"不孝有三，无后为大"中的"后"，不仅仅具有生理上的意义，而且具有社会性含义：生儿为的是"光宗耀祖"。儿童所承袭的是家族的而非自身的发展任务，在大多数情况下，他们是没有选择权的。功利的期望和工具的属性使儿童生活在一种为他们量身而定的人生道路中。

功利观的另一部分来源于对无产阶级革命事业体系中的一个环节的思考和认识。作为一种社会理想和人类最先进的价值观的共产主义思想体系和共产主义事业，需要一代又一代人的奋斗，由于儿童将在未来社会中处于主体位置，把握着社会前进的最终方向，所以，把握住儿童，就是为共产主义事业提供了最根本和最有力的后续保障。在这样的理念里，儿童是实现革命事业的寄托，是接班人。从革命事业发展的角度，这种思考和认识是积极、进步的，但从儿童自身角度，这种功利观同样使儿童成为被固定了地位和使命的客体。把握不好，特别是在一些不具备现代儿童观的人那里，儿童的主体性就会受到严重的削弱和伤害，长久而言，将不利于儿童的权利保障和最终的发展。

第二，权利观。即把儿童看做是一个活的能动的主体。这一观点首先表现在对儿童群体的认识上，表现为将儿童看做社会生活中重要的、不可忽视的代群。对于这种重要性需要从多方面来认识。我国儿童数量庞大，加之儿童的未来发展性特点，使这一群体具有巨大的潜力和影响力；儿童以非主动的形式影响着社会生产，其社会性消费在很大程度上直接决定了一部分生产结构，如儿童食品业、儿童服装业、儿童玩具业等都要适时根据儿童需要的变化进行调整，在整个工业生产中，其份额也一直呈现增长的趋势；儿童作为文化消费的主要力量之一,影响着社会意识形态和社会文化的生产,儿童在接受社会提供的成长条件的同时,也会对伦理道德、科学文化、社会制度、风俗习惯等做出能动的反映,他们从不同的角度以不同的方式进行意识及文化的反馈,这种反馈的影响往往十分深远。

权利观的另一个组成是对儿童个体的认识,它包含着深刻的、十分重要的内涵。如认识到每一个儿童都是能动的、具有发展潜力的人;每一个儿童都是主体而非客体,他们是能动的;所有的儿童都是平等的,无先天的等级差别,应被赋予平等的发展机会,有平等地挖掘潜力的机会;同时还认识到,每一个孩子都是不一样的,都是独特的,必须承认并自觉地运用多样化的观念,给孩子多样性的选择权利;儿童个体是能动性、平等性、发展性和独特性的统一,他们都应享有生存、发展、参与和受保护的权利等。

二、我国青少年观的发展

(一)青少年观的含义

青少年观问题是一个关于青少年的社会定位问题,它是对于青少年群体和每一个青少年个体社会本质的认识。首先,它是对青少年群体的基本认识,即如何认识青少年在社会中所处的地位、青少年的社会本质和社会价值、青少年的社会作用等;其次,它是对青少年个体的认识,即怎样看待每一个青少年的本质,如何认识青少年的主动性和多样性等。

不同的青少年观反映了社会对青少年的不同认识,同时青少年观也决定了我们在对待青少年时的不同态度和行为倾向性。青少年观是全社会一切涉及青少年事务工作的出发点,决定着青少年工作者职业行为的性质。

(二)青少年观的发展

在传统社会中,青少年在社会结构和社会意识里都处于一种附属地位。在中国传统社会中,"父为子纲",家庭中年长的男性才具有权威,家庭中的决策和管理一般都与青少年无关。青少年在家庭中甚至不被当做独立的个体,而被认为是家庭的财产,父母的私有物品。青少年的发展方向完全由其父母来决定,人生中重大事件的决定甚至完全听命于其父母。而依据传统伦理而来的青少年的社会地位同样表现出明显的附属性,青少年的权利不被重视,社会价值也得不到肯定,在社会决策和社会管理中参与程度都非常低。

随着社会的变化,在当代中国,青少年观呈现出多元化的趋势,各种青少年观相互冲突、融合并向多级发展,包容性增强。一种传统态度的青少年观认为青少年是某种需要我们去认识、去发动的社会客体,这种青少年观承认青少年群体的存在,认识到青少年群体的特定的社会价值,意识到青少年群体在社会发展、社会运行中的重要作用,特别是它把青少年作为无产阶级革命事业体系中的一个重要的环节来思考相关问题。另外一种有代表性的青少年观,可称为权利观,这种青少年观是把青少年看做是一个活生生的能动的主体,认为青少年是社会生活的重要的不可或缺的组成部分,青少年的社会价值应该得到充分的承认,青少年的权利应该得到尊重,青少年的需要应该得到满足。这种青少年观不仅仅把青少年看做是组成社会的一个群体,而更多的是从个体的角度出发来考虑青少年的需要、权利等问题。

第三节　儿童与青少年社会工作概述

儿童青少年是人群中最活跃、最敏感的层面,他们的发展与社会的变迁息息相关,他们的问题与工业社会的发展密不可分。因此,儿童青少年社会工作是社会工作中的重要内容,需要予以特别注意。顾名思义,儿童青少年社会工作是面向儿童青少年,运用专业理论和技巧为他们提供各种服务,促进其发展的社会工作,分为事后补救性的狭义社会工作和面向所有儿童青少年的广义社会工作。然而,儿童社会工作和青少年社会工作在服务对象、工作目标、专业手段等方面又各有侧重。另外,儿童青少年社会工作是社会生活的产物,在长期的发展中,儿童青少年社会工作经历了从广义的、非专业的阶段向专业化方向逐步发展的历程,形成了作为一种专业自我成长发展、与社会相互适应的发展脉络。到目前为止,我国的儿童青少年社会工作内容丰富,具有较强的功能,社会工作者秉承对儿童青少年接纳、尊重、个别化的价值观,扮演着服务提供者、支持者、行为倡导人等多种角色,为儿童和青少年的发展努力工作着。

一、什么是儿童青少年社会工作?

理解儿童青少年工作,首先要理解社会工作。我们知道社会工作是一个助人的专业,它的目标是助人自助,有着它自己的一套助人的程序,通过运用专业的理论、方法和技巧,发掘人类的潜能,并运用各种社会资源来协调人与人之间、人与社会之间的关系,使得个人与社会达到良好的适应状态。给社会工作下一个确切的定义并非易事,不同的人对它都可以有自己的理解。通过这些对社会工作不同角度的认识,我们可以发现社会工作的一个重要特征,就是社会工作的多层面性。社会工作不仅仅是一门学科,也不仅仅是一种制度,更不能说是单纯的助人方法。它既是一门学科,又是一种制度,同时又是助人的方法,是一门专业。它有自己的理论基础,同时又带有明显的实践倾向。它既是政府福利制度的一个组成部分,又有可能是理论系统,更需要社会工作者具备艺术性、创造性,对他人无条件的关爱及对生活、生命的无限激情与热爱。社会工作本身就是一个矛盾体,是一个复杂的、多层次的、全方位的、交叉式的、立体式的、整合的系统。

儿童青少年社会工作是指面向儿童和青少年的社会工作,是社会工作的重要领域。

(一) 儿童社会工作

1. 儿童社会工作的概念

(1) 不同的侧重点确立的不同定义

儿童社会工作,顾名思义是以儿童这一特殊群体为服务对象的社会工作。但在不同的地区,这一概念有着不同的界定角度。

在台湾地区,一般将儿童社会工作划归儿童福利的范畴,将其定义为:"凡以促进儿童身心健全发展与正常生活为目的的各种努力事业均称之为儿童福利。"这种界定,是以儿童自身为视角,从儿童社会工作对于儿童的功能角度,对儿童社会工作功能性的一种表述。

在香港地区,一般认为儿童社会工作是"以少年儿童为本,制定清晰的发展目标,根据他们在不同阶段的发展需要,同时配合社会发展阶段,以综合的及团队的工作模式,提供个人及小组生活并重的服务"。这种表述,是以儿童社会工作的专业化特征为视角,从方法和技能的角度,对儿童社会工作的一种专业化定义。

在我国内地,1993 年出版的《社会保障词典》设置的"儿童社会工作"条目中,对儿童社会工作做了如下的定义:"以儿童为主的社会工作,不仅限于对贫苦无依儿童的收容教养,而且扩展成为对全体儿童的福利服务。"这一定义以儿童社会工作的对象为视角,侧重于工作对象的群体特征,是以儿童社会工作特殊对象为重点的表述方式。

(2) 儿童社会工作的定义

儿童社会工作,归根结底是指以全体儿童为工作对象,在有关儿童发展理论指引下,运用科学的方法和技术,帮助解决儿童问题、满足儿童需求、促进儿童全面发展,进而促进社会和谐发展的专业服务活动。

儿童社会工作有狭义和广义之分。

狭义的儿童社会工作是一种事后补救性工作,或称消极性的儿童社会工作,它以处于特殊困难境地的儿童为对象,多采取机构服务的方式,救助和保护那些家庭或父母无力抚养的儿童或者有各种问题的儿童,如孤儿、残疾儿、流浪儿、弃婴、受虐待儿童、情绪或行为偏差儿童等。这种思想和模式在 20 世纪以前,儿童社会工作发展的早期体现得较为明显,随着社会的进步已逐渐被新的理解和共识、新的服务模式所取代。

广义的儿童社会工作是指面向所有儿童的社会工作,其对象是所有儿童,它既包括处于各种不同境遇的儿童,也包括儿童的所有成长阶段、儿童成长发展中的所有问题、影响儿童发展的儿童自我的及社会的所有因素。

广义的儿童社会工作是为促进儿童健康成长所采取的一切措施,在内容上包括教育、卫生、医疗、保健、体育、娱乐、家庭保障、儿童权益保护等方方面面,涵盖了能增进儿童健全发展的各项措施;其中既包括能防范危害儿童发展的预防和保护措施,也包括能保障儿童福利的措施;既包括能协助儿童处理成长和适应过程中的难题的措施,也包括能促进儿童发展潜能的措施。这是一种积极的儿童社会工作,可以充分利用一切能促进儿童发展的各项个人的和环境的资源,既包括物质的援助,也包括精神上的服务。随着社会的发展,这种广义的儿童社会工作已逐渐成为儿童工作的发展方向。

2. 儿童社会工作概念的要素

(1) 儿童社会工作是面向儿童的社会工作

儿童社会工作的一个首要因素是它的工作对象,即面向所有儿童。虽然处于特别困难境地的儿童,如残疾、被遗弃及适应困难等儿童一般会成为工作的重点,但儿童社会工作的对象是所有儿童,处于各种不同境遇的儿童;在工作对象问题上的另一个含义是:儿童社会工作所面对的是儿童的所有成长阶段、儿童成长发展中的所有问题、影响儿童发展的儿童自我的以及社会的所有因素等。总之,儿童社会工作面对的是横向意义的"儿童"概念——所有的属于儿童阶段的人;纵向意义的"儿童"概念——儿童发展的所有因素。

(2) 儿童社会工作的目的是激发儿童自我发展、自我成长的潜能,促进儿童全面健康地发展

社会工作的出发点和目的包含有两个方面的指向,一个是社会功能的指向,一个是以人为本的功能指向。儿童社会工作从实际操作角度看,也同样具有以上两种出发点和两种工作指向。偏重于社会功能取向,就会更多地重视社会对于儿童群体的要求、规范,强调儿童对社会的归属及儿童的共性;偏重于以儿童为本的取向,就会更为重视儿童自身的发展、重视儿童的个别化和个性化。这两种取向是一种辩证的统一,即儿童的发展不可能离开对社会的积极适应,而社会的稳定发展也同样离不开儿童的健康成长。但从社会工作伦理出发,儿童社会工作的根本目的是激发儿童的自我发展、自我成长的潜能,通过对贫苦失依儿童的收容教养、对儿童生活环境的改善、对儿童权益和身心的保护以及面向儿童的教育活动等多种形式,促进儿童全面健康地发展,增强儿童的幸福与快乐。这样一种取向的确立,是正确的儿童观和社会工作伦理价值的必然体现。

(3) 儿童社会工作需要运用专业的手段

儿童的成长发展有其固有的客观规律,儿童的卫生、保健、教育、抚养以及权益保护等几方面的工作,需要多方面的经过专门训练的专业人员去进行。如教师、儿童营养师、儿科医生等等。儿童社会工作是区别于被动的生活照料和知识

传授的,以调动儿童内在的发展潜能、辅导儿童自我发展为主的专业工作,需要有一批区别于医生、教师,掌握儿童成长规律和社会工作专业技能的社会工作者。儿童社会工作是一种全面而广泛的社会工作,既有补救性的工作,如对不适儿童的治疗及对逆境儿童的救助,又有预防性的工作,如借婚前辅导、亲子教育等支援性服务,减少家庭危机,优化儿童成长环境;既有局部性的工作,如福利院、育婴院的建设,又有全局性的工作,如综合盲人环境的治理;既有有形的工作,如对儿童成长的物质满足的推动,又有无形的工作,如对儿童精神需要的提供,等等。无论是面对儿童个体,还是面对儿童组织,或是面对社区里的儿童团体和个人,都需要特别的专业特质及专业技巧。

(二)青少年社会工作

1. 青少年社会工作的概念

青少年社会工作,是社会工作的重要实务领域,是把青少年作为工作和服务对象,通过运用关于青少年成长和发展的规律,以及社会工作专业的理念、理论、方法和技巧,最大限度地发掘青少年的潜能,促进其全面健康发展,使其更好地适应社会生活的专业活动。

青少年社会工作的内涵与外延可以分为狭义和广义两种。

狭义的青少年社会工作是一种事后补救性工作,或者称为消极性的青少年社会工作,它是以全体青少年,特别是发展方向上有偏差、发展道路上有障碍的青少年为自己的工作对象,通过多种服务手段和方法,帮助青少年矫治、纠正发展方向上的偏差,清除他们在发展道路上的障碍,以促进青少年全面和健康成长。狭义的青少年社会工作主要体现了一种"教"和"治"的思维,针对的也主要是"问题"青少年。这种模式主要出现在 20 世纪以前,在青少年社会工作发展的早期体现得较为明显。

广义的青少年社会工作是指社会的方方面面,特别是国家和地方政府为促进青少年生理、心理、社会适应等各个方面健康成长和全面发展所采取的一切措施。它的工作对象指向所有的青少年,不仅仅是有"问题"的青少年。它在内容上包括文教、卫生、医疗、保健、体育、娱乐、社区、家庭服务、职业辅导介绍、婚姻服务、青少年权益保护等方方面面,涵盖了能增进青少年健康发展的各项措施。

狭义和广义的青少年社会工作强调的程度不同,工作重点也不相同,如果说狭义的青少年社会工作更多地带有"治疗"、"补救"的色彩,那么,广义的青少年社会工作则更多地带有"发展性"的眼光和"预防性"的色彩。而且,随着社会的发展进步,社会对于青少年的需求、权利和福利的重视程度在不断提高,狭义的青少年社会工作越来越向广义的青少年社会工作方向发展。

2. 青少年社会工作概念的要素

与社会工作的观念一样,青少年社会工作的概念也是非常丰富的,不同角度、不同层面、不同视野,对青少年社会工作概念的理解是非常不同的,但是我们可以发现其中一些共性,几乎所有青少年社会工作的概念都要包括以下几个要素:

（1）青少年社会工作的对象

青少年社会工作作为社会工作的一个重要组成部分,服务对象范围经过了从早期聚焦于"问题"青少年,转变为现今为社会全体青少年提供福利服务的过程。这种接受服务群体的范围的扩展,标志着一个社会文明的发展速度和进程。很明显,青少年社会工作的对象指向社会的全体青少年。这种规定有着深刻的内涵。

第一,青少年社会工作认为每个青少年都有自己的无限潜力,同时也有自己的不可能超越的局限性,所以每个青少年都有接受帮助的权利。另外,也应该看到,青少年群体作为一个整体,具有许多其他群体不具有的优势,同时也具有许多其他群体可能没有的弱点。这些青少年所独具的特征要求社会给予青少年特别的帮助,接受这种帮助是每一个青少年理所当然享有的权利。

第二,青少年社会工作的一个基本假设就是每个青少年都是不同的,都有其独特价值,其独特性应该受到尊重,人有共同的需要,同时也有自己的不同于他人的特殊需要,因此,青少年社会工作就是面对社会所有青少年特别针对有特殊需要的青少年。

第三,青少年社会工作面向所有青少年。具体地说是面向青少年所有的成长阶段,为其提供尽可能全面的帮助与支持。

第四,青少年社会工作面向影响青少年发展的青少年自我及社会的所有因素。一切影响青少年发展的内在和外在的因素都是青少年社会工作的工作内容。向内,我们要挖掘青少年内心的无限的动能,帮助其发掘自身潜力,学会动员自己的能量。向外,我们应该为青少年创造一个更好的利于他们成长和发展的生存空间,包括全球的可持续发展和环境问题、社会福利政策和法律法规的健全和完善、文化传统的延续相承以及文明氛围的扩展等。这些都是影响青少年成长的重要因素。

（2）青少年社会工作的目标

目标是指导行动的指南,有了目标,青少年社会工作才能更好地把握为青少年服务的方向和内容,有了目标,青少年社会工作也才能更加有效地为青少年服务。青少年社会工作的目标的阐述是界定青少年社会工作概念的一个重要指标。

青少年的一个本质特征就是他们的发展性。青少年社会工作的明确的目标就是要在青少年社会工作过程中,最大限度地激发青少年自我发展、自我成长的潜能,通过多种形式的服务,促进青少年全面健康地发展。

青少年社会工作经常面对的服务对象可能是一些在社会上没有被充分认可、在思想上缺乏价值感、个人人格体系可能有不同程度的混乱的那些青少年，比如城市边缘青少年、少女妈妈、滥用麻醉品的青少年等等。面对这样的服务对象，青少年社会工作更加强调它的发展性目标，帮助任何一个需要帮助的青少年，寻找他们内在的动力。

（3）青少年社会工作运用的专业手段

青少年社会工作作为一个专业，有别于家庭生活照料和学校的知识传授，它是以调动青少年内在的发展潜能、辅导青少年自我发展、积极适应服务社会为主的专业工作。青少年社会工作者不仅要掌握青少年成长发展的规律以及国家关于青少年的相关政策，还要具有专业社会工作的视角、理论和方法技巧，通过运用社会工作的专业理论、方法和技巧，配合所掌握的关于青少年的特征和发展规律，以青少年的内在需要为出发点，一切以青少年为本，充分地发掘青少年自身的潜力，使其朝着自我实现的方向去努力；同时帮助青少年学会运用自身的资源和社会上可以利用的一切资源全面健康地发展。社会专业的技能，如倾听的技术、个别化的原则、正常化的原则、尊重相接纳、非批判原则、非指导性原则等技能，在青少年社会工作中十分重要。

二、儿童青少年社会工作的发展历史

儿童青少年社会工作是社会生活的产物，在长期的发展中，儿童青少年社会工作经历了从广义的、非专业的阶段向专业化方向逐步发展的历程，形成了作为一种专业自我成长发展、与社会相互适应的历史发展脉络。

（一）儿童社会工作的发展历史

儿童社会工作和其他方面的社会工作一样，是伴随着现代化生产而产生发展的。在十三四世纪以前，在自给自足的小农经济基础上，很多社会问题都在家庭和宗族内部解决。失去家庭的儿童，如孤儿、弃儿等，大都由亲属、邻人或宗族内部以私人身份抚养和照顾，并未引起政府和社会的关注和投入。随着资本主义生产方式的不断发展，失依儿童日渐成为社会性问题，得到了社会各界的广泛关注，儿童社会工作才开始走上快速发展之路，并逐渐成为一种专业。儿童社会工作的发展历史，一般可以划分为两个阶段：

1. 以救济为主的慈善时期

在传统社会里，尽管儿童的抚育主要在家庭里，可基于善良的人性和宗教的教义，对那些因各种原因失依的或贫困的儿童的救助一直存在，但真正被称为儿童社会工作还是 17 世纪以来的社会救助制度建立以后的儿童服务。

英国是工业革命的先行国家，也是最早遭遇近代社会问题困扰的国家。1601 年英国伊丽莎白女王颁布《济贫法》（又称伊丽莎白第 43 号法）被视为近现代社会保障制度开始的标志,从儿童社会工作历史发展来看,这一法令同样具有标志性意义,它标志着现代儿童社会救助体系的开始构建。我们看到,伊丽莎白《济贫法》的重要内容之一便是将贫民区分为三类:体力健全的农民,须强迫进入"感化所"或"习艺所"工作;不能工作的贫民,包括患病者、老年人、残疾者、精神病患者及需要抚养幼小子女的母亲,进"救济院"或"院外救济";失去抚养人的儿童,包括孤儿、拾婴、被父母遗弃或因父母贫困无力抚养的儿童等,设法领养或寄养。这样的规定从法律上将需要救济的儿童列为贫民三大种类的一种,显示出了当时社会对儿童的关注。同时也表明,《济贫法》已将儿童的社会性服务列入政府职能,用法律的形式规定了儿童的社会救助问题,这是儿童工作社会化的重要标志。

在这一阶段,儿童社会工作发展的另一个重要的事件是美国人布拉斯(Earls Lording Brace)于 1853 年发起组织的"纽约儿童救助协会",它使儿童救助的方式进一步达到较为完善的地步。随着工业化的推进,十八九世纪,失依和贫困儿童不断增多,原有的寄养、代养方式已无法满足社会需要,一部分儿童被济贫院收养。为避免济贫院人员复杂,环境不良,专门收容孤儿的孤儿院、养育院产生了,但这仍无法使孤儿享受天伦之乐,不能解决儿童的个别、多样需要的问题。而布拉斯创建的"儿童救助协会"采用家庭教养式,以几个家庭住宅代替公共宿舍,每个家庭中由保育员充当父母角色,负责照顾儿童,这对于儿童身心健康成长无疑具有重要意义。这种救助方式的儿童村至今仍在世界各地实施和建立。

从英国伊丽莎白《济贫法》颁布前后至 19 世纪,这一阶段是儿童社会工作以救济为主的时期。这一时期工作的对象主要是孤儿、弃儿及部分贫困儿童,采用的手段主要是领养、寄养等消极的救济方法。与过去传统社会相比,这一时期的一个显著标志是,随着社会的发展儿童问题已成为社会问题的重要组成部分;对儿童的救济和福利已经不再单纯是个人和家庭的事,而日益成为政府和社会的重要责任,各国关于社会福利的相关法令中大多设有对儿童进行救济的内容。如 1788 年德国推行了一种新的救济制度,即在全市中心办事处综合治理下的分区助人自助式的救济制度。这一制度被称为"汉堡制",是社会工作发展史上有重要代表性的福利制度。在其具体规定中,就包括将贫苦儿童送往工艺学校,学习就业技能及语文的计划等内容。

2. 积极的儿童福利时期

瑞典著名作家、教育家爱伦·坡(Edgar Allan Op)曾经断言:"20 世纪是儿童的世纪。"进入 20 世纪以来,儿童社会工作进入了一个崭新的阶段。

首先,儿童福利的新观念在实践中产生和发展。随着社会的发展进步,人们对于儿童的认识在逐渐发生着深刻的变化,一种新的共识在逐渐形成,儿童不再被视为是父母的私人财产,而被视为一个活的生命;对儿童的教育保护,不再是个别家庭的责任;对儿童的关注和工作不单是对不幸儿童的救济,而是对一切儿童健康全面发展的宏大事业。这种新的儿童福利观影响到世界各国,突出的事件是美国"白宫儿童福利会议"。美国政府于1909年专门召开了第一次白宫儿童福利会议,专门研究促进美国儿童福利及改进儿童社会工作的各种办法。其后,各国政府纷纷召开儿童工作会议,儿童工作被提到了政府和社会工作议题的中心位置,这是儿童观念的巨大变化,也是社会进步的重要标志。

其次,儿童工作的范畴不断扩大,对儿童权利的尊重,儿童需求的全面满足成为儿童工作的中心任务。20世纪以来的儿童社会工作,无论是内容、方式,还是范围、程度,都有了根本上的扩展和深入。1923年联合国第一次发表了《儿童权利宣言》(又称《日内瓦宣言》),并在以后的日子里不断予以增修。这个宣言不仅标志着20世纪的儿童社会工作进入了一个新的发展阶段,而且是现代儿童社会工作重要的思想基础。《儿童权利宣言》提出的主要内容,如儿童应该受到关怀、爱护和了解,应该有足够的营养和医疗照顾,应该有法定的免费教育,应该有全面的康乐和游戏的权利,应该有自己的姓名和国籍,如果有伤残,应该受到妥善的照顾,如果有灾难,应获得优先救济,应该有发展潜能,成为社会有用之才的权利,应该有建立友爱、和平精神的权利,无论何种种族、肤色、性别、国家、地区和社会,应该享有上述同等的权利等等,明确了儿童工作的根本目的和出发点在于儿童的需求,也确立了儿童社会工作在对象和工作内容上的范畴。

再次,儿童福利的立法为儿童社会工作提供了依据和法律保证。在这一时期,联合国和各个国家及地区制定了很多关于保障儿童权利的法律法规,改变了过去儿童服务方面很少有单独立法的状况。相当一部分国家和地区颁布了保障儿童权益的儿童福利法,并于政府组织内设置专职机关,于政府预算中编列专款经费,由专业人员负责推展,使儿童福利扩及于家庭、学校、社区直至整个社会的每一个角落,使儿童福利得以实际化、平等化、专业化和系统化。1990年,世界儿童首脑会议通过了《儿童生存、保护和发展世界宣言》和《执行90年代儿童生存、保护和发展世界宣言行动计划》,更是以统一的世界性法律文件的形式确立了儿童社会工作立法的重要意义,在法律体系的保证下,当今的时代正在发展成为一个真正的"一切以儿童为最优先"的时代。

最后,儿童社会工作专业化建设取得根本性进展。进入20世纪,社会工作进入了专业发展阶段,1917年,美国学者玛丽·E.瑞奇蒙德(Mary E. Richmond)发表《社会诊断》一书,开始了对社会工作专业界定的努力,以后她又发表了《什么是社会个案工作》一书,个案工作成为被社会认可的专业方法。儿童社会工作在这一进程中,也不断发展。一是以现代儿童观念为核心的专业伦理日趋明确,成为儿童社会工作专业发展的基础;二是工作对象范围日益清晰,儿童社会工作区别于教育、抚养的独有工作领域日趋界定;三是儿童社会工作的专业技能日趋成熟,对儿童的救助和服务的模式逐渐成形;四是儿童社会工作的专业组织和训练逐渐发展,随着社会工作专业在大学里的普遍开设,儿童社会工作领域的研究和教育影响越来越大,形成了社会科学领域的一个重要研究分支。

事实证明,20世纪以来的儿童社会工作是积极的、全面的、也是专业化的、走向成熟阶段的。

（二）青少年社会工作的发展历史

社会工作的发展是呈现阶段性的,青少年社会工作是在专业社会工作不断发展的过程中展开的一个特殊的领域。根据青少年社会工作发展的背景和过程中呈现出来的一些特性,我们可以把整个青少年社会工作的发展分为以下三个阶段。

1. 以教育为主的前青少年社会工作时期

青少年这个概念不是从来就有的,而是社会发展到一个特定阶段之后才产生的。1975年阿姆斯特丹会议就指出,青少年期是工业革命的产物。我们可以把"青年"概念的产生发展归纳为三个阶段。第一是无"青年"的神话阶段。在远古时期,"青年"只是一个被称为"成人礼"的传习仪式,一个把一个人从价值被否定的童年迅速过渡到以老人为楷模的成年的简单仪式;第二是单边意义上的"青年"阶段。进入农耕时期,思想家们开始尝试把人的一生划分成几个阶段,对于"青年"的认知主要是青年群体及其特征的定义、年龄阶梯的论述;第三是现代意义上的青年阶段。青年成为社会的独立力量,是一个人生的特殊阶段、过渡阶段、教育年龄,青年被认为处于"边缘"角色,充满了危机矛盾运动。

青少年工作也不是从来就有的。在人类历史上,最初面向青少年的工作主要是教育,传递知识和技能。我们把这个阶段叫做以教育为主的前青少年社会工作时期。

"青少年"概念产生早期,其含义就是"受教育的阶段"。到了这一概念发展的中期,青少年仍然不是一个完整的社会性概念,青少年社会工作自然也不是完整意义上的专业概念。工业革命和资本主义的发展,使得生产力大大提高,同时人们对效率也陷入一种无穷尽的追逐游戏中,传统的生产和生活的经验在现代化的进程中失去了昔日的魅力,而青年作为一个最有活力、创造力、生命力的群体,在整个工业化进程中发挥着越来越重要的作用。这个时候,为了为社会生产培养出更多的补给力量,就需要对青少年进行培养教育,使他们掌握未来应付生活、参与社会生产所必需的知识、技术、信仰和价值。这个时期的面向青少年的教育工作,并不是真正意义上的青少年社会工作。

2. 以救济为主的混合青少年社会工作时期

随着资本主义的发展,生产力迅速提高,一种奇怪的现象发生了,这就是社会中的物质财富和精神财富成倍增加,而贫困却成为一个难以根除的社会问题。社会中物质财富的极大丰富,同时伴随着前所未有的匮乏感,财富越来越集中于一小部分人手,而社会中的大多数人都处于一种物质匮乏状态,并且这种物质匮乏状态被社会中的大多数人清楚地意识到。一种现象之所以成为一个社会问题,除了这个问题本身涉及整个社会的利益,更为重要的是,这个问题一定是受到了一定程度的关注。贫困在资本主义发展的历史中成为了一个社会问题。

物质上的匮乏成为突出的问题,精神产品的匮乏虽然没有物质匮乏那样显著,但同样引起人们的注意。资本主义社会中,商品成为整个社会的中心,几乎自然界和人文社会中能够挖掘出来加以加工改造的东西都能够成为商品,精神文化产品也成为商品,也要按照商品经济的客观规律来发展、运营,这样享有精神文化产品就要像享有其他的诸如牛奶、面包这样的物质产品一样,必须采用等价交换的方法,通过商品买卖进行交换。这就注定了在物质上匮乏的大多数人在精神文化产品的享有上也同样处于一种强烈的匮乏状态中。

物质和精神产品的双重匮乏正是资本主义社会不断前进的动力,每前进一步,又会产生新的匮乏,所以贫困问题成为一个难以解决的社会问题。而国家对于过度的贫富分化也开始采取一些行动以保证公民的最基本的生存所需要的物质和精神文化产品。政府主导的救济工作开始了。在这种早期的消极救济活动中,出现了一部分专门针对城市中出现的贫困青少年的活动,我们把这种针对城市贫困青少年的消极的救助时期称为以救济为主的混合青少年社会工作时期。

这个时期的青少年社会工作比第一个时期有很大的进步。其基本特征有以下几点:

(1)政府在这种过程中的作用力增强,同时有了面向青少年教育之外的工作视角

前青少年社会工作时期针对青少年的教育活动,大多处于一种自发的、缺乏组织、缺乏政府主导的状态,针对青少年的教育活动目的也是单一的。而此阶段的青少年工作,政府在其中处于一个主导的地位,发挥着组织、控制、协调等作用,这就为后来的有组织的专业青少年社会工作奠定了良好的基础。

即便如此,这一时期的青少年社会工作仍是以宗教组织为主体的零散的社会行为。

(2)工作对象不是全体青少年,而是贫困青少年,特别是城市中的青少年

此时,青少年工作的目标不是为了促进青少年的全面发展和健康成长,而是为了防范城市中的青少年,包括从乡村流入到城市中的青少年陷入贫困状态中。

(3)工作领域主要局限于救济,是一种消极的补救性质的,这与当时的整个社会救济事业相一致

当时的青少年工作并不是一个独立的工作领域,它本身就是处于整个社会

救济事业的一部分。救济方法也很单一,主要是提供救济或者是提供工作机会,虽然也有为青少年提供的培训的机会,不过,当时的培训层次比较低,主要是开办一些习艺所。这些习艺所并不能真正为广大贫困青少年提供实质上的帮助,但是这种思路后来为专业的青少年社会工作所继承。

这个时期的青少年工作仍然不是专业化的社会工作,但为后来全面的青少年专业社会工作奠定了必要的基础。

3. 以全面服务为特征的专业青少年社会工作时期

20世纪以来,青少年社会工作进入了以全面服务为特征的专业发展时期。其突出表现有以下几个方面:

(1)青少年的社会性概念日益成熟

随着社会的文明进步,青少年的权利和价值得到重视,青少年不再仅仅作为成人的后备力量而存在,青少年阶段是人生中的一个重要阶段,青少年有独特的需求,这种特殊需求需要得到社会的承认。同时青少年群体成为社会中一个重要代群,日益受到重视。科学分工越来越细化,把青少年作为研究对象的青少年独立学科日益成熟,这些学科的成熟为青少年社会工作的形成发展奠定了可靠的科学基础。另外社会还出现了专门为青少年的福利设立的法律法规或者社会公共政策,这些立法为青少年社会工作提供了有力的依据和法律保证,同时也使得青少年社会工作得到法律的认可或者成为政府社会福利公共政策的一个重要组成部分。青少年社会工作摆脱了过去的缺乏组织、缺乏统一性的不系统状态,进入了国家的法制体系中,成为政府政策系统中的一个子系统。

(2)青少年工作的范畴不断扩大

青少年工作过去重要的内容比如基本的教育、救济、进入习艺所学习等,得到了质的改变,由补救性的工作发展为全面服务性的工作。青少年的权利得到了前所未有的尊重,青少年群体的特殊需求得到全面的肯定,青少年社会工作旨在为满足这些需求而努力,同时青少年群体中个体间的差异也得到了肯定,每一个青少年不同的需求都应该得到满足。青少年的生理、心理、社会性的综合发展得到了全面的重视;服务的概念日趋深入人心;在青少年工作中青少年自身的主体性地位日益得以实现;全面的青少年社会工作概念真正形成。

(3)青少年社会工作专业化的步伐越来越大

这一时期,青少年社会工作的内容和领域较前一个时期大大扩展了,并且有了更加细致的分工和更为有组织的体系,根据不同的划分角度,青少年社会工作更为细化,按青少年社会工作的功能,划分为恢复性的青少年社会工作、预防性的青少年社会工作、发展性的青少年社会工作;按照青少年社会工作方法的不同,分为青少年团体工作、青少年个案工作、青少年社区工作等。专业化的青少年社会工作的内容、领域、方法逐渐成形,同时产生了一批专业的青少年社会工作者队伍，并逐渐壮大，就此，青少年社会工作真正形成并走向成熟。这个时期的特征就是以全面服务青少年为青少年社会工作的宗旨，青少年社会工作的目标就是要促进全体青少年的全面健康发展。

（4）青少年社会工作的功能定位日益清晰

在发展中，青少年社会工作的功能越来越明确，这就是促进青少年健康发展。同时促进社会的安全与发展。第一个方面的功能较为显而易见，青少年社会工作就是要为全体青少年的发展提供必要的福利服务，帮助青少年免于遭受可能预料到的不幸的打击，帮助他们在遇到不可预知的困难时有健康积极的态度，并设法调动一切可以利用的资源来摆脱困境。同时，对于一些过去不幸受到伤害而丧失全部或部分社会适应能力的青少年，青少年社会工作试图通过帮助，使得他们能够从过去的创伤中恢复过来，建立社会生存所必需的社会适应能力。所以，促进社会中全体青少年的健康发展是青少年社会工作的基本功能。

青少年社会工作另一个重要功能就在于促进全社会的协调发展。青少年是社会生产的生力军和后备力量，青少年的发展是整个社会发展的基础和前提，通过社会工作，全面推动包括每一个青少年在内的全体青少年的健康发展，为社会造就大批合格的建设者，本身就是社会发展的重要组成。同时，现代社会，特别是进入后工业社会以来，青少年群体成为社会中一个最有活力、最有创造力的群体，这个群体的能量得到了前所未有的释放，同时这个群体又是一个最年轻、最没有经验、最容易冲动的群体，这个群体的巨大能量对于整个社会的冲击越来越大，所以对于他们的能量的释放必须有所指引，使得这种能量朝向有利于整个社会的协调发展的方向去释放。青少年社会工作正是通过真正尊重青少年的权利、充分了解青少年需求来为青少年健康发展提供福利服务的方式，使得青少年的发展与整个社会的全面进步相一致，因为青少年的未来就是整个社会的未来。

青少年社会工作是随着人类社会经济、社会发展的进程而产生发展起来的，它是现代社会的产物，在现代社会中它的作用必将越来越重要。

三、儿童青少年社会工作的内容

儿童青少年社会工作的范围十分广阔，介入层次也是各不相同的。

（一）儿童社会工作的主要内容

1. 宏观的儿童社会工作

儿童社会工作有很大的一部分是面向全社会的、宏观性的，这主要有下面几个方面。

（1）推动有关儿童的立法

儿童社会工作的重要任务是积极推动政府在儿童福利、儿童权益保护方面的立法，敦促政府在儿童营养、卫生保健等方面增加投入，并积极为政府出谋划策,提出更多关于儿童福利方面的建议和意见。儿童社会工作者应积极参与有关儿童少年的法律法规的制定,宣传贯彻未成年人法律法规及其他法律法规中涉及未成年人的条款,同时,还要注意用法律的眼光和基准衡量一些少儿问题,为儿童提供包括法律服务在内的各种活动。

（2）促进对儿童的养育

儿童社会工作就是要通过多方面的努力,促进对儿童的良好的养育。首先是保证对儿童的营养,如推动优质儿童食品的研制、开发和生产;推广母乳喂养;宣传、普及儿童营养知识,帮助父母掌握科学喂养知识;推广营养加餐,等等。其次是保证儿童良好的居住环境。在政府改善居民住房条件的同时加强对儿童居住环境的科学辅导;提高托儿所、幼儿园建设的质量和速度,推动托儿所、幼儿园的建设;普及儿童生活环境的有关知识等。

（3）推动儿童教育事业

教育为立国之本,也是儿童社会工作最重要的内容之一。儿童社会工作推动教育发展是多方面的,如宣传、推动、监督义务教育法的落实;运用、动员社会力量帮助失学儿童重返课堂;普及家庭教育的科学知识,提高家庭教育的质量;宣传现代化的教育思想,提高全社会的教育意识和教育思想水平;帮助学习有困难的儿童掌握正确的学习方法;协调儿童与父母之间的关系,帮助儿童养成健康心理;指导儿童与其他儿童友好相处,学会在集体中生活;为儿童提供学习生存的环境,教会他们面对生活中的各种问题,等等。

（4）创造儿童快乐成长的环境

游戏和娱乐是儿童生活的一部分,儿童社会工作者需要通过多方面的工作为儿童开展游戏和娱乐活动提供条件。比如,利用政府投资或社会资助修建更多的儿童娱乐场所;推广有益有趣的儿童游乐形式,普及儿童娱乐知识;举行竞赛性的活动,吸引儿童及其家长参与;直接指导和带领儿童开展娱乐活动,帮助孩子们在娱乐中学习等。

（5）加强儿童卫生保健

儿童卫生保健应注意以下两个方面:一是妇婴保健,即通过多种努力,减少婴儿死亡率;二是学校卫生工作,即通过健康检查、身体缺点的锻炼及矫治、传染病的预防、健康教育等方法促进儿童健康发育成长,减少疾病的发生,全面提高其身体素质。

（6）开展儿童家庭服务

儿童是家庭的重要成员,在家庭层面开展的儿童社会工作,主要有三个方面:一是对家庭中儿童权益的保护,此项服务主要是救助被虐待、被忽视或得不到适当照顾的儿童,以及从社会整体上防止此类事件的发生。具体工作内容包括:帮助父母明了自己在法律上和道义上应负的照顾、养育及保护儿童的责任;

帮助儿童明了自己的权利,学会寻求保护;推动政府建立相关机构直接提供帮助和照料。二是针对亲子关系和儿童教育方面的服务,在全社会普及儿童教育的知识,使父母与儿童之间、儿童与其他家庭成员或邻里之间愉快友好地相处。三是在社会上建立对个别"问题"儿童回归正常家庭的服务机制等。

(7) 增强儿童权益的保护

通过流浪儿童救助、辍学失学儿童助学、发展偏差儿童矫治、残疾儿童康复等手段保护儿童合法权益,如生命权、被抚养权、优先救济权等;保护他们的健康成长,即对危害他们健康的行为予以打击,还可以通过反映儿童成长需求,同侵犯少年儿童合法权益、损害他们身心健康的现象和行为作斗争;教会孩子自我保护,提高儿童自我保护能力等方法实施对儿童的保护。

(8) 向全社会提供儿童的信息与资讯

在长期的发展中,儿童会产生一系列的成长问题,为了尽早地发现、解决问题,就需要一部分人专门从事儿童问题的调研活动。同时,国家、社会采取的儿童福利措施,也需要一定的机构进行追踪评估,并根据其绩效做必要的调整和改善。儿童社会工作者需要随时了解儿童的发展需求,认识儿童问题,为政府决策提供建议和意见。

此外,儿童社会工作还存在于公共关系层面上,即宣传儿童权利、解释儿童福利与服务的需求。以上这些工作基本上属于支持性的儿童福利服务,体现的是全社会对儿童发展各个领域和方向的关注。

2. 微观的儿童社会工作

儿童在发展过程中往往会遇到各种问题,在实际生活中会有一些在生理、心理、智能、情绪或适应生活上遭遇到特殊困难的儿童。儿童社会工作的重要任务是帮助这些儿童顺利发展,健康成长。这方面的工作主要归结为以下几类:

(1) 对生活境遇不良的儿童的救助

一部分儿童因生活境遇不良,或表现为生活困难无依,或表现为反社会或反常的行为,需要做特别的工作予以救助。这一层面上的服务一直是儿童社会工作的重点所在。一般而言,这类儿童服务可分为支持性、保护性、补充性、替代性四种类型。

支持性服务是指通过提高家庭的功能,强化父母的责任,促进儿童福利,此种服务具体针对那些家庭和儿童关系体系在结构上虽然完整,但已出现压力,如离婚、分居、遗弃时,以个案、团体或家庭咨询等方式给予支持或协助。保护性服务则讲求最小程度地改变儿童的生存环境。维护其发展过程的稳定。此类服务的目的在于防止儿童被虐待、忽视及被剥削,并加强家庭的功能。补充性服务则是对儿童生活的基本状况作必要的改善,但仍有部分保留。它是针对一些父母角色执行不适当,严重伤害亲子关系,但通过辅助有可能恢复功能的一些家庭。

替代性服务指完全用替代性的措施改变其生存环境。此类服务是最底线的保护措施,针对子女陷入非常危险的境地,需要短暂地或永久解除亲子关系的家庭。

这部分的工作有的偏重于物质救助,有的则偏重于家庭关系和行为的改善与矫治。

(2)对孤儿、弃儿的救助

从社会工作角度,一般的救助方式主要有家庭寄养、收养、儿童福利院安置等。

家庭寄养的服务对象是孤儿、弃儿或因故父母无法照顾的儿童,选择能够为儿童提供健康全面发展的条件,在经济状况、居住环境、生活水平、教育程度诸方面都适宜的家庭,经社会工作人员联系协助并予以督导,逐渐使双方能和谐相处。

收养服务是依据法律通过正常手续确立抚养关系的一种方式。收养面对的儿童群体主要包括:无人抚养的弃婴;未婚妈妈无力或不愿抚养的子女;因战乱、生病或意外事件所导致破碎家庭的儿童;因子女众多或家庭贫困而无法被妥善照顾的儿童等。

儿童福利院安置,或称院内救助、机构养护等。这种救助方式可以为孤儿、弃儿提供合乎卫生的饮食以及正常生活的充分照顾,还可提供医疗保健和教育,必要时有及时的个案工作,是一种普遍的、常用的方式。

(3)残疾儿童的康复和教育

为残疾儿童提供的服务,首先是身体的康复,即通过必要的身体训练和医疗手段,最大限度地矫正儿童的残疾;其次是教育,即通过举办特殊学校、随校设立特殊班、随班就读等方式,使残疾儿童受到正常的教育,教会他们一技之长;最后是通过多种形式使之去适应其他人群,扩大孩子们的接触面,引导他们接触社会,适应主流社会,培养他们成为对社会有用的人。

(4)对行为偏差儿童的矫治

行为偏差儿童是指在行为上脱离预定轨道,异于正常儿童的个体。有时也特指在行为上有违法或犯罪特征的儿童。现实生活中,有不少儿童因家庭、社会等原因形成思想、情绪、行为等方面的问题,如家庭对独生子女过度保护的倾向、独生子女因缺乏同龄伙伴而出现的心理问题和人际关系困难、离异家庭和单亲家庭儿童的社会性发展问题等。这些问题的解决,需要运用儿童社会工作的专业方法,通过社会化辅助、心理辅导、环境建设等手段,在儿童成长过程中实施影响。

(二)青少年社会工作的主要内容

1. 思想道德品格辅导

青少年的思想道德品格辅导,主要基于青少年的道德发展规律及基本特点。

（1）青少年道德发展的特点

一般而言,青少年的道德发展具有以下一些特点①。

① 道德相对主义。由于抽象思考能力的提升,青少年开始做假设性的思考,他们不再依赖社会所塑造的刻板印象或权威人物的看法作为判断的依据。他们能够比较事物各方面的差异性,并思考不同的解决办法。

② 道德的冲突。青少年常因追求独立自主,或为抗拒父母及师长的关心而故意采取不同于父母师长的道德价值观念,因此在此阶段青少年与重要他人的道德观念冲突明显增多。

③ 道德上的知行不一。青少年的道德认知与道德实践常常存在差异性,道德上的知与行形成分离状态。

④ 与成人道德观念的疏离。青少年虽然身心日益成熟,但仍不会为成人充分接纳,他们也不会完全认同成人的标准,因此代际间的疏离感是导致亲子冲突的主要原因之一。

（2）主要服务内容

基于上述对青少年道德发展的分析,青少年思想道德与品格的辅导内容主要有以下几个方面②:

① 帮助青少年形成对社会政治制度的看法;

② 引导青少年形成正确的世界观和对自然、社会的正确认识;

③ 引导青少年形成对现实生活中各类事物和现象的正确评价标准和评价方式;

④ 引导青少年建立正确的观察、判断和推理的思维方法,掌握科学方法论;

⑤ 通过多种形式提高青少年对于道德理论和知识的了解和理解;

⑥ 协助青少年学会梳理道德情绪的发生规律并形成良好的自我认知能力;

⑦ 协助青少年形成良好的道德习惯,并掌握面临诱惑而不迷失的自我控制能力。

2. 心理及认知辅导

（1）青少年心理及认知的主要特点

① 身心发展快速而不平衡。青少年在"幼稚"与"成熟"的尺度上会有大幅度的徘徊。

② 主要发展性任务是实现自我的同一。青少年随着身体的变化和性成熟的过程,逐渐产生一些新的体验,也感到周围人对他们的新的反应。他们力求发

---

① 黄德祥著:《青少年发展与辅导》,台湾五南图书出版公司 2000 年版,第 357 页。

② 参考陆士桢:《青少年社会工作》,载王思斌:《社会工作概论》,社会科学文献出版社 1999 年版,第 176 页。黄德祥著:《青少年发展与辅导》,台湾五南图书出版公司 2000 年版,第 357 页。

现自己现在的真实情况以及将来自己会变成什么样子。伙伴的来往,新的社会关系的产生,也使他们扩大了自我活动、自我探索的空间。他们也想弄清世界是什么样子、社会又是什么,等等。在这种不断认识和探索中,使理想的我逐步接近现实的我,使自我意识达到积极的统一。

③ 道德意识和价值观念得到发展。他们对原先的道德标准及自己的价值和能力都要做重新的评价,并试图把这些价值和评价综合起来形成一个稳定的体系。

④ 独立意识加强,伙伴关系密切。青少年对家庭的依恋逐渐转向伙伴群体,形成亲密的伙伴关系。他们的言行、爱好、衣着打扮等相互影响。信任伙伴胜过信任家长和老师。

⑤ 认知改变。青少年进入了抽象思维阶段,已懂得试验、假说、推论这类形式化的思考,运用理论来推想因果关系,开始懂得处理复杂的信息或资料。他们学会自我批评,各个方面以成年人的标准要求自己,有能力听取他人意见,处理问题时能考虑更多的可能性,思维活动的数量和质量都有很大提高。

（2）主要服务内容

基于上述对青少年心理及认知发展的分析,我们认为青少年心理及认知方面的辅导内容可以为以下一些方面:

① 辅导青少年了解和认识生理、心理发展的规律,掌握基本的生理、心理发展知识;

② 辅导青少年掌握平衡心理发展的基本技能,提高自我管理和控制能力;

③ 协助青少年开展良性的自我探索,实现自我同一性;

④ 协助青少年发展健康的认知能力,促进个体新知能、创造力、思考判断力的全面提高;

⑤ 创造有利于青少年发展的宽松社会环境,为青少年与环境的和谐互动创造条件。

3. 生涯发展辅导

针对青少年而作的生涯辅导,主要有以下一些内容:

（1）生涯规划及生涯决策能力的培养。生涯发展包括一连串的生涯规划与决策的过程,因此生涯辅导必须协助青少年学习如何规划人生,在面对各种抉择情境时,界定问题,收集并运用资料,以提高生涯的规划和决策能力。

（2）自我状况的了解及个人价值观的澄清。生涯规划与决策均需要个人对自我的观念及价值观清晰明了,并且对有关职业与生涯发展方面的资料有深入的了解,才能做适当的选择。所以生涯辅导要协助个体了解自我,不仅需要了解个体的能力、能力倾向、兴趣、个性等情况,还要辨析和澄清个人的职业价值、个人生涯发展的状况;不仅要知道职业的事实状况、有关信息,还应该结合个人的期望和价值倾向。

（3）做出合理的选择。每个人的生涯发展面对很多任务,如就学、就业等。生涯辅导不仅要协助青少年做出选择,还要知道选择是否适当,要根据个人特定的标准、追求的生涯目标、社会的发展和要求,经过比较后做出适当和合理的选择。

（4）自身潜能的开发。每个人的才能是不同的,生涯辅导承认每个人的才能是有区别的,但更重要的是要在生涯辅导的过程中发现并发掘个人的潜能,给予个人充分的机会,以独特的方式去发展及表现个人的才能。生涯辅导还协助个人适应快速变迁的社会与职业环境,考虑比较灵活和弹性的方式,以达到个体的生涯发展目标。

4. 就学、就业辅导

就学、就业是青少年的基本需求之一,因此就学、就业辅导是青少年社会工作的主要内容之一。

（1）学业辅导

青少年社会工作中,学业辅导包括以下一些主要内容①:

① 激发青少年的学习动机,提高青少年的学习自觉性。

② 发展青少年的学习兴趣,扩大青少年的求知欲和学习视野。

③ 协助青少年掌握良好的学习方法,提高其学习能力。

④ 协助青少年掌握基本的处理压力的技能和方法,妥善处理学业压力,保持良好的学习心态。

（2）就业辅导

青少年社会工作中就业辅导方面的内容主要有以下一些方面②:

① 培养良好的就业意识。对青少年就业动机、意愿、志向等予以及时讨论、澄清和辅导。

② 开展就业态度和就业技能辅导。

③ 为青少年择业提供直接服务,如职业介绍、建立就业支持网络、完善青少年就业政策等。

5. 生活方式辅导

青少年的生活方式具有开放和多变性特点。为此我们可以提供以下一些服务:

---

① 参考陆士桢:《青少年社会工作》,载王思斌:《社会工作概论》,社会科学文献出版社 1999 年版,第 176 页。

② 参考陆士桢:《青少年社会工作》,载王思斌:《社会工作概论》,社会科学文献出版社 1999 年版,第 177 页。

（1）协助青少年提高选择生活方式的能力,培养良好的生活习惯和生活态度。

（2）提供各类青少年闲暇场所,开展各类丰富多彩的文化娱乐活动,培养良好的生活情趣,提高青少年的闲暇娱乐质量。

（3）及时纠正不良生活方式,通过交流、示范等方式协助青少年养成健康生活方式。

6. 人际交往辅导

人际交往是青少年的重要生活内容,主要包括家庭关系、同伴关系、网络人际关系、其他人际关系等。这些人际交往关系对青少年的成长产生着重要作用。作为青少年社会工作者,人际交往辅导可包括以下内容:①

（1）培养青少年良好的交往动机和交往品质,使青少年的合作意识和能力、自我认知能力、沟通交往技巧等有良好提高。

（2）拓展青少年人际交往能力,使青少年的领导才能、社交礼仪、交往态度不断提高。

（3）对有人际交往障碍和人际交往偏差的青少年提供矫正和帮助,使他们尽早养成良好的人际交往能力。

7. 行为偏差及犯罪青少年矫正服务

（1）行为偏差青少年矫正服务

青少年的偏差行为有很多类型,矫正服务内容也因偏差行为的不同而有所不同。一般来说,矫正和预防性服务包括:进行社会技巧训练;加强补救性教育;加强家庭和学校的联结,并开展家庭层面的辅导服务;建立有效的青少年支持网络。

（2）犯罪青少年矫正服务

世界各国对青少年的刑事政策多采取"预防与教育甚于报复"以及"宜教不宜罚"。司法体系中矫正服务的主要目标是恢复和改善犯罪青少年的社会功能,促使其早日回归社会。在此目标下,犯罪青少年的矫正服务多以教育辅导为主,主要包括青少年犯罪前的预防性教育服务、判决前后的教育服务、替代性教育服务、重返社会教育服务等。

8. 弱势青少年保障服务

社会弱势群体是一个在社会资源分配上具有经济利益的贫困性、生活质量的低层次性和承受力的脆弱性的特殊社会群体,他们依靠自身的力量或能力无

---

① 参考陆士桢:《青少年社会工作》,载王思斌:《社会工作概论》,社会科学文献出版社 1999 年版,第 178 页。

法保持个人及其家庭成员最基本的生活水准,需要国家和社会给予支持和帮助。[①] 从保障服务内容来看主要有:(1)基本权利保障服务;(2)司法保护;(3)教育权益保障服务;(4)就业保障服务;(5)健康保障服务;(6)社会保障及服务等。

四、儿童青少年社会工作特征、功能

(一)儿童青少年社会工作的特征

1. 社会工作价值观是儿童青少年社会工作的核心基础

儿童和青少年是社会工作者的重要工作对象,他们在成长和身心发展的过程中会出现很多的生理、心理及行为问题。因此,要做好儿童青少年的社会工作,社会工作者就更加需要秉持和运用接纳、不批判、尊重、保密、正确引导、个别化和当事人自决等社会工作价值原则。

2. 儿童青少年社会工作是科学的专业体系

之所以说儿童青少年社会工作是一个科学的专业体系,可以从对象、目的和方法三个方面来理解:

(1)儿童青少年社会工作的对象是所有儿童和青少年以及他们所有方面的问题,包括处于不同成长阶段的儿童青少年;处于各种不同境况的儿童青少年;儿童青少年成长发展中面对的所有问题;影响儿童青少年发展的自我及社会的所有因素,等等。

(2)儿童青少年社会工作的根本目的是激发儿童青少年自我发展、自我成长的潜能。通过对儿童青少年生活环境的改善、对他们权益和身心的保护以及面向儿童青少年的教育活动等多种形式,促进儿童青少年全面健康地发展,增强他们的幸福与快乐。

(3)儿童青少年社会工作需要运用专业的方法和技巧。儿童青少年社会工作不是被动的生活照料和知识传授,而是基于儿童青少年的年龄特点和行为特点,通过精心设计和安排,采用融社会工作价值理念和社会工作理论于其中的个别辅导、角色扮演、小组游戏、技巧训练、集体活动等,启发、帮助和促进儿童青少年的发展。

3. 儿童青少年社会功能的改善和提高,是儿童青少年社会工作的主要目标

"社会功能"涉及个人或集体如何行动去实现他们的人生任务,并满足环境或生活情境的需要。这意味着社会工作者主要关心的是人们的功能与社会环境的关系。人们可以发展不同水平的社会功能,个人社会功能的水平要靠他应付

---

① 陆士桢主编:《中国城市青少年弱势群体现状与社会保护政策》,社会科学文献出版社 2004 年版,第 4 页。

人生需要和满足环境需要所具备的能力来决定。因此,儿童青少年社会工作是一种专业活动,用以帮助儿童青少年个人、群体或社区增强其发挥社会功能的能力,并创造适宜于实现目标的社会条件。

4. 儿童青少年社会工作依据科学的人的发展理论

关于人的发展理论是儿童青少年社会工作的理论依据和具体工作指导。主要包括:

（1）生理学方面的理论

生理的发展是儿童青少年发展的首先因素,是引发个体诸多问题的重要源头。随着社会的进步、发展,人们对于自身的认识也越加发展,越来越多的事例表明,原本被视为社会性或者道德性的儿童青少年问题,相当一部分本质上来源于其生理发展。以生理学理论解释儿童青少年工作原理和过程,是儿童青少年社会工作的必然要求。

（2）心理学方面的理论

心理的发展是儿童青少年成长发展的重心,也是引发儿童青少年成长发展问题的重要领域,从心理学的角度描述儿童和青少年发展,主要是对其知觉、认知、情感、人格等方面发展规律的解释。掌握儿童和青少年心理发展规律是熟练运用社会工作技巧的基础。

（3）社会学方面的理论

儿童和青少年都生活在社会之中,儿童青少年社会工作是一种综合多种学科辅导儿童青少年健康发展,积极适应社会的服务领域,社会学基本理论是儿童青少年社会工作的最为重要的指导理论。儿童和青少年的成长发展与社会结构性因素,如家庭、社区、组织等关系重大。在社会学理论中,涉及人与社会之间的关系问题有一些基本概念,如角色、角色冲突、角色紧张、互动等。明确这些概念的具体含义,有助于我们深入认识儿童青少年发展与社会的关系,有助于我们做好儿童青少年社会工作。

（二）儿童青少年社会工作具有积极的社会功能

儿童青少年社会工作作为一种专业化、制度化的为儿童青少年服务的活动,对于儿童和青少年本身及社会都有着积极的贡献,这种积极的贡献就是儿童青少年社会工作的功能,它包括以下几个方面:

1. 促进儿童与青少年发展的功能

儿童青少年社会工作是面向儿童和青少年的工作,其促进儿童青少年发展的功能是从以下几个方面来表现的:

（1）对于处于困难境地的儿童青少年的解围和救难

社会工作大致有三项功能:恢复性功能、预防性功能和发展性功能。其中恢复性功能是社会工作的基本功能,即解决工作对象的困难和问题,也称治疗性功能。就社会工作发展的历史来看,最初是在人们遇到困难、出了问题之后才着手去解决的,其重点在于矫治。儿童青少年社会工作在今天仍然需要着眼于处于困难境地的儿童青少年,特别是处于贫困、战乱、天灾、家庭残缺不全、疾病等状态下的儿童和青少年,通过专业的手段帮助他们脱离危险和困难境地,使他们能够进入社会主流,顺利成长,这是儿童青少年社会工作的重要社会功能。

(2) 对于所有儿童青少年进行成长辅导

预防性功能是社会工作的另一个重要功能,它不针对具体的问题和个别的困难,而以增强社会成员、社会群体对可能出现的巨大变化的适应能力,增强社会个体的预应力为目标。儿童青少年社会工作以儿童青少年为对象,儿童、青少年作为未来社会的建设者,是成长中的人,发展中的人,他们尚缺乏独立自主的能力,但并不缺乏自我发展的潜能和愿望。作为活生生的个体,他们与成人一样,具有独立的人格和相应的权利,需要给予基本的尊重。但是由于他们年龄小,自我保护能力差,特别需要成人的支持与扶助。儿童青少年社会工作以儿童和青少年的全面健康成长为目标,是对儿童青少年的生命权、娱乐权、教育权、发展权等各项应有权利的保障,也是面对儿童青少年的积极辅导。

(3) 促进儿童青少年的全面发展

发展性功能是社会工作的第三个重要功能,它以开发社会资源,充分挖掘个人潜能以致个人幸福和社会进步、促进人的发展为目标,以推动个体的全面发展为工作重心。

儿童青少年社会工作与其他人群的工作相比,更具有发展性的特征。因为发展是儿童青少年的本质特征,儿童青少年的问题是发展中的问题,解决儿童青少年问题必须持发展的观念,以促进儿童青少年全面健康发展为目的。在儿童青少年社会工作的实务中,调动、启发儿童青少年发展的潜能,从社会和个体两方面帮助儿童青少年消除发展的障碍,矫治儿童青少年在发展过程中可能出现的偏差,集合社会资源为儿童青少年健康发展服务等,其指向都是未来发展,是以儿童青少年为主体的全面发展。一般情况下,儿童青少年掌握的经济资源和权利资源相对短缺,专业的儿童青少年社会工作便成为他们发展道路上的重要推动,这就使得儿童青少年社会工作在整个儿童青少年问题上显现出极强的发展性功能。

2. 促进社会安全与发展的功能

(1) 儿童青少年社会工作具有社会安全的功能

儿童青少年社会工作有利于维护社会的稳定。

首先,儿童和青少年是家庭的重要成员,是社会的重要组成部分,儿童与青少年的健康发展会促进家庭的稳定,减小其分裂的可能,这无疑会使社会的稳定有了进一步的保证。反之,儿童青少年出现问题,往往会造成整个家庭的危机,这不仅会直接影响当时的社会安定,而且会影响未来社会的安全。

其次,由于儿童与青少年是发展的个体,他们终归会成为社会的主体力量。儿童青少年工作直接的结果是减少目前他们的痛苦和问题,促进他们的幸福与发展;间接结果则是防止将来社会问题的产生,增强未来社会的安全,做到防患于未然。

（2）儿童青少年社会工作具有社会发展的功能

一个国家和社会儿童青少年的状况如何,决定着未来这一国家和社会人力资源的状况。随着社会的发展,越来越多的国家、政府认识到了人力资源在国家发展中的决定性作用,特别是知识经济的发展,使人的健康状况、专业知识和技能、创造精神和能力等因素在社会生产中的作用远远超过了物质资源和信息资源。儿童青少年社会工作为儿童青少年的发展、成才提供了福利保障及精神支持,使儿童青少年能够在制度化的前提下,获得应有的社会福利和辅导帮助。这不仅可以稳定当时的家庭乃至社会,更重要的是为未来社会提供大批高素质的人才。从某种意义上说,儿童青少年社会工作担负的是社会人力资源前期开发的重要任务,它对于社会的总体发展具有特别重要的意义。

五、儿童青少年社会工作价值观

儿童与青少年是特殊的群体,儿童青少年社会工作必须遵循以下价值观,才能使专业服务发挥更好的效果。[1]

（一）尊重儿童和青少年的价值与尊严

儿童和青少年在发展阶段对其是否尊重是他们最为敏感的问题,社会工作的价值理念,也是把尊重放在第一位置。儿童和青少年虽然在某些方面的表现可能不尽如人意,甚至有偏差或者罪错行为,但是社会工作服务的立足点应视儿童和青少年为独特的个体,把他们作为活的、有发展性的主体来给予应有的尊重。

（二）接纳与关爱儿童青少年

儿童和青少年偏差行为的产生很多是缘于家庭缺失。处于社会边缘的儿童青少年也特别需要成人的关爱、接纳和理解。因此在开展服务的过程中,对儿童和青少年充分地接纳与关怀是促进他们健康成长的动力。接纳可具体表述为接受儿童青少年是有价值、尊严、积极向上与向善发展可能的人。关怀则是关心、接近和重视儿童青少年的各种学习与生活状况,并能与他们共享成长的喜悦,共同分担失落的痛苦。

---

[1]　黄德祥著:《青少年发展与辅导》,台湾五南图书出版公司 2000 年版,第 29 页。

（三）注重儿童和青少年的个别需求

每个儿童、青少年的成长都有不同的经历,每个人对待环境变化,也都有不同的反应与调适方式。社会工作者应将每一个儿童、青少年都看做是唯一的、不同的个体,根据他们的不同情况制定个别化的服务计划。

（四）协助儿童青少年具备适应社会变化不断成长的能力

目前的社会是快速变化的社会,家庭变迁、人口迁移、就业压力、升学竞争等直接对儿童和青少年造成很大的冲击。社会工作者在开展服务的过程中,要充分掌握社会发展脉络,配合儿童和青少年的社会适应性需要,通过给予儿童和青少年必要的辅导和协助,帮助他们建立适应社会的能力。

六、儿童青少年社会工作者的角色

根据我国社会工作的具体情况并借鉴国际经验,我们可以对社会工作者做出如下初步界定:社会工作者是遵循社会工作的价值准则,运用社会工作专业方法从事职业性社会服务的人员。他们是有一定专业知识并从事社会福利服务的人员。顾名思义,儿童青少年社会工作者便是把儿童和青少年当作服务对象的工作者①。

（一）社会角色的含义

社会角色是一个社会学的概念,是指与人们在社会关系体系中所处位置相适应的一整套的行为规范,或者说,它是反映社会位置的一套行为模式。社会的行为模式是由人们创造,并由社会或群体所认定的。它指出了处于社会某一位置上的人应该如何去做,它反映了处于该地位的社会成员的责任、权利、义务和行为方式。社会角色所反映的社会对处于相应社会位置上的社会成员的要求是普遍性的,而不是特殊性的,即它一视同仁地要求某一类社会成员。

社会角色一般是成对存在的,即只有两个社会位置上的人相互关联时,他们之间才发生权利、义务关系。当然,完全有可能一个人处于与他人的多种联系之中,即一个人可能担当多种角色,社会学称这种现象为复式角色。

（二）儿童青少年社会工作者担当的社会角色

儿童青少年社会工作是由社会工作者与儿童青少年合作而进行的复杂的助人过程。在这一过程中,社会工作者要运用多种专业技巧帮助儿童和青少年正确对待困难、努力克服困难,同时又要为他们争取资源,切实帮助受助者走出困境。另外,社会工作者还要设法在制度上预防同类事情的发生。这样,社会工作者就承担着如下多重角色:

（1）儿童青少年服务的提供者。社会工作者首先是向儿童和青少年提供服

---

① 王思斌著:《社会工作概论》,高等教育出版社 2005 年版。

务的人,这里的服务既包括提供心理咨询和意见咨询,也包括提供物质帮助和劳务服务。服务提供者是社会工作者的首要角色。

（2）儿童青少年的支持者。社会工作者面对儿童和青少年,不但要为他们提供直接服务或帮助,也要鼓励他们在可能的情况下自强自立,克服困难,即"助人自助"。因此,儿童青少年社会工作者应该成为儿童和青少年积极反应的支持者、鼓励者,并应尽量创造条件让这些孩子自立或自我发展。

（3）儿童青少年发展的辅导者和社会行为的倡导者。在一定情况下,儿童青少年社会工作者应该成为儿童和青少年采取某种行为的倡者,即当服务对象必须采取新的行动才能有助于其走出困境时,社会工作者应该向其倡导某种合理行为,并指导他们以使其成功。应该指出的是,这里的倡导不是不顾受助者接受程度的强行推动。

（4）儿童青少年事务的管理者。在社会工作过程中,儿童青少年社会工作者应该对该过程进行有效控制,同时,他必须对与助人相关的诸多资源、信息进行协调、安排和管理,以实现该过程的高效率,特别是不出现意外问题。管理者的角色不但对社会行政工作十分重要,对个案工作、小组工作和社区工作也同样重要。

（5）儿童青少年社会资源的获取者。在许多情况下,儿童青少年社会工作者为了有效帮助服务对象,常常需要求助于其他社会工作者、机构,甚至政府和广大社会,向他人争取受助者所需要的资源,并将它们传递到受助者手中。争取资源是儿童青少年社会工作者的责任。

（6）儿童青少年政策的影响人。由于某些有关儿童青少年的社会问题并非由个人生理、心理因素所引发,而是由社会、制度因素造成,因此,对造成这种问题的政策或制度进行改变就是必要的。而儿童青少年社会工作者应该将其工作经验反馈给相关政策制定者,以避免社会问题的发生或减缓社会问题。

儿童青少年社会工作者还承担转介服务,承担儿童青少年社会工作研究的责任等。

思考题

1. 怎样界定儿童和青少年概念? 举一个例子说说你对儿童观及青少年观的认识。

2. 什么是儿童社会工作? 什么是青少年社会工作?

3. 怎样理解儿童社会工作及青少年社会工作的价值?

4. 你怎样认识儿童和青少年社会工作者的角色?

儿童青少年生理、心理与社会性发展

所谓"发展"乃是生物学与心理学上所使用的名词。其意思是指一个生物个体在解剖结构及生理与心理功能上,依一定的程序,由简单、幼稚、原本的状态,逐步演化、转变、成长,变成较复杂、完整、成熟的状态,渐而衰退、老化的整个程序与现象。儿童、青少年阶段是人生发展过程的重要时期,人在儿童期和青少年期,身体快速成长、心理方面由不成熟的自我发展到成熟的个体,社会适应能力也得到不断发展。本章中主要介绍儿童青少年在该时期的具体发展状况,并用弗洛伊德发展理论、艾里克森的生命阶段理论、皮亚杰的认知发展学说等理论分析儿童青少年的不良发展问题,从儿童青少年社会工作的角度出发分析介入策略。

第一节 儿童生理、心理与社会性发展

儿童阶段是指人从出生到性成熟前的人生阶段,它又可以分为 0~6 岁和 7岁至性成熟前两个阶段。在这个过程中,儿童完成了生理、心理和人格的发展,如果受到个人、家庭环境、学习环境、社会经济环境中不良因素的影响,则容易出现行为障碍、发展障碍等不良行为问题。儿童社会工作者应把握不同阶段儿童的基本特性,根据具体情况制定不同的服务方案。

一、儿童生理发展

儿童的生理特征发展有一定规律。出生前已经形成基本的身体结构和组织系统,出生后成长极快。出生后到 3 岁是婴儿期和学步期,所有器官开始运作,身体和肌肉技能迅速成长;3~6 岁期间,婴幼儿的肌肉技能得到良好发展。就动作而言,儿童最早的活动由手开始,逐步过渡到脚和头可以活动,再进一步就是爬、坐、站、跑、跳等活动。6 岁到性成熟前,儿童的身体成长相对缓慢,但是力量和运动技能提高。在儿童成长过程中,环境因素有一定影响。良好的环境能促进儿童的动作发展,不良环境则反之;情况愈偏离正常,儿童的动作发展所受到的限制越大。

二、儿童心理和人格的发展

　　心理和人格发展是儿童成长的重要组成部分。从出生到 3 岁期间,儿童已能学习、记忆、快速理解,语言和自我意识得以发展。2~3 岁的儿童动作得到较好发展,可以做力所能及的事情,并逐渐形成独立意识。3~6 岁的儿童可以通过游戏活动,发展其创造力和主动性。在此期间,儿童已由以自我为中心的行为转为对世界存在非逻辑的看法,儿童享受游戏、进行创造和想象。一般而言,0~6 岁的儿童比较需要刺激,成人经常与他们说话,让他们观察移动的物体,尤其会使新生儿变得聪明。0~6 岁是儿童最重要的人格形成期,其动作、语言已逐渐成熟,认知、社会化、道德、家庭关系初步形成,人格基础已经奠定。从 6 岁到性成熟前的阶段,儿童的自我中心主义开始减弱,逻辑思维、语言和记忆功能有所增加,自我概念、自尊和交朋友变得重要;他们已学会用符号。到十二三岁,他们的思考及推理能力有了明显发展,开始有自我实现的能力。

　　社会化是儿童的重要任务。儿童社会化过程有如下两个特征:第一,0~6 岁儿童最早通过哭笑表示情感,随后逐渐对亲近者有依恋行为,并开始与同伴和其他成人交往。正是在社会化过程中,他们逐渐发展了自我。在此期间,主要由家庭承担教化任务,父母训练儿童适当的行为规范,以使之逐渐合乎社会标准。后期,虽然家庭依然是生活的中心,但是托儿所或幼儿园老师、同伴等也有重要影响。作为照顾者,家庭成员和幼儿园老师从前所受的教养方式对儿童的语言发展具有重要影响。第二,学校和朋友开始成为 6 岁到性成熟前儿童的主要活动领域和交往对象。课程学习成为他们的主要活动。在此阶段,游戏也已变得与课程同等重要,并会对儿童的身心发展、教育、道德形成、社会化发展等产生积极影响。9 岁以后,儿童会有几位要好的同学和朋友,其关系之密切甚至超过家人。对 6 岁到性成熟前的儿童,家庭经济状况和父母期望会对其学习认真程度和勤奋程度有一定影响,学校的规范和环境、同学和朋友则对其人格和发展产生相当大的影响。

　　由于儿童所处的发展阶段不同,儿童的生理和心理表现出不同的特点,对成人社会的服务需要也不尽相同:(1)新生儿期是新生儿离开母体开始建立个体生活的时期,在这个时期,新生儿对外界的适应能力较差,易患疾病,需要父母的细心呵护。(2)婴儿期的儿童生长发育特别快,在与外界环境的接触中逐渐促进了语言、思维的发展,运动和对外界环境的反应能力也随年龄的增长而增强。但是,此阶段的儿童由于对外界的危险事物缺乏识别能力而易受到伤害,需要谨防意外事故的发生。(3)幼儿期的最大特点是大脑皮层发育更为完善,利用语言和简单文字进行学习的能力逐渐增强,智力发展较快,理解力加强。这一时期的儿童不仅能用语言表达思维和感情,而且能够做细微的手工和轻微的劳动,表现出好问、好奇、好模仿的强烈求知欲。（4）学龄前的儿童：这个时期智力、求知、理解和学习能力增强，需要全面培养。

在以上的各个阶段中，婴幼儿时期最重要的心理需求是父母亲的关怀和爱护，特别是来自于母亲的爱。母亲的爱抚会给婴幼儿带来安全感和信任感，并获得一种愉悦的情绪，这种情感又会进一步促进其生理功能的正常发挥，从而建立一个健全的人格特性。如果剥夺了母亲的关怀和爱护，婴幼儿的生理、智力甚至未来的社会发展将会受到严重的影响，甚至可能导致其生理和心理方面病态现象的发生。此外，在动作、语言、认知、道德、社会化及人格发展方面，婴幼儿最重要的学习方法是模仿，而父母的行为就是婴幼儿的榜样（见表2－1）。

表 2－1　儿童身心发展的描述

年龄	动作与生理	认知与行为	语言与思考	社会行为与个性
1个月	不规则活动，头能向侧活动	对大声有反应，会注意光源	能哭叫，开始咿呀出声	对陌生人无特殊反应，开始表现出不同气质
2个月	能暂时抬头	能追视移体	能发和谐声调	对逗弄声反应
4个月	能翻身，能保持头平衡	熟练追视移体，用手抓物	大笑，喃喃学语	可被逗笑，对陌生人呈不安全反应
6个月	可独坐，可扶着行走	用单手抓物	模仿单调声音，发出"妈妈"声	认得熟人面孔，能与熟人嬉闹
12个月	可独立站立，可扶着行走	能乱画线条，重叠两块积木	学讲单词，会学狗叫	自己学用调羹吃饭，对人开始有喜憎情绪
2岁	能跑，踢东西，独自上下楼梯	能画直线、圆圈，重叠四块积木	能说简单词语，如椅子、桌子	自己穿衣服，控制大小便，知道自己的名字
3岁	能骑三轮小车	能画十字，能辨几种颜色	背诵短歌词	能自己进食，与他人进行平行性游戏活动
4岁	能轻巧下楼梯，能独立站立	能计数至三，能画三角形	正确使用以、在等介词	自己洗脸、刷牙，可以表现自己喜好和个性
5岁	能单脚独立跳	能计数至十，能画星形	能唱短歌	可玩比赛性游戏
6~7岁	能做手工	能区别东西的异同，会写单字句	能直接观察，懂得是非	可上学念书，静坐听，能守规则
8~11岁	动作灵巧，身体发育长大	理解具体概念，模仿力强	懂得举例说明，记忆力好	与同性朋友要好，淡视异性朋友
12~14岁	青春发育，出现第二性征	理解抽象概念	懂得假设推理	渐对异性朋友感兴趣，与父母疏远，亲近同辈

三、儿童生理与心理发展障碍

（一）儿童期常见的儿童行为问题

1. 一般性行为偏差，如吮手指、咬指甲；

2. 学校行为问题，如逃学、厌学、课堂干扰、考试焦虑等；

3. 行为障碍，包括多动性障碍症、品行障碍、情绪障碍和进食障碍等；

4. 发展障碍，包括各种类型的言语发育障碍、精神发育迟缓、广泛性发育障碍、儿童学习困难与学习技能障碍等；

5. 性行为障碍，包括性变态、同性恋、性识别障碍等。

不同年龄阶段的儿童在行为问题方面有所不同。0～3岁幼儿的问题行为主要表现为拒食、吮手指、咬指甲等；3～6岁儿童的问题行为主要表现为发脾气、暴躁、攻击行为、语言发育缓慢、精神发育迟缓等；6～14岁儿童的问题行为主要表现为行为障碍症、强迫症、学习障碍、品行障碍、性行为障碍等。此外，在儿童成长过程中存在的问题还主要表现为性格和气质上的缺陷，表现出娇气、骄横、任性、自私、懒惰、冷漠等不良性格，缺乏勇敢、刚强、大度、坚忍等优良性格。

（二）影响儿童不良行为的主要因素

人的任何行为都是通过学习获得的，在儿童行为发育的过程中，如果受到各种不良的先天或后天因素的影响，则可能发生行为问题。这些不良因素主要有以下几个方面：

（1）个人因素。包括在胎儿期、出生时即婴幼儿期，由于各种原因的脑损伤导致不同程度的行为问题；各种慢性病和体格缺陷导致不同程度的行为问题等。

（2）家庭环境因素。包括不良的家庭环境和父母亲不良的育儿态度所导致的儿童行为问题。

家庭是儿童生活的重要场景，其功能正常与否在很大程度上影响着儿童各项功能的正常发展。家庭对儿童的影响表现在家庭形态变化和家庭教育不当等方面。第一，独生子女家庭和核心家庭越来越多。由于社会竞争激烈，父母为维持工作需要投入相当的时间和精力，亲自关爱、抚育、管教和照顾子女的时间比上一代大大减少，老人和托儿所则发挥越来越大的作用。与此同时，大多数儿童是独生子女，缺乏与同伴竞争、合作从而共同成长的客观环境。第二，离婚家庭对孩子有相当影响。父母离婚会使得子女震惊、失落、紧张、愤怒及烦恼，导致他们出现学习成绩下降或违规犯错的倾向。第三，家庭教育两极化。表现之一为责任两极化。某些家长因忙于生计而无暇照顾子女，某些家长则连孩子的生活细节也事必躬亲。这些都在一定程度上形成了儿童的无责任感、退缩、胆小害羞等特性，可能导致儿童不适应学校环境的严重后果。表现之二是期望两极化。某些小康之家望子成龙要求子女什么都学以实现全面发展。一些贫寒家庭则为维持生计整日操劳,没有时间为子女策划未来,子女自由发展成为不得已的唯一选择。第四,虐待儿童在一定程度上存在,由于子女早产、性别不理想、智力落后、精神异常、不会回应父母之爱、表现差,某些儿童往往在身体和精神上得不到爱护和良好照顾,权力及地位被剥夺,甚至可能受到性伤害。这些现象都可能进一步导致儿童的智力不足、学习无能、自我概念不佳、无快乐、不信任他人,甚至引起行为变异。

(3)学习环境因素。从儿童进托儿所、幼儿园到中学毕业,很多时间都是在学校度过的,学校环境的好坏直接影响到儿童的行为发育。

学校是向儿童提供学习知识、技术并且训练其社会化的重要场所。儿童接受的教育大致分为学前教育和小学学习两个阶段。通过学校生活,儿童由以家庭为主的生活进入了家庭与学校并存的社会系统,老师和同学成为重要的交往对象。每个学校都有不同的人员、规范、训练方法及校风,每个班级又有不同的亚文化,同学群体中有共同接受的观念和行为方式,这些都一定程度上塑造了学生的价值观和行为。在我国,学校教育始终以知识传授为主,体育、德育和技能教育还没有取得应有的重要地位,教育尚未真正注重学生的全面发展,也缺乏专门针对儿童偏差行为设立的咨询和辅导机构。因此,目前的学校教育并没有弥补家庭教育的某些不足,也没有在家庭教育的基础上有所提高。

(4)社会经济环境。儿童的不良行为发生率有明显的城乡差别和发达地区与不发达地区的差别,说明儿童不良行为的发生与社会经济环境有关。

四、儿童社会化

人从呱呱坠地开始,就通过感官和社会进行交往,从而逐步认识社会、了解社会、适应社会、改造社会,最终实现从"生物人"到"社会人"的转变。这个转变过程就叫做社会化。所谓社会化,是指一个人学习生活技能、掌握行为规范,以取得社会生活适应性的过程。

儿童是人社会化的最初起点。不管在什么地方出生,儿童的社会化过程大致是相似的——通过与他人的互动,婴儿从自然人转化成为社会的存在。人在童年时期,已被教会了社会所期待的行为模式、语言、技能、道德,以及如何去扮演一系列角色。即使成年后,社会化在人的整个一生中都在继续——在人的发展的每个阶段,包括出生、童年、少年、青年、成年、老年直到死亡,社会化都是存在的。

儿童完成社会化的重要途径有家庭、学校、同辈群体和大众传媒。具体表现如下:

1. 家庭。家庭作为社会的细胞,是儿童成长的主要环境,也是少年儿童社会化的初始途径。儿童自出生起,就生活在各自家庭之中,成为一个特定的角色。他不但与父母形成亲密的依恋关系,还通过模仿,在父母的关怀与指导下,学会了认识自己是谁,能够和应该从社会中期望什么,这个社会对他们期望什么,通过在家庭中学习日常生活技能,体验人类的社会性情感,从而迈出社会化的第一步。

2. 学校。学校(包括幼儿园等)是儿童社会化的最初社会群体,也是儿童社会化的主要渠道。与家庭教育的个别性不同,在学校,儿童接受教育具有集体性,接触的社会面更广,接受的教育更为科学、系统,儿童通过学习掌握人类社会千百年来积累起来的文化知识,了解掌握在这个社会和文化传统中他们所需要的技能、态度、道德和社会行为规范,形成独立生存与发展创造的能力。

3. 同辈群体。同辈群体是少年儿童社会化的主要伴侣,每一个少年儿童都必须参与并认同于一个同辈群体,孩子通过与小伙伴的游戏玩耍和交往互动,在群体之间形成了社会文化传递,使孩子产生了价值认同,形成平等、依赖、合作关系,从而促进其社会化过程。

4. 大众传媒。随着知识经济时代的到来,社会传媒有了空前的发展。社会传媒对少年儿童的影响可以说无处不在,无所不有,对少年儿童的社会化产生了全面的影响。现代大众传媒扩大了儿童认识世界的途径,给他们提供了更加丰富、更加快捷、更加全面的认识世界的手段;传媒缩小了儿童之间由于民族、地域、经济、文化不同所造成的差异。这些大众传媒既为孩子提供了现实的世界与行为的信息,又提供了理想化的少年儿童形象,不论是动画式的还是童星式的,使得众多少年儿童不再以父母要求为自己的目标,而是以某个理想形象为统一的楷模,用以学习和模仿,由于儿童的鉴别能力差,因此在社会化过程中容易受到不良因素的影响。

五、儿童社会工作的介入

社会工作需要把握不同阶段儿童的基本特性,剖析偏差行为的微观机制,即儿童的心理层面,同时也需要领悟儿童问题乃至偏差行为的宏观原因。这些原因可能与家庭、学校、社区、媒体等多种因素有关。鉴于健全家庭是造就健康快乐儿童的关键环境,社会工作者在协助儿童之际,可以推动和协助弱势家庭维护良好的家庭环境以改善其功能,在知识和行为上教育父母,促进其加强与儿童的沟通,为儿童提供最直接的、良性的、学习和模仿的对象。社会工作者可以推动教育机构及其主管部门,充实学前教育,修订课程结构,设计有利于儿童综合发展的课程模式,营造良好的校风、教风和学风,并把学校社会工作作为学校生活的重要组成部分。社会工作者应该推动和协助社区净化学校附近的物质和人文环境,促进学校和社区的双向交流,以及时把握儿童的问题和需要,提供快速有效的社会服务。社会工作者应该倡导政府出台有利于儿童发展的社会政策,制定合适可行的儿童权利保护、儿童发展和儿童福利的条例或计划,对各种不同儿童的权利和需要进行专门的说明。

第二节　青少年生理、心理与社会性发展

　　青少年时期是人生发展中的一个重要时期,该时期生理快速发展、心理逐渐成熟、抽象与逻辑思考的能力不断增强、社会能力全面发展,表现出了与其他年龄层所不同的生理、心理特征及相应的需求。作为一个承上启下的重要阶段,本阶段也常常被称为成长期、混沌期、危险期和反抗期。在该阶段青少年不论在生理上还是在心理上都显现出不稳定发展的特性,容易出现逃学、早恋、适应不良等生理与心理发展障碍。青少年社会工作者应坚持正确的青少年观,运用专业的方法和技巧,从青少年身边的具体事情入手,促进他们行为矫正和健康发展。

一、青少年生理发展

　　青少年是一个生理发展的特别时期,生理的快速发展是青少年最明显的特征,在这个阶段中青少年个体的身高、体重、骨骼、内脏等都有十分显著的发展变化,特别是性特征的发展尤为突出。这个时期青少年生理的发展变化可以说经历了从量到质的飞跃,由于生理发展迅速,常会发生一些身体各部分发展的失衡问题,如何帮助青少年正常面对身体的成长变化和正确认识性的渐进成熟,尽量避免或解决身体发展中的失衡问题,是青少年社会工作所面临的广泛而又普遍的一个问题。

　　青少年在性成熟后,生长迅速,开始出现性别差异。即男孩开始长胡须、腋毛、阴部毛;声音变调,变得粗些,喉咙的软骨也突出;四肢及肩膀的肌肉也变得粗壮和宽厚,形成男性形体。最重要的是开始排泄精液,有梦遗现象。女孩乳房长大,腰部开始肥满,形成女性体型。除了也长腋毛、阴部毛以外,来初潮,按周期来月经,表示能定期排卵,有怀孕的生理能力。

　　一般来说,女孩比男孩的青春期来得稍早,通常在 11 岁至 13 岁发生,男孩大概要晚一年或半年,12 岁至 14 岁发生。女孩身高增长大约先于男孩 2 年左右;无论男孩女孩,他们的身高每年至少增长 6 ~ 8 厘米;到 14 岁左右,男孩的身高又将超过女孩。与此相应,他们的体重也相应稳步增加,女孩 13 岁前和男孩 15 岁前,体重每年增幅至少为 5 ~ 6 公斤。其中,女孩体重和身高同时开始增加,男孩的体重增加大约晚于身高增加 2 年。

二、青少年心理发展

　　青少年是人生发展的关键期,是一个从不成熟的自我逐步走向成熟的自我的过程,对一生的影响是全面而又根本的。这一时期最为常见的是伴随成长而发生的各种问题,包括情绪的不稳定、缺乏安全感、不知如何与异性相处、理想与现实不符的困惑、自我意识的高涨所引发的对家庭和学校及社会的不满、批评和反抗等。

在智能发展方面,青少年的心智已达到一定程度的成熟状态,具有抽象与逻辑思考的能力,多能自由思考、推理与判断,是初步形成人生价值观的重要时期。在乐于思考、勤于思考的同时,有时不免产生幻想,因此,需要帮助青少年及时建立正确的是非道德观念,培养其独立发展、自我负责的能力,使其成长为切合实际、理性思考的成熟个体。

三、青少年社会发展

青少年在经历了生理、心理、智能发展的同时,也迈出了由生物人像社会人转变的关键一步。这一时期的青少年作为一个特殊的社会群体,因其生长发育的特殊性以及在社会生活中的特殊位置而成为现代社会的一种文化现象。这种文化现象具体表现在他们在参与各种社会活动中所表现出的不同价值观、行为规范、思维方式和人格特征,从而形成了一种特有的青少年亚文化现象,这种文化既有其积极的意义,也有不安定的因素,而且还带有明显的反叛性特征。这些都可以归纳为是由于社会的变迁而给青少年带来的影响,因此,如何帮助青少年适应现代社会的发展是他们所迫切需要的服务。

在青少年期,人们的家庭、学校、同班和社会等方面呈现出各自特征。首先,少年和青年与家庭的关系有所不同。多数少年与家庭关系良好,冲突或敌对情况较少出现。其中,部分家庭比较关注孩子的表现,父母对子女的不良行为比较焦虑,但是也可能因失望而对孩子不加爱护。而也有部分家庭的父母由于忙于谋生而对子女教育不足和不当,使子女缺乏应有的父爱和母爱,青少年的许多其他需求得不到满足。一般而言,越轨少年多出现在家庭管教不严的家庭。与少年不同,青年与朋友的关系要好于少年,他们经常与朋友沟通,真正的私人信息不愿告诉父母,但与父母依然保持比较良好的关系。作为青少年生长的传统系统,正常的家庭尊重青少年的独立性,在发现其学习、就业、交往中的异常行为后,会进行积极沟通,并提出建设性对策。但是,不少家庭或者对青少年管得过松,听之任之;或者反之,不给孩子以自由。这两种极端都不利于孩子的健康成长。

学校是青少年社会化的重要阵地。目前,国内的学校依然以升学率为主要目标,价值观、技能、职业道德等得不到多数学校的重视,成绩依然是评判学生优劣的核心标准。在很多学校中,基本没有体现教学双方的平等关系,学生是学校中的弱者,对学生的体罚甚至侵犯也时有发生。在本年龄段,青少年与双亲和教师关系疏远,与同伴的关系极其亲密。与儿童阶段不同,青少年的同学和朋友已成为社会支持网络中的重要部分,并会对其本人产生重大影响。

四、青少年生理与心理发展障碍

青少年身心发展问题的表现形式很多。逃学、早恋、婚前性行为、适应不良、心理失调、精神病态、人际关系紧张、吸烟、吸毒、酗酒、沉迷网吧、少女怀孕、亚健康、暴力行为乃至犯罪等都是青少年身心发展障碍问题的重要表现。家庭不完整不和谐或陷入经济困境的青少年更有可能出现问题。

青少年的身心发展障碍是一个复杂的社会形象,各学科都对青少年的身心发展障碍做出了多种理论解释。

(1)社会控制理论认为,如果文化规范、道德信仰和相关人物不足以规范青少年行为,那么他们就可能出现越轨行为。青少年的多种行为问题显然与追求享乐、注重短期利益等风气、转型时期的社会失范有关。例如,不少青少年就是因为追求及时行乐而又自身实力不足而走上犯罪道路的。家庭关系不完整或不和谐的青少年更有可能出现不良行为。

(2)社会学习理论认为,观察学习时获得是成长的重要途径,而朋友是学习的重要对象。如果自己的想法或行为得到朋友认同或者认知奖励,则其本人就学习到新的规范。青少年喜欢与同类人交往,吸烟、吸毒、酗酒、沉迷网吧等可能就是向朋友学习的结果。

(3)拉力理论认为,边缘化、挫折、脱离学习与工作、低成就、社会不平等感等会引发青少年的越轨行为。如果害怕孤独,青少年就喜欢集群。如果不良行为者在努力改正的过程中,依然受到社会的歧视,他们就会受到同伴的拉力,累犯的可能性就相对较高。

(4)认知发展理论认为,早期行为影响后期行为,并可能是后期行为的前兆;认知偏差可能会导致行为方面的后果:"一朝被蛇咬,十年怕井绳",说的就是这个道理。幼时对事情是否有信心、把握信息是否理性、自我控制是否有效,都会影响青少年的行为。

五、青少年社会工作的介入

(一)青少年社会工作的介入原则。

从青少年身心发展的角度看,青少年社会工作要特别重视三个介入原则。

1. 必须坚持社会工作的价值观,特别是正确的青少年观

青少年期是人生的"多事之秋","反叛"、要求独立以及不断面临着"心理断乳"而带来的震荡,是这一时期青少年身心发展和社会成长的主要状态。爱出风头、标新立异、唯我独尊等,也是许多问题青少年的主要行为特征。因此,要做好青少年的社会工作,社会工作者就更加需要运用和秉持接纳、不批判、尊重、保密、个别化和案主自决等社会工作的价值原则,坚持把青少年看成能动的、有潜能的、独特的人。

2. 要特别强调专业的方法和技巧

做青少年工作当然也需要说教和灌输,但是基于青少年的年龄特点和行为

特点,通过精心设计和安排,采用将社会工作价值理念融于其中的个别辅导、角色扮演、小组游戏、技巧训练、集体活动等方式,对青少年进行启发、帮助和促进式教育,才可能获得好的效果。

3. 从青少年身边的具体事情入手

青少年工作当然也需要教导青少年树立远大的理想,但是远大的理想不是空中楼阁,它的确立与青少年具体问题的解决以及青少年一点一滴的进步是联系在一起的。在青少年时期,人生面临着许多困扰、迷恋甚至危机,对此,青少年社会工作就是要从解决青少年在成长过程中所遇到的具体问题着手,帮助青少年学习和掌握克服困难的方法,逐步确立正确的人生观和价值观,推动青少年努力把自己塑造成一个对社会、国家和他人有用的人。

(二)青少年社会工作的介入角度

从社会工作的视角,青少年的行为问题主要在于人与环境的不适当互动,表现为个人原因和环境原因两个方面,其中有些原因是不可改变或很难改变的,另一些则可以改变。推动可变的个人因素或环境因素朝积极方面变化,是帮助青少年与社会环境达成平衡的根本手段。青少年的成长,归根结底就是对环境的适应。所以青少年社会工作特别重视两个主要方面。

(1)针对个人原因,青少年社会工作一般采用微观的社会工作手法

例如,针对心理失调,就可以采用肌肉松弛法、系统消敏法。针对越轨问题,如果是因为青少年没有认识到行为是否越轨,那就可以采用认知治疗法;如果是因为青少年不懂如何进行规范行为,那就可以采用行为治疗法。

(2)针对社会环境方面的原因,青少年社会工作需要根据具体原因分析采用相应的对策

例如,如果人际关系不佳是缘于青少年缺乏交往技巧,那就可采用社区工作手法,开展针对性的教育项目进行交往知识的培训。由于青少年行为问题的原因机制极其复杂,而青少年又以学校为主要活动场所,因此,针对可能的多个原因采用整合手法,以学校为基础,整合家庭、社区、社会的多方面,提供专业服务是舒缓、解决和预防青少年行为问题的重要方法。

第三节　儿童与青少年生理、心理发展的理论解释和描述

儿童、青少年生理、心理发展涉及心理学、社会学、哲学等不同学科领域,其中心理学各学派的相关论述,特别值得重视。弗洛伊德发展理论认为,人格发展经历本我、自我和超我三阶段,婴儿期形成本我,幼儿期形成自我,到6岁儿童期才发展超我。本我主要满足个人欲望,但往往被超我视为不道德,从而两者会发生矛盾,

自我是其中的调停者。艾里克森的生命八阶段理论中提到,婴儿期的信任,幼儿期的自主、积极,儿童期的勤奋,青少年的自我认同,这些对孩子的发展很重要,如果完成了任务就会有助于形成良好的人格特征,否则就面临心理社会危机。皮亚杰的认知发展学说则把一个人从出生到青春期分为:婴儿期、幼儿—孩童期、孩童—学童早期、少年学童期和青春期;另外,如鲍尔比的依恋理论、柯尔伯格的道德发展理论、沙利文的人际关系理论、文化人类学理论都对儿童青少年心理、心理发展有一定的解释。其中心理学各学派的相关论述,特别值得重视。

一、弗洛伊德发展理论对儿童青少年的描述

弗洛伊德(Freud)的心理和性理论在心理治疗方面影响深远。该理论认为,欲望是人的重要基础,是一种心理和性的能力。人从出生到18个月是口腔期,快乐主要来自刺激嘴部的经验,如吮吸奶瓶;18个月到3岁是肛门期,主要快乐来自刺激肛门的经验,儿童可以在控制便溺中得到满足;3~6岁是性器期,快乐来自刺激性器官的经验,儿童爱恋异性父母而仇恨同性父母;6~12岁是潜伏期,会压抑或否认性方面的要求,这表现为男女儿童壁垒分明;最后一个时期为生殖期,被压抑的性欲开始释放,青少年对异性的兴趣得以恢复。弗洛伊德认为,在不同时期儿童的各种需要都应该得到恰当满足,满足太多或太少都会使人格发展受到影响,并可能导致其人格变异(见表2-2)。

表2-2 弗洛伊德心理与社会的理论

发展阶段	年龄	名称	特征
一	出生~18个月	口腔期	快乐来自刺激嘴部的经验
二	18个月~3岁	肛门期	主要的乐趣来自刺激肛门的经验
三	3~6岁	性器期	快乐来自刺激性器官的经验,幼儿有恋父情结或恋母情结
四	6~12岁	潜伏期	压抑或否认性方面的需求
五	青春期~成年期	生殖期	性成熟有性需求及生殖的能力

弗洛伊德人格发展理论对社会工作的影响相当大。该理论认为,人格发展经历本我、自我和超我三阶段。婴儿最早是形成本我,表现与生俱来的欲望,旨在满足基本生理需求。在幼儿期,儿童在父母教导下逐渐可以分辨他人与自己,3岁开始发展自我。本我遭遇挫折,欲望在现实中被粉碎,即产生自我。自我是现实取向的,常常为本我服务。到6岁儿童才发展超我,超我是道德取向的,是对应该怎样和不该怎样,以及对良知、是非、对错的判断。本我主要满足个人欲望,但往往被超我视为不道德,从而两者会发生矛盾,自我是其中的调停者(见表2-3)。

表2-3　弗洛伊德的人格发展理论应用

项目	开始发展年龄	特征	发展不均或不良的影响	备注
本我	出生就有	满足基本生理需要	本我太强,自我不能控制,容易受物欲引诱,而有犯过或犯罪行为	
自我	三岁开始发展	调和本我及超我而做决定	自我功能不佳,不易做正确的决定,易受不良游伴引诱而犯罪	
超我	六岁开始发展	超我类似于道德感、良知、是非对错的观念	超我太强,本我被压抑,自我不能伸张,容易成为心理失调或精神疾病或高度抑制型的人格特征	年龄未满6岁的儿童不易发展超我

二、艾里克森的描述

艾里克森(Erikson)在弗洛伊德的人格理论的基础上强调社会环境的作用,并提出了生命周期八阶段理论。该理论认为,人生各个阶段都有自己独特的任务,人们从其中的正反经验中发展出特定的品质。一般地,人们完成了任务就会有助于形成良好的人格特征,否则就面临心理社会危机。比如,婴儿的爱的需求和满足得以实现,就会形成信任意识,否则就会对他人产生不信任,影响以后的人格发展。2~3岁时应允许其探测环境或做力所能及的事,3~5岁时应该让孩子独立策划做游戏,这样就会发展其创造力和主动性;反之,挫伤儿童的创造性就会使孩子产生罪恶感。6岁直到性成熟前,孩子主要是在学校学习,勤奋学习是其积极发展的需要;如果动机不强、学习能力差就会形成自卑意识(见表2-4)。

表2-4　艾里克森的生命周期理论

期别	发展阶段(年龄)	任务(需求)	特征(心理社会危机)
一	婴儿期	爱的需求满足	信任对不信任
二	幼儿期(2~3岁)	探测环境	自主对羞愧
三	幼儿期(3~5岁)	独立策划做游戏	积极对罪恶感
四	儿童期	学习学校里的课程	勤奋对自卑
五	青少年期	认识自己——身份的确定	自我认同对角色混淆
六	成年期	社会化发展增进人际关系	亲密对孤立
七	中年期	事业发展有助人意愿	创造力对停滞
八	老年期	对一生成就之检讨	自我整合对绝望

三、皮亚杰的认知发展学说

由心理学家皮亚杰（J. Piaget）提出的认知发展学说，乃是从"认知"的角度描述一个人从出生到青春期前后的发展情况。依皮亚杰的研究与观察，一个人的认知发展大致可分为五个阶段，阶段划分与弗洛伊德、艾里克森的划分不同。

（1）婴儿期（0～2岁）：感觉动作阶段。对外界的了解主要依靠感觉与动作。比如婴儿对于能看到、吃到或者摸到的东西，都能知道它的存在。

（2）幼儿—孩童期（2～4岁）：观念前思维阶段。"观念前思维阶段"指象征性的"观念"尚未建立，这个阶段的儿童其判断与思考主要依赖于自己对人、物、事件所直接观察与体验到的现实结果为依据，象征性的观念还是难以接受。

（3）孩童—学童早期（4～7岁）：直觉思维期。4岁以后的孩童，其认知发展逐渐脱离了"观念前思维期"，逐渐进入"直觉思维期"。对事物的认知有进一步的发展，虽然无法靠观念来直接思考，但能凭直觉来判断。

（4）少年学童期（7～11岁）：具体运用阶段。这个时期已经不需要完全靠自己的知觉与观察来解释一切，可以凭说明、解释、举例来获取许多资料与知识。

（5）青春期（12～17岁）：形式运用期。其思考方式已经成熟，跟成人的思维很相似。懂得试验、假说、推理这类形式化的思考应用，称为形式运用阶段，可以从复杂的资料与信息中，看出其前后因果关系，得出结论，表现其思考之成熟。

四、其他理论角度

有关儿童青少年生理心理发展的理论众多，主要是解释的角度有区别。如鲍尔比（Bowlby）的依恋理论认为，婴幼儿对母爱的需求十分强烈；同时，婴幼儿对父母分离会产生焦虑。他们不仅接受父母之爱，也会诱导双亲来爱他们。如果在0～3岁期间缺乏母亲的抚育和照顾，儿童的生理、智力及社会发展均极其缓慢，并可能引发儿童生理和心理的病态。柯尔伯格（Kohlberg）的道德发展理论认为，人类道德发展可以分为前道德期、习惯期和原则期。前道德期为7岁前，分不清是非，这时的行为通过奖励和惩罚予以控制。习惯期需要遵守成人或他人的意见，实现社会所期望的行为。沙利文的人际关系理论认为，亲密关系是青少年发展的重要推动力，而缺乏良好的人际关系则会导致人的心理失常，这个理论解释了青少年的适应问题。学习理论则认为青少年的成长就是一个学习的过程，学习是在刺激和反应之间建立起的连接活动。青少年的行为与人格是学习的结果，他们所处的环境影响和造就了其行为。因此，学习理论认为青少年的教育就是安排学习情景，提供相应的目标，并根据青少年的表现给予强化或惩罚。人文主义侧重于使用技能训练、刺激等手段，在促进儿童、青少年身体发展的同时，培养一种独立自主的自我精神，强调的是自我选择和潜能发挥。文化人类学理论研究不同文化间青少年发展与社会文化发展的关系,指出大多数青少年现象是由环境和文化综合决定的,青少年不应仅仅被看做心理学的概念,更应看成是文化的真实存在。该理论提出了青少年亚文化的理论。青少年中盛行着亚文化,研究青少年的侧重点应放在研究代与代之间文化传递的过程这一方面,而角色冲突首先也会表现为文化的冲突,而非政治、社会的差异以及沟通的不畅等。

思考题

1. 简述儿童生理、心理的特征。
2. 从心理健康发展的角度,你认为青少年的主要心理特征是什么?
3. 你觉得怎样解释儿童青少年的发展最有说服力? 为什么?

儿童青少年社会工作理论

社会工作者在开展儿童青少年服务的过程中,离不开相关理论的支持。只有在专业的理论指导下,儿童青少年服务才能取得实质性的效果。儿童青少年社会工作理论有来自心理学的,如精神分析理论、行为主义理论、认知理论和人本主义理论;有社会学的外借理论,如偏差行为理论、角色理论、符号互动理论等;还有产生于社会工作实践基础上的内生的社会工作理论,如生态系统理论、社会支持网络理论、增权/充权理论等。

第一节　儿童青少年工作的心理学理论

儿童青少年发展不仅指身体上的成长与变化,而且指心理方面的发展与变化。儿童青少年身心发展的一个突出特点是不平衡性,特别是处于青春期的青少年,身体的发展快于心理的发展。在面对激烈的社会环境变迁时,儿童青少年的心理往往受到强烈的震动和冲击,心理活动呈现剧烈的变动状态。心理学中有关儿童青少年的理论是我们了解儿童青少年心理发展历程,帮助儿童青少年解决成长中的问题,促进其健康成长的重要指导。它包括:精神分析理论、行为主义理论、认知理论、人本主义理论等。其中,弗洛伊德的精神分析理论强调人的内在的本能或者心理成长过程,本节从意识和潜意识、人格结构理论、性本能理论、生的本能和死的本能、心理防御机制等方面让我们了解儿童青少年的人格结构和心理结构;行为主义理论强调外在条件,注意外在的环境因素对于人格的影响,关心行为如何随着环境而改变,认为青少年的发展是由他们所生活的具体的外部环境决定的;认知理论强调人的已有知识结构对行为和当前认知活动的决定作用,承认人的主观能动性、意识的能动作用,强调对人的认知过程进行整体综合分析;人本主义理论强调以人为本的思想,重视自我价值的实现,认为在青少年时期很多问题都源自各种需要的变化与得不到满足。

一、弗洛伊德的精神分析理论

精神分析学派是现代心理学的主要流派之一,由于其强调无意识过程,也被称为"深层心理学"。精神分析理论属于心理动力学理论,是奥地利精神科医生弗洛伊德于 19 世纪末 20 世纪初创立的。

(一) 精神分析理论的主要内容

1. 意识和潜意识

潜意识是精神分析的核心概念,是弗洛伊德的理论基础。他认为意识是与直接感知有关的心理部分,无意识则包括个人的原始冲动和各种本能以及出生后和本能有关的欲望,这些冲动和欲望是被压抑或排除在意识阈限之下的,因而也称为潜意识。在意识和无意识之间还有一种前意识,就是在无意识中可召回的部分,潜意识则是不可召回的。弗洛伊德认为,许多心理障碍的形成,是由于那些被压抑在个人潜意识当中的本能欲望或意念没有得到释放的结果。

精神分析理论常用来解释青少年的逆反心理和抑郁症。例如一个学生在学校和家里一直扮演着"乖孩子"的角色,多年来,一直是父母或老师在指教着他,这个学生没有机会表现自我,但是在其潜意识当中,却可能有一股想挑战权威、大胆尝试的冲动,一直在寻找机会表现自己的个性,但是这种想法很可能不被父母和老师所认同,一直被他压抑在内心深处,一旦有机会他就会做出一些出格的事情。抑郁是一种转向内心的愤怒,处于抑郁中的人存有一种无意识的愤怒和敌意感。例如,他们可能想向家人或朋友大打出手(一个正常人就不会有这种感觉),但是这些行为不被社会所认同,每个人都有内在的、阻止人表现出故意的社会标准和价值观念,因此,这些愤怒感就无意识转向内心,人就会"向自己出气",如一些青少年常常生闷气或感到郁闷。

2. 人格结构理论

弗洛伊德认为人格结构由本我、自我、超我三部分组成。

本我即原我,是指原始的自己,包含生存所需的基本欲望、冲动和生命力。本我是一切心理能量之源,本我按快乐原则行事,它不理会社会道德、外在的行为规范,它唯一的要求是获得快乐,避免痛苦。

自我,是自己可意识到的执行思考、感觉、判断或记忆的部分,自我的机能是寻求"本我"冲动得以满足,而同时保护整个机体不受伤害,它遵循的是"现实原则",为本我服务。

超我,是人格结构中代表理想的部分,它是个体在成长过程中通过内化道德规范,内化社会及文化环境的价值观念而形成,其机能主要是监督、批判及管束自己的行为。超我的特点是追求完美,要求自我按社会可接受的方式去满足本我,它所遵循的是"道德原则"。

弗洛伊德认为在正常情况下,这三者是处于相对平衡的状态中的,而当自我不能协调好三者之间的关系时,这种平衡关系便遭到破坏。青少年自制能力差,容易受外界环境的影响,使自我屈从于本我的本能需要。例如一位同学在教室里学习,其他同学在教室外玩耍,如果意志力薄弱,他就不能集中精力继续学习,就会也想出去玩,自我不能战胜本我的话,最后就会屈从于本我的本能需要。

3. 性本能理论

弗洛伊德所谓的性的含义,是极为广泛的,一切快感都直接或间接和性有关。他认为性的后面有一种潜力,常驱使人去寻求快感,并把它称为"里比多"。在失常情况下,里比多会附着在别的活动上。

弗洛伊德把里比多的发展分为五个时期:口腔期、肛门期、性器期、潜伏期和生殖期。他认为其中某一阶段发生停滞或倒退,都有可能心理异常。另外,弗洛伊德认为成人人格的基本组成部分在前两个发展阶段已基本形成,所以儿童的早年环境、早期经历对其成年后的人格形成起着重要的作用,许多成人的变态心理、心理冲突都可追溯到早年期创伤性经历和压抑的情结。

性本能理论可以用来解释青少年"偶像崇拜"现象,现在的许多青少年都会崇拜异性明星,偶像崇拜实质就是青少年转移性本能冲动和爱恋异性父母的需要,以及对自身价值的认同体现。

4. 生的本能和死的本能

生的本能代表着爱和建设的力量,而死的本能则体现着恨和破坏的力量。死的本能表现为求杀的欲望,当它向外表现的时候,成为破坏、损害、征服的动力。它是仇恨的动机,表现为侵犯的倾向。当对外界有所破坏的时候,它没有必要来毁伤自我;当向外侵犯受到挫折的时候,它往往退回到自我内部,成为一种自杀的倾向。它的活动范围广泛,不限于杀人和自杀,也包括自我谴责、敌手之间的嫉妒以及对权威的反抗等。这常用来解释青少年自杀和攻击性行为。每个人都具有一种无意识的死的本能——一种自我毁灭的愿望。当青少年不能承受挫折或外界压力过大时,就会导致严重的心理失调和心理痛苦,当得不到适当的排解时,可能会选择逃避,采取一种排除痛苦的做法——自杀;但是,一般情况下,这种冲动往往会转向外面,以攻击别人或外部的方式表达出来,这就是攻击性行为。

5. 心理防御机制

心理防御机制是个体在心理平衡受到干扰时,自我为了保持心理结构的平衡,即化解本我、超我和现实的矛盾冲突,所运用的心理策略和手段。每个人都在不同程度上使用着自我防御机制来维持自我形象、维系心理平衡。适度的自我防御有利于心理健康发展,但是过度的自我防御会使现实的自我与理想的自我产生冲突,表现出焦虑、抑郁等病态心理症状。自我防御包括压抑、否认、投射、退化、隔离、抵消转化、合理化、补偿、升华、幽默、反向形成等各种形式。

心理防御机制理论可用来解释青少年"网络成瘾",沉迷网络游戏的青少年大多数成绩比较差、自我评价低,受到来自家庭、学校的压力比较大,长期处于不利的处境,在付出一定的努力仍不能改善这种处境的情况下,便会对结果做出自我归因,认为无论自己怎么努力,都是无济于事的,并不能改变自己在学校不被重视的事实,这样他便会放弃努力。但这往往并不能使其摆脱不利的处境、压力。人都有自尊的需要,要维护自尊心理平衡,避免心理失衡,就会启动自我防卫机制。如果玩网络游戏能使他获得尊敬的话,他就会得到心理上的补偿和满足,获得心理上的平衡,长此以往,便会逃避现实,更加沉迷网络的世界。

(二)精神分析理论对青少年社会工作的启示

精神分析理论对于我们了解掌握个人人格系统和内在心理特质有重要的作用。只有清楚了解儿童青少年的人格结构和心理结构才能真正了解不同状态下的个体的行为和思想,也才可能对于服务对象所特有的心理状态有一定理解,才有可能站在服务对象的角度来帮助他们。弗洛伊德的精神分析理论为我们理解和认识儿童青少年的发展问题提供了一个理论视角。[①]

二、行为主义理论

行为主义认为,行为和人格基本上是由外在环境塑造的,人格是外显与内隐反应的总和,这些反应是作为个人被强化了的历史的结果而被可靠地引发的。

(一)行为主义理论主要的代表人物

1. 桑代克的试误说

桑代克是美国的心理学家,他受达尔文进化论的影响,认为人类是由动物进化而来的,动物和人一样进行学习,只是复杂程度不同而已。因此他通过动物实验来研究学习,提出联结主义的刺激—反应学习理论,认为所有的学习都不是突然发生的,而是通过一系列细小的步骤按顺序逐渐达到的,一个人的理智、性格和技能,是他对各种刺激情境及其各种要素做出反应倾向的总和。

2. 华生的刺激—反应说

华生认为心理学家主要应关注行为,而不是心和意识。华生建立行为主义心理学的出发点有两个:第一,分析可观察到的事实,即分析人和动物是如何适应其环境的;第二,研究引起有机体做出反应的刺激,知道了反应就可以推测刺激,知道了刺激就可以预测反应。所以,应该把行为而不是把意识当作我们研究的客观对象,在心理学中应该抛弃所有有关心智(mental)的内容。

3. 斯金纳操作性条件反射

斯金纳认为,人类从事的绝大多数有意义的行为都是操作性的。例如,步行上

---

①　陆士桢、王玥:《青少年社会工作》,社会科学文献出版社2005年版,第6页。

学、读书写字、回答问题等,都是操作性行为的例子。操作条件作用的模式认为,不管有没有刺激存在,如果一种反应之后伴随一种强化,那么在类似环境里发生这种反应的概率就增加。而且,强化与实施强化的环境一起,都是一种刺激,人们可以以此来控制反应。这样,任何作为强化的结果而习得的行为,都可以被看做是操作条件作用的例子。人们由此把斯金纳的理论称为强化理论。在斯金纳看来,重要的刺激是跟随反应之后的刺激(强化),而不是反应之前的刺激,因此反应之后要给予及时强化。

从操作性条件反射学说的理论来看,由于玩网络游戏能使青少年获得心理上的快感,如自己在游戏世界的成功、征服他人的快感及他人的赞誉等,从而建立起稳固的条件反射,使玩家更加沉迷于网络游戏。而且,由于花在网络游戏上的时间越多,对网络游戏的评价也会越高,也就更舍不得放弃。

(二)行为主义理论与青少年工作

1. 行为主义与青少年犯罪行为

行为主义心理学不强调人的内在的本能或者心理成长过程,而是强调外在条件,注意外在的环境因素对于人格的影响。行为主义认为,行为和人格基本上是由外在环境塑造的,个体之间之所以有差异,只不过是因为个体之间有着不同的被强化的经历。行为主义关心行为如何随着环境而改变,认为青少年的发展是由他们所生活的具体的外部环境决定的,什么样的环境就会产生什么样的行为,什么样的环境就会培养出什么样的人,环境对青少年的发展具有超过其他一切因素的决定作用。

人是环境的产物,人的发展受社会文化制约,同时也是环境的派生产品,青少年犯罪是家庭、学校和社会综合作用的结果。如在残缺不全、教育方法不正确、过度管制或过度放手、娇生惯养忽视思想品德教养的家庭环境下成长的青少年,很容易做出一些错误和荒唐的事情,甚至对社会造成危害。同样,学校片面追求升学率,忽视对学生的思想品德教育,对成绩好的学生过分偏爱,对差生漠不关心或一味批评指责等,都会为青少年犯罪埋下伏笔。

2. 行为主义理论对青少年社会工作的启示

行为主义理论可以帮助我们深入分析诱发青少年犯罪的外部客观原因,找出相应的对策,净化社会环境,维护和保障青少年的合法权益,减少和预防青少年犯罪,促进青少年健康成长。但是,我们也应该看到,行为主义过分强调环境对于个人人格的决定作用,容易形成一种极端的、僵化的决定论。人具有自我决定的力量,人能够超越自己所处的社会环境,通过改变自己所处的环境来改变自己。[1]

三、认知理论

认知心理学起始于20世纪50年代中期,60年代后迅速发展,代表人物为瑞

---

[1] 陆士桢、王玥:《青少年社会工作》,社会科学文献出版社2005年版,第6页。

士儿童心理学家皮亚杰(J. Piaget)。这一学派反对行为主义理论,认为不一定必须在搞清心理的生理基础后,才能研究心理现象。他们强调人的已有知识结构对行为和当前认知活动的决定作用,他们还承认人的主观能动性、意识的能动作用,强调对人的认知过程进行整体综合分析。认知流派涉及面很广,理论派别很多。

(一) 主要的认知理论

1. 皮亚杰的认知建构理论

皮亚杰的认知建构学说认为,学习过程实质上是个体在与环境的相互作用中,其认知结构不断建构的过程。在这个过程中,通过同化与顺应两种机能,使原有图式不断更新。在这里"图式"为认知结构的组成单元。

对于"同化"和"顺应",他是这样解释的:当个体面临刺激情境或问题情境时,就会将新事物与原有图式核对,并企图将遇到的新经验,纳入其原有图式之内,这就是同化(assimilation)。如果原有图式不能吸收、同化新经验,就会造成认知结构的失衡,为了保持平衡,个体就必须改变或扩大原有图式,产生新图式,以适应新情境,这便是顺应(adjustment)。偶像崇拜就是青少年思维发展不成熟的受限制表现,是缺乏批判性思维的结果。

2. 布鲁纳的认知结构理论

布鲁纳指出学习过程是一种积极的认知过程。他认为学习的实质在于主动地形成认知结构。学习任何一门学科,都有一连串的新知识,每个知识的学习都要经过获得、转化和评价这三个认知学习过程。他非常重视人的主动性和已有经验的作用,重视学习的内在动机与发展学生的思维,提倡知识的发现学习。

3. 认知归因理论

认知归因理论是有关人们对于他人或自己的工作、学习或其他行为原因进行分析、解释和推论的理论。归因理论认为,人们关于行为结果的因果知觉,会影响他们随后的情感、期望和行为。通过这种因果归因,可以认识、预测和控制他们的环境以及随后的行为。

(二) 认知理论与青少年问题

认知理论认为,处于青少年期的男孩子比其他年龄段的孩子更富攻击性,爱打架的中学男生常把别人的一些不经意的举动看成是对他们个人的威胁。例如一个初中男生把另一个初中男生的作业本或课本碰掉在地上,我们并不知道那个初中生的行为是故意的还是不小心的,但是爱攻击的男孩倾向于把这一行为解释成故意的,认为是那个男孩对他的挑衅或蔑视,他们很容易就会做出愤怒反应。我们常常发现,富于攻击性的男孩并不认为他们自己的行为是攻击行为,反而会轻易地把别人对付他们的行为看做是攻击行为。

四、人本主义的理论

人本主义心理学在 20 世纪五六十年代兴起于美国,从那以后,人本主义强调的"自我实现"理念深入人心。自我实现是人的一种先天的倾向,是一种基本的驱力,是一种建设性的力量,是发动人的积极行为来追求人的不断的自我完善。

人本主义者强调以人为本的思想,重视自我价值的实现。它认为,人的本质是好的、善良的,人有自由意志,有自我实现的需要。因此,只要有适当的环境,他们就会力争达到某些积极的社会目标。人本主义者相信,人都是单独存在的,人们的思想、欲望和情感这些内部过程和主观内部经验,使他们成为各不相同的人。人本主义强调充分地发挥自我潜能,直接关注生活的不断改进,观察变化的生活,而不是反复咀嚼那些本应该压抑掉的痛苦经验。

(一)主要代表人物的理论

1. 罗杰斯的心理学理论

(1)"以当事人为中心"的观点

罗杰斯非常强调动员当事人自身的潜力,而不是靠挖掘潜意识或改变行为,当事人可以依靠自身的力量改变自己。他认为咨询的重点不是放在对过往经历的追寻上而是放在对当前情绪的体验上,关心整个人格改变的进程。

(2)"自我"理论

罗杰斯认为自我是人格的连续性、稳定性所赖以产生的最小单元。自我分为两个部分,一个是现实自我,指的是人关于自我现状的知觉;一个是理想自我,指人对自己将要成为怎么样的人的理想。现实自我与理想自我应平衡一致。面对崇尚自我、生存压力又格外突出的当代青少年,罗杰斯心理学的一些论述具有特别重要的意义。

2. 马斯洛的人本主义理论

(1)强调人性的重要

马斯洛指出,人可以运用他所有的才能、潜力、技能,努力发展潜能达至极限。在社会生活中,人实际上并不像我们所看到的那样,总是与他人竞争,而是努力成为自己想要的理想中的自己。人所有的努力不过是去不断实现自己的过程。

(2)人的需要层次

马斯洛把人的自我实现的需要看成是人的最高级的需要,也是人的终极的目的。他还提出了"高峰体验"的概念,这种感受是人感到自己与外在世界完全和谐统一时的微妙的瞬间体验。

（二）人本主义理论与青少年问题

美国人本主义心理学家马斯洛认为需要的满足是人的全部发展的一个最基本的原则。需要理论在一定程度上可以解释青少年"团伙犯罪"问题。在马斯洛看来，如果青少年能得到应有的爱与尊敬，爱与尊敬的需要获得满足，那么破坏性与侵略性行为就会减少，相反，如果青少年爱与尊敬的需要长期得不到满足，青少年的破坏性与侵略性行为就会增多。参与青少年团伙犯罪的多是在学校学习成绩差或已经辍学的青少年，他们在学校和社会上得不到别人的理解和尊重，自我认同感比较低。但是在他们的小团体里，却可以得到同伴的理解和尊重，满足他们要求独立，获得别人尊重和理解的需要。青少年尤其是未成年人，生理已经成熟但心理尚未健全，世界观、人生观比较模糊，观察分析问题、判断是非能力较弱，行为带有很强的盲目性，加之涉世不深，情绪不稳定，自控能力差，法制观念淡泊，好奇心强，在拜金主义、享乐主义和个人主义不良思潮、不良风气的影响下，极易诱发犯罪心理冲动，再加上一些辍学青少年平时无所事事，很容易三五成群，拉帮结伙，有的甚至模仿影视片中的黑社会组织，成立帮派或团伙，走上团伙犯罪的道路。

（三）人本主义理论对儿童青少年社会工作的启示

青少年时期，尊重等较高层次的需要开始增加，自我实现的需要也在不断发展的，但是这些需要很难得到满足，青少年时期很多问题都源自各种需要的变化与得不到满足。我们可以根据人本主义理论去揭示和解释青少年各种行为的内因，在和青少年的互动或解决青少年问题时，满足他们的一些合理的需求，引导青少年向需要的正确方向发展，促进青少年的健康成长。

第二节 儿童青少年工作的社会学理论

人是一个生命有机体，也是一个有着独立人格的个体，同时，人还是一个社会的人，社会性是人的本质属性。儿童青少年作为社会的一部分，在社会中，他们有着自己独特的地位和作用，同时儿童青少年也时刻受到社会各个方面的影响。儿童青少年的生理、心理发展与他们所生活的整个社会环境息息相关。社会学理论可以帮助我们更好地认识儿童青少年与社会的关系。儿童青少年工作的社会学理论主要有：偏差行为理论、角色理论、符号互动理论等。其中，偏差行为理论认为大多数青少年在青春期都发生过偏差行为，社会工作者应以预防为主，有针对性地在实践活动中对其进行矫正；角色理论认为，在儿童和青少年期，孩子要承担多种社会角色，容易出现角色转化、角色冲突的问题，如果不及时处理则会影响儿童青少年的正常发展；符号互动理论指出，人们行动时往往会使自己的所作所为与同一社会环境中的其他人正在做或正在想的保持一致，而要做到这一点,他就必须了解自己和其他人各种行动的象征意义。另外,本节通过镜中我、情景定义和自我概念很好地解释了青少年期的符号互动问题。

一、偏差行为理论

(一)偏差行为理论的主要观点

偏差行为不是指社会角色地位在安排和运作上的缺陷,而是指社会成员的行为偏离了其社会地位所规定的角色行为,违反了社会所期望的规范。我国台湾学者吴武典认为,偏差行为指的是那些显著有异常加上有害的妨碍个体正常生活适应的行为。它和不良适应行为、偏差行为、反社会及非社会行为等同时被等同使用。

儿童青少年偏差行为可能不会直接危及他人或社会的安全和利益,但是在很大程度上影响着儿童青少年社会化的进程和社会稳定。如果在儿童青少年刚出现偏差行为时没有及时进行矫正或者对儿童青少年偏差行为处理不当,就很有可能会发展到伤害他人,甚至危害社会。儿童青少年偏差行为虽然有发展成为违法甚至犯罪行为的可能性,但并不一定属于违法犯罪行为。从总体上看,虽然大多数青少年在青春期都发生过偏差行为,但只有极少数青少年会走向犯罪道路,青少年的偏差行为一般都很短暂,只是出现在一定时期,过了这段时期就会自动消失,极少会反弹。一些偏差行为只是青少年在他们发展过程中出现的正常现象,大多数青少年在成长过程中都会出现这些行为,这些行为并不是严格意义上的偏差行为,只有当他们的行为超出了一定的限度或者对他人和社会造成危害时,我们才可以将他们的行为认定为偏差行为。

因此,我们在对儿童青少年偏差行为的危害性予以关注的同时,不能夸大儿童青少年行为偏差问题,将处于青春期的青少年视为"洪水猛兽",更不能对出现过偏差行为的儿童青少年贴上"问题"或"偏差"的标签。标签理论认为,当个人或某种社会状况被贴上"有问题"或"偏差"的标签,就会导致人类关系的重新组合,往往促成更多的"问题"与"偏差"。

(二)偏差行为理论对儿童青少年社会工作的启示

偏差行为理论对于儿童青少年社会工作有重要的指导意义。儿童青少年违纪、违规、犯罪以及其他反社会行为,都可以被认为是偏差行为。但对于不同的儿童青少年的不同偏差行为,应该区别对待,具体分析产生这些行为的深层次原因,通过了解他们各方面的综合情况,找出他们出现各种偏差行为的根本原因,以预防和矫正儿童青少年偏差行为。另外,青少年是处于发展中的人,青春期历来被视为儿童走向成人的过渡阶段,青少年本身并不具有完全的理解能力和行为能力,他们的许多偏差行为是由于糊涂、不明事理以及青少年心理特征而出现的特有的行为和现象,在某种程度上也是青少年成长过程中必不可少的一种经历。从某种意义上说,青少年正是通过自己的偏差行为所带来的挫折和教训等才不断地得以发展和成熟的。因此,我们应根据青少年自身的特点和发展规律,充分尊重青少年的主体性和个性,以预防为主,有针对性地在实践活动中矫正偏差行为。①

二、角色理论

(一) 角色理论的主要观点

社会角色是指与人们在社会关系体系中所处的社会地位相一致、与社会对占据该地位的人的行为期望相符合的一套行为模式,简单地说,社会角色就是社会所认可、所期望的处于某一位置的人的一套行为模式,而不是具体的人的某一个行为。

角色(role)概念是从戏剧舞台用语借用而来的。人们很早便发现了社会与戏剧舞台之间的内在联系,即舞台上演出的戏剧正是人类社会的缩影,或者说社会就是一个扩大了的舞台。20 世纪 20 年代,美国社会心理学家米德首先将角色引入社会心理学理论中,称之为社会角色。角色是指处于一定地位的个体,依据社会对他提出的要求,借助于自己的主观能力适应社会环境所表现出的行为模式。美国社会学家波普诺认为社会角色是对群体或社会中具有某一特定身份的人的行为期待。② 我国著名社会学家费孝通认为"每个角色都有一套权利义务和行为规范体系"。③

(二) 角色扮演及儿童青少年在角色扮演过程中经常出现的问题

1. 理想角色和角色扮演

在一定的时空范围内,人们总是有一套比较理想的行为规范来指导人的行为,这种被期待的、理想的行为规范体系就叫做理想角色。每一个社会成员按照所担当的角色,以及本角色所规定的行为规范,就能达到最完善的状态。在现实生活中人们实际表现出来的行为模式成为实际角色。实际角色与理想角色总是存在着一定的距离,这种距离叫做角色距离。

当一个人具备了充当某种角色的条件,并按照这一角色所要求的行为规范去活动时,就称为角色扮演。社会学家把角色扮演作为角色理论的一个中心概念、重要内容加以研究。在现实生活中,角色扮演是否成功关系到群体或社会系统的正常运行。角色扮演这个概念最早由米德(G. H. Mead)提出,他认为,个人

---

① 陆士桢、王玥:《青少年社会工作》,社会科学文献出版社 2005 年版,第 6 页。
② [美]戴维·波普诺著:《社会学》(第十版),李强等译,中国人民大学出版社 1999 年版,第 97 页。
③ 费孝通主编:《社会学概论》,天津人民出版社 1984 年版,第 63 页。

通过角色扮演去履行一定的社会责任,并与其他角色发生相互作用。角色扮演不仅是成年人相互作用的特征,而且是人的社会化的基础。儿童青少年正是通过扮演好各类不同的角色而成为社会人的。在实际生活中,人们为了更好地扮演自己的角色,往往把自己置于他人的角色地位上,以便了解他人如何看待自己。这种做法能够强化人们对各自角色的认同,从而使他们保持或改变自己的角色行为。

"角色扮演"是语文教学中促进儿童、青少年社会化的有效方式之一。让学生做"演员",排课本剧,可通过各种角色扮演,角色间相互转换,促进学生心理的揣摩、情感的体验,变旁观者为当事者,变空洞地阅读课文为经历各种各样不同的生活,变被动地理解人物情感为主动地自我情感流露。"角色扮演"符合儿童、青少年的兴趣,提高了他们学习的积极性。

在"角色扮演"中,"演员"为了能在"观众"面前表演好、博得喝彩,会仔细阅读"剧本",并尽量尝试着去理解它、运用它,学习就变成了学生自觉自愿的行为。同时只有理解了课文,理解了角色,才能将课文中的角色内涵很好地表达出来。于是课文中的一些角色就成了引导学生感悟的桥梁,最大限度地缩小了学生与角色之间的情感差、心理差。由于课文中的角色是丰富多样的,相应的学生的尝试自然也会不一样,这就丰富了学生的经验。另外,学生的课本剧不是独角戏,需要演员之间的相互理解、相互支持、相互配合,这样就会弱化应试教育背景下极强的竞争性。如果课本剧很短,同时安排了几个小组来演,虽然小组相互之间会出现竞争,但小组内部成员之间合作的成分明显大于竞争。如果是课本剧很长,需要几个小组之间的合作才能完成,那么就会更加促进学生之间的团结。这也正是西方国家的学校一直重视"表演"的原因之一。

2. 角色冲突与失败

在角色扮演中会出现一些问题,最普遍的问题就是角色冲突。所谓角色冲突,就是指在扮演角色的过程中,一个人同时担当的几种角色对个人的期待发生了矛盾,难以协调,从而使角色扮演者左右为难的现象。角色冲突往往使人们在扮演角色时举棋不定,产生困惑,因此必须努力调整和克服。例如,青少年一方面是学生;另一方面是朋友,在同学犯错误老师问到自己时,两种角色之间就产生了冲突。一方面,作为学生,应该向老师如实说出实情;另一方面,作为朋友,出于义气,又想替同学掩盖。对于青少年来说,获得同学的称赞比获得老师的称赞更重要,为了成为彼此心目中的英雄,青少年往往不惜与家长和老师作对。

另外一个角色扮演中常遇到的问题是角色中断。角色中断是指一个人被迫终止某种角色,而将要承担的新角色与原角色截然不同的现象。每个人在一生中随着自身年龄的增长和客观条件的变化,总会依次承担多种角色。在一般情况下,人们的角色转换都是逐步完成的,人们在承担着一种角色时常为承担下一个角色做好物质和思想上的准备。当这种准备没有做好时，或者前后两种角色的行为规范直接冲突时，角色中断就有可能发生。例如，有的青少年一心想考大学，成为大学生，可是由于家庭突然发生变故（如亲人病故、家庭发生经济危机等）而不得不中断学业外出打工谋生。青少年在角色中断刚开始时往往感到无所适从，完全不知道自己该做什么。

人们在扮演角色时出现一系列问题，如果没有及时处理好这些问题，就可能导致角色失败。角色失败是角色扮演过程中发生的一种极为严重的失调现象，它是指由于多种原因使角色扮演无法继续进行的现象，最后，不得不半途终止表演，或者虽然还没有退出角色，但已经困难重重，每前进一步都将遇到更多的矛盾。当然角色失败仅仅是从一个过程来说，是相对的失败。实际上，人生总是不断面临失败和成功，每个人都应该从角色失败中总结经验教训，重新调整自己的角色行为，以便再次扮演好新的角色。

（三）角色理论对儿童青少年社会工作的启示

角色理论对于儿童青少年社会工作有重要的指导意义，在儿童青少年成长的过程中，会不断承担各种不同的社会角色，或者同时承担多种社会角色，在同时承担多种不同角色时，有的角色之间会有所冲突，儿童青少年要不断学习，尝试从种种角色冲突中找到化解冲突的办法。这个过程就是一个不断成熟、发展自身的过程。另外，青少年期是人生的关键的转折时期，要面临很多的角色转换过程，在这些转换过程中，有时前后两种角色的行为规范会存在很大的差异性，因此青少年要为承担下一个角色做好物质和思想上的准备，社会工作者要对青少年做一些培训和引导，让他们学习不同角色的角色规范，这样才不会在角色扮演过程中出现角色中断。为了顺利进入以后的社会角色，可以让青少年做一些角色扮演的活动，让他们学着去扮演一些特定的角色，在游戏的氛围中让他们初步体会到承担该角色的责任和感受。

三、符号互动理论

（一）符号互动理论的主要内容

符号互动理论创立于 20 世纪 30 年代的美国，这个概念是美国社会学家 H. 布鲁默（Herbert Blumer）于 1937 年出版的著作《人与社会》中提出来的，库利、托马斯和米德是符号互动论的创立者，他们都受到了美国实用主义思想的极大影响。符号是一种能够体现或代表其他事物的东西，主要指具有象征意义的词句以及与社会运动、社会意识相关联的想象，正是这些象征意义的符号能够引起人们强烈的立体想象，引起情感反应，符号的互动就是指在符号层次上人与人之间所产生的互动过程。符号互动理论指出，人们行动时，往往必须使自己的所作所为与同一社会环境中的其他人正在做或正在想的保持一致。而要做到这一点，他就必须了解自己和其他人各种行动的象征意义。比如老师讲课时有时会突然停下来，或突然改变他的声调，这是由于他发现有些学生没有注意听讲，或在下面讲话，他的行动有一种象征意义：注意听讲！尽管他并没有直接说出来，但听课的学生还是会从中体会出这种提醒的。

1. 库利"镜中我"的概念

库利提出"镜中我"的概念，指的是个人的自我观念是与其产生互动的其他人对于他的态度的反应。他人对于个人的态度就像一面镜子，个人可以从镜子中看到自己的形象。"镜中我"有三个组成部分，一个是想象自己怎样显现于他人面前，二是想象别人对这样显现做如何的判断，三是形成某种自我感觉。

在儿童青少年心目中，别人，特别是重要他人（家长、老师、同伴等）对自己的评价占有非常重要的地位，他们心目中常常有一些"臆想观众"，他们几乎活在别人对自己的评论当中，几乎时时刻刻感觉到别人在注视自己、评价自己。别人的一句夸奖，可使他们骄傲好几天；别人的一句批评，也可使他们自卑好几天。例如，如果他们哪一天做了一个漂亮的发型，或做了一件光彩的事情，他们就希望周围的人欣赏他们，赞美他们；而如果他们哪一天脸上多出了几个痘痘，或做了什么错事，他们就总是感觉周围的人在议论他们，批评他们。他们缺乏对自我的信心，一个看似不是问题的问题，在青少年的心中可能就是一个大问题。库利认为，能对他人的态度、评价做出迅速的反应，是一个人走向成熟的标志。

2. 托马斯的"情景定义"

托马斯强调了情景定义的重要性，认为它是所有"自我决定的"行为之先导，认为所有这类行为都依赖于它，人的个人行为和"人生观"都产生于它，人总是从小就在群体中成长，社会群体对于他所遇到的各种情景通常已经有了定义，并有了一些以这些定义为基础的行为规范，道德标准就产生于这些情景定义中。例如，对"笑"的理解，如果是在一群朋友中间，或我们做了一件好事时，我们会认为它表示友善、夸奖，通常也会报以善意的微笑；但如果是我们在一群陌生人中间或我们做错了事、说错了话时，我们会认为它暗藏嘲讽，就会做出不同的反应。由此可见，人的互动不是简单地取决于互动的环境和互动行为，互动双方只有理解了对方的行为意义后才会做出反应，不同的理解会导致不同的反应，有时甚至与行为者的动机相去甚远。但对反应者来说，他只能根据自己的感受理解别人的动机。当然，个人的理解和解释不能与其他人相差太远，否则就无法沟通。不仅具体的活动需要依赖于这种理解和解释，而且个人的人格和生活习惯也要受到这种理解和解释的影响。这种理解和解释并不是个人主观臆想的，它是以个人内化的社会价值标准和自我的总体评价为基础的。

3. 米德的符号互动论

"自我"是米德的符号互动论的核心概念。米德认为自我是行动的有机体，而不单单是接受刺激并对刺激做出反应的"被动的容器"。米德认为,自我是逐步发展的,是在社会经验和活动过程中产生的,他划分了自我产生的三个阶段:(1)准备阶段。这一阶段的自我是原始的、不能运用符号的。模仿是这一阶段的行为特点,儿童只是无意义地模仿动作,不明白到底在做什么,动作仅仅是模仿,缺乏意义和对符号的理解,不能运用语言对自我和客体定义。(2)扮演阶段。儿童可以用有意义的语言对客体定义,原来模仿对待客体的方式就被因互动产生的意义所取代,自我也被他人所认可和定义,此时,儿童开始形成自我,但是儿童的角色模型是不稳定的。(3)游戏阶段。这是自我的完成阶段。这时,儿童必须在情境中同时担当众多角色,即必须从几个重要他人的角度看问题,能从参与某些合作活动的人群中获得复合的自我形象,形成"泛化的他人"。正如米德所指出,当一个泛化的他人内化成熟时自我便产生了。自我远远多于社会结构和文化成分的内化,它更主要的是一个社会过程,即自我互动的过程。在这个过程中,行动将其在行动情境中所遭遇到的事物显示给自己,并通过解释这些事物来组织其行动。

米德认为人类个体总是不断地进行着自我反省、反思、自我控制。这种活动之所以能存在,正是因为人们参加到了互动中来,并且掌握了互动中产生的语言等交往工具。由于掌握了语言符号,一个人才有思想,才能从他人的立场看自己,才有了自我意识,人们运用他们学到的符号来选择某种行为从而控制自己的活动。

库利的"镜中之我"和米德的"泛化的他人"告诉我们怎样理解自我:根据别人的观点看我们自己时,正是在照库利的"社会镜子";我们要揣测别人对我们行为的反应时,我们扮演的是米德的客我角色。

(二) 符号互动理论对儿童青少年社会工作的启示

符号互动理论对儿童青少年社会工作有很强的指导作用,可以用来解释有关儿童青少年存在的很多现象,如"网恋"和"追星"问题。

"网恋"就是有爱情意向的年轻男女,以超越时空限制的网络作为媒介,和情感对象仅仅进行虚拟性的或者从虚拟性走向现实性的交往活动。而网络作为最新的交流技术,以其信息传递的快速性、广泛性、超时空性、虚拟性、符号互动性等特点,极大地满足了现代人尤其是青年人的需求,成为现代人交流、恋爱的"理想"媒介。人们的网络交往行为必须依赖于各种各样的网络图标或象征符号,网络空间作为一种符号化的图像,实际上也就决定了人们在网络空间中的交往行为在本质上就是一种符号性或以符号为中介的互动。与传统婚恋方式中的"身体"接触、语言表达、目光交流交往不同,"网恋"中恋爱双方大多素不相识,主要是通过文字性信息进行彼此之间的交流与互动,寻找虚拟的感觉,展开丰富的想象空间。

现实生活中,追星的现象集中存在于青少年群体中,主体是初中生、高中生及大学低年级学生。初中、高中和大学时代是青少年成长的过渡期,少部分青少年是在初中入学,大部分青少年是在高中入学或大学入学起从父母和教师的监控、教育、管制之下摆脱,开始住校的集体生活,开始独立安排生活,能够自己决定自己要做的事,从而逐步形成独立的人格。一直向往独立的他们一旦真正独立了,却可能变得无所适从,产生失落、孤独的心理感受。在这个过渡过程中,他们开始形成自己的新的观点、自己对问题的看法。对之前成长过程中模仿与认同的对象如父母、老师的一些观点开始怀疑,于是一些人选择通过对一些偶像人物的依恋和认同来强化自我。

青少年因为把明星认同为自己的榜样或是依恋对象而产生了崇拜心理。在"粉丝团"这种集体的组织下强化了对自己身份的认同并且可能参与有组织的"追星"活动。在与喜欢同一个偶像的"粉丝"们的互动中,"追星"的青少年们建立起新的社会关系网络,成为其心理成长的方式之一。

运用符号互动理论,我们可以对青少年的"网恋"和"追星"问题有更好的了解,对这些现象有正确的认识,批判地对待青少年的"网恋"和"追星"。

最后,值得注意的是,儿童青少年的相关社会学理论在具体运用的时候,应该根据儿童青少年的特殊阶段、特殊情况,分对象、有目的、有针对性地使用,只有这样,才能保证儿童青少年社会工作在正确的理论指导下,服务于广大儿童青少年。

第三节　儿童青少年工作的社会工作理论

社会工作在开展儿童青少年社会工作时有其独特的视角,它没有将儿童青少年的问题单纯地看做是儿童青少年自身的问题,也没有把儿童青少年的问题简单地归于社会,而是将其看做是人与环境互动过程中出现的问题。社会工作把儿童青少年与其主要生活环境之间的交互作用看做自己的主要工作范畴。在此基础上,形成了有关儿童青少年社会工作的理论。儿童青少年社会工作主要有生态系统观点、社会支持网络理论、增权/充权理论等。其中,生态系统理论认为儿童青少年所处的环境脉络可以影响个人及其行动的场域,社会工作者必须协助儿童青少年从外在环境获得生存所需要的信息与资源,从而解决儿童青少年问题;社会支持网络理论告诉我们,在解决儿童青少年问题时,要重视非正规的社会支持网络,通过利用案主个人、家庭、邻里、社区和社会层面的资源,强化案主现有的社会支持资源,进而预防和解决儿童青少年问题;增权/充权理论侧重挖掘和激发儿童青少年的潜能,促进儿童青少年在自主、个人责任和自我实现方面的成长,打破青少年的"无权感",激发其参与社会变革的动机,提升其参与社会生活的能力,为其最终走向社会打下坚实的基础。

一、生态系统观点

生态系统观点是 20 世纪 70 年代兴起的具有整合意义或折中性的社会工作理论视角。生态系统观点以人与环境互动的关系特质为概念框架,理解个人所处的环境脉络如何影响个人及其行动的场域。生态系统观点认为个人经历的问题是"生活中的问题",并非个人的病态和人格缺陷所致。根据 Rappaport 的观点,"生态的观点应被视为倾向于强调人、社会环境和物理环境三者之间的关系。这其中隐含了这样一种概念,即不存在不适当的人,也不存在不适当的环境,不如说在人和环境之间的适应上或许有相对的和谐或者不和谐"[1]。生态系统理论是一个开放的体系,它融合了不同的理论和概念。这里主要介绍布朗芬布伦纳的人类发展生态模式及基尔曼和基特曼的生活模式理论。前者提供了一个看待个人行为发展的生态视觉,后者提供了实践生态系统理论的重要干预方式。

(一)布朗芬布伦纳的人类发展生态模式

美国著名心理学家布朗芬布伦纳(Bronfenbrenner,1979)比较系统地将生态学的研究引入到人的行为研究。他强调研究"环境中发展"的重要意义。生态在这里是指有机体或个人正经历着的,或者与个体有着直接和间接联系的环境。以儿童发展为例,儿童发展的生态环境由四个水平的相互嵌套在一起的若干系统组成(图 3-1):

第一个水平:微观系统。

微观系统是儿童直接体验着的环境。儿童的微观系统有两个:一个是家庭系统,由儿童、父母和同胞组成;另一个是学校环境系统,主要由教师和同伴组成。

第二个水平:中间系统。

中间系统是指儿童直接参与的微观系统之间的联系和相互影响。如,家庭环境质量可能会影响到孩子在学校的自信心和同伴关系。

第三个水平:外层系统。

外层系统是指那些儿童虽然未能参与但却对儿童有影响的环境。如父母的职业和工作环境。儿童的父母是军人,军人职业特点影响到这些家长在家庭中的行为方式,并在教育自己的孩子时与其他家庭有所不同,像强调纪律和服从等。虽然孩子并没有直接参与父母的工作环境,但却间接地受到这些环境的影响。

---

[1]　转引自 Paula Allen - Meares 著:《儿童青少年社会工作》,李建英、范志海译,华东理工大学出版社 2006 年版,第 4 页。

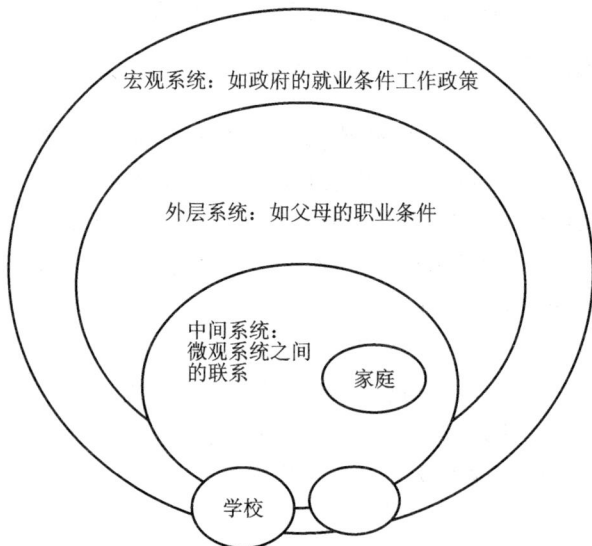

图 3－1 布朗芬布伦纳的宏观、外层、中间和微系统之间的嵌套模型

第四个水平：宏观系统。

宏观系统是指儿童所处的社会的文化价值、信念和历史事件(自然灾害、战争等)，这些都可能影响到其他的生态系统。如自然灾害可能对家庭、学校和其他微观系统造成伤害，使儿童的生活用品减少，营养不良。一个社会对于如何养育儿童的价值观，青少年在社会上的价值和角色不仅影响青少年的行为，甚至可能影响其能否平稳度过青少年阶段。

布朗芬布伦纳的生态系统模型表明，宏观系统的变化(如政府的就业工作条件政策)会影响到外层系统(父母的工作经历)，并进而影响到儿童的微观系统和中层系统。在分析儿童和青少年的问题时，不能仅仅停留在微观系统，而应该在各个系统相互联系和作用中来评估其问题。

（二）生态系统理论：生活模式

基尔曼(Germain)和基特曼(Gitterman)试图从行为科学和生态观念来探索人类生活的复杂性，提出了生活模式的实务模型。生态系统的种种关系可以通过绘制"生态图"来清楚表达。生态图是生态系统理论实务的中心，可以将案主的种种影响因素清楚地呈现在案主面前。具体见图 3－2。

生活模式是一个关于生命过程的社会工作实务模型。它注重人的生命过程，个人对于健康、不断成长、发展能力和压力的释放有着内在的需求，人们通过对环境的塑造达到最大限度的可能的福利。

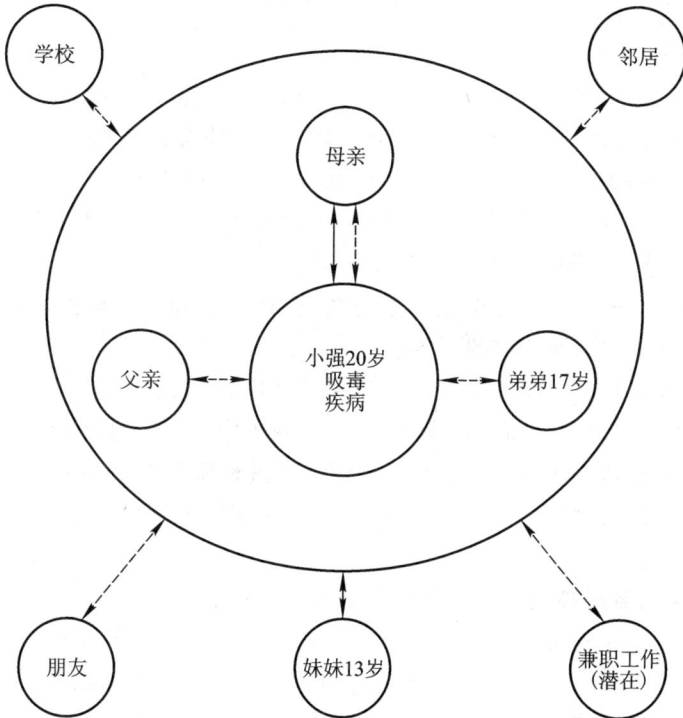

图 3 - 2　生态图举例

1. 生活模式的基本思想

人能不断适应多变的环境,人在改变环境的同时也被环境所改变。人们经过改变而进步,环境也支持这样的改变,于是便产生了交互适应。生命系统必须和环境维持良好的适应状态。社会问题会污染社会环境,减低交互性适应的可能性。当交换破坏了适应的平衡,就会产生压力,并使我们的需求能力和环境的平衡产生问题。压力主要来自三个方面:一是生活转变,如发展性的改变,地位和角色的改变和生活空间重组。二是环境,如不平等的机会、僵化的组织等。三是人际过程,如剥夺、不协调的期望等。但是,并非所有的压力事件都会导致压力,它们是否导致压力要看个人和环境的境遇,尤其是个人对环境的认知。从这个意义上,生活模式强调控制外部世界的认知和能力,相信人的问题可以通过学习或改变环境来解决的。只是它强调要先找出问题的原因,或许是改变个人,或许是改变环境来配合个人的需求。因此,社会工作的主要目的是强化人的适应能力且影响其周边环境,使互动过程更具适应性。具体目标是:透过有效的个人和情景式的激励以及行为技巧,改善个人管理压力的技巧;透过影响个人所在的环境,以满足个人行为发展;改善个人与环境间交流的品质。

对适应性的强调显示生态理论承认基本的社会次序的形态,从而减少可能的激进的社会变迁。

2. 生活模式社会工作的实施过程

根据生活模式的观点,一旦社会工作者和案主经过评估确定了问题发生的环境系统层次,则任何适用于该系统的社会工作方法和技巧都是可以使用,其中比较强调整合的服务方法。虽然生活模式没有专门的干预方法,但非常注重干预的阶段,认为不同的干预阶段决定着工作者采用不同的干预方法。基尔曼和基特曼认为,整个干预的发展分为三个阶段:

(1)初始阶段:主要工作是建立关系、资料探索和订立契约。接纳性和支持性的服务环境对青少年特别重要。

(2)中期阶段:主要工作是培养案主的适应技巧,建立正向的社会网络关系,提升个人的自尊心和解决问题的技巧,并获得家庭、社会网络和组织的支持。

(3)结束阶段:处理案主结案时的情绪并进行服务效果评估。

以上三个阶段并非直线分阶段进行的,而是来来回回反复循环的,直到个人的问题得以解决。

(三)生态系统理论对儿童青少年社会工作的启示

生态系统理论对儿童青少年社会工作的启示主要有以下几点:

首先,如何看待儿童青少年的问题?儿童青少年问题的成因不再局限于医学病理模式或心理病理模式,即由个人认知偏差或行为问题而导致的,而同时兼顾环境模式或社会病理模式,要思考儿童青少年所处的外在环境的社会支持网络、社会资源的分配以及其所处社会环境和社会制度等方面的问题。

其次,评估儿童青少年问题的焦点是什么?生态系统理论指导下的社会工作不再局限于评估生理或心理特征,而同时要考察案主所处微观、中间外层和宏观环境之间的特征、功能及互动情况。对案主问题的处理必须采取整合的观点,即在横向上,必须同时考虑问题的所有相关层面,以及在纵向上,必须注意问题的处理流程和阶段性步骤,如接案、诊断、规划、执行、评估和接案或追踪。

再次,如何介入儿童青少年问题?不仅要从儿童青少年的认知和行为入手,增强其解决问题的能力,同时兼顾案主所处家庭、团体和社区的支持网络体系和资源的连接与运用,乃至进一步从社区、社会福利组织和社会福利政策及立法制度,进行倡导和改革。也就是根据儿童青少年的需要,并采取整体性的应对方法和介入策略。

最后,儿童青少年服务的在最终目标是什么?生态系统理论认为最终目标是使系统可以生存,而不是死亡,必须协助儿童青少年从外在环境获得生存所需要的信息与资源。因此,社会工作者要协助案主系统内部各次系统之间的关系,建立一定的协助或者互利互惠的机能。即由某一次系统的改变和改善以带动其他次系统的变化或者提升,同时促使各次系统之间的互动,可以对系统整体的生存与调适有所帮助,甚至可以继续成长与发展。

二、社会支持网络理论

社会支持理论是最近三四十年来兴起的,并被广泛用于社会工作实务领域的一个理论工具和方法工具。

(一) 社会支持网络的含义

心理学研究指出,每个人都有与他人建立有效且正向关系的需求。在一个有压力的情境之下,这种关心、照顾与亲密的互动关系,被称为"支持"。支持网络是指个人维系其社会认同,接受情绪上和物质上的协助,获取服务和信息以及建立新的人际关系的渠道。这个网络包括:亲戚、朋友、邻居、同事、专业人员等所提供的服务。"支持"来自个人所在的社会网络或互动的社会系统,即称"社会支持"。社会支持的形式可分为两种:正式性支持与非正式性支持。支持若来自个人社会网络,包括家人、朋友、亲戚、邻居、宗教或社团等,即为非正式社会支持;若支持来自专业社会机构或人员,如警察、法院、医疗及社会服务机构等,则为正式社会支持。

(二) 社会支持网络的功能

(1) 社会支持可以帮助个人融入社会的网络之中,因此强化个人的心理和生理健康,帮助个人与社会的协调。

(2) 支持将可以介入有压力的情境和反应之间,能减少及预防危机的发生。

(3) 适当的支持可以导入处理压力的经验,提供解决问题的方法或对问题严重性的认知,减少压力所产生的影响。

(三) 社会支持网络的介入策略

社会支持网络的介入可以分为四个层次,即个人网络工作、自助群体、组织网络联系工作和社区网络工作。社会支持网络介入策略有以下几种类型:

1. 个人网络策略

强调服务对象现有的个人关系和所处的社会环境中有发展潜力的关系。服务对象的个人网络主要是家人、朋友和邻里。如一个父母离异的青少年因为学业不良而不愿去学校上学。在社工的帮助下,这个青少年在自己的个人网络中识别出可以帮助自己的人,并在社工的鼓励下与其接触,建立和强化与他们的关系,使这个青少年从自己的个人网络中获得帮助,解决自己面临的问题。

2. 自愿连接策略

强调在遭遇困难或需要帮助的人与可提供支持的非形式化的辅助者之间发展出一对一的关系。社工的工作集中在设法让服务对象和适当的辅助者之间配对。如在孤残儿童的家庭寄养中,社工在社区中招募自愿照顾这些孩子的家庭,对家庭进行筛选和培训,在孤残儿童和寄养家庭之间进行配对,把孤残儿童寄养到家庭中。

3. 相互援助网络策略

相互援助网络策略是指把面临相同问题、能力和兴趣相同的人聚合在一起，促进他们之间潜在或现实的关系。如组建社区中的流动儿童兴趣小组、贫困家庭儿童的励志小组、留守儿童的互助小组等。相互支援的网络是非形式化的且没有明确的意识形态或既定的活动程序。在使用这个策略的过程中，社工要注意把现有的自助小组和拟建的小组连接起来，把社区中已经存在的类似的小组连接起来，发展相互支持的网络。在社区中寻找其他资源为这些互助小组提供支持，使这些互助小组得以持续地发展。

4. 邻里互助网络策略

社会工作者以某个社区为工作平台，识别出该社区中的非形式化的辅助网络和愿意为社区服务的志愿者。社工可以和这些邻里辅助者携手合作，帮助社区中需要帮助的人。这个策略提倡邻里间的互助，确认当地社区的问题，强化在邻里间非形式化的社区组织。如在青少年的社区矫治中，社工为青少年寻找社区中的资源，联系一些社区志愿者为青少年提供学业辅导和行为指导。

5. 社区授权网络策略

社会工作者识别并联系在一个社区内的社区关键人物、社区领袖和主要代表。该策略的目的是发展一个聚合了非形式化社区领袖的会议场，以有效反映社区内各种利益群体的声音，申述社区内的问题及倡议政策改革。如举办社区青少年论坛，让青少年发表对社区问题和自身需要的看法，参与社区事务。

（四）社会支持网络介入过程

社会支持网络介入的过程包括：评估案主的社会关系网络和社会支持程度；根据其网络的优势和不足制定介入计划。社会支持网络评估的对象包括个人层次和社区层次。

1. 个人层次的社会支持网路的评估

个人社会支持网路的评估可采用社会网络图来进行（图3-3）。首先区分个人的生活范畴，然后分别依据这些范畴列举与服务对象有关系的人，并询问这些人之间彼此是否有关系，以及关系人对服务对象的相对重要性（1、2、3、4代表关系的重要性，越靠近服务对象，则关系越近）。

2. 社区社会支持网络评估

西方学者 Biegel 主张社区社会支持网络评估的主要内容包括：社区中高危人群的需要是什么？社区中有哪些非正式的资源可以满足这些需要？非正式支持体系的限制有哪些？社区中有哪些正式的支持资源可以满足这些需求，正式支持资源的限制有哪些？正式和非正式资源之间的关系如何？如何增进二者之间的连接？有哪些需求或问题还未能被现有的资源解决和满足？评估的途径包

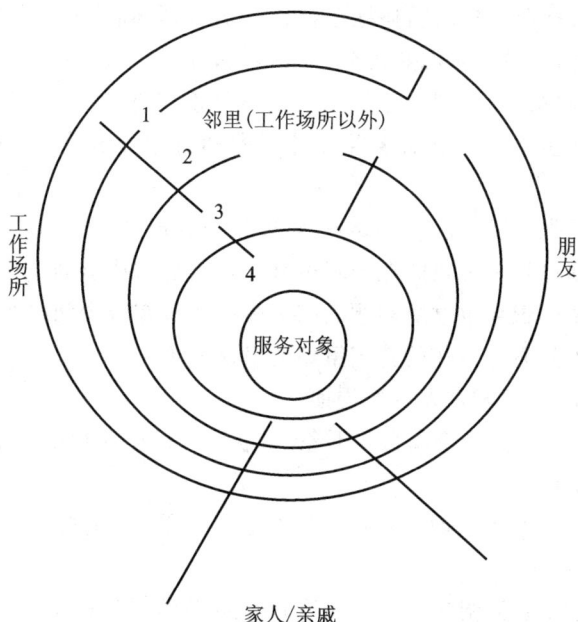

图 3 - 3　社会网络图

括：人口统计分析、社区调查、服务对象在接受服务过程中填写的表格及其他个人资料、关键人调查等。

在社会支持网络的整个介入过程中，社会工作者扮演着倡导者、推动者、资源提供者、监督者、系统连接者等多种角色，其中，连接者的角色至关重要。

（五）社会支持网络理论对儿童青少年社会工作的启示

社会支持网络理论告诉我们，在解决儿童青少年问题时除了提供专业的社会工作服务外，还要辅之以非正规的社会支持网络，充分利用案主个人、家庭、邻里、社区和社会层面的资源，强化案主现有的社会支持资源，弥补网络缺失或不足。同时，该理论提供了儿童青少年社会工作的整体视角，整合了社会工作微观、中观和宏观的服务手法。社会支持网络的建立不仅有助于儿童青少年问题的解决，而且有助于预防问题的产生。

三、增权/充权理论

增权这个概念是在 20 世纪 70 年代引入社会工作领域的一个主要概念。增权理论在 20 世纪 80 年代有了长足的发展，并成为目前在海内外广为使用的一种社会工作理论。

（一）什么是增权/充权

"增权/充权"一词是由英文"Empowerment"翻译而来，"增权"的对象往往是被排斥在主流社会之外的弱势社会群体。弱势群体在经济利益、政治权利方面处于较弱的地位,缺乏资源和机会,而这种状况是由社会的经济、政治制度所造成的,是社会政策、社会利益分配制度的不公正安排,使弱势社群失去了争取平等的机会。儿童青少年在社会生活中往往处于弱势地位,增权的意义特别重大。

增权理论的先驱所罗门(Solomon)对增权的界定是:"社工针对案主所采取的一系列的行动过程……目的在于减少基于污名群体成员的负面评价而形成的无力感。它涉及辨识导致这一问题的权力障碍和旨在减少间接权力障碍的影响和减少直接权力障碍的运作的特定策略的发展实施"。[①]

古铁雷斯认为,增权涉及三个层面:

(1)个人层面:强调提高自我形象,重获对自己生命控制的信念,个人有能力去影响和解决问题。

(2)人与人之间的层面:强调人与人之间的平等,建立与别人共处团结的能力,促成问题解决。

(3)政治层面:强调学习如何争取社会资源的平等分配,以及强调社会行动和社会改变的目标。

传统的社会工作助人目的在于促进人与环境之间的交流,在个人所在的微观和宏观环境之间进行干预,以解决案主与环境之间的不平衡或不适应问题。而增权取向的社会工作着眼于提高人的能力,以摆脱环境对人的束缚。这些能力包括:影响个人生活历史的能力;一种自我价值的表现;有能力与别人一起工作来控制公共事务的生活面;得以接近或参与公共决策的机制[②]。需要注意的是在社会工作领域中,增权并不是"赋予"服务对象权力,而是挖掘和激发出服务对象的潜能,在介入过程中,社会工作者并不拥有可以赋予对象的权力。

(二)增权取向的社会工作的特点

按照西蒙的观点,增权取向的社会工作模式有以下特点:

(1)社会工作者和案主、社区领导人建立相互合作式的伙伴关系;

(2)强调案主是有能力的而不是无能的;

(3)支持着眼于个人及其社会物质环境的双重工作焦点;

(4)承认案主是积极的主体,具有相互关联的权利、责任、需求和要求;

(5)利用自觉选择的方式,把专业的能量指向在历史上被去权的群体及其成员。

---

① 何雪松:《社会工作理论》,上海人民出版社 2007 年版,第 4 页。

② 宋丽玉、曾华源、施教裕、郑丽珍:《社会工作理论——处遇模式与案例分析》,洪叶文化事业有限公司 2002 年版。

（三）实践的原则

Lee 认为增权实践的目标就在于协助服务对象赋权自己从压制性的生活中走出来。在此过程中,社工要与案主维持伙伴关系并致力于社会层面的变迁。他提出了增权的 10 个实践原则:

（1）所有的压制对于生活而言都是破坏性的,社工和案主都应该挑战它。

（2）社工应该对压制的情景有一个整体的视角。多重视角对维持一个整体性的视角是必要的,既要看到树木,也要看到森林。

（3）人们增权自己,社工进行协助。自我增权的原则超越了自决原则,它强调案主在增权过程中的权利和责任。

（4）具有共同基础和需要的人的相互增权。这个原则聚焦于赋权过程中的集体权力,社工要经由群体而协助案主增权。

（5）社工应该与案主建立互惠和相互的关系,重视每个人的独特性以及人们抵御不幸和压制的手段。

（6）社工要鼓励案主用自己的语言表达。受压制群体的人常常会用压制群体的语言进行思考和表达,社工应该致力于对其现实进行重新命名或建构。社工要观察沟通中的平等和对称原则以此让案主发出自己的声音。

（7）社工应维持这样一个聚焦,即人是胜利者而非受害者。案主被压制是他自己无法选择的,但是他可以抛去内化的压制或挑战压制。抛弃受害者的角色,社工要帮助他获取资源并采取行动。

（8）社工应该维持社会变迁的聚焦。社工和案主要致力于结构变迁、人类社会转型、公正、解放。

（9）在增权的实践中,社工与案主是一种双向合作的关系,是一种互惠、共享和平权的关系。

（10）干预可以分为三个层面:第一层面是案主与社工建立合作关系,满足案主立即性的需要,包括连接案主所需的资源、开始提供意识觉醒、寻找和申请资源。第二层面是教导技巧与知识,并评估案主的权利动态机制,包括各类小组或团体的活动。第三层面是集体行动,旨在形成集体、参与倡导或进行社会活动。

（四）增权理论对儿童青少年社会工作的启示

将增权理论引入儿童青少年服务领域可以带来一整套新的服务理念和工作模式,并且整合微观和宏观两个层面的技巧。它有助于促进青少年在自主、个人责任和自我实现方面的成长,打破青少年的"无权感",激发其参与社会变革的动机,提升其参与社会生活的能力,为其最终走向社会打下坚实的基础。

思考题

1. 举例说明，在青少年社会工作实务中，理论的重要指导作用。

2. 归纳一下有关青少年发展的理论。

3. 你认为影响儿童发展的最重要的因素是什么？简单描述一下这一过程。

4. 简述有关儿童青少年发展的心理学理论，说说你理解的儿童青少年发展的因素和规律性。

5. 用角色理论解释一个儿童青少年工作个案。

儿童青少年因为特别的生理心理发展阶段,因为其社会性发展的过程性,也因为与生俱有的基础性和未来性的社会本质,往往会出现影响全社会的问题。这些问题成因复杂,影响面大,解决起来涉及社会元素众多,不仅给儿童和青少年发展带来很大影响,也直接或间接地影响社会的发展。这些问题,是儿童青少年社会工作高度关注的重要领域,也是儿童青少年工作者必须认识和认真研究的问题。在本章中,着重介绍儿童青少年贫困问题、亲子关系问题、儿童青少年心理健康问题、青少年厌学问题、青少年网瘾问题、早恋问题、青少年犯罪和儿童青少年参与问题,通过对这些问题的原因分析,从儿童青少年社会工作的角度出发,提出了一些解决措施。

第一节　儿童青少年贫困问题

贫困问题不仅仅是一个经济问题,同时,也是影响儿童青少年发展的社会问题。据数据显示,中国部分乡镇、村庄,特别是山区,依然有一定数量的人处于贫困状态,中国城镇贫困人口也有所增加,儿童青少年因为家庭收入低、地方经济落后、处于单亲家庭等原因,陷入弱势地位,儿童青少年社会工作者应积极推动我国救助体系的完善,开展多种形式的救助活动,利用专业特长,为贫困儿童青少年提供心理等方面的服务。

一、贫困问题

贫困仍然是一个世界性的问题,由于贫困问题本身的复杂性,使得贫困对于儿童和青少年发展的影响也复杂而巨大。在经济全球化的今天,发展已经成为绝大多数国家的首要任务,然而,贫困问题仍然像幽灵一样紧紧跟随着这些国家和地区,严重影响了儿童和青少年的发展。

世界上大概每五个国家中就有一个国家穷人比例占多数,特别是在一些曾经是发达国家的殖民地,现在仍然受到这些国家控制的新兴国家和地区中,贫困问题仍然是一个非常普遍的问题。而在大多数不发达国家中,摆脱贫困的努力也仍然在继续着。即使在发达国家,也有相当一部分的青少年处于贫困之中。这些国家和地区的儿童青少年忍受着饥饿、营养不良和疾病的折磨,他们没有受教育的权利,没有接受正常的卫生保健的权利,没有卫生的饮用水,无法享受到环境卫生设施,也无法免遭伤害。

目前,长期贫困仍然是实现儿童权利的最大障碍。联合国下属的国际农业发展基金会发表报告说,世界上最贫穷人口约有 12 亿,其中一半为儿童,他们平均每天以不到 1 美元的生活费糊口。因为最贫困的人口中有 75% 生活在边远的农村地区,因此减少贫困必须从对偏远农村的扶贫做起。这份报告题为《2001 年农村贫困报告——消除农村贫困的挑战》,报告统计的数据表明,全球最贫困人口中南亚占了 44%,东亚占 24%,撒哈拉大沙漠以南的非洲占 24%,拉美和加勒比海地区占 6.5%;最贫困人口中妇女和儿童占大多数。

身处贫困国家和地区的儿童青少年生存的基本问题不能得到保障,贫困直接剥夺了他们受教育的权利,这种受教育权的被剥夺带来的最严重的发展障碍,就是贫困将伴随其终生,甚至还会影响到他们的下一代。而贫困带来的贩卖人口、债务束缚、奴隶境遇、强制劳动、强迫从军、卖淫贩毒等使儿童青少年的生命受到了严重威胁。

根据世界银行制定的衡量贫困的国际标准测算,在中国的边远的乡镇、村庄,特别是山区,依然有一定数量的人处于贫困状态,而目前有数据显示,中国城镇贫困人口也有所增加。中国的贫困儿童青少年问题,同样不可忽视。

二、导致儿童、青少年贫困的原因

儿童青少年的贫困化有其经济与社会的深层原因。在中国,导致贫困儿童、青少年问题的原因是多方面的。

1. 家庭收入低是导致儿童青少年贫困的首因

中国贫困儿童青少年多半是来自那些年均收入不到全国平均水平的 40% 的家庭,由此可见收入水平过低是导致儿童青少年贫困的重要因素。

2. 偏远地区的经济落后

生活在偏远地区的孩子,因为交通不便利、环境恶劣、教育落后,致使当地经济水平非常低,贫困儿童和青少年较多。

3. 单亲家庭导致儿童青少年陷入贫困

这类家庭中,有的是夫妻离异,有的是因丧偶成为单身父母。一份调查表明,有55% 的单身母亲家庭的孩子饱受贫困的折磨,而完整家庭的贫困比例只占 10%。

另外,父母教育程度低下等也会直接影响孩子的生活水平,包括外来移民和流动在内的人口原因也对贫困儿童青少年的形成起着一定的作用。

三、消除儿童青少年贫困的举措

儿童青少年社会工作者要通过多种手段对贫困儿童青少年进行干预。

1. 在推动经济发展的同时，通过各方面努力，完善我国的救助保护体系，使更多贫困儿童和青少年能够在国家社会保障制度下，通过正当途径，得到经济上的援助，渡过困难时期。

2. 社会工作者应积极动员社会人士，通过各种形式，如义演、拍卖等活动，筹得资金帮助贫困孩子。通过在全国范围内组织开展"希望工程"、"春蕾计划"、"安康计划行动"等公益活动，对贫困儿童青少年给予关爱和资助，使他们能够正常地生活，并有机会接受教育。

3. 儿童青少年社会工作者需要运用专业方法，鼓励、关爱贫困儿童，通过深入的工作，消除他们心理上的不良感，帮助他们克服困难，积极上进。

第二节 亲子关系问题

在我国，随着社会变迁，亲子关系问题日益突出，已成为影响儿童青少年健康成长的社会性问题。亲子关系复杂多样，有着不同的类型，还具有不可选择性、不可替代性、不平等性、不和谐性、持久稳定性、发展变化性等多种特点，面对亲子关系中的矛盾和冲突，儿童青少年社会工作者应从发挥父母、孩子、环境的主导性角度出发，促使亲子关系朝着人本化、互动化、平等化、引导化、和谐化的方向发展。

一、亲子关系的特点与类型

（一）亲子关系的特点

亲子关系原是遗传学中的用语，是指亲代和子代之间的生物血缘关系。在心理学和社会学中是指父母与子女之间的相互关系。具体包含了父亲与子女间的交往，母亲与子女间的交往。它是人生中形成的第一种人际关系，也是家庭中最基本最重要的人际关系。它是以血缘和共同生活为基础，以抚养、教养、赡养为内容的自然关系和生活关系的统一体。

亲子关系具有下列特点：（1）不可选择性。亲子关系是先赋性的，不像其他的朋友、夫妻等关系可以进行理性选择，亲子关系具有不可选择性，父母无法选择自己的孩子，孩子也无法选择自己的父母。（2）不可替代性。亲子关系是无法替代的，有学者对监狱中的罪犯进行研究发现，这些人有在少年儿童时期与父母之间分离的经历，亲子关系的缺位导致他们走上了违法犯罪的道路。

（3）不平等性。在亲子关系中父母往往处于强势地位，要求子女听话，否则就会采取相应的惩罚措施；子女往往处于弱势和被动地位，在家中的话语权很少，多数无法表达自己的心声，按自己的意愿行事。（4）不和谐性。父母与子女时刻都是有冲突的，但是，儿童早期由于对父母的依赖过多，这种冲突尚不明显，但是到了青春早期，亲子冲突迅速上升，到青春中期达到最高值，青春晚期又开始下降，呈现出明显的不和谐性。（5）持久稳定性。亲子关系是伴随人们一生的人际关系，无论人们走到天涯海角，还是父母与子女发生财产纠葛，亲子关系都是不能割断的。（6）发展变化性。亲子关系也不是一成不变的，而是处在不停的发展变化之中，消极的亲子关系，经过人们的努力，可以朝着积极的方向变化。

（二）亲子关系的类型

纵观学者们对亲子类型的研究，我们发现亲子关系按照不同的标准可以划分为不同的类型。

按照所使用的量表工具进行划分。运用 PCRT 量表的学者将亲子关系分为五大类型，即期待型、干涉型、不安型、溺爱型、盲从型；使用 PBI 量表的学者将亲子关系分为四种类型，即多关心多管束、少关心多管束、少关心少管束和多关心少管束。

根据亲子双方在家庭中的现实地位可将亲子关系分为以"大人"为中心的亲子关系、以"孩子"为中心的亲子关系、"波粒二象性"（两极性）的亲子关系等三种基本类型。

根据子女的年龄和生理特征可将亲子关系划分为婴幼儿亲子关系、儿童亲子关系、青少年亲子关系等。

按照家庭结构的不同亲子关系可划分为：核心家庭亲子关系、单亲家庭亲子关系、重组家庭亲子关系等。

另外，还有人将亲子关系分为六类：即养育型、财产拥有型、反向型、冲突型、泛爱型和亚平等型。

有的学者还提出四种亲子关系的类型：放任型、保护型、多元型和一致型。

而根据城乡的不同，亲子关系还可分为城市家庭亲子关系和农村家庭亲子关系。

根据家庭中的孩子是否独生子女，亲子关系可分为独生子女家庭亲子关系和非独生子女家庭亲子关系。

二、亲子关系中矛盾与问题

随着我国计划生育政策的推进，独生子女家庭越来越多，父母对子女的特定期望水平持续升温，有些家长甚至希望孩子完成自己不能实现的心愿。具体表现为对学习成绩过分看重，孩子感到压力特别大，忽视非智力因素，尤其是情感和情绪的变化,而这与孩子追求综合、全面发展的期望的摩擦日益加剧。于是,上演了一些因青少年不堪重压而引发的伤害事件。这似乎成了恶性循环,亲子间互动内容单一、贫乏。在亲子间互动的方式、方法上,重"惩罚"、轻"奖励",造成亲子接触不足,孩子不愿意向父母吐露心声;家长无奈之下又开始对孩子的行为进行干涉,比如,限制孩子与异性朋友的交往,限制外出和活动,这更进一步加深了亲子之间的矛盾,亲子关系矛盾、冲突、不和谐成了多数家庭难念的经。

造成这些矛盾和问题的主要原因有以下几个方面:

(1)受陈腐落后思想观念的影响,家长的教育观念依旧停留在过去的时代,认为学习好是孩子成功的唯一出路,所以父母对孩子的学习成绩期望过高,经常告诫子女,只要把学习搞好,其他什么事情都不用你管。渐渐地,孩子变成了"生活中的小皇帝、小公主","学习中的小奴隶、小机器"。

(2)父母不了解孩子身心发展的特点,儿童和青少年期是孩子的独立意识、叛逆心理不断滋生和膨胀的时期,家长和教师在孩子心中渐渐失去权威,他们更看重同伴对自己的评价,更愿意与同龄人分享自己的快乐与烦恼,并且与异性交往的愿望更加强烈。而家长却认为孩子越长大越不服从自己,又担心孩子学坏,往往对孩子的行为横加干涉。

(3)不良的家庭环境往往带来消极的亲子关系。一般认为,婚姻不和谐,亲子关系和谐的几率也非常小。存在家庭暴力或者父母有外遇的孩子与家庭功能健全、夫妻恩爱家庭的孩子相比,更容易陷入亲子困惑。

三、解决亲子关系问题的对策建议

儿童青少年社会工作可以从几个方面着手解决亲子关系问题。

1. 促进并发挥父母双方的主导作用。家长应树立民主平等的亲子观,自觉提高自身的科学文化素质,主动学习教育学和教育心理学的相关知识,加强自身的心理修养,塑造健全人格,讲究沟通的艺术和技巧,发挥家庭教育的科学性和有效性,使亲子关系朝着和谐、美好的方向发展。

2. 发挥孩子自身的主体作用。要提升孩子自我心理调适能力与沟通技巧,加强与父母的人际沟通,形成正确的自我认识,愉快接纳自己和他人,学会全面多角度看问题,勇敢面对挫折,学会与他人沟通。

3. 发挥环境支持系统的作用,促进教育体制改革。推动学校加快教育理念转变,把孩子从"生活中的小皇帝、学习中的小奴隶"中解救出来。同时各类家长学校、亲子关系咨询辅导机构、社会工作机构要承担起相应的责任,把学校教育、家庭教育、社区教育和社会教育结合起来,通过亲子沟通小组活动、幸福家庭小组活动,化解亲子矛盾,促使亲子关系朝着人本化、互动化、平等化、引导化、和谐化的方向发展。

第三节　儿童青少年心理健康问题

当今,儿童青少年心理健康问题已经成为全球共同的公共卫生问题。儿童青少年有心理障碍者呈逐年上升趋势,儿童青少年心理健康问题已成为全社会越来越关注的焦点。

据中国疾病控制中心精神卫生中心提供的信息,我国18岁以下的3亿多未成年人中,有3 000万处于心理亚健康状态,突出表现为人际关系、情绪稳定性和学习适应方面的问题。有1/8的儿童青少年人群患有不同程度的抑郁症,因心理问题而引起的自杀已成为青少年的头号死因。据一项全国抽样调查表明,目前,小学生有异常心理问题倾向的占16.4%,有严重心理行为问题的占4.2%;初中生有异常心理行为问题的占14.2%,有严重心理行为问题的比例是2.9%;高中生有异常心理问题倾向的占14.8%,有严重心理行为问题的占2.5%;大学生中近25%有心理障碍,以焦虑不安、恐怖、神经衰弱、强迫症状和抑郁情绪为主。这些心理问题的形成十分复杂,主要是家庭教育失当、学校教育的失误、社会不良影响和儿童青少年自身因素等原因,社会工作者可以通过家庭关爱、健康教育、社区照顾、传媒过滤、医疗跟进、外展工作几个角度进行干预。

一、儿童青少年心理健康的标准

关于心理健康,目前尚无公认的统一的标准。这是因为,心理是否健康没有一个绝对的界限,在现实生活中也很难找到绝对符合标准的"心理健康"的人。综合国内外有关学者的观点和理论,可以把儿童青少年心理健康的标准大致概括为以下几个方面:

1. 智力正常。智力是以思维为核心的各种认识能力和操作能力的总和,也是衡量一个人心理健康的重要标志之一。正常的智力是学习文化知识的最基本的心理条件,智力发展水平要符合实际年龄的智力水平。

2. 情绪的稳定性与协调性。儿童青少年应经常保持轻松、愉快、稳定、协调的情绪,良好的心理状态有助于提高心理功能,发挥自身的内在学习潜能。

3. 较好的社会适应性。一个心理健康的儿童青少年能够较快地适应变化了的环境,包括学习环境和生活环境、自然环境及人际环境等。即使突然发生意外变化或身处恶劣环境中,也能较快地顺应环境并保持心理平衡。

4. 和谐的人际关系。心理健康的儿童青少年能够与同龄人建立平等、互助、和睦相处的伙伴关系。

5. 反应能力适度与行为协调。心理健康的儿童青少年的心理活动和行为模式和谐统一。对外部刺激反应适度,表现既不异常敏感也不异常迟钝,并具有一定应变、应对能力。

6. 心理年龄符合实际年龄。心理健康的儿童青少年具有与其实际年龄相符合的心理、行为特征,并形成与年龄阶段相适应的心理、行为模式。

7. 心理自控能力。心理活动自控能力强的儿童青少年,其注意力集中水平高,记忆和意识活动有效水平也高。

8. 健全的个性特征。个性(人格)是每一个人独有的心理特征及特有的行为模式,具有相对的倾向性和稳定性。自幼培养儿童青少年客观而积极的自我意识,能适度控制自己的情绪与行为,使其行为符合社会道德规范,形成良好、健全的个性是个体适应环境的重要保证。

9. 自信心。自信心是对自我的客观评价,实质上是一种自我认知和思维的分析综合能力。如果自我评价过高,会因盲目自信导致意外失败而沮丧,产生失落感或抑郁情绪;若自我评价过低,会产生自卑感,因缺乏勇气不能充分发挥自身潜能而失去机遇。恰当的自信是心理健康的重要标志之一,也是获得成功的重要保障。儿童青少年成长过程中,自我评价是特别重要的问题。

10. 心理耐受力。对突发的强烈精神刺激或长期精神刺激的抵抗能力,以及对压力、失败、挫折的心理承受能力即为心理耐受力。因为儿童青少年正处于心理发育和个性形成时期,其可塑性强,应及早培养他们不怕苦、不怕累、耐受失败、挫折的坚强意志力,不断提高心理承受能力,有利于心理健康。

二、当前我国儿童青少年心理健康中存在的问题

1. 自我认知问题。随着身体的发育,孩子的内心也经历着同样的成长与困惑。他们开始关注"自我认知",渴望清楚自己是一个什么样的人,别人怎样看待自己,自己希望成为一个什么样的人等"自己心理上的肖像"。如何正确认识自己,并增强自己的信心,是儿童青少年常遇到的内心焦虑之一。

2. 学习压力问题。在我国很多学龄儿童深受升学压力的影响,承受着不能承受之重。紧张的课堂学习,繁重的课后作业,种类繁多的辅导班、提高班、才艺班让孩子们未成熟的身心长期处于紧张和压迫的状态下。因学习压力过重而伴生的各种心理健康问题也严重困扰着儿童青少年及众多的家长们。

3. 性心理问题。随着性生理的发育,青少年的性心理也随之发展。中国传统文化对"性"问题的回避,限制了儿童青少年真正科学地了解认识性知识的渠道。而随着自我性别意识的逐渐成熟,他们又面临着建立与社会要求相适应的"心理性别",并使"生理性别"与"心理性别"相一致的任务。定义自我性别意识的过程也催生出不少与之相关的心理问题。

4. 人际关系问题。随着年龄的逐渐增长,儿童青少年逐渐走向独立,建立属于自己的认知系统,在这一过程中不可避免地会遇到与他人认知观念产生冲

突的矛盾心理。对父母的依赖心理同与父母之间的观念差异而产生的逆反心理之间的矛盾,渴望与同龄人交往的迫切需要同在交往过程中产生的接纳与排斥、关注与冷落、友好与争夺等交往状态之间的矛盾,都是儿童青少年心理健康问题的显著表现。

5. 社会适应问题。儿童青少年的成长经历了简单的家庭生活,丰富的校园生活,复杂的社会生活几个不同的成长环境,使得他们在视野不断开阔的同时,也面临着如何能够逐渐摆脱对家庭的依赖,较好地融入校园集体生活,独立地适应社会竞争状态等一系列现实问题。在这一适应过程中他们既容易被新鲜的世界所感染,也容易对复杂的社会产生抵制、回避等不良情绪反应。

三、儿童青少年心理健康问题产生的原因

儿童青少年的心理健康问题产生原因不外乎家庭、学校、社会和自身等几个方面。

1. 家庭教育失当

著名教育家霍姆林斯基指出,一个人的童年是怎样度过的,童年时代由谁带路,周围世界中哪些东西进入了他的头脑和心灵,这些都决定着他将成为一个什么样的人。他十分深刻地揭示了家庭早期教育在一个人发展中的重要作用。家庭是社会的细胞,也是孩子出生后的第一所学校,这所学校虽不像正规学校具有系统的教学计划,但它对年幼的孩子来说,却有极为明显的教育和影响作用。弗洛伊德认为,0~6岁是人的个性形成的关键时期,这一时期家庭的情绪、文化氛围及其背景对孩子的心理发展具有奠基性的影响,尤其对心理健康影响十分明显。

因家庭原因造成儿童青少年心理健康问题,大致有以下几种情况:(1)教育方法的问题。传统教育中的"大棒政策",独生子女时代的过度溺爱,"望子成龙"强迫,忽视孩子的心理需求和情感需要等不良教育方法都为孩子的心理健康问题埋下了隐患。(2)家庭结构不健全。生活在单亲家庭、重组家庭、隔代家庭及关系不和睦、功能不健全的家庭,使孩子经常处于冷漠、争吵、情感纠葛等不良家庭生活状态中,无法得到躯体上的爱抚、生活上的照料和情感上的亲近,致使孩子心理健康、人际交往关系能力的构建方面出现问题或缺陷。

2. 学校教育的失误

学校是培养社会建设人才的基地,是儿童青少年健康成长的摇篮。学校的校风、教风、学风以及教师育人艺术和教育学生的态度、方法是否得当,对学生的心理健康有着直接而深刻的影响。

我国一些学校以应试教育为主的教学内容和教学方法,不能很好地调动学生的学习积极性,给学生的身心造成了很大的压力,失眠、健忘、神经衰弱、注意

力不集中等现象非常普遍。

从教师的层面来看,有些教师对学生不能公平对待、一视同仁,将学生分成三六九等,对某些学习有困难的学生不是本着帮扶鼓励的态度,而是放任自流、不管不问,武断刻薄、打压赶撵,伤害了学生的自尊心和自信心,给学生的心灵造成阴影,让学生在心理和行为偏差的道路上越走越远,从而造成一系列的心理健康问题。

3. 社会不良影响

与家庭、学校不良因素的影响相比,社会不良影响的特点在于它更偏向于直观性、形象性、潜移默化性,更能影响和迎合一部分学生的需要,因而具有更大的诱惑力。社会不良影响包括许多内容,对学生影响最直接的有以下几种:(1) 社会上的某些不正之风,特别是传媒的影响。(2) 不健康的网站对学生的诱惑使之心理畸形。(3) 流散在社会上的同龄人或团伙的勾引。(4) 其他耳濡目染的不良信息、行为的影响。

学生心理健康问题的形成与社会学习的模仿、抄袭、认同、暗示等方式有着直接因果关系。如果教育者只重视课堂学习,而忽视了社会学习,或者社会学习脱离了课堂学习的主导作用,学生就有可能受到非认知心理的影响,而成为心理健康问题者。

4. 儿童青少年自身因素

儿童青少年正处于身体的生长发育过程中,其心理发展也会经历很多矛盾。对于小学生来说,心理发展的主要矛盾有:生理发育和心理发展速度不均衡的矛盾;心理过程发展不协调的矛盾;个性心理结构发展不完整的矛盾;自我发展与外部要求不一致的矛盾。对于中学生来说,心理发展的主要矛盾有:性发育迅速成熟与性心理相对幼稚的矛盾;自我意识迅猛增长与社会成熟相对迟缓的矛盾;情感激荡要求释放与外部表露趋向内隐的矛盾。

心理学家认为,中学阶段是个体发展的"危机期"或"心理断乳期"阶段。这个阶段正处在人生的十字路口,一方面,这个阶段是理想、信念迅速变化的时期,是人生观、价值观、世界观从萌芽趋于形成的时期,是开始以道德意识、道德观念指导自己行为的时期。另一方面,这个阶段又是生理迅速成熟,而心理发展跟不上生理发育的青春期;逻辑思维尽管发展很快,而思维的批判性尚未成熟,容易造成主观和片面;情绪情感日渐发展,但两极性严重,自控性差,逆反、对抗心理容易出现。这是一个幼稚与成熟、冲动与控制、独立性和依赖性错综复杂的时期。因此,中学阶段必然是学生心理发展两极分化严重的阶段。如果青少年自我处理不好,再加上其他外界因素的影响,必然会使心理产生这样或那样的问题。另外,不同性格特征的儿童青少年发生各种心理问题的倾向不同。其他如生理缺陷、发育早熟与晚熟,也会引发各种各样的心理卫生问题。

四、解决儿童青少年心理健康问题的一些建议

儿童青少年社会工作可以从以下几个方面进行干预。

1. 家庭关爱。家庭是儿童青少年人性和理想最主要的养育场所之一。因此,家庭关爱对儿童青少年的心理健康至关重要。和谐充分的家庭关爱是形成孩子健全的人格特征、良好的性格特征的基础,缺少家庭关爱的儿童自尊心容易受到伤害,心理功能不健全,人际关系冷漠。

2. 健康教育。教育部门和社会上的儿童青少年服务机构都要结合素质教育的实施,将心理健康教育、预防健康危险行为工作纳入教育和服务计划中。通过心理健康教育,预防儿童青少年可能出现的各种心理行为问题,促进其心理健康发展。学校对于学生的心理健康教育要采取"三个结合"的教育方案,即道德教育和行为训练相结合;思想教育和心理辅导相结合;学校教育和家庭、社区教育相结合。

3. 社区照顾。儿童青少年的社区照顾是社区对儿童青少年身心健康成长所提供的全面关怀。它不仅为儿童青少年的健康成长提供完善的社区环境和充分的活动设施,而且对家庭、学校的教育职责进行监督。如果发现家长有虐待儿童青少年身心健康的行为,社区应该进行干预。建议社区设立专职或兼职的儿童青少年健康形成教育工作人员,教育和卫生部门对他们进行经常的专业培训。

4. 传媒过滤。大众传媒对儿童青少年的身心健康具有潜移默化的影响。特别是儿童青少年喜爱的电影、电视和网络游戏,要充分考虑到儿童青少年这一特殊受众群体的成长需要,不能为了票房收入,传播暴力、色情、毒品和赌博这些不利于儿童青少年心理健康的文化垃圾。

5. 医疗跟进。社区卫生服务中心要按照初级卫生保健制度的要求,对社区内儿童青少年定期进行精神卫生方面的检查和健康教育,提高他们的卫生保障水平。对于那些有精神障碍或已发现有危险苗头的儿童青少年要采取措施,进行多重防护,加强心理引导,使之尽快脱离异常或危机状态。这些工作需要青少年工作团队成员的通力合作,才能有效地完成。

6. 外展工作。社会工作者要通过外展工作,了解儿童青少年的成长环境、遭遇问题和目前烦恼,和他们交朋友,力所能及地帮助他们解决一些思想和心理问题。同时做家长的工作,改变其教育方法,向社区及有关部门提出改善儿童青少年工作的建议,帮助相关机构逐步实现儿童青少年工作专业化和制度化的目标。

第四节 青少年厌学问题

接受教育是青少年在成长过程中必不可少的一个环节,然而,在现代城市中,由于青少年自身、家庭环境、教育、学校和教师以及社会方面的原因,使青少年厌学问题日益严重,需要越来越多的青少年社会工作者介入,在对青少年进行厌学矫正的过程中,要注意培养学生形成正确的自我认知,对学生进行积极的行为强化,培养学生良好的自我效能感。

一、厌学的表现和定义

多年来,尽管国家教育部门大力提倡素质教育,但是"学习—考试—升学"模式仍然给青少年学生带来巨大的成长压力。"小学升初中,初中升高中,高中升大学"被喻为"三重门",是青年学生一路成长学习所必须经历的三道门槛。在这种巨大的压力下,青年学生表现出诸多不良反应,首当其冲的是厌学。厌学是学生对学校的学习生活失去兴趣,产生厌倦情绪,持冷漠等心理态度及在行动中的不良表现形式。厌学与学习考试紧密相连,轻度的表现为迟到早退、上课开小差、不完成作业,严重的表现为旷课逃学、迷恋游戏或者早恋,将学业置之脑后,还有的表现为一些病理性反应,如自闭症、抑郁症、精神分裂,更有甚者,因厌学对整个人生失去信心而轻生自杀。

二、青少年学生厌学的原因

(一)青少年学生自身方面的原因

1. 对待学习成败的态度。如果学生经常看到学习中的失败而感到没有成功的希望,就会降低学习热情,丧失努力学习、争取优异成绩的信心。

2. 学习方面的兴趣或动力因素。兴趣或动力好比引擎,没有兴趣、动力、目标,学生学习就会产生茫然不知所措的感觉。一旦迷惑感产生,他们就容易被游戏、网络,甚至早恋等吸引,从而偏离学习的轨道。

3. 智力水平。智力水平高低很容易影响学习的兴趣和热情。智力水平不高的学生,当知识难度加大,感觉掌握不了时就会降低学习兴趣;智力水平较高的学生则觉得所学内容太简单,因而加以忽视,长期下去,缺少牢固的基础知识就难以应付新的学习内容,从而导致厌学。

4. 性格因素。懒惰、依赖性强、意志力薄弱、自卑感重等也会影响学生的学习积极性。如有的学生认为学习是一种艰苦的脑力劳动,日复一日,年复一年,什么时候才能熬出来? 如果抱着这样的学习态度,当然就无心学习了。

5. 身体的健康状况。即使是聪明好学的学生,如果身体状况日趋欠佳,也会无心学习,就是想学也坚持不下去,时间久了,就会产生厌学情绪。

(二)家庭环境方面的原因。

家庭是学生最早进行社会化的场所,家庭环境对学生的学习态度、目标、努力程度都有影响,家长的态度、行为的影响则是最直接的。有的家长望子成龙、望女成凤的期望心理严重,不考虑学生自身实际情况,以考上名牌大学为目标向学生长期施压,让学生不堪重负;有的家长抱着"读书无用论的态度",认为学习好坏无所谓,将来毕业找工作赚钱才是正经事,任凭孩子学业上的荒废;有的家长对子女娇惯溺爱,百般纵容;有的家长教育方法粗暴,对孩子经常拳打脚踢;有的因是单亲家庭,对孩子长期缺乏管教……各种不良的家庭环境都会对学生的厌学情绪产生推波助澜的负面刺激或影响。

(三)教育、学校和教师的原因。

1. 教育方面,目前学生升学的途径主要还是通过考试,无休止地上课、强化练习、补课、考试,强大的压力和机械式的生活,很容易让学生厌恶学习。

2. 学校方面,面对升学率和竞争生源的压力,学校教育仍然只看重分数,尽管在强调素质教育的情况下,教学方法上有所改革,但往往又走向另一个极端,课堂被各种多媒体、实验和辩论搞得花里胡哨,热热闹闹的 45 分钟里,学生并没有真正收益。

3. 教师方面,有的教师教学方法陈旧,学生缺乏新鲜感,探索欲望下降;有的教师对学生关爱较少,与学习差的学生沟通更少,使学生心理上与老师产生了距离,学生感觉老师很陌生,对其教授的内容也不感兴趣。

(四)社会方面的原因

由于近几年大学扩招,以往的统招统分制度受到冲击;毕业生实行自主择业,与国家统包时期相比,就业的稳定性下降,由此社会上出现一些关于"知识贬值"、"读书无用论"的提法,特别是在农村,有的村里中学生不以能考上大学的人做榜样,而以外出打工能赚到钱的人为榜样,甚至"勤奋读书被其他同学嘲笑",这些使学生对读书感到茫然。

另外,随着时代的发展,电脑、网络、游戏走进了我们的生活,电视节目越来越丰富多彩,网络的内容越来越广泛,游戏的种类越来越多,而这些也越来越多地影响着青年学生,他们一走出校园,身边可以让他们放松的诱惑铺天盖地,学习的重要性被"娱乐精神"所压盖。可以说,学习的压力太大,而学习以外的诱惑太多。

三、对青少年厌学的矫治

克服青少年学生的厌学情绪,要为学生创造良好的学习环境,在这一点上,家庭、学校和社会应该相互结合,形成一个目标统一、多管齐下的机制。家庭方面,家长要时时处处给孩子做出表率,尽量营造一个良好的家庭文化氛围,使孩子保持身心健康,专心致志地投入到学习中去。学校方面,要加大教育投入,加强教学管理,改革教学方法,提升教师素质,使学校跟上时代发展的步伐,真正成为学生健康成长的乐园。作为教师,则应该改革过去那种以成绩作为评判学生唯一标准的旧观念,多关心、爱护学生,激发学生学习兴趣,帮助学生树立正确的学习目标。社会方面,要通过教育体制改革,改变应试教育体制,将学生从应试教育的禁锢中解放出来,同时应净化社会环境,树立尊重知识、尊重人才的良好社会风尚。

厌学的社会工作矫治方法有如下几个方面。

1. 帮助学生形成正确的自我认知。对于那些形成消极思维定式,面对困难极易放弃,把成绩不好归因于"我太笨"的学生,要帮助他们形成正确的自我认知概念,如告诉他们做不出题不是因为笨,很多学生都做不出来,他们后来有的做出来了是因为掌握了正确的方法。通过训练让学生将失败归因为学习方法不当,不要让他们过于自责,让学生将成功归因为自我努力,体会到成功是可控的,对未来的学习充满期待。

2. 对学生进行积极的行为强化。强化法是行为主义心理学家常用的方法,通过强化手段可以增进某些适应性行为,在学习中适当运用强化法,可以矫正学生的厌学行为。主要模式是"小步子强化法"——制定适当的小目标,一旦某个小目标实现了,立即予以强化,这种强化可以是口头的,也可以是适当的物质奖励。比如当学生做对某道题目,可以赞扬他"做对了!真不错!"也可以通过赠与五角星的方式进行鼓励。

3. 培养学生良好的自我效能感。自我效能感是班杜拉最早提出的。班杜拉在他的动机理论中指出,强化可以通过人的认知形成期待,成为决定行为的先行因素。期待又分为"结果期待"和"效能期待"两种。前者是指个人对自我某一行为将会导致的结果的期待。如果某一结果受到学生的期待,那么与这一结果相对应的行为就可能被激活和选择。例如,学生感到上课注意听讲就会获得他所希望的好成绩时,他就有可能认真听课。后者是指个人对于完成特别任务所具有的行为能力的自信程度。当一个人确信自己有能力进行某一活动时,他就会产生高度的自我效能感,并会去进行那一活动。例如,学生不仅知道注意听讲可以带来理想的成绩,而且还感到自己有能力听懂教师讲的内容时,才会认真听课。自我效能感的培养可通过这样几种方式进行。

第一,增加学生的成功体验。不断的成功会使人建立起稳定的自我效能感,这种效能感不会因一时的挫折而降低,而且还会泛化到类似情境中去,从而使学生远离厌学。

第二,增加学生的替代性成功经验。当学生看到与自己水平差不多的同学也取得了成功,就会认为自己也能完成同样的任务,从而成功地克服厌学情绪。

第三,言语说服。凭借学生所信任和尊敬的教师、家长及所崇拜的名人的说服性建议、劝告、解释,能较有效地改变学生的自我效能感,这一做法不但简便,而且对矫治厌学有一定的帮助。

此外,还可以鼓励学校加强青少年的心理健康教育,开设团体辅导课或心理辅导课,使学生学会心理调适的方法和技巧,健全人格发展。

第五节　青少年网瘾问题

互联网技术突破了时空限制、社会限制,为人们生活、学习、工作带来了方便,但无节制地使用网络,却孕育出了一种心理异常的新型疾患——网络成瘾症(internet addiction disorder,IAD),简称网瘾症。全国目前有 1.03 亿网民,其中35 岁以下的青少年超过80%。中国青少年网络协会 2005 年 11 月 22 日公布的《中国青少年网瘾数据报告》显示,我国网瘾青少年约占青少年网民的 13.2%。在非网瘾群体中,另有约 13% 的青少年存在网瘾倾向。从年龄来看,13～17 岁的青少年网民中网瘾比例最高,达 17.1%;从总体趋势看,随着年龄的增长,上网成瘾的比例逐渐降低,30～35 岁的网民中网瘾比例最低,为 12%;初中生、职高生网瘾的比例均超过 20%。另据上海师范大学应用心理学系近期对上海 8 所高校近 4 000 名大学生的调查,上海大学生网瘾发生率达到 12.9%。青少年网瘾,使青少年社会功能退化、形成技术崇拜、造成道德失范、自我迷失、交往方式错位和人性异化,严重影响了自身正常的学习、生活,也给家庭和社会造成不稳定因素。面对青少年网瘾,家长首先要正确引导孩子正确使用网络;学校应组织丰富多彩的课余活动,宣传科学使用网络的知识,预防不健康的内容;政府应进一步强化对网络行业的监管,通过家长、学校、政府多位一体的努力,逐步矫正青少年的网瘾问题。

一、网瘾症的特点与类型

1. 网瘾症的概念界定

"成瘾"(addiction)一词最初仅用于药物依赖,类似的成瘾标准被应用于一些行为障碍,如嗜酒成瘾、嗜烟成瘾、赌博成瘾、吸毒成瘾、电子游戏成瘾或某些技术与工艺的过度使用。网瘾指由于过度使用互联网而导致明显的社会和心理损害的一种现象。这些网络成瘾者与赌博成瘾者非常相似,均为无成瘾物质作用下的行为冲动失控,导致上网者学业失败、工作表现变差、婚姻不和谐甚至离异、网络欺诈、诱发犯罪等弊害。美国纽约的临床心理学家 Goldberg 首先提出将此现象命名为"互联网成瘾症"（Internet addiction disorder，简称 IAD），IAD 在临床上也称为病理性网络使用（pathological internet use，简称 PIU），通常简称为网瘾、网痴或"网络成瘾"（Internet Addiction）。匹兹堡大学金伯利·杨博士对 IAD 的定义是："无成瘾物质作用下的上网行为冲动，表现为由于过度使用互联网而导致个体明显的社会心理功能损害。"一些研究还描述了网络成瘾的表现：对网络有一种心理上的依赖感，不断增加上网时间；从上网行为中获得愉快和满足，下网后感觉身体不适；在个人现实生活中花很少的时间参与社会活动及与他人交往；以上网来逃避现实生活中的压力、挫折、烦恼与情绪问题；倾向于否认过度上网给自己的学习、工作、生活或思想等方面造成的实际损害。

2. 网瘾症的特点

网瘾症的普通表现主要包括情绪低落、无愉快或兴趣丧失、睡眠障碍、生物钟紊乱、餐饮量下降和体重减轻、精力不足、精神运动性迟缓和激动、自我评价低和能力下降、思维迟缓、有自杀意念和行为、社会活动减少、大量吸烟、饮酒和滥用药物等。专家发现，网瘾症患者由于上网时间过长，大脑神经中枢持续处于高度兴奋状态，会引起肾上腺素水平异常增高，交感神经过度兴奋，血压升高，植物神经功能紊乱。此外，还会诱发心血管疾病、胃肠神经官能症、紧张性头痛等病症。

青少年网瘾症初始只为精神依赖，不断增加上网时间，从上网行为中获得愉快和满足。下网后自觉身体不适，现实生活中花很少时间参与社会活动及与他人交往，上网来逃避现实生活中的压力、挫折、烦恼、情绪问题，逐渐发展为躯体依赖，表现为情绪低落、无愉快或兴趣丧失、睡眠障碍、疲乏无力、思维迟钝。常伴有心理障碍或精神疾病，主要表现为：（1）品行障碍。说谎、出走、网恋、游戏成瘾，以游戏成瘾为突出障碍行为之一。（2）人格障碍。对"网络人生"产生精神依赖，人际关系困难。（3）情绪障碍。焦虑、抑郁、孤僻。（4）心理应激反应障碍。靠上网来缓解现实生活中的心理应激和应付挫折、压力。

3. 网瘾症的基本类型

"网瘾症"的类型五花八门，具体表现也有明显差异，主要包括以下几种类型：

一是色情成瘾，指上网者迷恋网上的色情音乐、色情图片、色情影视、色情笑话以及网络色情文学作品等。有专家指出每周花费 11 小时以上用来漫游色情网站的人，就有色情成瘾的嫌疑和倾向。

二是网络交际成瘾，指上网者利用各种聊天软件、网站的聊天室或专门交友网站进行人际虚拟交流，甚至发生网恋、网络黑交易、发表反动或愚昧言论、网络欺诈与愚弄等错误行为，并诱发犯罪。

三是信息超载成瘾，包括强迫性地从网上收集无用的、无关紧要的或者不迫切需要的大量垃圾信息。这种行为没有预先的计划和目的,耗费时间,是纯粹的盲目行为或网络生活怪癖。

四是游戏成瘾,这在许多大、中、小学生中是较为普遍存在的现象。因为网络游戏数量大,花样多,不仅有一些互动性很强的智力开发游戏,而且网络上也存在不少的血腥暴力、反动愚昧和色情游戏。

五是视听成瘾,这在青少年学生中仍然是很普遍的现象。网者往往在网络上耗费大量的时间光顾"音乐在线"网站和"在线影院"网站,沉溺于网络音乐和电影资料的阅览。

二、青少年网瘾的成因

按照共青团中央权益部《青少年"网瘾"问题的分析与对策》的理解,青少年网瘾的成因主要是由于教育方式不当和游戏产品膨胀所致,包括以下几个方面:

1. 家庭方面的原因。目前我国家庭多以独生子女为主,青少年在成长过程中普遍缺乏交流和互通的渠道,而较重的学业负担也大大压缩了他们的社交时间。在有的家庭中,父母因离异或忙碌而缺乏与孩子的交流,或因对孩子期望值过高而令孩子精神负担过重,孩子只好上网寻求精神放松和情感交流。另外,不少家长对网络知之甚微,错误地认为孩子上网比看电视有益,因而不限制孩子上网。

2. 学校方面的原因。我国的基础教育仍属于典型的应试教育,在沉重的学习负担下,学生们容易产生厌学情绪,特别是在学业竞争中失利的学生,为了摆脱现实的困扰,有意躲入网络的虚拟世界当中。同时,学校的教学目的较为单一,对青少年网瘾问题不够重视,仅靠强制性的管理措施进行压制,缺乏有效的疏导手段,也是导致问题愈演愈烈的一个重要因素。

3. 社会方面的原因。有关数据显示,目前我国网络游戏产值每年都以近50%的高速增长,呈膨胀型发展状态。游戏制造商千方百计吸引玩家成瘾,频繁更新游戏场景界面。有些网吧惟利是图,缺乏职业道德和社会责任感,对未成年人长时间上网、玩网络游戏或浏览色情暴力网站大开绿灯。在市场上,盗版游戏众多,价格低廉,也为孩子降低了购买门槛。另外,我国社会正在转型期,缺乏完善的社会保护和救助机制,不能对网瘾青少年进行及时有效的救助,也是该问题不断恶化的原因之一。

4. 青少年自身的原因。青少年由于心智尚未成熟,社会经验缺乏,不具备足够的识别和自制能力等原因,面对良莠混杂的虚拟网络世界,极易沉迷其中而不能自拔,特别是男性青少年,由于更富有好奇心和冒险精神,思维活跃而自制力较差,更容易利用网络宣泄负面情绪,甚至导致网络犯罪等更加严重的后果。

三、网瘾症对青少年心理的危害

网瘾症对青少年心理的正常发展会产生很大的负面影响,主要表现在以下六个方面:

1. 交往方式错位。网民的行为往往在虚拟情景或虚拟情形下进行,这是一种技术性的"人—机式交往",不是一种人性化的真实的人与人交往。这种情况如果长期下去,就会影响或改变网民的正常交往方式,导致真实的人际交往萎缩,产生畸形的人际交往行为。

2. 人性异化。沉溺于网络中的群体,关注并满足于网络世界的虚幻环境,就会渐渐失去对现实环境的感受能力和积极参与意识,形成缄默、孤僻、冷漠、紧张、不合群、缺乏责任感和欺诈等心理现象,进而导致数字化的"虚拟人格"。

3. 自我迷失。网民的自我系统中,有三个"自我":即真实自我、实现自我和"虚拟自我"。三者有时相互冲突,网上网下判若两人,结果有可能导致出现多重人格问题。网络有整合世界的功能,同时也有分裂自我结构的作用。

4. 道德失范。网络活动的最大特点就在于虚拟性,缺乏约束与监督。虚拟状态既为网上行为提供了无拘无束的屏障,也给不正当、不道德行为披上了漂亮的外衣,从而造成网络世界虚假信息的泛滥及非道德现象的发生,在网上做出一些平时不允许或没有胆量做的明显不道德行为,如粗言恶语、人身攻击、网上多角恋、虚拟性爱、浏览网络色情影视、恶意攻击网络运行(即黑客行为)等。

5. 技术崇拜。网络成瘾实质上也是一种网络资源迷信,即"信息人"的上网成瘾或技术成瘾,是一种包含人机交互作用的非生化成瘾症,与吸烟、吸毒等依赖物质的成瘾症现象有着迥然的区别。

6. 社会功能退化。部分网民往往一有时间就去上网,参加社会活动越来越少,人与人真实的互动时间太短,对社会缺乏了解与认同,导致社会经验缺乏、适应能力减退。

四、青少年网瘾问题的对策

防范网瘾是一项综合性的社会工程,需要多方形成合力,共同治理青少年网瘾问题。

1. 家庭方面。家长首先要提高对网络的认识,学习网络知识,与孩子协商上网和共同上网,要适时提醒孩子上网有度,用自己对网络的态度引导孩子正确使用网络。针对青少年情感缺失问题,一方面应帮助孩子建立朋友圈,多为其提供社交机会,引导其多参加娱乐或交际活动,帮助孩子培养新的兴趣,另一方面要多与孩子进行情感交流,多抽时间陪伴孩子,满足其精神需求。

2. 学校方面。要在学习之余为青少年组织丰富多彩的课余活动,如组织学生参与学校管理,组织各种比赛(如体育、绘画、歌唱等),成立各种社团,如文学社、心理健康教育协会、志愿者服务协会等,引导学生参与积极的校园交往,减少网络对学生的吸引力。同时要转变价值导向,为学生提供能够充分发挥自身专长的平台,并通过多种形式对其进行肯定。学校还要积极引导学生正确使用网络,通过各种途径宣传科学使用网络的知识,预防不健康的内容。

3. 社会方面。要大力推广"网络游戏防沉迷系统",进一步强化对网络行业的监管,从技术、管理、法规等方面规范网吧、网站、网络游戏制造商等的从业行为;要在青少年中广泛开展网络文明教育活动,引导广大青少年认清沉迷网络的危害,增强自我保护能力;要利用互联网、影视、广播、报刊等媒体,普及青少年安全文明上网知识,向家长和教师讲解青少年安全文明上网、远离网瘾的主要做法,不断提高监护能力和辅导水平;要动员社会力量特别是青少年研究和心理矫正机构,对青少年网络成瘾问题进行深入研究,对沉迷网络的青少年进行封闭性训练和矫治;要组织招募教师、社工、专家学者等关心青少年健康成长的社区志愿者,围绕网瘾青少年建立志愿者"一助一"长效工作制度。

第六节　青少年早恋问题

由于青少年生理成熟的提前以及学校、社会的影响,这些年来,青少年的早恋问题不断出现,越来越得到人们的关注。早恋有朦胧性、差异性、单纯性、低龄化、不稳定性的特征,分为冲动性、爱慕型、好奇型、模仿型、从众型、愉悦型、补偿型、逆反型、病理型等多种类型,对青少年的发展有很大的危害,青少年社会工作者应结合青少年自身、学校、家庭和社会,做好预防和治疗工作。

一、"早恋"的特点类型

(一)"早恋"的含义

如何看待青少年男女之间过度亲密的交往以及怎样给"早恋"下定义,已经引起了社会各界的争议。一些专家和学者认为,早恋是一个本土化概念,是一个从 20 世纪 60 年代产生并一直使用到现在的概念,深受中国教育体制和传统文化的影响。随着社会的发展,"早恋"这一概念的负面效应也日益暴露。一旦某个青少年被贴上"早恋"的标签,他就要承受各方面的严重压力,在行为上逐渐表现出不正常。有些人还主张为了避免这种消极性效应的产生,本着"以人为本"、"尊重人格"的理念,应该用"交往过密"替代"早恋"。虽然这种提法确实能够引起人们的深思,但很多人仍用"早恋"概念来看待青少年的这种行为。

谈恋爱的年龄早晚其实并没有一个统一的标准,但就现在我国的实际情况和大多数人所认可的标准来说,是否早恋是以这两个特点来划定的:一是生活上的独立程度;二是谈恋爱的年龄和法定最低婚龄之间的差距。青少年在经济上尚未独立、生活还不能完全自立,他们的年龄离法定最低婚龄还相差甚远。因此,青少年谈恋爱应该属于早恋。并且据有关统计发现,早恋的高峰年龄段是13~17岁,而这一时段正好是初中生阶段。

我们这里就借用大部分人的观点,给早恋这样下定义:早恋是青春期性成熟过程中,两性之间出现的一种过度亲密的相互接近;是青少年因为性发育开始成熟,本能地产生相互爱慕的情感。

(二)"早恋"的一般特征

虽然早恋的具体表现类型很多,但总体上都体现着某些共同性特征。

1. 朦胧性。青少年正处于成长期,对很多事情的认识还不全面,他们对两性之间的爱慕似懂非懂,对爱情的真正含义也没有深刻的把握。

2. 差异性。青春期的男女相比较而言,女生有早恋的较早、较多,这也可能与女生发育较早有关。

3. 单纯性。青少年"谈恋爱"只是觉得和对方在一起很愉快,对家庭、政治和经济等方面的理智性考虑却很少。

4. 低龄化。生活条件的提高及各种传媒的消极影响,使得早恋的青少年越来越趋于低龄化。

5. 不稳定性。随着各方面的不断成熟,青少年在理想、志趣等方面的差异极易引起他们之间感情的变化。

6. 冲动性。由于青少年缺乏理智的思考,好奇心比较强,往往会突发奇想、莽撞行事、酿成恶果。

(三)"早恋"的类型

青少年早恋并非遵循单一、固定的模式,而是表现为很多种类型。

1. 爱慕型,即青少年之间由于爱慕对方而产生的早恋现象。如由于爱慕对方的外在仪表、能力专长或优秀品性而产生的早恋。

2. 好奇型,即由于对异性的好奇心而产生的早恋现象。对异性产生强烈的好奇心是青春期青少年随着性意识的发展而产生的一种心理现象。为了满足自己的好奇心,他们就会想结交异性朋友,建立"恋爱"关系。

3. 模仿型,即因为模仿别人的行为而产生的早恋现象。青少年模仿的对象主要是来自社会生活、影视作品或报刊、书籍等。

4. 从众型,即迫于周围人的压力而产生的早恋现象。同龄群体的行为方式和语言暗示都会对青少年产生很大的影响。

5. 愉悦型,即为了获得愉悦的情感而产生的早恋现象。青少年男女之间的密切交往经常会给对方带来愉悦的体验,而这种体验又会进一步促进青少年之间的密切交往,并逐渐转变为早恋。

6. 补偿型,即为了获得感情补偿和排解受挫的情绪而产生的早恋现象。一些青少年在学业上或感情方面受到挫折时,往往会想到用早恋的方式来排遣愁闷,从异性那里获得感情补偿。

7. 逆反型,即由于青少年在两性交往中受到别人不恰当的干预所产生的早恋现象。青少年在逆反心理的作用下,经常会使正常的异性交往迅速发展为早恋关系。

8. 病理型,即由于病理原因而产生的早恋现象。由于营养过剩、一些食品中含有性激素的作用或生理上的障碍等原因,造成一些青少年身体早熟、心理早熟或产生性变态心理等,而这些都很容易诱发青少年的早恋现象。

二、早恋的危害性

由于个体的差异,早恋程度的不同,早恋对当事人会产生不同的影响。但总体而言,由于各方面的不成熟,早恋对个体的危害性相当大,不容忽视。

1. 分散精力,影响学习

青少年时期,思想活跃、记忆力强,正是学习各种知识技能、磨炼意志、学习社会规范,确立生活目标,塑造美好心灵的大好时机,是培养社会角色等人的社会化的关键时期。如果此时花费大部分时间谈恋爱,必定会耗费大量精力,出现情绪不稳和学业成绩下降等现象。

2. 身心疲惫,感情冲动

青少年往往情绪不稳定,易动感情,常常会产生焦虑、烦躁、疑惑等不良情绪。处于早恋状态的青少年大部分都会有一个极其复杂的心理过程,承受着很大的心理压力。另外,在平时的交往中,由于抑制不住冲动而与异性朋友发生性行为,并会引发一系列的不良后果。这些都会给青少年的身心健康产生极大的影响。

3. 影响学校风气

早恋的青少年大部分都是初中生,因此,如果一个班级出现了男女学生谈恋爱,就会产生种种影响。一些学生会把早恋事件当作谈论的焦点,对恋爱者或持羡慕的态度进而效仿,或持鄙视的态度把他们作为相互传播取笑的笑料等。这无疑会使学生的学习兴趣和注意力发生转移,败坏学风,影响学校的风气。

4. 引发犯罪行为

早恋中的青少年在经济上是不独立的,衣食住行都是源于家庭的供给,但青少年经常性的恋爱行为也会增加其消费。由于父母所给的零用钱极其有限,这就很难满足他们相恋中的消费需求。为了得到更多的钱,他们就会不择手段来达到目的,如果同时受到教唆犯的引诱,就极可能走向道德败坏或违法犯罪。据有关部门调查的结果,过早涉及"恋爱"的青少年易误入歧途,做出抢劫、盗窃等不良行为。

5. 增加人际矛盾

由于青少年心理上的不成熟及缺乏处理事情的正确方式,早恋当事双方不可避免地会发生一些矛盾。除此之外,也会引发其他的人际矛盾。如由于受中国教育体制和传统观念的影响,绝大部分的家长和教师都容不得青少年做出一些偏差性行为(特别是类似于早恋这种行为),再加上他们干预、处理方式的极端化,经常会引起青少年与家长和教师之间关系的对立,使其遭受很大的心理伤害。

三、青少年早恋的原因

青少年早恋的原因是多方面的,生理心理因素、家庭因素、学校因素以及社会因素都可能使青少年陷入早恋

(一) 生理心理因素

首先,生理上的成熟是青少年早恋产生的前提。由于生活水平的提高,青少年进入青春期的年龄普遍提前,第二性征渐渐发育成熟。异性之间的好奇心和神秘感与日俱增,并对异性产生爱慕之心。在各种条件都具备的情况下,随时可能发生早恋行为。其次,心理上的发展是青少年早恋产生的内部根源。生理上的发展使青少年心理发生了巨大变化,同时其思想、性格和情感也在急剧变化。他们开始关心自己的形象,容易对异性产生兴趣和爱慕。但由于自身的认知能力、社会经验等因素的限制,使得他们的心理发展和生理发育之间形成了强烈的反差,缺乏自控能力。在这种情况下,青少年极易发生早恋行为。另外,在从众心理和虚荣心理的驱动下,青少年把早恋当成引以为荣、值得炫耀的事情。青少年的逆反心理也会驱使他们通过早恋来证明自己的存在,得到同龄人的认可。

(二) 家庭因素

早恋与家庭教育有密切的关系。随着社会经济的快速发展,大部分普通家庭面临着生存压力,父母双方都开始在外工作,从而忽略了对孩子的照顾和感情投入,而物质生活的充裕往往是以孩子失去精神情感寄托为代价的。特别是父母经常争吵或离异的单亲家庭,由于家庭结构的不完整和成员关系的不融洽,无法给孩子提供健康成长和正常社会化的基本保证,使得很多青少年产生自卑、焦虑、孤独和外在行为的失调。为了得到温暖、恢复心理上的平衡,他们经常会将情感投向同伴中的异性,希望通过和异性的交往来消除感情上的困扰。因此可以说,缺少家庭关爱的青少年更容易早恋。

(三) 学校因素

教育失当是青少年产生早恋的重要客观因素之一。它主要表现在以下几个方面:

1. 青春期性教育知识的困乏。虽然很多学校都安排有青春期教育这类课程，但能够真正落实的却很少。学校普遍缺乏该课程的专业老师，并且很多老师对一些敏感性问题也羞于启齿。有时学校干脆让其他主课来占用，最后使得这门课程形同虚设。

2. 教师缺乏一视同仁的态度。据某些调查发现，学习成绩差的学生更容易早恋。由于这类青少年往往感觉自己不如别人，平时也得不到老师的重视，从而对学习失去了兴趣。为了弥补空虚，他们就会把时间和精力花费在"爱情"上。

3. 教师处理方式的不当。教师往往把学生间正常的异性交往看得过于严重化。他们过激的处理方式极大地伤害了学生的自尊心，从而使学生感到压抑、苦闷，促使其产生逆反心理，很容易促成早恋。

（四）社会环境因素

社会环境因素主要包括以下几个方面：

1. 媒体的不健康诱导。随着社会的发展，社会媒体日益繁多。资讯的丰富在帮助青少年认识外部世界的同时，也带来了多元化意识形态选择的困扰。媒介的一些不健康东西会对青少年的心理产生不良影响，使其过早坠入"爱河"。

2. 网吧、游戏厅等的诱惑。学校附近网吧、游戏厅的日益增多，使得许多青少年禁不住诱惑，逐渐沉迷其中。在这种恶劣环境的熏染下，青少年更容易结交一些问题少年，模仿其不良行为。

3. 黄色书刊的泛滥。街头摊位卖的武打、言情小说有些充满了色情和暴力等不健康的内容。而这些内容对青少年毒害极深，使他们产生一些邪念，容易误导他们走入歧途。

四、解决青少年早恋问题的对策

对青少年早恋问题，我们要加强研究，掌握其形成和发展的规律，寻求有效对策。由于青少年早恋深受多种因素的影响，这就要求我们必须从青少年自身、家庭、学校和社会等方面来处理问题，同时做好预防工作。而社会工作者，特别是学校社会工作者（青春期的青少年大部分都是在校学生）在解决青少年早恋问题中起关键性作用。

（一）青少年自身方面

1. 社会工作者要帮助青少年树立远大目标，激发其学习热情；帮助青少年树立正确的学习态度，培养学习兴趣。

2. 社会工作者可通过社交实践指导，培养青少年良好的交往动机和交往品质；培养青少年正常的交往情绪和心理，提倡青少年男女之间的自然交往和适度交往。而社会工作者可以通过组织青少年开展有意义的小组活动来达到此目标。

（二）家庭方面

社会工作者可以通过与家长的深入交谈，让其意识到家庭对青少年健康成长的不可替代性作用。引导家长正确教育子女，建议他们多抽点时间与孩子相处、沟通交流，努力营造和谐的家庭氛围，使孩子在感情上有所依托。对于结构不健全的单亲家庭（大多数为父母离婚或分居家庭），社会工作者可以作为中间调解者，促成青少年亲生父母之间达成协议，轮流给予孩子足够的关怀和照顾。

（三）学校方面

1. 社会工作者应强烈建议学校教师和领导加强对青少年的青春期教育，让他们意识到青春期教育是学生健康成长、人格全面发展的不可缺少的关键环节。

2. 社会工作者可以向教师提供必要的咨询服务。对于青少年早恋问题提供一些建议和对策，帮助教师恰当地处理这类问题，促成师生间建立融洽关系。另外，社会工作者可以建议教师平等对待每个学生，平时多与学生沟通，给予他们更多的关心和理解。

（四）社会方面

社会工作者要加强与政府和社区的协商，依靠政府的强制手段，坚决查封学校附近的网吧、游戏厅等污染场所。动员社会各界力量，努力开辟有益于青少年健康成长的文化娱乐场所；杜绝黄色书刊等污染源，为青少年营造一个积极向上、健康的社会环境。

对于已经陷入恋情的青少年学生要分清程度给予必要的干预。

第七节 青少年犯罪问题

世界性青少年违法犯罪已经成为威胁社会安全、扰乱社会秩序的一种"社会公害"。自从进入 20 世纪 60 年代，世界青少年犯罪出现了持续增长的趋势，以美国为首的发达国家，青少年犯罪增长尤为突出。其中，美国的青少年犯罪率为 5.3%，联邦德国为 4.8%，英国为 4.4%，日本为 1.1%。

在我国，青少年犯罪行为主要是偷窃、抢劫、诈骗、毒品、暴力伤害、行凶杀人以及性犯罪等，而且随着社会的发展，近年来，我国青年犯罪呈现出偶发性犯罪多、纠合性犯罪明显上升、低龄化、女性犯罪上升等新特点，给社会秩序和社会安全带来了巨大的威胁，受到人们的普遍关注。青少年社会工作者主要就个人、家庭、学校和社会四个方面做原因分析，并利用专业活动和技巧，为有犯罪倾向的青少年提供教育、培训、心理健康等各种针对性的服务。

一、中国青少年犯罪的特点

中国的青少年犯罪状况，从犯罪数量和犯罪率来看，20 世纪 80 年代以来是新中国成立后犯罪发展较为突出的时期。1980 年全国刑事犯罪总人数 59 万,其中青少年犯罪为 36 万人,到 1994 年,全国刑事犯罪人数为 140 万,其中青少年犯罪为 84 万人,这 15 年间,青少年犯罪率最高为 29.1%,最低为 10.66%。

近些年来,我国青少年犯罪呈现出新的特点:

1. 偶发性犯罪居多

在我国有些地区的青少年犯罪中,偶发性犯罪所占比例高达 57%。青少年违法犯罪往往动机简单,行动目的不明确,很少经过周密的策划和安排,更多情况下属于一时冲动,在某种偶然事件或现象的诱发下,突然产生犯罪动机,并不顾后果实施暴力,其犯罪行为带有很大的盲动性和随意性。

2. 纠合性犯罪呈明显上升趋势

青少年的纠合性犯罪,没有经过严密组织,没有具体的作案计划,作案成员不确定,纠合的原因不明确,纠合的过程也很简单,有时只是为了壮胆或者找乐子。这种纠合性犯罪是青少年自身特性导致的,他们喜欢群体,这样有一种力量强大的感觉,很多人参与的目的并不明确,纠合方法简单,动机也不固定和统一。

3. 犯罪低龄化

在 20 世纪五六十年代,青少年开始犯罪一般在 16 岁左右,犯罪高峰期在 23 岁左右。到 70 年代后期和 80 年代初期,有的少年从十一二岁就开始作案,16～18 岁成为青少年犯罪的第一个高峰期。据统计,仅全国 14～18 岁的青少年犯罪案,1980 年就比 1979 年增加了 90%。

4. 犯罪人员复杂

青少年犯罪的主体构成比较复杂,有青年工人、青年农民、学生、社会闲散青少年、劳改劳教逃跑人员以及劳改或刑满释放人员等,这些人员犯罪的比例不同。

5. 文化素质低容易导致犯罪

根据统计,70% 以上的青少年犯罪者,只有初中和小学文化,而且多数犯罪者的父母的文化程度也偏低。文化基础素质差,他们往往表现出野蛮、鲁莽、不明事理,多发生抢劫、暴力伤害、强奸与行凶杀人等危害极大、情节严重的刑事案件。文化素质低使青少年显得观念混乱、精神空虚、没有追求,往往因为愚昧无知而导致犯罪。

6. 女性犯罪有上升趋势

近些年来,我国的总体情况是女性犯罪呈上升趋势。女性犯罪特别是团伙中的女性犯罪,具有很强的号召力和向心力,女性犯罪更容易直接或间接形成更大的危害,而且改造的难度也比男性大。女性犯罪主要表现在女青年暗娼卖淫、流氓奸宿、诈骗扒窃、教唆与谋杀等非暴力犯罪。这些女青年一般在 25 岁以下,往往是因为过于追求享乐、遭受侮辱或受到伤害后,被人强制或威胁而陷入违法犯罪深渊的。她们一旦走向犯罪道路，就会表现出异乎寻常的放荡、轻浮，表现出极强的腐蚀性。

除以上的特点外，团伙犯罪日益显著也是青少年犯罪的一大特点。团伙犯罪是两名以上的作案者结伙共同从事某项违法犯罪活动的犯罪行为。青少年犯罪中 80% 的大案、要案、恶性案件多为团伙所为。

二、我国青少年犯罪的主要类型

我国《刑法》在总则和分则中对犯罪的类型进行了规定。在刑法分则中，根据犯罪所侵犯的同类客体和对社会所造成的危害程度，把众多的具体犯罪归为几大类，具体为：危害公共安全罪；破坏社会主义经济秩序罪；侵犯公民人身权利、民主权利罪；妨碍社会管理秩序罪；妨害婚姻、家庭罪；侵犯财产罪和渎职罪。

我国当前青少年犯罪类型呈多样性、复杂性、交叉性、常变性等特点，除传统性的犯罪以外，还不断出现新类型，并有向国际上青少年犯罪类型靠拢的趋势。我们以刑法犯罪为基础，根据青少年犯罪的特点，可以把青少年犯罪大致分为以下几类：

1. 盗窃犯罪

我国当前的青少年犯罪中，盗窃犯罪约占总数的 80% 左右。他们的盗窃方式多样化、目标高档化，金银财宝、珍贵文物、通讯设备、高级轿车、国家储备物等成为重点盗窃对象。当前，青少年盗窃犯罪主要有以下的特点：

未成年人犯案数增多：仅上海一地，在未成年人犯罪中，财产犯罪占85.69%，居各类犯罪之首。

侵犯财产数额巨大：几十万元乃至几百万元的特大盗窃案都有出现。

流窜盗窃案件多：有些案犯行窃范围涉及十几个省、几十个城市，给破案带来一定的困难。在上海，外来未成年人犯罪数达到未成年人犯罪总数的 40%。

盗窃基础设施案件增多：这造成了巨大的经济损失，特别是农村青少年此类盗窃案件增多。

2. 暴力犯罪

暴力犯罪在当今青少年犯罪中表现尤为突出，其中包括街头暴力、家庭暴力、流窜暴力、学校暴力等。据一项调查显示，某年份全国查获的绑票案犯中，青少年占 60% 以上；杀人犯罪案青少年占 50% 左右；强奸、轮奸案犯青少年占55%；伤害犯罪案青少年占 60% 左右。

3. 毒品犯罪

毒品犯罪日益成为涉及数省的"社会公害"，其快速蔓延，危害巨大。在 20 世纪 80 年代中期，我国只有南方少数青少年吸食毒品，80 年代后半期以来，青少年毒品犯罪已经成为青少年犯罪的重要类型。

根据近几年统计,我国登记在册的吸毒人数逐年增加,尤其值得注意的是,吸毒者中几乎 80% 为青少年。据广州市中级人民法院统计,1993—1999 年 9 月间,广州二级人民法院共判处贩卖、运输、非法持有、走私毒品犯罪人员 1 609 名,其中 353 名系 25 岁以下的青少年,占 21.9%。1994 年广州公安机关查获的贩毒人员中,25 岁以下的青少年占了 40.9%,年龄最小的仅 12 岁。广州市在八区四市的一次较大规模的吸毒问题调查中,共查出吸毒人员 7 886 人。其中 25 岁以下的 3 751 人,占 45%;26 岁至 35 岁的 3 780 人,占 47.2%,两者相加达92.2%,而其中有六人的年龄还不到 14 岁。

4. 性犯罪

性犯罪是指在外界因素的诱导下,或在性生理冲动的作用下,与异性发生了违反法律、社会道德、家庭法规的性行为。此类犯罪以男青年比较突出,主要表现为男青年通过暴行或胁迫,对女性进行猥亵、奸污或轮奸,以及聚众侮辱、伤害女青年等。除此之外,还表现为女青年为贪图或达到某种目的而失身于人,以致发展到流氓奸宿、卖淫暗娼等性犯罪活动。卖淫者中,多系流入城市急于"发财致富"的女青年,也有少数女职员、青年女工甚至女大学生。卖淫妇女中,90%是 25 岁以下的女性青少年。某市查获的一个小姐妹卖淫团伙,最大的 17 岁,最小的只有 15 岁。

三、青少年犯罪的原因

青少年犯罪的形成是多种复杂原因共同作用的结果。既有主观上的原因,也有客观上的原因。本节主要就个人、家庭、学校和社会四个方面做以下分析。

(一) 青少年自身的原因

青少年时期是由儿童向成年人过渡的时期,从心理因素分析,青少年在此时期个人意识和独立意识增强,具有较强的好奇心和追求欲望,但他们的世界观、人生观和价值观还没有完全确立,辨别是非能力薄弱,抵制不良影响的能力不强,模仿能力强,易受外界影响,思维容易产生片面性和表面性,不能客观地、理智地对待各种事物和现象,对比较复杂的社会现象难以正确认识,对自己的行为不能作出正确的估计和评价;从生理因素分析,青少年正处于身体发育期,大脑皮层的兴奋性占优势,情绪、情感的社会化还很不完善,行为易受情绪的影响和左右,难以控制自己的心理冲动。他们一旦受到来自外界不良思想、文化和社会丑恶现象的影响,容易在理想、信念上产生动摇,好逸恶劳、爱慕虚荣、过分追求物质享受、容易沉迷于暴力、色情等感官刺激的缺点充分暴露出来,只图一时满足,盲目冲动,不计后果,以致走上犯罪的道路。

(二) 家庭方面的原因

家庭是青少年的第一课堂,父母是第一任教师。家庭教育和家庭环境对青少年的成长起着极为重要的作用。从犯罪青少年的家庭教育看,大多存在着各种问题。如对孩子过分溺爱;不懂得正确的教育方法,经常打骂孩子;有的家长忙于赚钱对孩子放任不管等。父母行为不检点、不务正业,经常酗酒、赌博、卖淫嫖娼、吸毒等恶习会对孩子造成暗示和影响。由于父母离婚、死亡、服刑或者其他原因使青少年丧失了父母中的一方或双方,家庭的完整性遭到破坏,残缺家庭缺乏亲和力,青少年的心灵会蒙上阴影。青少年在这些不良的家庭环境中耳濡目染,久而久之,使他们孤独、自卑、怨恨、狂妄,极易被坏人所利用,极易走上犯罪的道路。

(三)学校方面的原因

学校是青少年除家庭以外的最主要的生活、学习场所。良好的学校教育对青少年的世界观、人生观、价值观的塑造起着巨大的积极作用。但现实生活中,学校及老师的一些不当行为却造成了相反的后果。如一些学校盲目追求升学率,缺乏对学生进行应有的思想道德教育和法制教育;有的老师过分重视学生成绩,歧视"差生",动不动就进行所谓的"批评",甚至是人格侮辱,极大地伤害了学生幼小的心灵,影响了身心健康;有的教师教育方法不科学,不善于联系学生实际,盲目地超越阶段,忽视了青少年成长特点和接受能力,满堂灌,使学生产生厌学情绪,有的甚至还逃学;有的学校忽视社会实践、校外教育,内容健康向上、形式丰富多彩的校内活动和社会实践活动开展较少,不利于青少年的身心健康发展及综合素质的提高。而某些因犯错误或成绩差被强令退学或开除的学生,离开学校后无人管教,往往会更快地加入到违法犯罪的行列中。

(四)社会方面的原因

1. 近几年来社会中一部分人高消费意识盲目膨胀,追求物质金钱的欲望及腐朽思想严重。这种不良的社会因素侵蚀了青少年的身心健康,同时为青少年犯罪提供了心理环境,降低了他们的罪恶感,使不劳而获的思想"合理化",甚至作为其犯罪的正当理由。

2. 渲染色情、凶杀、暴力的书刊、音像制品充斥于文化市场,黄、赌、毒、封建迷信等社会丑恶现象仍大量存在,对社会文化环境造成一定程度的污染,低级、庸俗的文化腐蚀青少年的灵魂。

3. 网络是一把双刃剑,一方面它为青少年的学习、交流、娱乐提供了便捷的服务,另一方面,网络上也存在许多不健康的东西,冲击着我们的伦理道德和社会秩序。网络上充斥的色情、暴力等不良信息对青少年的精神世界造成了污染,网络成为青少年犯罪的一个新的也是极为重要的诱因。少数青少年沉迷于此,进行不健康的游戏、搞畸形虚拟的网恋、窥视网上不良信息。有的专门进行破坏他人计算机系统、猎取不义之财等违法犯罪活动。甚至有部分青少年还在网吧中纠集成利用计算机犯罪的团伙,成为危害社会的隐患。

四、青少年犯罪的预防及解决对策

根据《中华人民共和国未成年人保护法》和《中华人民共和国预防未成年人犯罪法》中的相关规定,预防和解决青少年犯罪问题,需要政府各部门、司法机关、人民团体、有关社会团体、学校、家庭以及社会基层组织各方面共同参与,各司其职,结合青少年不同年龄的生理、心理特点,加强对青少年的法制教育,同时实施心理矫治和预防犯罪的对策。

青少年社会工作在预防和矫治青少年犯罪方面要做多方面的工作。

第一,敦促国家立法机关加快完善预防和解决青少年犯罪问题的法律体系,用法律来规范他们的行为。同时,加强对青少年的法制教育及思想道德教育,正面引导,增强他们的法制观念,培养他们遵守法律、法规的行为习惯,帮助他们树立正确的世界观、人生观和价值观。这是减少青少年违法行为的一项治标治本的措施。

应努力净化社会环境、强化社会治安综合治理,严格整顿文化市场,净化文化娱乐场所,整治社会上的不良风气,铲除诱发青少年犯罪的条件。针对当前由网络诱发的青少年犯罪日益突出的现象,特别应加强对网吧业的管理,严厉查处黑网吧及个别网吧的不法行为。学校也应会同相关部门开放校园机房或开设安全放心网吧等,减少学生接触社会网吧的机会。同时,我们还可以利用网络积极进步的一面,鼓励学生通过网络学习科学文化知识,对他们进行爱国主义、社会主义教育,帮助他们正确地使用网络这一信息平台。

第二,家庭教育的预防。首先,要提高家长的素质。家庭是预防青少年犯罪的第一道屏障,父母的言行对子女有很大影响,父母在要求孩子的同时应以身作则。其次,营造和谐的家庭氛围,给孩子一个完整温暖的家。再次,处理好父母与子女的关系,不但满足孩子物质上的需要,对其心理和精神上也要有所了解、照顾,不能只忙于工作而忽视了孩子心理的需要。最后,家长应当做到尊重孩子的意见,家庭教育应尽可能地采取民主教育方式,给孩子一定的自由空间是缓和青少年与家庭、学校、社会矛盾的有效方法。

第三,学校教育要把教书和育人结合起来,端正办学指导思想,解决好片面追求升学率和学生功课过重的问题;学校还应与相关国家机关、社会团体等一起为学生举办丰富多彩的文化体育活动,帮助他们培养健康的课余爱好,防止他们沾染不良的恶习,如沉迷网络等。同时,学校还应与家长即时交流沟通学生在学校及家庭中的情况、表现,使双方能够全面地了解学生,更好地解决可能出现的各种问题。

第四,社会工作的直接介入。社会工作者可以广泛动员社会力量,整合社区、学校、家庭等各方面的资源,以未成年人为重点,加强青少年教育、完善青少年管理,服务青少年发展需求,开展各种活动,从而避免青少年犯罪。

社会工作者可以做的工作包括:

1. 加强青少年的教育培训。社会工作者可以面向社区青少年开展外语、计算机网络知识、科普知识、实用技能等培训活动;根据青少年的就业需求,社会工作者要联合劳动、教育、工商等部门开展职业培训、职业介绍、信息咨询等服务;面向辍学、失学和学习有困难的青少年,社会工作者要积极整合社会资源设立助学金,同时开展志愿者家教辅导、学习方法讲座等活动,帮助他们完成学业。

2. 丰富青少年业余文化生活。大力开展主题读书活动,广泛开展球类运动、棋类竞赛、文艺演出等社区群众性文化活动,满足青少年的休闲娱乐需求;要立足社区积极开展广场文化、楼道文化和家庭文化评比、表彰活动,调动青少年参与社区活动的积极性,推动社区文化建设。

3. 开展青少年心理健康服务。针对青少年的生理、心理特点,定期聘请专家开展心理健康讲座,加强青春期心理教育,促进青少年健全人格的形成;另外,社会工作者应针对存在心理障碍或有犯罪倾向的青少年提供有针对性的心理辅导和心理矫治服务。

第八节 儿童参与问题

儿童有参与社会生活的权利,有权对影响他们的一切事项发表自己的意见。在我国,儿童的参与状况不容乐观,主要表现为:参与机会贫乏和参与机会不平等、社会对儿童权利的重视程度不够及儿童参与能力普遍较低。因此,应该积极推进儿童参与,不但要加强儿童参与权的立法,而且要发挥社会工作的专业特长,以主题活动为载体,从社区入手,学校、家庭、社区相结合,充分发挥儿童参与的潜能。

一、儿童权利与儿童参与

《联合国儿童权利公约》(简称 CRC)是在儿童权利的保护方面迄今为止内容最丰富、最全面、最为国际社会上广泛认可的国际法之一。自 1989 年联合国第 44 届大会上通过后,到目前为止已经有 192 个国家签署并批准了该公约。1992 年 4 月 1 日该公约正式在中国生效。

CRC 赋予了所有儿童各种权利,如受教育权、健康权、受父母照料权、娱乐权、闲暇权、隐私权、表达权等。这些权利概括起来主要包括四个方面:生存权,即所有儿童有存活的权利,以及有权接受可行的最高标准的医疗保健服务;发展权,包括接受一切形式的(正规和非正规的)教育,向儿童提供良好的道德和社会环境,以满足儿童发展过程中的身体、心理和精神的需要;受保护权,包括防止儿童受到歧视、虐待和照顾不周,对失去家庭的儿童和难民儿童的保护;参与权,即儿童有权对影响他们的任何事情发表意见。

根据救助儿童会国际联盟的工作定义,"儿童参与"指的是"儿童自由自愿投入到表达观点、进行决策或实施行动以实现自身及(或)其他儿童利益并确保其权利的实现和保护"。

CRC 中涉及参与权的条款主要是第 12 和 13 款。第 12 款规定,"缔约国应确保有主见能力的儿童有权对影响到其本人的一切事项自由发表自己的意见,对儿童的意见应按照其年龄和成熟程度给以适当的看待"。为此目的,儿童特别应有机会在影响到儿童的任何司法和行政诉讼中,以符合国家的诉讼法律的规则的方式,直接或通过代表或适当机构陈述意见。第 13 款规定,"儿童应有自由发表言论的权利,此项权利应包括通过口头、书面或印刷、艺术形式或儿童所选择的任何其他媒介,寻求、接受和传递各种信息和思想的自由,而不论国界"。此项权利的行使可受某些限制约束,但这些限制仅限于法律所规定并为以下目的所必需:(1)尊重他人的权利或名誉;(2)保护国家安全或公共秩序或公共卫生或道德。

这种儿童参与无论是对儿童自身还是对社会发展都大有裨益。然而在中国,虽然儿童参与权拥有坚实的法律基础,但许多人仍然对"儿童参与"怀有各种疑虑。

二、中国儿童的参与状况

国内很多保护儿童的机构及其研究机构曾经对儿童的参与状况进行过调查。从众多的调查结果来看,虽然近些年中国儿童的权利意识在不断地提高,但是,鉴于中国成人社会权利意识普遍薄弱的现实,不论从参与的领域还是参与的程度,儿童参与权的实现程度都很低。

(一) 参与机会贫乏和参与机会不平等

家庭是中国儿童进行参与的最主要的领域。根据调查可以看出,当前中国绝大部分家庭只有一个孩子,近些年社会加大了尊重儿童权利的宣传力度,中国很多家庭的父母开始注意倾听儿童的意见。但是,中国儿童的参与机会依然非常贫乏,很多父母倾听儿童的意见是有前提或选择的。由于父母们将关注点几乎全部放在学业上,为了让儿童专心读书,父母尽可能少地让其参与家庭事务,甚至不同程度地阻止他们参与学校事务和社会事务,以免他们分心。根据 2005 年度《中国少年儿童发展报告》,在家庭中,仅有 22.9% 的儿童能够"自己的事情自己拿主意",有 19.8% 的儿童表示"在家里的事情上,父母愿意经常听取我的意见"。学业、交友和闲暇生活是儿童最渴望拥有自主决定权的领域。64.4% 的少年儿童认为应该由自己来"安排学习",35.3% 的儿童认为应该由自己决定

"与谁交朋友",35.0%的儿童认为应该由自己来决定"报考学校"的事情;33.2%的儿童认为应该由自己来"安排业余生活";另外,有将近1/3的儿童认为"穿着"、"朋友间矛盾的解决"、"如何过六一"、"职业选择"等事情也应该由自己来做最终的决定。从调查的结果来看,相当一部分儿童已经意识到自己在家庭中的地位和能力,渴望能对影响他们自己生活的事项发表意见。这是实现儿童参与的一个有利条件。

在学校里调查显示,表面看来,儿童参与的活动是相当丰富的,比如,56.8%的儿童参与过"班干部竞选",52.4%少年儿童参与过"捐款捐物",41.9%的少年儿童参与过"运动会项目比赛",另外,超过1/3的少年儿童参与过"办板报"、"兴趣小组"、"联欢会表演节目"、"布置教室"等活动。但是,上述参与活动通常要服从学习的需要。如果学习紧张,其他的活动都可以取消。总体上看,学生参与学校事务的机会是很有限的,学校尊重学生的意见也通常是有选择的。尽管学校都有学生的自治组织,有些学校设有校长信箱,但是,在多数情况下,学生的意见并不会被认真考虑。

儿童参与社会事务的机会更为有限。参与过社区活动的儿童仅占被调查儿童的8.2%。社区有限地为儿童组织一些活动,但是,社区建设和规划通常不会征求他们的意见。

从地区来讲,城市中儿童参与的机会相对较多。但是,广大农村儿童、残疾儿童、流动人口子女、少数民族儿童的参与机会就非常有限。农村儿童占大多数,但是,无论是媒体采访,还是参与与儿童有关的重要会议,代表通常都是城市儿童;中国有近千万的残疾儿童,他们的形象很少出现在海报上、宣传画当中,他们在绝大多数时候是社会中的"隐形人"。此外,中国目前的户籍制度导致的对流动人口的歧视会直接影响其子女的权利,尤其是受教育的权利。少数民族儿童则可能因为语言障碍影响其参与社会事务。

(二) 儿童参与能力普遍较低

儿童的参与能力有赖于成人的培养和倡导。除非整个社会愿意倾听儿童的声音,并且为儿童参与创造大量的条件,儿童将始终是"沉默"的群体。在对儿童的采访中,有很多儿童不会表达自己的感受和意见。由于长期被成人强制灌输某些价值观,有些儿童不会说儿童的语言,或者已忘记了自己的真正感受;有时,儿童被成人要求说成人同意的言论。这与《联合国儿童权利公约》第12条的精神是违背的。第十二条中的"自由地"意味着没有强迫或压制:"儿童有权自由发表言论。他不应受到任何可能阻止其发表言论或甚至要求发表言论的压力、强迫或影响。"

儿童参与能力低下,最直接表现在儿童对参与的理解上。相关调查显示,有55.21%的儿童认为"参与就是参加,只要自己加入了不管结果怎样都是参与";16.22%的儿童认为"参与是一种体验与经历的过程";只有19.31%的儿童认为参与是"儿童自身能够在不同程度上主动地表达自己的意见,是一种权利"。因此,能够主动积极地参与与其有关的各方面事务的儿童数量有限。

从儿童参与的阶梯上来讲,中国绝大部分儿童参与的程度至多只能到第5阶梯。即由成人设计有关儿童的事项,但让儿童明白事项的意义,并能征求和认真对待儿童的意见。比如,父母为儿童选择学校或报考志愿,但会向儿童解释为什么这样做,对儿童自己有什么好处。儿童能够自己设计有关事项,自己筹划、实施,甚至主动邀请成人参与讨论和做出决定的情况还非常少见。学校中的参与则要分情况,学生通常被鼓励参与班级管理活动,但参与校级管理的机会则有限。

(三) 社会对儿童权利的重视程度不够

我国儿童参与程度之所以较低,与国家的儿童立法不完善,对儿童权利宣传力度不够有很大关系。

在中国青少年研究中心的调查访谈中,被调查的绝大部分儿童、家长、老师、社区工作者,甚至地区儿童政策制定者都没有听说过《联合国儿童权利公约》。因此也不可能了解该《公约》的基本原则和精神。儿童问题在相当一部分儿童和成人眼中并不属于权利问题。儿童只是处于成人羽翼下被保护的雏鸟。至于父母能够征求儿童意见,只是说明父母关爱孩子或比较开明,并不是因为儿童对影响其自身的事项发表意见是儿童的基本权利。儿童权利尚未真正深入人心。在这种情况下,儿童的权利在很大程度上将源于成人的"恩赐",儿童权利的背后就有可能是成人利益的妥协。这与贯穿于《联合国儿童权利公约》始终的基本理念,即儿童是拥有自身权利的主体,而非成人的附属物的观念相去甚远。

三、促进儿童参与的措施

(一) 加强有关儿童参与权的立法

中国是积极参与《联合国儿童权利公约》起草工作的国家之一。于1990年签署了该《公约》,成为签约国之一。1992年中国成为该《公约》的批准国之一,该公约于1992年4月2日对中国生效。同年中国制定了《未成年人保护法》,这是中国第一部保护未成年人权益的专门法律。但是,中国的有关立法仍处于"有限尊重儿童权利的阶段",立法不够完善、涉及范围不广泛成为其显著特点。因此,要在《公约》这样一部原则性法律的指导下,逐渐建立起一套完整的、覆盖儿童全方位利益的法律体系。这套体系应该覆盖从出生到成年,即到18岁这一年龄阶段,同时针对不同方面的权利保护制定专门的法律。

（二）采取措施提高国民包括儿童对《联合国儿童权利公约》及参与权原则的认识

要加大对《联合国儿童权利公约》的宣传教育，可以考虑在学校，包括幼儿园、小学、中学以至大学开设介绍《联合国儿童权利公约》的课程，幼儿园和小学采取印制漫画等生动有趣的宣传册的方式，大学中的法学院则应将《联合国儿童权利公约》作为授课的内容。同时，为对儿童生活和福利有重要影响的人物，包括家长、各级教师、法官、警察、狱警、医师、儿童福利工作者等相关人士开设一定课时的课程，介绍儿童参与权的意义，并对其进行培训，使其养成在与儿童的交往中能够鼓励儿童表达意见，并对他们的意见给以适当看待的态度。还应考虑向大众散发政府提交给儿童权利委员会的报告以及儿童权利委员会对报告做出的评论和建议，以使大众了解政府在促进儿童权利包括参与权方面采取的相关措施以及存在的不足，以促进公众积极参与到提高儿童权利的工作中来。

（三）鼓励非政府组织参与儿童参与权的宣传和促进工作

目前，中国专门从事儿童权利保护的国家机构主要是妇女儿童工作协调委员会儿童部，附属于国务院。由于没有独立于政府的保护儿童权利的机构，儿童权利保护的许多具体工作只能由非政府组织承担，例如，中华妇女联合会儿童部、中国共产主义青年团少年部、中国关心下一代工作委员会等。这些非政府组织、民间团体和研究机构在促进儿童参与权的实施上发挥了积极的作用，国家应该鼓励更多的非政府组织参与儿童参与权的宣传和促进工作。

（四）加大社会工作者的作用

儿童青少年社会工作者应在推动儿童社会参与方面起更很大的作用。一般来说，社会工作者可以从以下方面做工作：

1. 以主题活动为载体，充分发挥儿童参与的潜能

活动是儿童认识社会、充分参与、提升自我的主要途径。针对目前中国儿童的社会参与问题，我们在设计活动方案时，要融入儿童参与的理念，通过召开座谈会、发放问卷，听取孩子们的想法和创意，进而调动他们参与活动的积极性。

2. 从社区入手提升儿童的参与能力

要想提高儿童的社会参与能力，首先让他们自己去调查社区、了解社区，包括了解他们的家庭及社会背景、所从事的职业、所属的社会阶层等，了解成人的世界观及价值观。其次，社会工作者也要了解儿童的世界观及价值观，倾听他们的想法。最后，社会工作者通过开展各种活动，促进成人与儿童的交流，同时给予儿童思想方向上的积极指引和教导，不断培养儿童正确的参与方法和参与能力。

3. 加强学校、家庭、社会的紧密结合以促进儿童融入社会

社会工作者有能力利用各种资源，加强学校、家庭和社会的密切联系，从而

形成有效的沟通机制,优势互补,信息共享,形成合力。要以社区为基础,让儿童走出学校,走出家门,融入社区,融入社会,在实践中提高实践和创新能力,提高参与能力。

青少年的社会参与问题同样缺少完善的社会机制和途径,这也是青少年社会工作者高度重视的问题。

思考题

1. 儿童青少年的社会问题有哪些?
2. 就一个个案,分析产生儿童青少年社会问题的原因。
3. 给儿童青少年网瘾问题分别提出一个个案类、一个整体性的解决方案。
4. 你认为儿童社会参与的阻力是什么? 如何有效实现儿童的参与权?
5. 请就青少年参与问题做一个文献检索,并做归纳性的论述。
6. 预测一下,还有哪些儿童青少年问题会成为社会问题?

社会福利是一个十分复杂的概念,它是一种社会理念,同时也是一种社会机制,也是一种社会政策。儿童与青少年社会福利既涉及儿童与青少年社会工作的伦理基础,也涉及专业社会工作开展的政策背景。增进儿童与青少年福利,满足儿童青少年的物质、精神需求,是儿童与青少年社会工作的重要目标和价值追求;认识儿童与青少年福利需求,敦促相关福利政策的制定、执行、信息反馈及政策修正,推动福利事业的发展,服务于儿童与青少年,是儿童与青少年社会工作的有机组成部分。

本章就儿童与青少年福利和福利政策的基本理论、发展轨迹、国际儿童与青少年福利和福利政策状况、相关行政措施以及我国具体的儿童青少年社会福利政策等问题进行具体探讨。

第一节　儿童与青少年社会福利概述

儿童与青少年社会福利是对儿童和青少年时期的生理、心理、社会环境提供满足需要、促进发展的社会政策、专业科学知识以及具体行为等的总称,是社会福利的重要体现,随着社会的发展,儿童青少年福利也经历了从解决社会问题到以人为本,从以家庭为主体到福利社会化,从补救性到发展性社会福利制度建设的发展过程,同时也具有发展型、普遍性等现代内涵。

一、儿童与青少年社会福利的定义

儿童青少年社会福利实际上是对儿童和青少年时期的生理、心理、社会环境提供满足需要、促进发展的社会政策、专业科学知识以及具体行为等的总称。

狭义的儿童青少年社会福利是指有特定形态的机构向特殊的儿童青少年群体提供的一种特定的服务,服务的提供者是有限而且是特定的,福利的享有者并不是社会中的全体儿童青少年成员,而是特定的一部分青少年,提供的福利服务内容和数量也是相当有限的,这种狭义的儿童青少年社会福利在发展的初级阶段比较常见,但是随着社会的发展,儿童青少年社会福利服务的进步,这种狭义福利最终要被广义的儿童青少年社会福利所代替。广义的儿童青少年社会福利是面向社会中的每一个儿童青少年,旨在促进每个个体全面健康的发展的全面的福利服务。福利服务对象扩大了,由特定的一部分儿童青少年扩大为社会中的每个儿童青少年成员,福利服务的提供者也由传统的社会或者政府中特定的一个部分,转化为政府行为和社会行为的一种。当然,狭义与广义的区别都是相对而言的,由狭义向广义的转换过程却是一个必然的趋势。

二、儿童与青少年社会福利的发展轨迹

(一) 从解决社会问题到以人为本,维护社会公正

社会福利无论在观念层面还是在政策实施层面,都随着时代发展呈现出逐步演变的过程。在社会福利制度形成初期,关注的焦点在于解决社会问题、维护社会稳定,而现代社会福利关注的焦点在于以人为本,维护社会公正。儿童与青少年社会福利经历了同样的发展过程。

工业革命以后,大工业的发展需要大批的青壮年劳动力,工厂中出现了大量雇佣童工的现象,他们的劳动条件极为恶劣,工资比成年人少许多,基本生活得不到保障,政治权利方面更是匮乏。而那些在社会发展中失去了依靠的儿童青少年情况就更加悲惨,他们可能要流浪街头,甚至走向犯罪的歧途。在那个动荡的时代,儿童青少年的问题成为一个与社会其他事物紧密相关的一个环节,这个环节出了任何问题都会影响到其他各个部分。政府不得不对这些失去生活依靠的儿童青少年、在恶劣的工作环境下变得体残身弱的儿童青少年的生存问题担负起一定的责任。这样,儿童青少年福利以社会问题的形式日益尖锐地提到日程上来。

英国在第一次工业革命前后先后制定《济贫法》、《新济贫法》等法令,规定济贫事业属于政府义务,通过向地方征收济贫税、成立全国济贫机构,对贫民尽扶助义务,对无依无靠儿童进行教养、代谋职业。第二次工业革命使社会矛盾进一步激化,工人运动此起彼伏,"铁血宰相"俾斯麦首先在德国推动社会福利制度的建立,在 19 世纪 80 年代,先后制定了《疾病社会保险法》、《工伤事故保险法》、《老年和残疾社会保险法》,英法等其他资本主义国家纷纷效仿,初步建立了一个以社会保险为主的社会福利保障系统。20 世纪 30 年代的经济大危机使西方国家的观念彻底更新,利用国家权力克服市场的不完善,保护国民免于社会风险成为国家必不可少的责任。以 1935 年美国通过《社会保障法》为标志,西方社会福利制度基本形成。整个这一时期的社会福利制度,就其政策目标而言,主要是缓解尖锐的阶级矛盾和社会矛盾,福利计划往往同阶级合作计划结合起来,实现社会安定和政治稳定,儿童青少年主要是从作为产业工人一部分或者后

备军的层面上纳入到社会福利中来。

1942年英国牛津大学教授威廉·贝弗里奇受英国政府委托提出了《社会保障及相关福利问题》的报告,即社会福利发展史上著名的《贝弗里奇报告》,他在报告中设计了一整套全面广泛的社会福利计划,以此为蓝本,英国建立起"从摇篮到坟墓"的福利国家。到20世纪50年代后期,几乎所有资本主义发达国家都完成了有关福利经济制度的社会立法,设立了现行社会福利经济制度所包含的主要保险项目和管理机构。这一时期,国家和社会对于社会福利的责任范围不断扩展,社会福利的对象从特殊的弱势群体(如穷人、病人、残疾人等)扩展到社会中的所有公民,从"被保护者"或"非正常人"扩展到"普通人",社会福利也不再带有针对社会弱者的仁慈或施舍的"善行"性质,而往往被视为公民的一项正当的社会权利。从实施效果来看,社会福利制度一定程度上缩小了贫富差距,促进了社会公平,成为战后资本主义国家得以稳定发展的不可或缺的缓冲器。

（二）从以家庭为主体到福利社会化

传统社会里,人们因不可抗拒的原因遭受不幸,基本生活无着时,主要是依靠家庭、亲戚、宗族的力量来解决,国家对此不负有相应的责任。特别是对于儿童、青少年,他们处于生活不能自理,需要成人抚养照顾的阶段,当遭受不幸,如失去父母、天生残疾、意外伤害等,更需要他人的照料、养育。而在相当长的社会发展进程中,这种照料的责任主要由家庭承担。

在古代和中世纪一些国家也有个别的或局部的社会性福利服务出现。如在中国,南北朝的六疾馆和孤独园,唐宋年间的悲田养病坊,明朝的慈善社团——同善会等。在欧洲,早期的救助基本上由慈善团体和教会承担,其间大都有服务儿童、青少年的内容。但这些措施是零散的、辅助性的,真正的社会性的儿童青少年福利并未形成。

工业化进程在西方资本主义国家的发展,在给社会带来了巨大的财富的同时,也使社会发生了深刻变革,原有以家庭为基础的保障体系瓦解,政府不能不用新的治理观念和政策措施替代自由放任的社会管理模式。工业化社会带来的老、伤、病、失业等问题不可能继续通过传统的家庭纽带、教会、行会和慈善机构提供服务而得到妥善的解决,只能依靠国家。此时,儿童青少年福利不再是局部的、有限的慈善活动,而是一项面向全体儿童青少年的社会政策,其组织与实施不再单纯是民间的互助互济,而是由政府直接干预并承担责任。国家对于儿童青少年的福利责任以经常性、制度性、普遍性的特征固定下来,正式的儿童青少年福利制度确立。

（三）从补救性到发展性社会福利制度建设

补救性的儿童青少年福利在传统福利中占重要地位,主要是对于在社会中处于弱势地位的儿童青少年或者发展受到了阻碍和限制的儿童青少年提供的一种救助、矫治和扶助服务,目的是对于发展已经受到了阻碍的儿童青少年给予帮助,使得他们从不利的境遇中走出来。

发展性的儿童青少年福利是指这种福利的取向是发展性的,旨在促进儿童青少年的健康全面发展,是指向未来的一种福利。它的服务对象并不是在当前的社会境遇中十分困难或者特别需要帮助的群体,而是在当前状态中,属于健康和正常的成员,为他们提供福利服务的目的不在于当前给他们提供有效的帮助,而是在于依靠当前的各种福利服务,为他们在日后可能遇到的不利条件和种种困难,提供一种预防性的帮助,使得他们在未来的社会生活中有效地避免遭遇可以预见到的种种不幸,或者即使遭遇无法预料的困难时,也能够依据过去所受到的教育和培训,有效地解决所遇到的问题,渡过难关。发展性取向的儿童青少年福利更具有现代福利的意味,是一种面向未来的福利。

在儿童青少年福利的发展过程,补救性的儿童青少年福利不断向着发展性的儿童青少年福利转换,这种转化是现代福利发展的必然趋势。

三、儿童青少年社会福利的现代内涵

(一)儿童青少年福利是一种发展性的社会理念

早期的儿童青少年福利并不是真正意义上的现代社会福利。因为在这个过程中,儿童青少年并没有真正实现自己的价值,也没有真正获得尊严。随着社会物质生活水平和人的精神生活需要达到一定程度,真正的儿童青少年福利也会相应的发展。此时儿童青少年不再是作为社会中的弱者而仅仅受到关注和保护,他们的独特性和尊严开始得到国家和社会的尊重;儿童青少年期也不再仅仅被看做是为成年阶段做准备的时期,而是作为一个独特的人生发展必经阶段而受到尊重和肯定;儿童青少年的发展过程不再是一种被动的接受教育和感化的过程,而是一个充满了自身主动性和能动性的过程。儿童青少年福利是以帮助与激发儿童与青少年自我发展、自我成长的潜能,促进儿童青少年全面健康发展为目的的,它不再是一种简单的制度和规则,而是代表了发展性的先进社会福利哲理,包含了社会公正、公平等进步的社会观念。

(二)儿童青少年福利是一种国家机制

现代儿童青少年福利已经进入了政府的政策体系,甚至成为一种国家机制。国家和社会在实施儿童青少年福利的过程中,承担着不可替代的重要作用。国家可以通过制定政策、实施法案、形成法律等形式来把儿童青少年福利问题转换为政府行为,常常以社会政策的形式,通过社会政策立法的方式实现对儿童青少年需求的满足、权利的保障以及对其发展的支持与保护。

福利权是公民应该享有的权利,儿童青少年福利是社会中每一个儿童青少年有权利享有的特定的一种福利,国家有责任使得每个人在一定的时期享有这样的福利权,这是儿童青少年福利以社会政策或者国家政府行政机制的形式在社会中展开的前提和基础。

（三）儿童青少年福利是一种社会行为

儿童青少年福利具有社会性,需要动员广泛的社会力量,通过家庭、社区、社会组织等多方面的社会行为为所有的儿童青少年提供服务。国家的行政举措,只能为儿童青少年福利提供一个有效的行政背景和框架,而为儿童青少年提供的真正的福利内容却不可能仅仅依靠政府行为完成,它需要社会多方面的配合。政府在整个福利提供的过程中,只是起到一个引导、协调、整合的作用,目的就是要调动社会中的可以利用的资源、人力和物力,把整个行动推向既定目标。社会中的个人、群体在儿童青少年福利的供给上起到更为实质的作用。只有儿童青少年福利发展到社会化的程度的时候,儿童青少年福利的价值目标,促进社会中每一个儿童青少年的健康全面发展才可能真正实现。

（四）儿童青少年福利是具有普遍性的社会事业

儿童青少年福利是面向全体儿童与青少年的福利事业。虽然处于特别困难境地的儿童青少年,如残疾、被遗弃及适应困难的儿童一般是各国儿童青少年福利工作的重点,但无论是从社会政策角度,还是社会福利设施和服务机构角度,儿童青少年福利的对象都是全体儿童与青少年。

第二节　儿童青少年社会福利政策取向与政策内容

儿童青少年福利政策是一套谋求儿童青少年幸福的方针或行动准则,其目的在促进所有儿童与青少年的社会福利。在历史上,儿童青少年福利政策的发展呈现了四种取向,分别为:自由放任主义、国家干涉主义、尊重家庭与双亲权利及尊重儿童权利与自由。其中,自由放任主义取向是指政府应尽量减少扮演照顾儿童的角色,承认成年男性的权力凌驾于妇女儿童之上;国家干涉主义取向通过立法及国家行为积极保障了儿童福利,但忽视了儿童家庭与子女间的亲情连结;尊重家庭与双亲权利观点强调家庭对于父母和儿童的重要性,同时认为应支持家庭,保护、维护家庭的发展;尊重儿童权利与自由取向把儿童视为独立的个体,尊重儿童的观点、感觉、期望、选择与自由。另外,本节中儿童青少年福利政策的内容,主要包括儿童青少年权利政策、儿童青少年教育政策、儿童青少年医疗政策、儿童青少年救助政策、儿童青少年文娱政策五部分。

一、儿童青少年福利政策

（一）儿童青少年福利政策的定义

儿童青少年福利政策是一套谋求儿童青少年幸福的方针或行动准则，其目的在于促进所有儿童与青少年的社会福利。广义上讲，儿童青少年福利政策可指一切涉及儿童青少年福利的活动和政策立法，包括医疗政策、教育政策、就业政策及未成年人保护立法等各个方面；狭义而言，仅从儿童青少年社会工作的角度探讨，则指涉及儿童青少年生存环境状况的、地区性的、针对儿童青少年的问题及需要而提出的、有利于儿童青少年的成长与发展的政策保障。

（二）儿童青少年福利政策的要素

儿童青少年福利政策作为政党、国家、社会政策的一部分，是为保证儿童与青少年健康发展，保证儿童青少年获得最大利益的一切立法及行为的总的原则和规范。它包含三个要素：儿童青少年福利政策的主体是国家，它体现的是国家意志，具有法定的权威性；儿童青少年福利政策的目的是保护儿童青少年，保证儿童青少年利益优先；儿童青少年福利政策具有强制性，是国家用法则、法规、办法、条例等方式对社会的儿童青少年福利行为的约束，任何组织和个人都必须遵守。

（三）儿童青少年福利政策的内涵

儿童青少年福利政策包括儿童青少年需求的满足、儿童青少年权利的保障及儿童青少年保护工作三个层面。它要求明确政府在儿童青少年福利上的主体地位和主导性原则，明确在政府的主导作用下，各职能部门在儿童青少年福利上的责任和义务，同时还需要明确全社会对于儿童青少年的责任，全社会都要来确保儿童青少年的基本权利，这些权利包括生存权、发展权、被保护权和参与权，共同促进儿童青少年健康和全面发展。

二、儿童青少年福利政策发展取向

在儿童青少年福利问题上，特别是对于困境儿童青少年的处置问题上，政府、社会和家庭的责任划分一直是影响福利政策取向的关键。随着社会的变迁以及家庭结构的改变，家庭对于国家提供社会福利的需求更为迫切。同时，政府与家庭在儿童青少年福利上的职能分野也引起了日益广泛的争议。我国台湾学者彭淑华认为，在历史上，围绕以社会手段满足个人需求的程度以及国家对于家庭责任的制约，儿童青少年福利政策的发展呈现了四种取向，分别为：自由放任主义、国家干涉主义、尊重家庭与双亲权利及尊重儿童青少年的权利与自由。

（一）自由放任主义及父权制下的儿童青少年福利政策

此观点起源于 10 世纪,但在 20 世纪仍被广泛地采用。自由放任主义又称最少干预主义,是指政府应尽量减少扮演照顾儿童青少年的角色,尊重双亲与孩子关系的隐私权与神圣性。这一观点与父权制相结合,承认成年男性的权力凌驾妇女儿童之上。在这种理念下,父亲的角色被界定为工具性与任务性取向,属于公共领域的世界,妇女则被分属于家庭私有领域,必须在家中承担照顾老人、孩子或丈夫的责任。妇女若投入劳动市场则是触犯男女分工的戒律,常会受到道德的谴责。因此,自由放任主义虽然强调基于家庭的私密性而不应干预,但它在实质上确立了一种详尽的分工体系,因此,虽有部分学者同意若是儿童青少年接受极端不适当的双亲照顾时,应予以特殊安置,但仍坚持家庭的权力与家人的关系不容被剥夺,强调家庭与政府角色的分立。持这种观点的学者认为,国家对于儿童青少年照顾的角色应遵守两个基本原则:一是坚持最低干预原则,越是有为的政府越应尊重家庭的自主性与个人的自主权,这对政府与家庭都是有益的;二是父母对养育子女的方式有充分的决定权,政府的介入弊大于利。政府如需介入,应以儿童青少年福利为优先考虑,应确信每一位孩子均有法律规定的监护人来保障其权利。在具体的儿童青少年安置问题上,这种取向强调尊重家庭自主性原则,提供自愿、非强制性的服务原则,有限干预的原则,限制最少的原则,保障父母法律权的原则,决策清楚明确的原则等。

（二）国家干涉主义及儿童保护下的儿童青少年福利政策

这种观点与 19 世纪末、20 世纪初政府介入福利事务有密切的关系。国家干涉主义,是指政府应积极地主动介入家庭事务,避免儿童青少年遭受不适当的照顾,以儿童青少年福利为优先考虑,即儿童青少年保护主义。国家干涉主义强调儿童青少年的重要地位,双亲的权利与自由则在其次,当儿童青少年接受不适当的照顾,尤其是被虐待时,政府应以儿童青少年的利益为第一优先,并应通过立法及国家权威力量对儿童青少年加以保障。这种观点还认为,父母并非是孩子永远的资源,有责任的父母才能有持久的付出,而这种责任关系并不一定要建立在血缘基础之上,当生身父母无法妥当照顾儿童青少年时,高品质的替代性照顾是绝对必要的,政府可以对不胜任的父母采取强制带离孩子的措施。这种观点强调政府公共权力介入的合理性,政府应对儿童青少年教养的监督及干预工作表现得更为积极主动。在这种观点之下,儿童青少年不再被视为父母永久的财产,对于儿童青少年,父母应以一种受托者的角色用心经管,以儿童青少年福利为取向,若父母未能提供适当的照顾,则此经管权将由国家强制收回,并交由更适当的人负责。虽然这种观点比自由放任主义观点获得了更多的支持,并且切实通过立法及国家行为积极保障了儿童青少年福利,但它忽视了家庭与子女间的亲情连结,过于强调对于亲权的剥夺,也会带来相应的负面影响。

（三）尊重家庭与父母权利取向下的儿童青少年福利政策

这种取向与第二次世界大战后福利国家的扩展有密切的关系。这一派观点强调家庭对于父母和孩子的重要性，认为这种亲子关系应尽量得到维系。政府所扮演的角色既不像自由主义那样消极，也不像国家干涉主义那样积极，而在于支持家庭，保护、维护家庭的发展。这种观点与自由放任主义虽然同样强调政府有限的干预，但其重视儿童青少年与父母生理性与心理性连结的价值，强调在尊重父母养育子女的权利的同时，应重视父母与孩子彼此之间的情感性需求；而与国家干涉主义相比较，这一取向强调国家干预并非是强制性的，政府是以支持家庭为主的介入角色，需避免政府职权的过度扩张，若采用替代性照顾方式，儿童青少年应尽可能与自己的家庭保持密切联系，争取重返原来的家庭。政府应提供包括对低收入家庭、单亲家庭的协助，对双职工家庭的托育服务等照顾儿童青少年的方案与服务，以支持并维系家庭功能。

（四）尊重儿童青少年权利与自由取向下的儿童青少年福利政策

这一派观点认为，孩子和大人一样，都是一个独立的个体，儿童青少年的观点及想法应受到尊重与肯定，儿童青少年应被赋予更多的相同于成人的地位，以减少来自成人的压制或不合理的待遇。因此，应通过法律与政策来保护儿童青少年，确保儿童青少年的权益。这一派观点并未明确指出儿童青少年是否应像成人一样承受压力与责任，不过，赋予儿童青少年较多的权利与自由，给予他们表达自身的感受、看法的机会是这一派观点的基本共识。这种取向所提倡的价值理念，特别是较极端的观念，如儿童青少年被赋予类似成人的地位等，在目前各国的相关福利法律与政策中尚未真正落实。把儿童青少年视为独立的个体，尊重他们的观点、感觉、期望、选择与自由，是社会发展的必然走向。但是，儿童青少年是否足够成熟，可以独自做决定也是人们争议的中心，过分强调儿童青少年的自主性和自我决定权，是否能够保证儿童青少年健康全面的发展，仍然是需要慎重考虑的问题。

事实上，世界各国当前在儿童青少年福利政策制定上突出表现出两种取向。一是公共发展取向，即认为在复杂的现代社会中，每个人基本上都是依赖者，在突发的环境改变或意外中，任何人都有可能成为需要援助的对象，没有任何家庭能够完全自给自足，因而，每个家庭都有可能需要协助。这种取向下把儿童青少年福利看做是一种社会性的资源，其功能目标在于增进儿童青少年身心的最佳发展，服务对象则是所有家庭中的儿童青少年，是满足所有儿童青少年正常生活的需求；第二种取向是最低残补取向，即认为儿童青少年需求如果能够在家庭系统中得以充分满足，则无须其他福利机构的介入，而一旦亲子功能失衡，福利系统应以最为快捷的方式有效地做出反应。这类服务的主要工作对象限定为在正常社会中未能满足需求的儿童青少年，特别要针对贫穷、发展偏差、残疾及一般机构安置仍无法满足需要的儿童青少年提供服务。这种取向下的儿童青少年服务主要用于解决或缓解社会中日益突出的家庭及儿童青少年问题。儿童青少年福利政策既是这两种取向的体现,也是这两种取向实现的保证。

三、儿童青少年社会福利政策内容

(一) 国际社会关于儿童青少年福利政策的基本原则

在 1996 年联合国大会第 50 届会议上正式通过的《到 2000 年及其以后世界青年行动纲领》(简称《世界青年行动纲领》),为制定和修改儿童青少年福利政策提供了一些主要原则,包括:

1. 各国应为其青年人提供接受教育、掌握技能和充分参与社会所有方面的机会,以期他们能够获得生产性就业和过自给自足的生活;

2. 各国应保证所有青年人能按照《联合国宪章》和有关人权的其他国际文书充分享受人权和基本自由;

3. 各国应采取一切必要措施,消除对青年妇女和女孩的一切形式歧视,排除两性平等以及提高妇女地位和赋予妇女权利的所有障碍,并应确保女孩和青年妇女享有接受教育和就业的充分和平等机会;

4. 各国应按照相关文件,在负责计划生育实践、家庭生活、性健康和生殖健康、性传染疾病、HIV 感染和艾滋病预防等领域,满足青年人的需要;

5. 环境的保护、促进和改善是青年人认为对社会未来福祉特别重要的问题之一,各国应鼓励青年人,包括青年组织,积极参与旨在保护、促进和改善环境的各种方案和行动;

6. 各国应采取措施,发展残疾青年接受教育和就业的可能性;

7. 各国应采取措施,改善生活在特别困难条件下的青年人的命运,包括保护他们的权利;

8. 各国应促进充分就业的目标,作为其经济和社会政策的一个基本优先事项,要特别注意到青年就业,各国应采取措施,消除对童工的经济剥削;

9. 各国应为青年人提供必要的保健服务,确保他们的身心健康,包括采取消灭诸如疟疾和艾滋病等疾病的措施,并防止他们服用有害药物和遭受吸毒、吸烟和酗酒成瘾的影响;

10. 各国应将人民置于发展的核心,使我们的经济方向能有效地满足人的需要,确保青年人成为发展进程的积极参与者与受益者。

这些国际性的原则,在实际的儿童青少年社会工作中,应该严格遵守,同时,也需要立足于各国儿童青少年社会工作的实际情况,开拓创新,发掘符合各国儿童青少年现状的原则和规范,推进各国以及世界儿童青少年事业的不断发展。

（二）儿童青少年福利政策的内容范畴

范畴是一个哲学概念，一般是指某一概念涵盖的范围和涉及的领域。儿童青少年福利政策的范畴就是儿童青少年福利政策所涵盖的范围和涉及的知识领域。由于儿童青少年福利政策归根结底是以儿童青少年的健康成长为目的，以为儿童青少年创造一个健康良好的社会生活环境为核心，所以凡是为了实现这一根本目的并围绕这一基本核心所制定的各种政策法规，都属于儿童青少年福利政策的范畴。

儿童青少年福利政策是保障儿童青少年健康成长的基本纲领，其内容也就包括能够促进儿童青少年健康成长的各种要素。一般认为，儿童青少年福利政策的内容主要包括儿童青少年权利政策、儿童青少年教育政策、儿童青少年医疗政策、儿童青少年救助政策、儿童青少年文娱政策等五个部分。

1. 儿童青少年权利政策是儿童青少年福利政策的基础

从更广泛的意义上讲，儿童青少年权利是一种理念。那就是儿童青少年作为人无异于成人，儿童青少年和成人彼此平等，具有相同的价值，因为法律赋予了儿童青少年基本的人权：生存的权利；充分发展其全部体能和智能的权利；保护他们不受危害自身发展影响的权利以及参与家庭、文化和社会生活的权利。按照这一精神，我国法律赋予了儿童青少年 10 项基本权利：生存权或生命权；健康权；姓名权、肖像权、国籍权；名誉权、智力成果权；受教育权；受抚养权、继承遗产权；身心健康全面发展权；已满 16 周岁的劳动就业权、劳动保护权；处于困难或危险境地及残疾儿童青少年的受援助权；司法保护权。这些权利涵盖了家庭、学校、社会等各个方面，分别由不同的法律加以规定并保障其实现。

为了切实维护儿童青少年的基本权利，各国保障儿童青少年健康成长的儿童青少年政策的主要内容大都集中在几个方面。

（1）保证儿童青少年不因种族、肤色、性别、语言、宗教、政见、出身或其他身份的不同而受到歧视的法律法规；

（2）保证儿童青少年能够在平等的条件下获得各种应得的机会与便利的基本原则或规范；

（3）保证儿童青少年有自己的姓名、国籍的法律、法规；

（4）保证儿童青少年能够获得足够的营养、住宅、娱乐和医疗服务的法律法规；

（5）保证儿童青少年得到慈爱、关怀和了解，使其在精神上和物质上都获得保障的法律法规；

（6）保障儿童青少年享有受教育的权利的法律法规；

（7）保证儿童青少年尤其是女性儿童不被忽视、虐待和剥削，不成为买卖对象的法律法规；

（8）保障儿童青少年在一切情况下均属于首先受到保护和救济之列的法律法规；

（9）其他从儿童青少年的根本利益出发，而保证其有幸福和快乐的法律法规；等等。

2. 儿童青少年教育政策是儿童青少年福利政策的核心内容

教育是儿童青少年成人、成才、成功的根本途径。儿童青少年具有很强的可塑性，百年大计，教育为本，儿童青少年接受教育的途径，可分为学校教育、家庭教育和社会教育。其中，学校教育在儿童教育中居于主导地位。义务教育是面向全体少年儿童的教育，是为一个人的终身发展打基础的教育。各国的义务教育政策大都规定在教学内容和教学方式上必须与学生现实生活相联系，而且要为学生将来的各种发展奠定基础。除了对于政策上的执行和引导外，世界各国在社会教育、家庭教育上的相关政策也日趋完善。

3. 儿童青少年的医疗政策是儿童青少年福利政策的重要部分

儿童青少年的医疗政策包括儿童青少年的医疗服务和医疗保险两个方面。其中儿童青少年医疗服务是指医护人员对儿童青少年进行的医疗、护理等专业技术活动。它具有维护和增进儿童青少年健康、保护和提高社会劳动力质量的重要功能。在儿童青少年成长、患病、衰老、死亡的自然过程中，医疗服务起着十分重要的作用；医疗服务可以使患病儿童青少年重返社会；可以增进儿童青少年体质，增强儿童青少年的各种能力，促进社会各项事业的发展。儿童青少年的医疗服务主要包括社会预防、医疗诊治、社区医疗保障等三种。其目的是不断提高整个儿童青少年群体的医疗保障水平。

4. 儿童青少年的救助政策是儿童青少年福利政策最基本的内容，或称为底线

社会救助是最基本的社会保障内容，指国家和社会团体运用掌握的资金、实物、服务设施等，通过一定的机构和专门人员向无收入、无工作能力者以及生活在"贫困线"或最低生活标准以下的个人和家庭实行的救助。社会救助并不是慈善事业，而是政府的一种职能，是现代国家中新立法保障的基本公民权利之一。儿童青少年的社会救助是指政府为了保证儿童青少年的基本物质生活水平和精神生活层次而对那些无依无靠、受到歧视或虐待等处于各种困境的儿童青少年福利提供帮助，以保障他们的基本生活。对儿童青少年的社会救助，需要从两个层次进行把握：一是处于"绝对困境"，是指维持生命所需要的最低限度的饮食、穿戴和居住条件；二是"相对困境"，是指享有和当地生产力相适应的数量最少的消费资料和最低的服务水平。

5. 儿童青少年的文娱政策是儿童青少年福利政策中必不可少的内容

文艺是文学艺术的简称，它通过塑造艺术形象来反映社会生活；娱乐游戏是

儿童青少年生活的重要组成部分,对儿童青少年的成长发展意义重大。二者都是儿童青少年身心健康成长的重要保证。健康的文娱活动,能够使儿童青少年获得丰富生动的社会历史知识和生活知识,教育儿童青少年如何面对生活,培养儿童青少年的艺术趣味和审美观念,使儿童青少年在娱乐中满足精神上的享受。

（三）中国儿童青少年社会福利政策的法律体系

从政策法规体系来说,中国的儿童青少年福利政策可以从四个方面涵盖其内容范畴。总体概括起来,中国儿童青少年政策的具体目标主要有:对学龄儿童要教养结合,使他们在德智体三方面全面发展,至少要让他们接受中等教育,有培养前途的应该让他们深造,培养社会主义的合格建设者和接班人;对婴幼儿以保育为主,使他们健康成长;对残疾的,是养治教相结合,尽可能给予矫治和康复,并进行文化和职业技术教育,为将来就业创造条件;打击社会上侵犯儿童权益的行为,运用多种手段保障儿童的合法权益等。

在政策体系构成上,中国儿童青少年福利政策主要集中在几个方面。

1. 以国家基本法的形式对儿童青少年基本权利,如生存权、发展权的保障。如《中华人民共和国宪法》、《中华人民共和国婚姻法》、《中华人民共和国劳动法》、《中华人民共和国刑法》、《中华人民共和国刑事诉讼法》、《中华人民共和国民法通则》、《中华人民共和国民事诉讼法》、《中华人民共和国监狱法》、《中华人民共和国继承法》等,这些法规中都包含着对儿童青少年的保护内容。

2. 以具体方面的法规形式保障儿童青少年的发展权、被保护权、参与权等。如《全国人民代表大会常务委员会关于禁毒的决定》、《中华人民共和国治安管理处罚法》、《中华人民共和国劳动改造条例》、《中华人民共和国教育法》、《中华人民共和国义务教育法》、《中华人民共和国教师法》、《中华人民共和国残疾人保障法》、《中华人民共和国传染病防治法》、《中华人民共和国食品卫生法》、《公安部关于对犯人使用戒具的规定》、《全国人民代表大会常务委员会关于严禁卖淫嫖娼的决定》、《国务院关于严禁淫秽物品的规定》等,这些法规中都有特别针对儿童青少年保护的内容。

3. 专门对儿童青少年实施保护的法律法规。如《中华人民共和国未成年人保护法》、《中华人民共和国预防未成年人犯罪法》、《中华人民共和国收养法》、《中华人民共和国妇女权益保障法》、《中华人民共和国母婴保健法》、《禁止使用童工的规定》等。

4. 对涉及儿童青少年福利的有关机构和部门、对特殊状态的儿童实施保护的规定。如《幼儿园管理条例》、《学校卫生工作条例》、《中小学勤工俭学暂行工作条例》等一大批分布在文件、通知、办法中的具体规定,从程序和体制上实现儿童健康成长和发展的目标。另外如,《最高人民法院关于办理少年刑事案件的若干规定》(试行)、《公安机关办理未成年人犯罪案件的规定》、《全国人民代表大会常务委员会关于严惩拐卖、绑架妇女儿童的犯罪分子的决定》《儿童福利院工作条例》等，都是对处于特殊境地的儿童青少年福利实施保护在政策法规及运行体系上的保证。

第三节　儿童青少年福利行政

儿童青少年政策仅仅停留在文本层面是不够的，其有效推行依赖于一整套机构及其完善的运行机制，这就是儿童青少年福利行政，它的工作内容可分为宏观和微观两个层次，其中，宏观儿童青少年福利政策的主要工作是关于推进儿童青少年的相关立法，动员、分配、管理、监督全社会的儿童青少年福利资源和儿童青少年福利服务的人力资源；微观儿童青少年福利行政主要负责计划、组织、人事、财务、协调、监督、评估等工作。我国儿童青少年社会福利系统有国务院妇女儿童工作委员会、民政系统、共青团系统、妇联系统和其他各类儿童青少年社会服务机构，这些福利系统在行政管理方面要重视人员管理的专业化要求、财务行政、工作方法和技巧。

一、儿童青少年福利行政的含义

社会福利行政是属于专业社会工作的范畴之一，是一种专业的社会工作方法，也可以认为是社会工作专业的实施领域之一。社会福利行政常常被叫做社会行政或者社会工作行政。

儿童青少年福利行政是政府机关或公共团体促进儿童青少年身心健全发展与正常生活的行政活动，是面向儿童青少年的社会福利行政。儿童青少年福利行政的概念有三个要素。首先，行政的主体是社会各类涉及儿童青少年的机构，有政府部门，也有民间组织，这些机构、部门和组织有明确的目标和章程，服务对象是儿童青少年；第二，儿童青少年福利行政的目标是促进儿童青少年的福利，或者说，儿童青少年福利行政是增进儿童青少年福利，促进儿童青少年发展的一种有效手段，在行政公平与效率的选择中，更突出公平的理念和特色；第三，儿童青少年福利行政是一个动态的过程，它的重点在于对人力、物力资源的利用以及持续的、不断提高的服务提供；另外，从儿童青少年福利运行的角度，儿童青少年福利行政本身即为一个与外界不断发生关系的动态系统。

二、儿童青少年福利行政工作的主要内容和过程

（一）儿童青少年福利行政工作的主要内容

1. 宏观儿童青少年福利行政的内容

儿童青少年福利行政的主要工作内容可分为宏观和微观两个层次。宏观层

次的儿童青少年福利行政的主要工作是推进儿童青少年的相关立法,动员、分配、管理、监督全社会的儿童青少年福利资源和儿童青少年福利服务的人力资源。在儿童青少年福利政策的制定和修改方面,有着一整套的程序和固定做法。有时,具体工作人员会根据自己的认知和经验来制定和修改福利政策和法规,这就难免出现偏差。而下到基层去收集信息和意见,对于制定和修改福利政策有着特别重要意义,这是宏观福利行政发展的趋势(图5-1)。

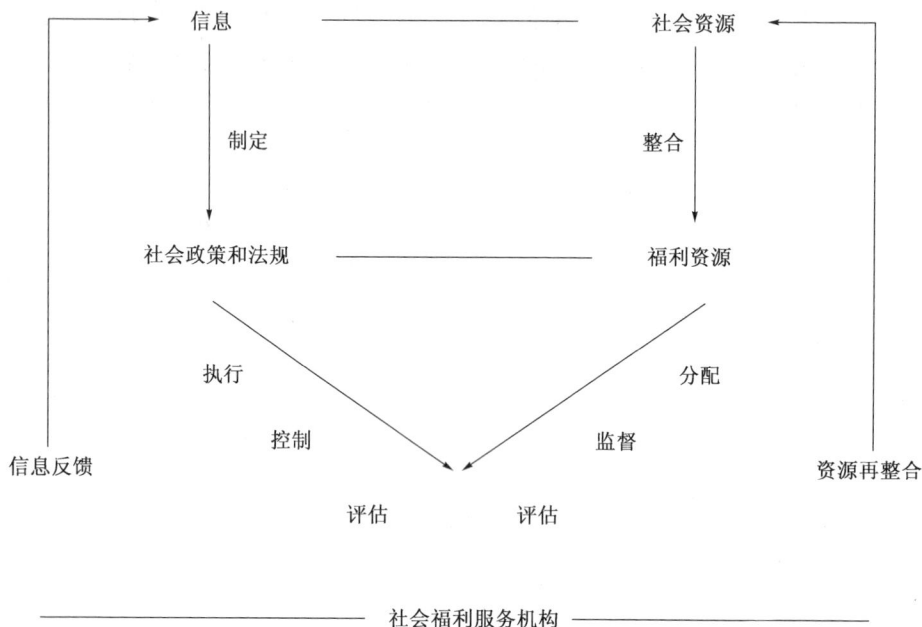

图5-1　宏观福利行政的流程

2. 微观儿童青少年福利行政的内容

微观的儿童青少年福利行政主要包括七个方面的工作。

第一,计划:根据社会政策制定儿童青少年服务计划;

第二,组织:根据社会政策和儿童青少年需求建立、完善儿童青少年社会服务组织;

第三,人事:儿童青少年服务组织的人员招聘、培训、控制和管理;

第四,财务:儿童青少年服务组织内部财务资源的管理、使用和监督;

第五,协调:对儿童青少年服务组织的协调和控制;

第六,监督:对儿童青少年服务组织和具体的工作进行督导及激励;

第七,评估:对儿童青少年服务机构和服务项目进行评估,并做出报告。

（二）儿童青少年福利行政的过程

儿童青少年福利行政过程是主要用来解释满足儿童需求的程序和手段。美国学者华德·弗兰德(Walter A. Friedlander)曾指出社会福利工作的9个具体程序,据此儿童青少年福利行政的基本程序可以划分为如下几项。

1. 围绕儿童青少年发展与问题发掘事实,分析社会中儿童青少年的情况并决定符合儿童青少年需要的社会服务的方向和目标;

2. 决定达成儿童青少年福利目标的最佳途径,包括儿童青少年福利总体目标的分解,对于具体儿童青少年福利项目的设计等;

3. 在全社会范畴内设计与分配用于儿童青少年福利的社会资源,这既包括对整个社会资源的儿童青少年福利投入比率的设计,也包括对于儿童青少年福利资源的具体划分;

4. 建立儿童青少年福利的组织结构与工作分配机制,在全社会整合儿童青少年福利部门和机构的力量,划分职能范畴,形成儿童青少年福利的有效运行机制;

5. 部署福利机构工作人员,组织和指挥儿童青少年福利工作者,这是实现儿童青少年福利目标的关键步骤,也是儿童青少年福利行政的保证;

6. 督导与控制有关儿童青少年福利的人事及经费,检查与评估是保证行政运行高效率的重要手段,在儿童青少年福利行政运行中,人事与经费的检查和控制直接关系到福利投入和最终的实效;

7. 记录与结算;

8. 供给财源,争取尽可能多的政府支持,把更多的资金用于儿童青少年福利,动员争取社会资源,保证儿童青少年生存状况的不断改善;

这里,前三项强调的是儿童青少年福利政策的计划与决定,而后五项则侧重于儿童青少年福利的具体执行过程。

三、儿童青少年福利机构的行政管理

为了能严格执行儿童青少年福利行政的过程,实现福利行政的目标,必须在政府机构或福利机构的行政过程中进行科学合理的管理,这种管理主要体现在组织、人事、财务的管理上,以及在行政过程中遵从合理的行政方法。

(一) 人员管理的专业化要求

行政组织是行政各部门合理配置与分工合作,以实现共同目的的一种有系统的安排。在儿童青少年福利中建立完善的行政组织,目的在于合理地安排与管理人、事、时、地、物等各种行政要素,促进各项儿童青少年福利政策的高效实施。人事行政主要是儿童青少年福利行政人员的专业化要求,教育与培训要求以及考核及任用机制。行政人员的专业化是现代儿童青少年福利行政发展的重要趋势之一。

专业化包含着专业的理论、专业的权威、社区的认可、共同的守则、专业的文化等项特征。这一直是儿童青少年福利在人事行政上追求的重要目标。儿童青少年福利行政人员在本领域的发展依赖于一定的教育基础和培训提高。完善院校专业、成立各式训练中心为儿童青少年福利行政人员提供提高自身素质的机会,对儿童青少年福利工作的开展有着不容忽视的推动作用。同时,儿童青少年福利行政人员的考核和任用也需要严格把关。儿童青少年福利行政属于国家的行政系统,其考核与任用在具体机制上与公务员并无本质区别。但是,要特别注意一个福利机构,特别是儿童青少年福利机构对于从业人员的责任感、道德水平应有较高的要求。

(二)财务行政的特别重要性

财务行政在儿童青少年福利行政中作用突出,因为儿童青少年福利的实际效果依赖于大量的金钱辅助和服务。一般而言,政府所建立的儿童青少年福利机构的经费主要来源于税收,而公共团体或私人设立的儿童青少年福利机构的经费则主要来自个人的捐献及必要的收费。在支出上,主要有资本的支出,即以现金办理儿童青少年福利工作;社会转移的支出,即诸如保险等一系列含有社会转移性质的支出;服务的支出,即对儿童青少年福利工作人员的报酬等。此外,儿童青少年福利行政的财务行政运作过程与一般公共行政基本相同,即预算、会计、决算及审计四位一体。

(三)儿童青少年福利行政需要讲究方法

一定的行政方法与技术是提高公共行政效能的重要因素,儿童青少年福利行政也不例外。除了上文所提及的组织、人事、预算等项目外,儿童青少年福利行政方法还包含着计划、领导、协调、报告等各项内容。在儿童青少年福利行政中,订立妥善的可行性计划,尤为重要。这一步骤的具体要求有:所定目标要简明,计划应力求简洁,计划内容要具体确实,计划要平易可行,计划包括的项目应力求完整,计划内涵要前后一致,要预备若干个备选方案等。在领导层面,宜采用民主式的领导方式,同时,作为一个领导者,也要注重一些领导技术的应用,如要了解员工心理,要能听取属员意见,要培养智力和气度,要慎重处理员工的申诉,注意纠正属员的错误,提高属员的工作情绪等。

(四)儿童青少年福利行政要重视协调和技巧

儿童青少年福利行政的协调包括机构内协调和机构间的协调,它有一些具体原则,如鼓励员工间直接协调;对参与协调者应授予适当权限;对协调所得结论应予以支持;尽量进行早期协调;协调时要全面衡量,考虑各种相关因素等。报告是在儿童青少年福利行政中,将从事的工作性质、内容、成果等向各种负责机关及社会大众加以说明的一种行政方法。在儿童青少年福利行政的实际运行中特别重要。这不仅是因为儿童青少年问题关系到千家万户,而且儿童青少年福利的资金有赖于社会的募捐,涉及儿童青少年福利的重大事项必须及时报告,包括向上级机关、社会大众、出资人等。儿童青少年福利报告须讲究技巧,这包括,提出报告必须有所根据,报告内容必须简明,透过大众传播工具向社会大众报告,口头报告与书面报告相辅相成等。

四、我国主要的儿童青少年福利行政系统

我国儿童青少年社会福利系统涉及政府职能机构,也包括社会团体和群众组织。主要的行政系统包括以下几个方面。

(一)国务院妇女儿童工作委员会

国务院妇女儿童工作委员会是一个综合协调机构,它由国务院系统与儿童有关的政府部门、中央直属机关组成,如团中央、妇联、教育部、卫生部、轻工业部、司法部等,其常设机构设在全国妇联。国务院妇女儿童工作委员会简称妇儿工委,负责协调有关儿童方面的各类事务,推动国家儿童政策的贯彻落实,指导全国的儿童工作。妇儿工委是国务院的机构,属于政府体系,但它又是一个协调性机构,没有具体的儿童福利行政的职能。

(二)民政系统

民政系统的组织架构中,有社会福利司、社会救济司、安置司、优抚司等部门直接与社会保障及社会福利相关。民政部下辖众多国办的社会福利事业单位,如儿童福利院等,主要收养城市中无家可归、无依无靠、无生活来源的"三无儿童"和家庭无力照料的残疾儿童。

在具体工作安排上,民政系统主要以福利输送为工作重心,一方面作为政府部门,落实国家制定的关于儿童青少年福利的各类法规和政策,枳极推动所有益于儿童青少年身心健康发展的社会福利事业,包括儿童公园、医院、剧场、展览室及娱乐中心等儿童青少年福利设施的建设;另一方面,民政系统的服务侧重于针对弃婴、孤儿、盲童和聋哑等特殊儿童及弱智与残疾等身心障碍儿童的补充性及替代性的儿童福利服务,如补充或替代父母亲职能的儿童照护及教养,管理儿童福利机构,负责儿童收养等对于困境儿童的救助与安置。民政系统的福利输送是依福利服务对象之不同而提供的个性福利服务,例如身心障碍儿童的福利偏重教、治、养的结合,而一般儿童青少年的福利服务是结合共青团、妇联等系统进行的教育和保育并重的服务。

(三)共青团系统

中国共产主义青年团是中国统一的、最大的青少年组织,是执政党的青少年组织。除了作为社会组织的一般性职能外,在青少年社会福利方面,它的主要职能是,协助政府处理青年事务。共青团系统在各级政府组织中和职能部门,如劳动、人事、司法等都设有相关的下属基层组织,落实有关青少年的福利事项。共青团介入、参与实施青少年福利,是面对广大青少年的一种全面服务和预防性服

务,是一种推动青少年自我服务、自我发展、自我保护的青少年社会工作。

共青团受中国共产党的委托领导中国少年先锋队,推动儿童成长成才。共青团在中央及各省市设立少年部,专司有关儿童的各项事务,其职能规定主要有:研究少年儿童的思想品德教育,推动少年儿童提高综合素质,全面发展;协调和配合社会有关部门调查研究,反映儿童的情况;协助政府制定和发布儿童政策;指导少年儿童校外阵地,如少年宫(少年之家)、少年军校等的建设;管理、指导全国少先队报刊;开展有益于少年儿童的文化、体育活动;协调、动员社会力量为儿童服务;维护儿童权益,净化儿童生活环境,代表儿童开展国际交往等。少年部设置宣传教育处、组织培训处和校外教育处等机构,还设立少先队工作学会研究指导少先队服务少年儿童。

(四) 妇联系统

这是我国有关儿童福利服务的又一重要系统。这一系统的组织基础是中华妇女联合会。它依行政区划分设有各层级相对应的组织,在儿童福利方面,以抚育、培训和教育儿童成长为三大主要目标。妇联系统的工作对象主要是 0 至 6 岁的儿童,特别是与母亲关系比较密切的婴幼儿和学龄前儿童,其工作的角度也较多地在妇女与儿童的天然关系上。

妇联下设儿童部,具体包括家教处、协调处、社区儿童工作处、家教学会等部门,主要负责学龄前儿童教育、家长教育,开展各项有关儿童的活动,并协调与其他社会团体及政府有关部门的关系。其经费来源主要是政府拨款,同时,各级妇联也可以开展一些经营活动,举办经济实体。此外,热心与妇女儿童事业的国内外人士及组织的资金或物品捐赠也是其经费来源之一。妇联系统与共青团系统最大的差异,在于透过家庭和社会的管道来使福利服务对象受益。其具体工作内容可分为两大类:一类为举办并推动家庭教育,如展开社会宣传、办家长学校、建立社区育儿辅导、家庭教育活动站、开展家庭教育咨询工作等;另一类结合社会资源,动员社会力量来推动儿童少年工作;如推动儿童少年的精神生活、广辟休闲活动场所、成立少年儿童福利基金会、协助推展儿童保健事业及促进科学育儿的研究与实验方案等。

值得注意的是,共青团和妇联从属性上是社会性组织,但都具有一定的行政色彩,都肩负着协助政府管理青少年、儿童事务的职能。我国儿童福利机构较多,而且上下有很强的系统性,行政效能与政府其他行政部门具有相似性。在儿童事务的具体管理上,工作系统显示了较大的成效。但是,在儿童福利行政政府与社会组织合理分工、儿童福利行政自成一统的体系建构上,仍需有进一步的提高。

(五) 各类儿童青少年社会服务机构

主要是指遍布全国各地的,由教育部门和共青团部门主管的青少年宫、少年之家、青年之家、青少年服务站等,以及社会力量组建的青少年活动中心、基地和公办和民办的青少年心理、法律、社会的服务咨询机构等。这些儿童青少年服务机构比起共青团系统和民政系统的儿童青少年福利机构,更接近于专业的微观的儿童青少年社会工作,对于推进儿童青少年福利的增长,促进儿童青少年个体的健康、全面的发展有着直接的促进作用。这些机构在所属系统、服务范围、单位性质等方面呈现出多样化的特点。近年来这些机构迅速发展,对于推进专业儿童青少年社会工作在我国的发展起到了积极作用。

第四节　中国的儿童青少年福利政策

自古以来,我国就有儿童青少年的福利思想,《易经》、《周礼》中都有记载,随着社会的发展和对儿童青少年的重视,我国不断制定出了更加完善的法律法规,如《中华人民共和国未成年人保护法》,来保障儿童青少年的福利。目前,中国儿童青少年社会福利政策内容主要包括:孤残儿童的救助政策、特殊儿童青少年的救助政策、儿童青少年的教育政策、青少年劳动就业及相关服务政策,这些福利政府在一定程度上保证了儿童青少年的权力和福利需求。

一、中国儿童青少年福利政策的发展

在我国,儿童青少年福利的思想源远流长。在《易经》中,便有了"蒙以养正"的育幼思想。在《周礼》中,"慈幼"又被列为保息六政之首,显示出儿童青少年福利已颇受重视。春秋战国时代,管仲所倡导的"九惠之教"中,"慈幼"、"恤孤"都是实际的儿童青少年福利工作,同时,又有了"掌幼"作为主事官员,开辟了儿童青少年福利工作人员专职化的先河。越王勾践也于公元前494年颁布法令:"国中将免(通娩)者以告,公令医守之。生丈夫,二壶酒,二犬;生女子,二壶酒,一豚。生三人,公与之母;生二人,公与食"。显然,这种生育补助方式,促进了儿童的福利。汉代时,家庭补助进一步发展。南北朝时更有了禁止任意贩卖儿童的规定。唐宋时期,各种替代性的儿童青少年福利措施应运而生,儿童救济措施也日益增多。清代《大清会典》记载,保息之政有十项,其中之一便为"养幼孤",体现了儿童青少年福利工作的体系化、日常化。

中华民国建立初期,有识之士引入了西方的儿童青少年福利理念,并建立了一系列机构,实行救助男女灾童的福利政策。20世纪40年代初至40年代中期,连续三次召开全国儿童青少年福利会议,制定了一系列的政策和措施,促进了对不幸儿童的保护。

中华人民共和国成立以后,我国通过的一系列法律,如1949年颁布的《中央人民政治协商会议共同纲领》、1954年颁布的《中华人民共和国宪法》等都有保护儿童的内容。在关于卫生、食品、计划免疫等方面,也都颁布了一系列规定;政府开办的儿童青少年福利院设有有关条例;农村的五保户制度也都具有相应的制度要求。儿童青少年受到了国家和政府的积极保护。

改革开放后儿童青少年福利事业获得极大发展。1980 年,共青团在全国人大常委会法制委员会的指导及支持下,首度在北京召开"少年保护法座谈会",会中引入各国的立法状况,并初拟了《中华人民共和国少年保护法》,地方性的未成年人保护条例在 1987 年于上海正式通过颁布执行。之后,福建、湖南、北京、广东等省市也陆续颁布实施了少年保护法规,其他许多省的少年立法工作也都纳入了各地人大的议事日程。1989 年,在北京成立了全国人大内务司法委员会少年专门小组,其职责规定主要为:参与翻译和制定有关少年的法律、法规的政策;推动少年立法工作;监督和检查有关少年法律、法规和政策的执行;协调并指导有关少年的其他重要工作。在 1991 年,全国人大常委会审议通过了《中华人民共和国未成年人保护法》,我国儿童青少年福利的法律政策体系自此有了一部独立的国家大法。

在我国台湾地区,儿童青少年福利政策也经历了一个不断发展的时期,其最为突出的表现为"儿童福利法"的颁布。1973 年,台湾当局颁布了"儿童福利法",全文共五章 30 条,第一章为总则,以下分别为儿童福利措施、福利机构,保护措施及罚则,详尽规定了儿童福利工作的方方面面,成为在以后近 30 年中,台湾地区关于儿童工作及立法的权威依据。

二、中国儿童青少年社会福利政策内容

(一)孤残儿童救助政策

中国的孤残儿童包括:其父母死亡或人民法院宣告其父母死亡的不满 14 周岁的孤儿;因天灾或不可预测事故失去双亲的儿童,因身患难以完全康复的智残或肢残等重残的残疾儿童,因严重疾病、非婚生或其他因素而被父母遗弃后查找不到生父母的弃婴。

中国现阶段解决孤儿、弃婴养护问题主要采取机构照顾的方式,同时正在进行非机构养护模式的探索和实践。在有条件的地方,举办社会福利设施,集中收养孤儿、弃婴;在条件尚不具备的地方,采取分散寄养的形式。此外,根据中国《收养法》的有关规定,部分儿童被合法收养。基本形式有:收养(国内收养和涉外送养);儿童福利院家庭型养育模式和家庭寄养、助养;社区照料;机构照料(儿童福利机构对孤残儿童进行集中供养)。

1. 收养

1991 年 12 月 29 日,第七届全国人民代表大会常务委员会第 23 次会议通过《中华人民共和国收养法》(以下简称《收养法》),第九届全国人民代表大会常

务委员会第五次会议根据 1998 年 11 月 4 日通过的《关于修改〈中华人民共和国收养法〉的决定》,对《收养法》做了修改,对送养人、收养人条件、收养登记及收养关系的成立、收养协议的订守、收养公证的办理、户口登记的办理、收养的效力、收养关系的解除、法律责任等做了详细规定。

为了完善中国公民、外国人收养子女的程序,民政部于 1992 年 10 月 7 日发出《关于外国人收养我国社会福利院抚养的儿童若干问题的补充通知》,于 1999 年 5 月发布《外国人在中华人民共和国收养子女登记办法》,规定相关外国人(或收养人夫妻一方为外国人)在中华人民共和国境内收养子女应当依照本办法办理登记;规定了外国人在华收养子女的原则、程序、有关文件和证明材料,送养人应当提供的材料,收养登记机关的相关工作,收养公证和出境手续的办理等。

2. 助养与家庭寄养

助养指的是个人、家庭或单位指定、非指定地自愿为儿童社会福利机构扶养的孤残儿童、弃婴(数量不限)一次性或按年、月捐助一定费用,助养人日常时间可以前往机构探望孩子,节假日则可将其接到家中团聚,被助养儿童的法定监护人仍为民政部门。

2000 年,民政部明确提出将家庭寄养作为儿童福利事业社会化的重要途径,并且在上海、广州等地进行了有益的探索和试验。2003 年 10 月 27 日,民政部出台了《家庭寄养管理暂行办法》,于 2004 年 1 月 1 日起施行。该暂行办法对寄养家庭应当具备的条件、寄养家庭在寄养期间必须履行的义务、家庭寄养服务机构、寄养协议的履行、监督管理等做出了具体规定。同时规定寄养家庭的义务为:首先,要保障被寄养儿童的人身安全;对被寄养儿童提供生活照料,帮助其提高生活自理能力;培育被寄养儿童树立良好的思想道德观念;其次,还要按国家规定安排被寄养儿童接受学龄前教育和义务教育;负责与学校沟通,配合学校做好被寄养儿童的教育工作;为残疾的寄养儿童提供矫治、肢体功能康复训练、聋儿语言康复训练和弱智教育等方面的服务;定期向家庭寄养服务机构反映被寄养儿童的成长情况;最后,应当保障被寄养儿童权益的义务。

3. 机构照料

机构照料是指儿童福利院对孤儿、残疾儿童、弃婴的养护。主要形式有三类:其一,综合型的儿童福利机构,如儿童福利院、儿童村等,主要职能是对孤儿进行院舍照顾,并使其享有受教育的权利;其二,康复型的儿童福利机构,如各类残疾儿童康复中心等,主要职能是对那些可以康复的残疾儿童实施治疗和康复,使其减轻残疾程度,回归社会;其三,教育性的儿童福利机构,如残疾儿童寄托所、特殊教育学校和孤儿学校等,主要职能是使各类残疾儿童受到足够的教育,增强他们的生活和劳动能力。

近年来,根据中国的实际情况并借鉴国际社会的经验,部分儿童福利机构对孤残儿童进行集中供养的同时,也在探索机构形态的家庭照顾模式——家庭型养育模式,最典型的就是 SOS 儿童村。SOS 儿童村是以家庭形式收养、管理、教育孤儿的社会福利事业单位,其宗旨主要是为孤儿提供一种家庭式的生活环境,一般每个 SOS 儿童村有 10～20 个家庭,每个家庭有独立的住宅,由 6～8 名不同年龄的孤儿组成,由一位 SOS 妈妈负责照料,给孤儿以全部母爱。

(二)特殊儿童青少年的救助政策

1. 流浪儿童青少年救助

流浪儿是由于社会和家庭等多种原因产生的无家可归的儿童,他们有一定的数量,散落在城乡,长期流浪,失去了正常的生活、学习条件和安全保障,他们的权益需要保护。

2003 年 8 月 1 日,《城市生活无着的流浪乞讨人员救助管理办法》和《城市生活无着的流浪乞讨人员救助管理办法实施细则》正式实施,结束了我国长达 20 年的收容遣送制度。全国人大常委会第二十五次会议于 2006 年 12 月 29 日修订通过的《中华人民共和国未成年人保护法》第 43 条规定:"县级以上人民政府及其民政部门应当根据需要设立救助场所,对流浪乞讨等生活无着未成年人实施救助,承担临时监护责任;公安部门或者其他有关部门应当护送流浪乞讨或者离家出走的未成年人到救助场所,由救助场所予以救助和妥善照顾,并及时通知其父母或者其他监护人领回。对孤儿、无法查明其父母或者其他监护人的以及其他生活无着的未成年人,由民政部门设立的儿童福利机构收留抚养。未成年人救助机构、儿童福利机构及其工作人员应当依法履行职责,不得虐待、歧视未成年人;不得在办理收留抚养工作中牟取利益。"

为加强流浪未成年人救助保护机构规范化建设,民政部制定《流浪未成年人救助保护机构基本规范》,适用于县级以上人民政府举办的为流浪未成年人等提供救助、保护、教育的庇护场所和专门机构。《规范》详细规定了未成年人救助保护机构的设置、基本设施设备;规定了机构为流浪未成年人提供接待、入站以及其他一些基本服务和特殊服务;对受助未成年人进行心理辅导和行为矫治;为长期滞留在机构的受助未成年人提供教育、培训和就业机会以及相应服务。

2. 残疾儿童青少年特殊教育

我国自 1951 年颁布《关于学制改革的决定》以后,特殊教育即已成为国民教育体系中的一个重要组成部分。改革开放以来,我国特殊教育事业的发展取得了显著成就。1986 年通过的《义务教育法》第 9 条明确规定"地方各级人民政府为盲、聋哑和弱智的儿童、少年举办特殊教育学校(班)"。

1989 年 5 月国家教委、计委、民政部门联合制定《关于发展特殊教育的若干意见》,提出发展特殊教育要贯彻普及与提高相结合,以普及为重点的原则,着重抓好初等教育和职业技术教育,积极开展学前教育,逐步发展中等教育和高等教育。

1991 年《残疾人保障法》明确规定:国家保障残疾人受教育的权利;国家、社会、学校和家庭对残疾儿童、少年实施义务教育;国家对接受义务教育的残疾学生免收学费,并根据实际情况减免杂费。同时明确各级各类学校要按规定接收能够适应学习生活的残疾儿童、少年入学。1994 年 8 月 23 日国务院发布《残疾人教育条例》,对特殊教育提出了具体意见。

2001 年 10 月 19 日,国务院办公厅转发《关于"十五"期间进一步推进特殊教育改革和发展的意见》,要求积极发展残疾儿童学前教育,发展残疾人高中阶段教育,努力扩大残疾人接受高等教育的机会。2007 年教育部、国家发改委发布了《"十一五"期间中西部地区特殊教育学校建设规划(2008—2010 年)》,总体目标是在中西部地区建设 1 150 所左右特殊教育学校,基本实现在中西部地区的地(市、州、盟)级和 30 万人口以上或残疾儿童少年较多的县(市、旗)有 1 所独立设置的综合性(盲、聋哑、弱智三类校中两类及以上组合建制学校)或单一性特殊教育学校;现有特殊教育学校办学条件得到明显改善。所有项目学校达到或基本达到国家颁布的特殊教育学校建设标准和设施配备要求,基本满足残疾儿童少年接受九年义务教育的需求。

根据《2005 年中国残疾人事业发展统计公报》,截至 2005 年底,全国为聋、盲、智残少年儿童兴办的特殊教育学校已经发展到 1 662 所,在校的盲、聋、智残学生达到 56 万人,初步探索出一条具有中国特色的特殊教育发展途径,形成了以大量的特教班和随班就读为主体、以一定数量的特殊教育学校为骨干的基本格局。

(三)儿童青少年教育政策

尽管到目前为止,我国还没有以"儿童青少年教育政策"为名的法律或政府文件,但我国的教育政策已经发展到了相当完备的程度,教育政策的内容已经相当丰富。

1. 教育目标

教育政策所规定的目标,具有时代性,不同的时代教育目标也不同。改革开放前,教育政策的目标是,按照德、智、体全面发展的要求,把青少年培养成为有社会主义觉悟、有文化的劳动者;改革开放后,教育政策的目标定为把青少年培养成为"有理想、有道德、有文化、有纪律"的四有新人,这是这一时期党的路线方针向经济建设转移的结果。关于教育目标,我国正式的法律条文中相关的规定主要有:

1985 年,《中共中央关于教育体制改革的决定》中指出:"教育必须为社会主义建设服务、社会主义建设必须依靠教育","社会主义现代化建设的宏伟任务,要求我们不但必须放手使用和努力提高现有的人才,而且必须极大地提高全党对教育工作的认识,面向现代化、面向世界、面向未来,为90年代以至下个世纪初叶我国经济和社会的发展,大规模地准备新的能够坚持社会主义方向的各级各类合格人才"。"所有这些人才,都应该有理想、有道德、有文化、有纪律,热爱社会主义祖国和社会主义事业,具有为祖国富强和人民富裕而艰苦奋斗的献身精神,都应该不断追求新知,具有实事求是、独立思考、勇于创造的科学精神。"

1993年《中国教育改革和发展纲要》正式指出:"教育必须为社会主义现代化建设服务,必须与生产劳动相结合,培养德、智、体全面发展的建设者和接班人。"

1995年,《中华人民共和国教育法》将青少年的培养目标规定为:"教育必须为社会主义现代化建设服务,必须与生产劳动相结合,培养德、智、体等方面全面发展的社会主义事业的建设者和接班人。"

1999年,《中共中央国务院关于深化教育改革全面推进素质教育的决定》中又强调:"造就'有理想、有道德、有文化、有纪律'的德、智、体、美等全面发展的社会主义事业建设者和接班人。"

2. 教育制度及相关服务政策

中国的基本教育制度主要体现在学制系统中,如中小学教育、高等教育、职业教育、成人教育、留学生教育等。

第一,基础教育。中小学教育是专门提供给6岁以上儿童青少年的基础教育,它包括小学教育和普通中学教育(包含初中和高中)两个阶段。它的培养目标是在德、智、体全面发展方针下,使受教育者在思想品德、科学文化、身体素质、审美能力、劳动技能诸方面全面发展,为培养有理想、有道德、有文化、有纪律的社会主义事业建设者和接班人奠定基础。国家在这个阶段实施九年义务教育。这样中小学教育就分为义务教育和高中教育两个阶段。

义务教育是由《义务教育法》保障实施、带有强制性、要求适龄儿童和青少年必须接受、社会家庭必须予以保证的教育。自1986年《义务教育法》颁布实施以来,义务教育在法制化、正规化的道路上不断发展,2008年起,义务教育阶段不再收取任何费用。

高中阶段教育是义务教育后的教育,是基础教育的最高学历。初中生通过"中考"进入高中。国家在高中阶段实行高中学生档案制度和高中会考制度。经过高中阶段的培养,一部分学生考入高等院校继续学习深造,另一部分直接进入社会参加劳动。

第二,高等教育。高等教育是在完成高中教育的基础上进行的教育活动。

《高等教育法》规定了高等教育的目标为："使受教育者成为德、智、体等方面全面发展的社会主义事业的建设者和接班人。"其任务为："培养具有创新精神和实践能力的高级专门人才,发展科学技术文化,促进社会主义现代化建设。"1998 年《高等教育法》获得通过,1999 年 1 月 1 日正式生效。国家通过法律来保障高等教育健康发展,以保障青少年接受高等教育的权利。

第三,职业教育。职业教育是为了适应经济建设和社会发展的需要,在不同水平普通教育的基础上,培养人们能够从事某种职业的一种专门教育。它是在一定初、高中文化程度的基础上进行的教育,使受教育者成为有社会主义觉悟的、具有相当于大学或高中、初中文化基础的并有专业技术知识和技能的人才。为了保障职业教育的实施,国家于 1996 年颁布了《职业教育法》。《职业教育法》强调"各政府要高度重视,统筹规划,贯彻积极发展的方针。充分调动各部门、企事业单位和社会各界的积极性,形成全社会兴办多形式、多层次职业教育的局面"。

第四,成人教育。成人教育是按人和社会全面发展的需要,有目的、有组织地为所属社会承认的成人一生任何阶段所提供非传统的、具有自身特色的教育活动。它是一种速效、速成的教育,受教育者可以根据自己的实际情况选择函授、班级授课、广播电视教学、现场教学、自学等学习形式。其教育对象包括:"干部——各级党政机关、人民团体的工作人员,各级各类学校的教师、管理人员以及其他各类从业干部;职工——厂矿、企业的生产工人、管理人员、工程技术人员,城镇的商业、服务行业人员;农民——生活在农村的、从事种植业、养殖业、乡镇加工企业、服务业、建筑业、商业的农村劳动者和乡村基层干部;其他社会成员——个体劳动者、老年人及家务劳动者等。"

第五,出国留学生政策。我国为了学习国外的先进技术和先进的管理经验而出台和制定了"支持留学,鼓励回国,来去自由"的出国留学方针,建立了国家留学生基金委员会,建立和健全了一套出国留学工作的运行管理机制和服务系统,制定了一系列旨在吸引留学人员回国服务和为国服务的措施。目前,出国留学呈现低年龄的趋势,少数青少年到国外接受本科阶段教育,甚至中学阶段教育。

(四) 青少年劳动就业及相关服务政策

我国政府一直非常重视青少年劳动就业及相关服务政策的制定与实施,仅"八五"期间,由全国人大常委会审议通过并颁布实施的劳动法律就有《劳动法》和《矿山安全法》两部,由劳动部或劳动部会同有关部门制定颁布的劳动行政规章 90 余部,单由国务院制定颁布的劳动行政法就有《职工工作时间的规定》、《企业劳动争议处理条例》、《国有企业职工待业保险规定》等 9 部。关于禁止使用童工的法律也已由人大通过颁布执行。

1. 青少年的劳动权利与义务

《中华人民共和国宪法》第 42 条规定:"中华人民共和国公民有劳动的权利和义务。国家通过各种途径,创造劳动就业条件,加强劳动保护,改善劳动条件,并在发展生产的基础上,提高劳动报酬和福利待遇。"

《劳动法》等法规,对劳动者的劳动权利进行了具体规定。其劳动方面的权利包括:平等就业和选择职业的权利,取得劳动报酬的权利,休息休假的权利,获得劳动安全卫生保护的权利,参加职业技能培训的权利,享有社会保险和福利的权利,提请劳动争议处理的权利,以及法律规定的其他权利。

劳动者在享有劳动权利的同时,还必须承担相应的劳动义务,这些义务包括:完成劳动任务的义务,这是劳动者最基本的义务;提高职业技能的义务,它是劳动者适应企业现代化大生产的需要;执行劳动安全卫生规程的义务;遵守劳动纪律和职业道德的义务。

2. 青年女职工的特殊保护与服务政策

我国政府一贯重视保护妇女的权益。在劳动就业的专项法律法规建设方面,中国政府于 1980 年和 1984 年分别加入了联合国《消除对妇女一切形式歧视公约》和《各种矿场井下劳动使用妇女公约》。1988 年,国务院颁发《女职工劳动保护规定》。此后,《劳动法》和《妇女权益保障法》两部大法颁布,对女职工劳动就业的特殊政策也愈加完备。

国家对女职工的特殊保护政策主要包括以下几个方面:保障妇女的劳动就业权,实行男女同工同酬;在劳动生产过程中禁止安排女职工从事繁重体力劳动及有毒有害工作;在女职工的特殊生理期间给予特殊保护,这些特殊生理包括经期、孕期、产期、哺乳期四个特殊阶段;女职工劳动保护权益受到侵害时,有权向所在单位的主管部门或者当地劳动部门提出申诉;对女职工特殊保护设施如女职工卫生休息室、孕妇休息室、哺乳室、托儿所等,应按国家规定予以妥善解决。

3. 未成年工的特殊保护与服务政策

根据《劳动法》第 58 条规定,"年满 16 周岁未满 18 周岁的劳动者"为未成年工。为了对未成年工进行保护,国务院分别于 1986 年发布了《国营企业招用工人暂行规定》、1988 年发布的《私营企业暂行条例》和 1991 年发布的《禁止使用童工规定》及《未成年人保护法》和《劳动法》等。我国政府还在 1984 年承认了四个属于保护未成年工国际劳工公约,即《确定准许儿童在海上工作的最低年龄公约》、《确定准许使用未成年人为扒碳工或司炉工的最低年龄公约》、《在海上工作的儿童及未成年人的强制体格检查公约》和《确定准许使用儿童于工业工作的最低年龄公约》。

在相关法律法规中,对未成年工特殊保护的主要内容有:最低年龄限制,国家行政规章明确规定我国的最低就业年龄为 16 周岁;工作时间的保护规定;限制工作种类的规定;进行定期身体检查的规定;采用各种证卡制度;以及对违反了未成年工保护法规的行为规定了明确的法律责任。

4. 高等院校毕业生的分配制度与就业服务政策

1985 年,《中共中央关于教育体制改革的决定》正式提出改革高等学校的招生和毕业生分配制度。1989 年 3 月,国家教委提出了《高等学校毕业生分配制度改革方案》,经国务院批转后开始实施。1997 年 3 月,国家教委颁布《普通高等教育毕业生就业工作暂行规定》,新的规范化的高等教育毕业生分配与就业政策正式启动。《普通高等教育毕业生就业工作暂行规定》的主要内容包括:毕业生就业工作的原则是,贯彻统筹安排,合理使用,加强重点,兼顾一般和面向基层,充实生产、科研、教学第一线的方针,在保证国家需要的前提下,做到学以致用、人尽其才;毕业生就业工作程序;制定毕业生就业指导计划;落实毕业生就业计划采取供需见面和双向选择方式,由各部委、各地方主管毕业生就业工作职能部门负责管理和举办;毕业生的调配、派遣接收和待遇等。

5. 退伍军人的劳动就业与相关服务政策

对退役军人劳动就业及其相关服务政策问题国家一直予以高度重视。《中华人民共和国兵役法》第 56 条规定:"义务兵退出现役后,按照从哪里来,回哪里去的原则,由原征集的县、市、市辖区的人民政府接受安置;家居农村的义务兵退出现役后,由乡、民族乡、镇的人民政府妥善安排他们的生产和生活。机关、团体、企业事业单位在农村招收职工时,对他们给予适当照顾;家居城镇的义务兵退出现役后,由县、自治县、市、市辖区人民政府安排工作。入伍前是机关、团体、企业事业单位正式职工的,允许复工、复职;义务兵退出现役后,报考高等院校和中等专业院校,在和其他考生同等条件下,优先录取。"

思考题

1. 什么是儿童青少年社会福利? 说说你对儿童青少年社会福利的认识。

2. 一般情况下,儿童青少年社会福利政策包含哪些内容?

3. 你认为应如何评价我国的儿童青少年社会福利政策?

少年儿童与青年组织

组织也可称为团体,是一种特殊的社会结构,是指为了达到某一特定目标而设计的人们的集合体,是成员在其中进行各种活动的构架系统;或者说,组织是一群人为了达到某一共同的目标,实行人力的分工和职能的分化,使用不同层次的权力和职责,以充分发挥其人力和智力资源而形成的集合体。少年儿童和青年组织多种多样,可分为正式组织、非正式组织或初级组织、次级组织等。良好的儿童青少年组织有着广泛的社会功能,对社会、对儿童和青少年的意义和影响也很大。因此,我国目前非常重视儿童青少年组织的培育,已通过这些组织满足儿童青少年健康发展的需要。

第一节 少年儿童与青年组织的形成及特点

少年儿童由于自身的特性,有加入团体的需要,他们能在组织里不断学习和锻炼,使个体在生理、心理方面得到发展,并逐步学会适应外部环境。青少年组织不同于少年儿童组织,它是青年正式群体中的高级形式,本质是青年互助协作关系及其形式化的存在,它有固定的组织成员、明确的组织原则;而且组织结构较为严密、组织规模较大、组织成员有确定的权利和义务。另外,青年组织的性质,从社会组织结构上看,有亚属性和前喻性的特点;从社会政治层面上看,有附属性和先锋性的特点;从社会教化力量上看,具有辅助性和主导性;从社会生活角色看,有准备性和创造性。

一、少年儿童组织

(一)少年儿童组织的形成过程

1. 组织对儿童成长意义重大

少年儿童有其适应该发展时期特点的独特的自然需要,他们除了维持生存的基本需要外,还有身心发展的特别需要。少年儿童身上特有的突出表现如好动、好奇、好玩,以及兴趣的多样性和不稳定性,不断增长的自主性、独立性等都是其自然的、本能的反映,即所谓的"天性",少年儿童还自有其区别于成人发展生长的独特规律和顺序,但作为社会人的少年儿童主体发展离不开社会交往。少年儿童的语言、思维、意识、智力、能力、个性与创造性都离不开社会的物质供给。对此,马克思作了高度的概括,指出个人"只有在社会中并通过社会来获得他们自己的发展"①。少年儿童有加入团体的需要,他们要求加入团体是寻求安全保护、交朋友,同时也学习成年文化,以共同的兴趣为基础,在成年人倡导下成立相应组织,并在成年人指导下开展组织活动,少年儿童在团体中的这些行为会加速他们的社会化进程。少年儿童组织的成员是在自愿、独立原则的基础上,形成的自我管理的联合组织。

社会生活纷繁复杂,存在着各种各样的群体,也存在着各种各样的组织。对于儿童青少年来说,可将他们的组织分为正式组织和非正式组织。在儿童和青少年现实生活中,存在着大量的非正式组织,这些组织对于儿童青少年的社会化影响巨大。

2. 儿童在组织里的学习

从少年儿童的成长角度,少年儿童是在组织适应中学会社会规则的。关于适应,霍华斯曾经指出,适应是指在环境中顺利地运作,在组织中,少年儿童通过与组织达成一致,逐渐学会面对和适应外部环境。可见,适应显示了少年儿童发展的进步,促进着少年儿童与社会的相互接纳。儿童有加入团体的需要,并在团体中加速他们的社会化进程。社会控制在团体中表现得甚为明显,其实施方法有多种,但最主要的还在于应用或抑制成员入会的资格。组织中的控制是帮助儿童学习规范,养成自律的能力的重要元素,也是儿童社会工作者对儿童实施辅导的重要手段,因此建立适合儿童发展的组织,促进个体在心理、情感上的飞跃式发展,是儿童社会工作者的重要工作。

(二) 少年儿童组织的本质与特点

1. 儿童组织行为的特殊性

凯尔曼曾指出,个体在团体中的社会化过程有三个阶段,分别为:顺从,个人还不相信或接受团体的观点以前,就会遵从团体;认同,个人接受团体的观点,将其作为认同的对象;内化,团体的观点被采用来解决个体的问题,并由此真正成为个人的信念。少年儿童组织无论是正式的,还是非正式的,他们受周围组织的影响一般要高于成年人。

少年儿童从降临到人世,就变成为社会的一员。少年儿童的意识和活动是

---

① 《马克思恩格斯全集》第 3 卷,人民出版社 1960 年版,第 235 页。

在外界环境的教育影响下,依靠自己内部的心理活动所形成和发展起来的,具有独立自主性。少年儿童首先是家庭的一员。家庭是社会生活的基本单位,是人社会化的开端。少年儿童最初的直接社会关系以家庭为轴心,同父母、祖辈及叔伯舅姨等长辈,也与自己的同辈兄姐姐妹和邻居的小伙伴发生关系,其中最直接、最经常的影响者是父母。大社会的影响主要经过父母直接传递,他本人同家庭以外的社会仅属间接联系。当他成为托儿所、幼儿园一员后,特别是进入小学以后,社会关系就急剧地扩张了。学校这个社会单位的关系比家庭复杂多了。

随着他们的成长、发展,社会生活的接触面日益复杂化,社会角色也逐渐多元化,社会意识不断发展、深化,少年儿童获得了新的社会角色——小学生,他有了老师,更有众多的小伙伴同他一起学习生活。当他加入了少年儿童组织后,其社会性又有了一个新的飞跃:他成为一个自觉的、有组织、有领导的少年儿童社会的正式成员,他以这个集体的主人身份、地位来参与特定的社会生活实践。在组织中,少年儿童会表现出适应、社会化、社会控制或社会冲突以及沟通等各种行为,少年儿童社会组织通过这种体验来锻炼少年儿童适应社会的能力。

2. 儿童的组织生活训练

在少年儿童组织中,除了领导者外,少年儿童的地位是平等的。在这样一个环境中,少年儿童易于彻底走出自我中心的阴影。因而,建立适合少年儿童发展的组织,会促进个体在心理、情感上的飞跃式发展。在组织中,需要有成员的交往,因而,沟通成为必要。拜尔的团体互动过程分析理论,便是以沟通为基础的。他分析了沟通的程度,从不良好至良好,可以有多种类别,包括"显示团结"、"显示紧张的消除"、"不同意"、"显示对立"等。团体中也会有冲突,由此可以促进少年儿童之间的协商及相互认知。少年儿童在自己的组织——少年儿童社会中经过种种积极的模拟演习,有组织地训练和自觉主动地自我教育,做好参加成人社会的准备,成长为社会的未来主人。

由于少年儿童尚未成年,还不可能享有参与社会管理的正式权利,也不能像成人那样履行对社会的正式义务,但是,他们在自己的组织中,都在学习与准备着怎样行使未来的权利(如选举与民主管理)和怎样履行日后应尽的社会义务。

二、青年组织

(一)青年组织的形成过程

1. 什么是青年组织

青年组织是青年正式群体中的高级形式,是青年社会关系中有形式结构的部分。它是社会组织中的一种特殊类型,既具有一般组织的属性,又具有区别于其他社会组织的特点。青年组织是为实现青年的某些需求、完善青年自身发展为目标而建立,青年组织是青年参与社会的重要渠道和媒介。青年组织是指由一定年龄规定的年轻人组成并相对于一定的社会关系而存在的形式化的社会群体。

2. 青年组织产生的历史

从历史的角度来看,青年组织是在近代社会才产生的,它既与青年的自身发展有关,又与社会政治、经济发展变化紧密联系在一起的。最早的青年社会组织,是以学生组织和宗教组织为代表的。1815 年 6 月诞生的德意志大学生协会,被认为是早期青年学生组织的典型代表,它也是 19 世纪初德意志爱国学生运动的核心组织。1844 年 6 月 6 日,在英国伦敦的一家布店里,由一批青年徒工组成了世界上第一个基督教青年组织,以后这一组织遍及世界大部分国家和地区,成为历史最悠久、分布最广泛的青年宗教组织。19 世纪末,随着意识形态的分化和政治斗争的风起云涌,青年组织出现了政治化的高潮,如 20 世纪前后的意大利社会党、共产党及墨索里尼的法西斯组织,都有各自下属的青年组织。与此同时还出现了青年组织军事化的现象,如童子军等。青年组织是社会发展到一定时期的产物,起源时期的青年组织有其各自的特点。青年组织的产生,在一定程度上是青年与成人之间复杂的社会关系的反映。

在中国历史上,有过不同类型、不同规模、不同性质的"青年组织",如明朝末期出现的士林结社和东林党之类的"组织"。但现代意义上的青年组织,还是起源于近代的社会变迁之中。其中最早产生的是学生组织或新的知识分子社团,具有典型意义的是 20 世纪初在留日学生中开始兴起的学生组织。1902 年于东京成立的中国青年会,被认为是我国第一个具有年龄特征和革命倾向的青年组织。该会在国内青年中产生了很大影响,此后相继出现了爱国会、学生救国会等青年组织。当时,邹容在上海发起的中国学生同盟会是其中著名的青年组织。五四运动前后是中国青年组织(以学生社团为主要成分)形成过程中的第一次高潮。基督教青年会于 1876 年传入中国。1890 年基督教女青年会也传入中国,这也是历史上较早的中国青年组织,这些青年宗教组织总体上对中国社会的影响不大。另外,在中国青年组织起源时期,也有军事化的青年组织和以社工服务为主的青年组织以及大量的基层青年小社团现象存在。

(二) 青年组织的特点与本质

1. 青年组织的特点

与一般的社团或非正式青年组织相比,正式的青年组织的特点表现在,有完备的组织章程和制度,有固定的组织成员,有明确的组织原则,组织结构较为严密,组织成员有确定的权利和义务,组织规模较大。开展活动是各类青年组织的最基本的工作方式。通过组织丰富多彩的活动,寓教于乐,才能吸引青年,壮大组织,从而实现组织的自身目标和提高青年的自身素质。在我国各类青年组织开展的活动可以分为单位团组织开展的微观活动和在团组织的号召下,各类青年组织开展的社会公益活动两大类。青年积极参与青年组织有不少的益处,在参与过程中可以培养青年的社会责任感、自我管理和自我教育的能力,有利于增强青年的社会交际能力及与政府、社会各界的联系与沟通能力,有利于青年沟通信息、开阔眼界,提高社会参与的能力,有利于青年树立公民意识和道德意识。

2. 青年组织的本质

青年的本质决定着青年组织的本质。青年所具有的社会过渡性、倾向未来的动态发展性,规定了青年组织是青年的一种动态存在方式。社会组织的本质意义是人的互助协作关系,是这种关系的形式化。青年组织从属于社会组织的范畴,作为青年互助协作关系及其形式化的存在,同样高于青年个体的存在和青年群体的存在,是一种高级有序的存在方式。青年组织区别于家庭、学校及其他社会组织的主要特征,就在于它是社会满足青年自我发展的组织。在青年组织中,青年作为自我服务者、自我教育者和自我管理者而存在,体现着一种主体性和自主性原则。青年组织的出现,丰富和发展了青年存在的方式,也开辟了青年社会化和青年作用于社会的新途径,发挥了家庭、学校等组织所不能替代的作用。

近代社会环境是青年组织产生的背景条件。因此,起源时期的中国青年组织也有自己的特征:一是外来影响加外来社会思潮的输入。海外政党观念、团体制度等组织形式方面内容的传播及留学生组织的诞生,都属这种影响的具体方面。二是学生比重高。学生组织兴起较早,历史最久,对中国青年运动及整个中国社会都有极大的影响。三是政治性强。大多数青年组织的兴起与社会政治相关,大部分青年组织活动都服务于政治运动需要,大量的青年组织都受一定的政治力量支配或影响。同时,与欧美国家相比,中国青年组织在起源时间上略晚一点,社会服务性及娱乐性青年组织略少等,这些特征的存在,是和当时中国特定的社会状况紧密相关的。

3. 青年组织的性质

所有的青年组织都具有社会组织的一般性质:主体的目的性、客体的系统性、行为的有序性;也都具有青年组织共有的特性:成员的同辈性、队伍的流动性、结构的松散性、行为的多样性、活动的业余性及群众性、灵活性等。如果进一步考察青年组织与整个社会的相互关系,可以发现青年组织还有一个明显的特点,即青年组织的两重性状态。主要表现为4个方面。

从社会组织结构上看,青年组织既有亚属性特点,又具有前喻性的特点。在社会组织结构体系中,青年组织一般不占据第一层次,并往往以其他社会组织为其生存基础。如一个20岁的青年工人,首先应是企业组织中的一员或工会会员,其次才是共青团员或青年俱乐部成员。这种亚属性的特点,是由青年组织的社会地位所决定的。同时,青年组织也蕴涵着超越并影响较高层次社会组织的潜力和能量。如我国五四运动和非洲民主革命中,某些青年组织的思想观念和革命行为,后来逐步发展成为主流社会和主要政党组织的纲领和行动。

从社会政治层面上看,青年组织既具有附属性,又具有先锋性。社会上特别是政党制国家,众多的青年组织都要受一定的政党或政治集团的支配领导,在物质资源和活动条件上,都要依附于一些政治力量。这是青年组织的附属性。同时,青年组织又具有先锋性。这种先锋性不同于先进性,而是指青年组织站在社会运动前列,并发挥先锋作用和带头作用。五四运动时期的学生组织和"文化大革命"中的"红卫兵"组织,从正反两方面证明了这种先锋性的存在。

从社会教化力量上看,青年组织既具有辅助性,又具有主导性。所谓辅助性,即指青年组织在青年社会化过程中,一般属于辅助力量。但是,青年组织在青年社会化的某些特殊领域却具有主导性作用。青年在青年组织中,能更多地摆脱纯粹受教育的角色地位,而接受同辈文化。在青年实现自我内化方面,青年组织是一种主导性的社会教化力量。

从社会生活角色看,青年组织既具有准备性,又具有创造性。青年正处在走向社会、又尚未达到预定目标的人生过渡阶段。青年组织既要帮助青年完成进入社会和未来的准备性任务,又要满足青年对展望未来和开拓世界这种创造性的需要。指导青年准备走向未来和创造未来,是青年组织不能忽略的任务和角色。

青少年社会工作者特别重视青年中的非正式组织,它往往会比正式组织具有更大的影响力,也是青少年日常生活中真正身在其中的社会组织,它的随意性、松散型、多元性、娱乐性对青少年具有一般正式组织无法比拟的吸引力。青少年成长的任务之一,就是选择一个志同道合的社会组织,并通过这一组织在更大范围内参与社会。

第二节　少年儿童与青年组织的类型

目前,我国少年儿童组织多种多样,包括少年队、班级等正式组织;社区儿童组织、兴趣小组等非正式组织和一些非法的儿童组织。青年组织是众多的社会组织类型中的一种,它是属于趣缘型、志缘型、规范性和群众性的社会团体。以正式组织为对象,从现实存在状况看,主要有大型青年组织、学生组织、社团组织、非法青年组织4种类型,这些对青年群体有很大的影响。

一、少年儿童组织的主要类型

(一) 少年儿童组织的类型

少年儿童的组织和成人组织一样,有多种类型。

如按在社会上的结构位置及满足心理需求分类,可将组织分为正式组织和非正式组织：少先队、班级、小组、小队等都是正式组织；邻里伙伴小组、街童团体等都是非正式组织。

按组织目标，少年儿童组织可分学习型组织、娱乐型组织、活动型组织等。

按组织成员的数量或组织规模来分类，少年儿童组织可分为小型儿童组织、中型儿童组织和大型儿童组织。

按组织的法律意义，少年儿童组织又可分为正当组织和非法组织。

（二）中国儿童的组织

在中国，少年儿童的组织主要包括：正式组织、非正式组织和非法组织。

1. 中国儿童的正式组织

中国儿童的正式组织主要有两类。一类是政治性组织，如少先队；一类是行政性的组织，如班级、各种小组等。

这些正式组织在很大程度上影响着儿童社会性成长，而且会得到行政的支持，如国家政府部门进行相应的拨款、挂牌、发文件、开协调会等，并进行相应机构的组织管理。在我国，1949年建立的中国少年先锋队，是中国共产党缔造的、唯一的全国统一的少年儿童组织。

在中国，凡是7到14周岁的中国少年儿童，愿意加入少先队，愿意遵守队章，向中队委员会提出申请，经中队委员会批准，就能成为队员。中国少年先锋队全国工作委员会和地方各级少先队工作委员会是全国和地方少先队的领导机构，它们经同级少先队代表大会选举产生。少先队有自己的机构，有自己的严密的组织章程、严格的组织纪律。从社会角度看，它是以一个独立的、成熟的、正式的组织形式出现在人们面前，并逐渐地发展壮大起来。少先队的前身叫"劳动童子团"，成立于第一次国内革命时期（1921—1927），"劳动童子团"以一些工厂童工及工人子弟、小学学生、城市贫苦儿童和乡村贫苦子弟为对象，以培养劳动儿童团体生活习惯、勇敢牺牲的精神，为劳动阶级服务为宗旨。少先队作为社会团体，是依照儿童的需求和社会的需求而将少年儿童组织起来，负有团结、教育、服务、保护儿童等多种使命。它的社会职能包含三个方面的内容：通过教育增长儿童的知识、坚定儿童的共产主义信仰；代表儿童参与社会活动；维护儿童的各方面的权益。它的根本任务就是促进儿童的健康成长。

从成立到至今，少先队组织开展了大量的生动活泼的教育活动，极大地吸引了广大少年儿童，为祖国的社会主义建设培养出一大批热爱祖国、忠于人民、认真负责的建设者；在全国各地，一大批少年儿童的活动中心、少年宫（家、站）建立起来，这里设立的多种少年儿童娱乐设施，丰富了少年儿童的课外生活，陶冶了他们的情操；在各个领域，凡是涉及少年儿童问题的部门、机关，相互协调，竭诚为少年儿童提供服务，如通过立法及动员社会力量保证适龄少年儿童较高的入学率、推广计划免疫促进少年儿童健康发展、开发少年儿童优质食品、推广科学养育知识、建立各种少年儿童咨询服务治疗机构直接为少年儿童服务等。这些措施有力地推动了我国少年儿童事业的发展,使绝大多数少年儿童受到了优待,保证了少年儿童基本的权益。

2. 儿童非正式组织

近年来,和成人社会一样,儿童的基层的、多元的、非正式的组织日趋活跃,形成了对少年儿童成长发展的特别影响。

少年儿童的非正式组织主要有:社区儿童组织、兴趣小组等各种主题、各种形式的组织。

这些少年儿童非正式组织的课外活动比较多,内容也比较丰富,非常重视儿童的德智体全面发展。它就像是一个小社会,有规章制度,有层次机构,有平等的竞争,有命令的服从,有享有的权利,有履行的义务等。在这里不仅可以使少年儿童在步入社会前进行一次热身,体会到各种社会上可能遇到的问题,学习社会生活的初步经验,而且可以帮助少年儿童学会如何与人相处,创造良好的人际关系,促成伙伴间的合作,较快地适应这个小社会。

3. 儿童非法组织

据调查,我国的犯罪年龄不断地低龄化,社会上也出现了一些非法的儿童组织,这些组织利用儿童的无知,控制一些儿童从事卖淫、色情、诈骗等非法活动,这些组织的存在无疑对少年儿童的健康成长极为不利,应及时取缔。

二、青年组织的主要类型

从不同的角度,可以给青年组织划分成不同的类型。

青年组织是众多的社会组织类型中的一种,它不是血缘型和地缘型或业缘型的组织,而是属于趣缘型或志缘型的组织;不是强制性和功利性组织,而是属于规范性的组织,是群众性的社会团体。以正式组织为对象,从现实存在状况看,青年组织主要有4种类型:

一是存在于全国范围的大型青年组织。它是代表各方面青年利益的青年组织,具有代表的综合性。如中国共产主义青年团、中华全国青年联合会、中华基督教青年会全国协会、中华基督教女青年会全国协会、中国青年企业家协会、中国青年科技工作者协会、中国青年志愿者协会等全国性的青年组织。这类组织有两种状况,即由单一团体构成的统一式青年大型组织和由众多团体构成的联合式青年大型组织。

二是存在于学校系统的学生组织。由各大、中学校的学生会或类似的团体联合组成的学联组织。它具有代表的典型性,即代表青年中最典型的成员——学生。这些组织一般分为全国、地区、学校三个层次,是典型的青年组织。

三是存在于社会基层的社团组织。如学生史学社、社区青年工作者协会、青年农民互助会、青工质量管理小组等。这类组织活动内容丰富,活动形式多样,广泛地存在于社会基层青年较集中的地方。它的特点是能分别代表各方面青年具体的、多方面的需要。

四是非法青年组织。如非法传销组织等,这些组织具有隐蔽性、欺骗性和极高的危害性,对青年群体有很大的影响。

第三节 少年儿童与青年组织的社会功能

少年儿童与青年组织的社会功能是指少年儿童与青年组织本身所具有的能力和所发挥的作用。它也是少年儿童与青年组织性质的具体化,是少年儿童与青年组织价值的标志。良好的少年儿童与青年组织有满足成员在社会教育和社会交往与社会承认及社会发展需要的功能、维护权益的功能、参与社会的功能、辅助党政工作的功能和促进社会进步的功能。

一、满足需要的功能

满足少年儿童与青年成员的需要是少年儿童与青年组织的基本功能。一个组织不能脱离其成员的需要而存在。少年儿童与青年组织所满足的是其成员的发展的需要。因为面向未来、处于不断的发展中,是少年儿童与青年的重要特征。满足成员发展需要,是由少年儿童与青年组织的社会价值所决定的。不同的少年儿童与青年组织从不同的角度看,都是少年儿童与青年社会化的重要场所。就一般少年儿童与青年组织而言,要满足少年儿童与青年成员的教育、交往、承认、发展等方面的需要。

1. 满足社会教育的需要

少先队组织、共青团组织是学习共产主义的学校,大、中、小学生社团也常被称作第二课堂,这些都形象生动地表明了少年儿童与青年组织具有满足少年儿童与青年社会教育需要的功能。

少年儿童与青年组织满足少年儿童与青年成员社会教育需要是有其特色的。少年儿童与青年组织是学校和劳动单位之外的新的组织途径,它的教育不同于学校教育和职业教育,而是一种社会教育。这种社会性教育是学校或单位教育的补充。这种教育的内容具有广泛性和多样化的特点,其教育方式也不像学校教育那样明显、有形,它主要是在组织成员的活动与交往中潜移默化地进行的,是一种实践性的教育。在这样的教育中起重要作用的不是权威的说教,而是少年儿童与青年自身的体验。

2. 满足社会交往的需要

少年儿童与青年组织的出现与存在,为少年儿童与青年成员在邻里、学校和工作单位之外,提供了满足社会交往需要的新的途径和形式。一般来说,社会交往的本身就是少年儿童与青年组织的基本目标之一,特别是联谊性的少年儿童与青年组织,其宗旨就是增进交往。这种少年儿童与青年组织的作用是符合少年儿童与青年人天性的。

少年儿童与青年在少年儿童与青年组织中实现社会交流,具有强烈的主动性和明显的对象选择性。少年儿童与青年组织提供的社会交往机会,使少年儿童与青年成员得以突破个人生活、学习或工作的圈子,具有更大的广泛性和丰富性。因而,满足少年儿童与青年社会交往和聚群的需要,是少年儿童与青年组织的基础性功能。

3. 满足社会承认的需要

少年儿童与青年组织可以通过自己的信息宣传媒介,或以开展各种比赛、表彰活动,以及加入某种少年儿童与青年组织的资格条件,来满足少年儿童与青年获取社会承认的需要。特别是区域范围较大的或专业性较强的少年儿童与青年组织,在实现少年儿童与青年社会承认的需要中具有十分重要的作用。

4. 满足社会发展的需要

社会发展的需要,其内涵带有一定的综合性因素,如少年儿童与青年的知识技能的增长、事业上的成功、个性价值的实现等。社会的改革开放和发展进步,为少年儿童与青年实现以社会为指向的个人发展提供了更多更新的机会,而少年儿童与青年组织是满足少年儿童与青年社会发展需要的独特环节。

二、维护权益的功能

少年儿童与青年组织维护少年儿童与青年的权益是一种基本的保障行为。它不是为少年儿童与青年谋取新的利益,而是在一定的法制条件下,保护少年儿童与青年成员的"安全",包括少年儿童与青年组织对成员权益的维护和对群体权益的维护两类。

1. 对个别利益的维护

一般情况下,少年儿童与青年的基本权益应由学校或工作单位及政府机关来保障。如果某个少年儿童与青年又是某少年儿童与青年组织的成员,那么这个少年儿童与青年组织则为其又提供了一个新的社会保护系统。一般的少年儿童与青年组织均在其章程中明确有关维护成员权益的内容。少年儿童与青年成员的个别利益,主要表现在少年儿童与青年的学习成才、劳动就业、恋爱婚姻以及闲暇消费、文化娱乐等方面。少年儿童与青年组织可以通过提高自身的知名度,宣传和扩大影响,强化与各界的沟通,增强组织的社会作用等来提高维护少年儿童与青年成员利益的能力。

2. 对群体权益的维护

随着社会的改革和发展,社会群体利益的分化已经越来越明显。就整个社会状况而言,少年儿童与青年作为社会中的一个特殊群体,其群体的独立性现象也非常普遍。另一方面,少年儿童与青年大群体中的少年儿童与青年小型群体,如女少年儿童与青年、学生少年儿童与青年、劳动少年儿童与青年、少年儿童与青年地域群体等也逐步增加。一般来说,少年儿童与青年组织对群体权益的维护功能,在统一性的少年儿童与青年大型组织及学生组织中较强,表现得较为充分,而基层性的小型少年儿童与青年社团的维护功能较弱。少年儿童与青年组织对群体权益的维护,实际上也是对自身整体利益的维护。因此,这种维护功能是十分重要的。在维护过程中,少年儿童与青年组织既是群体活动的公关者,又是群体要求的代言人,在社会各种协商中扮演重要的角色。

3. 维护权益的操作

少年儿童与青年组织无论是维护个别成员的利益还是维护群体成员的利益,都需要一定的基础和实力。维权的基础是"法",即少年儿童与青年组织所维护的是少年儿童与青年成员的合法权益,其操作是依法维护。"法"是少年儿童与青年组织维护功能的前提和基础。在具体的操作中,少年儿童与青年组织维护权益的能力主要来自以下几个方面:少年儿童与青年组织的社会地位,少年儿童与青年组织的公众形象,少年儿童与青年组织专门性领域的权威,少年儿童与青年组织诉诸大众舆论和借助政府及有关政治机构的权威力量等。这些能力的形成,需要少年儿童与青年组织平时的努力、长期的积累及善于抓住时机。没有一定的能力,少年儿童与青年组织的维护功能就很难发挥。

少年儿童与青年组织维护功能的实现,主要的操作形式有咨询服务、意见表达、对话协商、法律诉讼等。咨询服务是常见的维护操作,即在利益纠纷中,少年儿童与青年组织提供有关知识、经验及规则方面的咨询,以服务于具体的维护活动;意见表达就是将合理维护的意见,向有关方面作表述或转达;对话协商则是在前两条均行不通时,进行面对面的平等对话,协商解决少年儿童与青年的利益纠纷;法律手段是最后一种操作形式,一般很少用,只是严重损害了少年儿童与青年成员的权益时才运用,这是依法维护的具体行为。

三、参与社会的功能

参与社会是少年儿童与青年组织的一项重要社会功能。一方面,少年儿童与青年组织要实现满足少年儿童与青年发展需要和维护少年儿童与青年合法权益的功能,就必须与少年儿童与青年组织参与社会的功能有机地结合起来;另一方面,少年儿童与青年组织要进一步发挥对社会的影响和作用,就必须更好地运作参与社会的功能。

1. 参与社会的主要内容

广义的社会参与可以包含少年儿童与青年组织的各种活动,即包括对社会主义物质文明建设、政治文明建设和精神文明建设各领域各层次的参与。少年儿童与青年的本质,包含少年儿童与青年对社会的参与。少年儿童与青年组织使这种参与过程更为有序,也更有深入的可能性。少年儿童与青年组织的参与功能是普遍存在的。

狭义的社会参与主要是指少年儿童与青年组织对社会政治的参与。这种参与功能具体表现为少年儿童与青年组织的参政议政,这是少年儿童与青年对社会参与的集中体现。少年儿童与青年组织要代表少年儿童与青年的利益,要服务于少年儿童与青年的需要,就必须对社会政治生活进行有效地参与。没有这种功能,也就谈不上少年儿童与青年组织其他的广泛的社会参与的实效。

2. 参与社会的基本前提

少年儿童与青年组织对社会的参与,还要以少年儿童与青年组织成员对少年儿童与青年组织的参与为基本前提。一方面,没有成员对组织的参与,就难以实现组织对社会的参与。因为对少年儿童与青年来说,组织也是他们参与社会的一个特殊部分。另一方面,少年儿童与青年在政治社会化过程中,需要通过对组织的参与来培养对社会参与的素养。只有这样,少年儿童与青年组织的参与功能才有可能真正地体现出来。

3. 参与社会的主要方式

综观国内外少年儿童与青年组织的社会参与性活动及方式方法,其有效的途径主要有以下 10 个方面:

一是通过投票选举进行参与。这是一种最直接参与社会生活的方式。少年儿童与青年组织通过对少年儿童与青年投票者的组织,能集中地表达少年儿童与青年的主张,从而影响社会政治生活。

二是通过政府及执政党赋予的权力进行参与。在一些社会事务中,少年儿童与青年组织通过政府行政部门或政党组织赋予的权力,参与一定的管理活动。

三是通过法定制度进行参与。这是少年儿童与青年组织根据法律规定的条文及赋予的条件进行社会政治参与的方式。

四是通过有关代表资格及有关重要职务进行有效的参与。这是由少年儿童与青年组织领袖或成员所担任的社会立法、参政议政或行政职务方式进行的社会参与。

五是通过少年儿童与青年组织自己的报刊、出版物、网站等宣传舆论工具,表达组织的主张和少年儿童与青年的意愿。

六是通过影响社会舆论来达到少年儿童与青年组织参与社会的效果。还可利用其他的大众传播媒介。

七是通过合理化建议活动进行参与。不仅可以有生产和经济上的合理化建议,还可以有政治和文化生活方面的建议。

八是通过协商讨论进行参与。与有关方面的领导和其他社团协商讨论,也是一种有效的参与行为。

九是通过游行示威的方式进行参与。这在国外较多见,是一种比较激烈的参与方式。

十是通过发挥作用进行参与。通过少年儿童与青年组织本身及成员发挥作用,提高组织行为能力,造成有力的社会影响,从而起到无形的参与作用。

四、辅助党政工作的功能

沟通辅助的功能,也是少年儿童与青年组织的重要功能。这一功能以少年儿童与青年组织(包括少年儿童与青年组织的成员)为中介体,联结少年儿童与青年和社会的关系。少年儿童与青年主要包括少年儿童与青年组织成员在内的少年儿童与青年群众,社会主要指与少年儿童与青年组织关系密切的政党组织和政府部门。少年儿童与青年组织发挥这一功能,主要有沟通联系与辅助工作两个方面的内容及形式。

1. 沟通联系

人们常用桥梁、纽带等词语来比喻少年儿童与青年组织,实际上就是指少年儿童与青年组织所具有的沟通联系方面的功能。少年儿童与青年组织的成员要求和希望把他们的意见、想法转达给社会,同时也希望了解社会特别是政府领导方面的情况及对自己的要求和评价;政党、政府及有关方面也希望了解和掌握少年儿童与青年及其组织的状况及动态,并在指导管理方面提出相应的意见和要求。少年儿童与青年组织的沟通联系,就是自觉做好在这两者之间上传下达的工作。

2. 辅助工作

少年儿童与青年组织是党政工作的助手。这种助手工作有较多的具体行为,如完成党政方面交给的任务,执行党政方面提出的有关政策,协助党政方面做好对少年儿童与青年(包括非少年儿童与青年组织成员)的引导、管理及思想教育工作,协同党政方面开展有关的社会工作。尽管党政及其工作各有特点,但少年儿童与青年组织发挥辅助工作的功能是必须坚持的。

五、促进社会进步的功能

由于少年儿童与青年和少年儿童与青年组织的特殊性所决定,少年儿童与青年组织具有促进社会进步的特定功能。常言所说的"先锋作用"和"突击手"、"生力军"、"开拓者"等,就是这种功能的形象概括。良好的少年儿童与青年组织,必定能发挥组织成员和少年儿童与青年群众在经济建设中的先锋作用,在改革开放中的积极作用,在政治文明和精神文明建设中的带头作用。具体地看,少年儿童与青年组织促进社会进步的功能主要可以分解为以下几个方面。

1. 培养各种人才

培养各种人才是少年儿童与青年组织历史悠久的特殊性功能。如学生演唱队可能造就未来的歌唱家,现代企业家也有可能产生于某一"青年岗位能手"中。少年儿童与青年组织为社会培养了各种人才,提供了各类干部来源,故有"共产主义学校"和"后备军"之称。少年儿童与青年组织的这种功能,是少年儿童与青年组织教育作用和先锋作用的有机结合,也是少年儿童与青年组织社会化价值与创造性价值的综合体现。

2. 活跃文化生活

活跃文化生活是少年儿童与青年组织普遍具备的基本功能。无论是大型的少年儿童与青年组织还是小型的少年儿童与青年社团,都具有这种活跃少年儿童与青年文化生活的功能。闲暇是少年儿童与青年组织基本的活动时间,文化生活是少年儿童与青年生活的重要组成部分,而且大多数少年儿童与青年组织都不能缺少活跃少年儿童与青年文化生活这一环节。这一功能的正常发挥,还有益于整个社会的文化生活。

3. 推进经济建设

推进经济建设是长期存在并逐步演化的少年儿童与青年组织的功能。不少基层团组织在企业改革发展过程中,积极开展少年儿童与青年突击队(手)活动,并注意由原来的"直接型"、"体力型"向"间接型"、"智力型"转化。少年儿童与青年组织服务经济建设的功能是长期存在的,但形式和机制正在发生一定的变化。

4. 参加社区服务

参加社区服务也是少年儿童与青年组织正在迅速发展、不断完善的功能。在社区建设发展中,开展志愿服务和公益活动是少年儿童与青年组织的重要活动内容。在当今社会中,青年志愿者已成为一道亮丽的风景线,从小"学雷锋、做好事"的活动经久不衰。社区公益活动已成为少年儿童与青年组织发挥作用的重要形式。

5. 倡导社会新风

倡导社会新风既是少年儿童与青年组织促进社会进步功能的具体构成,又是上述诸方面活动的共有特色。因为少年儿童与青年最富有生气,最善于创造新的文明。满足需要、维护权益、参与社会、沟通辅助、促进社会进步是少年儿童与青年组织功能的主要方面。

良好的儿童青少年组织有正面的影响,然而欺诈、暴力等非法组织却对社会有很大的不良影响,广大儿童青少年应提高警惕,不参加各种名目的非法组织,不参加非法活动。

第四节 少年儿童与青年组织的培育

儿童青少年是特殊的群体,要满足他们的发展和需求,就要依托于儿童青少年组织,因此,对儿童青少年组织的培育相当重要。目前,就我国而言,对少年儿童与青年组织的培育主要通过组织并创新活动内容、重视儿童骨干和青年领袖培养、凸显组织宗旨和规则、尊重儿童青少年的个性发展和注重组织的情感培养等方面实现的。

一、组织并创新活动内容

乐于参加活动特别是群体活动是儿童青少年的天性,在生动有趣、丰富多样的活动中让儿童青少年得到启迪、受到教育、训练技能、愉快生活,这也是儿童青少年组织的基本工作特性。因此,儿童青少年组织要十分重视活动的设计和组织,而且特别强调活动能够针对不同年龄、不同身份对象的不同需求,从而更好地吸引儿童青少年到组织中来。

如全国青年联合会等组织特别注意通过论坛、培训、讨论、访问等方式让他们的成员有更广泛、更直接的沟通和交流,从而达到"通过教育培训、交换观点、分享经验来造就更好的领导人才"的目的;像童子军组织,特别注意针对少年儿童的身心特点,组织各种各样的户外活动,如远足、野餐、登山、寻访历史遗存等,而且都是通过团队活动的方式来进行,一方面是在协作、竞赛中增加大家的乐趣,另一方面也是一种集体意识、团队精神的培养。这些组织通过这些丰富多彩的活动,吸引了很多儿童青少年的参加,促进了儿童青少年的健康发展。

二、重视儿童骨干和青年领袖的培养

儿童骨干和青年领袖是儿童青年群体中的主流价值观念的体现者和提升者,同时,也是儿童青少年组织规则很好的践行者,他们以自己的良好素质和能力不断影响和感染着组织中的其他成员。所以,这些儿童骨干和青年领袖除了必须具备很强的组织管理能力、人际吸引力外,还必须具备政治素质、思想素质、文化素质、法律修养、心理素质等。儿童青少年组织也要特别注意培养少年儿童和青年社团骨干的能力和素质,以此努力提高少年儿童和青年社团的活动水准,改进社团的管理形态。同时,要注意培养少年儿童和青年参加社团的主动性,发挥他们的创造性。在积极引导下,大胆实践,充分发挥主人翁作用。

三、凸显组织宗旨和规则

大多数儿童青少年组织,尤其是比较有影响的组织都有十分明确的组织使命和规则,这种使命往往与整个国家、全社会所倡导的国家意识、主流价值观念、道德要求等相一致。这也是这些儿童青少年组织能够成为承担对儿童青少年进行社会教化责任,得到政府、社会关注和支持的一个重要原因。因此,儿童青少年组织的培育和发展过程中,一定要重视组织的宗旨和规则,并进行有效地运用。

第一,在儿童青少年的道德教化方面提出明确而具体的要求。如激发和鼓励儿童青少年能够成为有创造性、有责任感、有同情心的公民;做一个诚实的、忠诚的、乐于助人的、友好的、有礼貌的、孝顺的、节约的、勇敢的成员等。

第二,把学会生存、适应社会作为基本的组织目标。无论一个组织的终极目标是多么高远,但大多数的儿童青少年组织都以让儿童青少年获得最基本的生存技能,更好地与社会形成良性的互动作为工作的起点。

第三,良好的奖励惩罚制度。组织中还广泛地使用奖章机制,通过争取获得奖章的方式使少年儿童与青年在一种进度性的活动训练中,持续参与、逐步提高、不断有新的目标。同时,对一些不良行为进行制约和惩罚,不但锻炼了儿童青少年的纪律性,也可以很好地杜绝他们不良习气的形成。

四、尊重儿童青少年的个性发展

儿童青少年作为社会中的特殊群体,并不是单一一致的群体,儿童青少年群体成员之间的差异是非常大的,同时,儿童青少年群体自身也存在着非常复杂的结构。因此,儿童青少年组织要全面了解组织中的成员,不能简单地以公式化、刻板化的方式对待这些儿童青少年,要尊重他们的个性发展,以艺术化、科学化、区别化的方式去设计活动方案,重视儿童青少年自身关心的问题,从而提高儿童青少年的参与积极性和创造性,实现对儿童青少年个人的创造力、个性等品质的培养。

五、注重组织的情感培养

儿童青少年的组织情感是组织内在的制约力,是吸引组织成员对组织建立归属感、荣誉感和责任感的内在动力。积极和谐的组织情感可以使儿童青少年感受到团体的温暖,使他们获得安全感和被尊重的情感经历,这对于儿童青少年发展的意义特别重大。发展儿童青少年组织的情感氛围,需要从组织内部的互动着手,任何儿童青少年组织都不可能真正接受外在的强加的情感因素。

第一,组织的目标是凝聚儿童青少年的重要因素,一个经组织成员认可的目标不仅能引导儿童青少年的行为,而且会将其吸引在目标周围,增加组织的凝聚力。所以,社会工作者要重视儿童青少年组织目标的建设,特别要重视在目标形成过程中儿童青少年的参与。

第二,通过促进所有成员间的自由式沟通,实现儿童青少年广度、深度的互动,营造儿童青少年组织中相互吸引、在个性发展和情绪发展方面和谐的情感范围。

第三,有些组织还特别注意成员家庭的共同活动和参与,这不仅体现了更浓厚的人情味,增加了情趣,而且也使组织的活动得到成员家庭的理解和支持,使得组织更有凝聚力。

此外,加强对外交流,加强与其他国际儿童青年组织之间的互相沟通、互相借鉴和互相协助,都有助于儿童青少年建立跨地域的世界观,有助于组织的发展。

思考题

1. 什么是儿童组织,它有什么特征?

2. 结合青年组织的历史,说说青年组织的社会本质?

3. 青年组织有哪些类型?从社会工作角度应该怎样对待这些组织?

4. 以中国少年先锋队为例,说说儿童组织的功能,并对如何发挥好社会功能提出建议。

5. 结合工作现状,谈谈新时期共青团组织建设的改革与创新。

第七章

儿童青少年社会工作实务
——倡导性工作

倡导性工作是近年来在西方发达国家和中国港台地区社会工作领域中兴起的一种新的工作方式。倡导性的儿童青少年社会工作主要是政府、非政府组织以及个人基于儿童青少年发展，在社会政策完善、成长环境改善以及儿童青少年社会问题综合治理等方面做出的努力。儿童青少年倡导性工作的目标在于帮助儿童青少年提升社会功能，解决和预防有关发展问题的产生，满足其成长需求，最终促进社会公正和社会进步。而这个目标的实现，需要社会工作者坚持一定的价值观和伦理要求，按照社会工作通用过程模式，经过一个结构化的操作实施，才能完成。儿童青少年倡导性工作的主要内容包括：政策倡导、权利倡导、儿童青少年社区工作。目前，我国开展的儿童青少年倡导性社会工作主要侧重在宏观内容方面。

第一节　儿童青少年倡导性工作概述

儿童青少年倡导性工作就是以儿童青少年为对象的倡导工作，内容主要包括推动有关儿童青少年的立法、在儿童青少年问题上为政府提供资讯和建议、促进儿童青少年的健康、教育，推动儿童青少年社会参与，保护儿童青少年权益等。在倡导性工作中，倡导者是社会工作者，案主是儿童青少年，对象是所需要施加影响和谋求改变的系统，资源系统就是人在社会生活和社会网络中能够取得物质和精神支持的社会系统，通过儿童青少年社会工作者扮演代理者、协助者、增权者、媒介的角色，以实现促进儿童青少年健康发展的目标。另外，社会工作者需要遵守利益最大化、平等、主体性、社会责任的原则，坚持基本的伦理规范要求，只有这样，才能最大程度地为儿童青少年服务。

一、儿童青少年倡导性工作的内涵

倡导在我们的语境中主要是首倡、带头提倡的意思，就是积极地支持某项事业，并尝试取得他人的支持，号召大家朝着既定的方向努力，与倡议、提倡大体一致。但作为一个社会工作领域的专业概念,"倡导"和"倡导工作"具有其特定的内涵。

(一)倡导工作的含义

在国外"倡导"对应于英文"Advocacy"一词。Advocacy 有辩护、拥护、提倡等含义;从事这项工作的人称为"Advocate",有辩护者、律师、倡导者等含义。简单地说,倡导工作就是代人发言,保障当事人的利益,主要是政治和法律领域的概念。法律服务相关的倡导工作,就是指律师或法律顾问在法庭上代表委托人的利益,代为提出主张并保护其权利;政治领域的倡导工作是指政治精英提出某些政策主张或者具体的某项事业,通过获取人们的支持来推行;也可以是利益集团(interest group)通过影响决策者(decision-maker)来制定或修改某项具体政策。所以说倡导工作自古以来就已经存在,只不过是不同时代有不同形式的倡导方法,从封建社会的谏官,到现代社会的政治家、律师、社会规划师、社会工作者等,都在某些社会场合中担当起辩士的角色,为案主搜集证据、进行辩护,使裁判者能够做出公正的裁决,使案主得到公正的对待。

20 世纪 60 年代在英美等西方国家倡导概念被引入社会工作领域,尽管人们在实践中大量使用这一概念,但对其具体含义、工作方式方法等并没有形成统一的认识。多数人都从其语源意义上强调倡导就是赞成、拥护、支持某项建议、某项事业,或者是使别人的需要得到满足。在这种情况下,倡导者就是其案主的支持者、顾问、拥护者,是案主在处理同法庭、警察以及其他社会服务机构、社会组织相关事务时的代表,倡导者几乎扮演了社会工作者所扮演的绝大部分角色。

概而言之,倡导工作就是社会工作者与案主一起或作为他们的代表抵制或者增进一个有目的的行为、决策、事业,来影响那些处于优势地位的人形成更加合理的观念,采取更加公平、公正的行为方式,以达到为案主争取权益的目的,并通过改进社会政策、社会规范、社会制度来保护和促进这些权益。

(二)儿童青少年倡导工作的内涵

儿童青少年倡导工作简单来讲,就是以儿童青少年为对象的倡导工作,内容主要包括推动有关儿童青少年的立法、在儿童青少年问题上为政府提供资讯和建议、促进儿童青少年的健康、推动儿童青少年教育、监督和维护儿童青少年健康成长的社会环境、为儿童青少年创造娱乐休闲的各种条件、促进家庭建设、推动儿童青少年发展、推动儿童青少年的社会参与、保护儿童青少年权益、面向全社会代表、宣传儿童青少年等。深入了解儿童青少年倡导工作概念,还必须从两个方面了解其基本内涵。

第一,儿童青少年倡导工作的前提是儿童青少年的弱势地位。

在社会发展过程中,一部分人由于种种条件制约,其基本权利难以得到切实的维护,其生存和发展遭遇障碍,其观点与主张无法正常表达出来,总体上处于一种弱势地位。儿童青少年倡导工作的逻辑前提正是儿童青少年的弱势地位，需要用外部力量来帮助他们主张其权利、表达其观点、提出其诉求。弱势儿童青少年可以从两个层面上理解，就儿童青少年总体而言，由于其处于人生发展的特殊阶段，在身体、心理、知识、技能以及社会资源等方面同成年人相比处于弱势地位；此外，在儿童青少年群体内部，由于残疾、贫困、失依等原因使部分个体与其他同龄人相比，处于弱势地位。

第二，强调增强儿童青少年自身权能，激发儿童青少年自我发展、自我成长的潜能。

社会工作的出发点和目的一直包含有两个方面的指向，一个是社会功能的指向，一个是以人为本的功能指向。儿童青少年倡导工作从实际操作角度看，也同样会有两种出发点和两种工作指向。偏重于社会功能取向，就会更多地重视社会对于儿童青少年群体的要求、规范，倡导他们积极适应社会规范的要求，强调其对社会的归属及儿童的共性；偏重于以儿童青少年为本的取向，就会更为重视儿童青少年自身的发展、重视其个别化和个性化。这两种取向是一种辩证的统一，从儿童青少年倡导工作的价值诉求出发，其根本目的是激发儿童青少年的自我发展、自我成长的潜能，通过对儿童青少年生活环境的改善、对儿童青少年权益和身心的保护、对儿童青少年科学的研究、推动有利于儿童青少年的社会政策制定、执行等多种形式，增强儿童青少年福利，促进儿童青少年全面健康地发展。

二、儿童青少年倡导工作过程的基本要素

儿童青少年倡导工作过程中，有一些基本的构成要素，它们是：倡导者、案主、对象系统和资源系统。

（一）倡导者（Advocate）

倡导者就是在儿童青少年倡导工作中代表儿童青少年权益，帮助他们提高解决问题的能力，获取所需资源，促使相关社会政策改变的社会工作者。广义上的倡导者是一种角色，不仅包含从事具体工作的社会工作者个体，还包含承担了相关责任的组织、机构、社区、团体等，它们以集体或法人的名义代表和维护儿童青少年，在我国，共青团、妇联等社会团体以及其他一些以促进儿童青少年发展的非营利性组织都是儿童青少年的倡导者。

倡导者有正式和非正式之分。正式的倡导者指以儿童青少年倡导工作为主要目标的组织及其工作人员，这些工作人员要求具有相关专业教育背景，以其专业知识和技巧为儿童青少年提供服务。例如英国在有关儿童收养的相关政策中，明确要求地方政府为儿童提供倡导服务，并且这些服务要独立于对被收养儿童负有法定义务的组织。非正式的倡导者范围广泛，可以是父母、亲戚、社工、志

愿者、老师、朋友，甚至是其同龄人。

（二）案主（Client）

案主，也称为当事人、受助者，就是指儿童青少年倡导工作的服务对象，即儿童青少年。案主可以是具体的某个儿童或青少年个体，也可以是儿童青少年群体、组织等。案主可以分为不同的类型，按照是否主动提出服务要求，可以分为"主动的案主"和"外展的案主"。主动的案主，是指儿童青少年自己意识到某些需要没有得到满足或者某些权利受到侵害，从而主动提出或者求助倡导者代其提出主张、要求；外展的案主是指倡导者通过研究或者通过主动接触，发现社会上存在的忽视、侵害儿童青少年权益的现象，而儿童青少年自身由于认识水平等的制约对此还没有意识到，或者没有合适的途径表达出来，此时倡导者主动开展倡导工作，为之进行相关服务。

（三）对象系统（Target）

对象系统是指为了达到儿童青少年倡导工作的目标，所需要施加影响和谋求改变的系统。在社会工作领域，一般来讲案主就是社会工作的目标，社会工作主要是帮助案主提高参与社会的能力。

当儿童青少年对自身的需要和权利没有明确的认识，或者是自身存在一些不利于儿童青少年健康发展的思想、观念和行为时，倡导工作需要帮助儿童青少年"觉醒"，对自己的权利、需求形成正确认识，这时倡导工作的案主系统和目标系统是相同的。但更多的情况下，在儿童青少年倡导工作中，需要将儿童青少年生活环境中的相关人、相关系统和政策作为目标，通过对之施加影响进行改变，最终达到保护儿童青少年权益、服务其发展的目的。

儿童青少年在社会中处于什么样的地位、享有什么样的权利主要是由整个社会，特别是成年人对儿童青少年的认识、观念体现出来的，而其权利的赋予、权利的保护主要是由各种儿童青少年政策来规定和体现的。所以儿童青少年倡导工作的两个最主要的对象就是儿童观、青少年观的形成和儿童青少年政策的制定、执行，在具体工作过程中，将会落实到对儿童青少年持有特定观念（如歧视儿童）、特定行为（虐待儿童）的人，以及决策者、立法者。

（四）资源系统

资源系统就是人在社会生活和社会网络中能够取得物质和精神支持的社会系统。按照平克斯和米纳汉的划分，人们的社会资源系统可以划分为三类：第一，非正式的或自然的资源系统，主要包括家庭、朋友、邻居、同事、亲戚，能够提供物质与精神的帮助，同时还能提供具体的服务和资源。第二，正式资源系统，包括党派、专业团体、群众组织及各种协会等。这些组织直接向成员提供资源，并帮助他们与各种社会系统打交道。第三，社会性资源系统，是为适应社会公共生活与活动建立起来的满足人们短期或特别需要的机构，是人们社会生活的重要支持系统，包括学校、医院、各种社会服务机构、派出所等。

在儿童青少年倡导工作中，要区分两个资源系统。一个是儿童青少年的资源系统，儿童青少年处于弱势地位主要是由于缺乏相应的资源造成的，这种缺乏包括儿童青少年在社会系统中没有权利拥有某些社会资源，或者说有权利享有但因为自己没有认识到和其他一些原因而没有或无法使用相应资源。儿童青少年的资源系统恰恰是倡导工作的主要目标所在。另一个是倡导者的资源系统，倡导者通过运用资源系统对目标系统施加影响达到工作目标。倡导工作的资源系统是指倡导者的资源系统。倡导工作的资源有现实和潜在的区别，在工作中实际接触的，已经使用的社会资源为现实资源；可能发生联系的，进一步工作可能需要使用的资源称为潜在资源。

（五）倡导者与案主的关系

倡导者与案主之间的关系是儿童青少年倡导工作的核心关系。在实际工作中，这种关系体现为倡导者所承担的不同角色，并且会因实际工作情况发生相应的变化，具体呈现为：

（1）代理者、代表者：倡导者代表儿童青少年，为他们说话，表明态度、立场等，这是倡导者与儿童青少年之间最基础的关系；

（2）带动者、协助者：倡导者带动儿童青少年，同他们一起参与利益攸关的问题决策、解决、协商之中；

（3）增权者：倡导者不再参与具体问题的解决，而是通过提高儿童青少年对自身权利的认识，增强其社会参与、政治参与等方面的能力，促使儿童青少年能够自主开展维护自身利益的行动；

（4）媒介：倡导者作为儿童青少年之间，儿童青少年与其资源系统之间，或者是儿童青少年与决策者之间联系、沟通的媒介、纽带。

三、儿童青少年倡导工作目标

发展是儿童青少年的本质特征，促进儿童青少年健康发展是儿童青少年倡导社会工作的核心任务和根本目标。

儿童青少年的发展是个十分复杂的过程，包含生理、认知、人格和社会性的发展等几个不同的方面，每一类发展会影响其他方面的发展。其中生理发展往往是显性的，可以看得见的，而心理的发展、社会性的发展往往是潜移默化的，是不易被觉察的。成人社会容易过多关注儿童青少年生理发展，而忽略其社会、心理等方面的变化。对每一个儿童青少年个人来说，发展都意味着个体功能的不断增加，适应社会的能力不断增强。但同时我们也看到，儿童青少年在发展过程中可能会遇到各种各样不同的问题，个人的发展随时会受到各种不同因素的影响而发生障碍，甚至有畸形发展的可能。

倡导工作通过仔细研究儿童青少年成长发展的规律、向成年人和社会表达儿童青少年发展的需求、在全社会宣传儿童青少年所具有的价值和特殊地位，提高人们对儿童青少年的重视，改善儿童青少年成长的自然环境、社会环境和政策环境，努力减少儿童青少年成长的障碍，实现其健康全面发展，这是儿童青少年倡导工作的价值追求所在。

倡导工作尽管将儿童青少年发展作为其根本目标，但同一般的发展性儿童青少年工作有很大的区别。其工作的焦点和重点并不放在儿童青少年某项具体能力发展上，而是通过影响对儿童青少年发展有积极或消极作用的因素，为具体的发展性工作提供支持，从整个社会系统的角度，从更深层次上解决儿童青少年发展问题。在具体活动过程中，儿童青少年倡导工作同儿童青少年发展性工作往往交织在一起，前者着眼点放在影响儿童青少年成长的社会环境、资源系统上，而后者重点在于儿童青少年自身的能力培养、能力建设。

四、儿童青少年倡导工作准则

儿童青少年倡导工作在实践中必须遵守一系列的准则，其中既有价值取向上的基本原则，也有具体实践中的操作规范和伦理要求。

（一）儿童青少年倡导工作基本原则

1. 最大利益原则

这一原则最早由 1959 年《儿童权利宣言》提出，在 1989 年《联合国儿童权利公约》中正式确定为保护儿童权利的一项国际性指导原则。《公约》第 3 条第 1 款明确规定："关于儿童的一切行动，不论是由公私社会福利机构、法院、行政当局或立法机构执行，均应以儿童的最大利益为一种首要考虑。"强调要最大限度地保全儿童的生存及发展，涉及儿童的一切工作，都必须以儿童的最大利益为出发点，要充分考虑涉及儿童青少年利益的相关因素，并为之权衡。同时，涉及儿童切身利益的问题，要听取儿童的意见。

尽管对于最高利益原则的内涵还没有确切的界定，但这并不影响其在具体司法实践中的应用。例如英国 1989 年《儿童法》中规定，法院在离婚诉讼中是否签发（离婚）指令以及签发的方式，必须首先考虑涉及未成年子女利益的具体因素：可以确知的儿童的意愿及情感（要考虑其年龄与认知能力）；该儿童的物质、精神以及教育所需；环境改变可能造成的影响；年龄、性别、背景以及法院认为相关的其他特质；儿童已经或者可能遇到的伤害；父、母一方以及法院认为与此相关的其他人的满足该儿童需要的能力。

2. 平等原则

平等原则也称无歧视原则，是指各种法律规定和社会政策应面向全体儿童青少年，而不应因其本人或其父母的种族、肤色、性别、语言、宗教、出身、财产、伤残、居住地域、居住期限等因素的限制受到任何歧视,他们所享有的一切权利也不应因其父母、监护人和家庭成员的身份、活动信仰和观点而受到任何影响。不能保护一部分儿童青少年的权利而忽视或排斥另一部分儿童青少年的权利。

平等原则还强调儿童青少年作为人,无异于成年人,与成年人平等享有相同的价值,儿童青少年与成年人之间具有平等权利。儿童青少年倡导工作在实践中一方面要将平等原则作为基本的工作准则,视儿童青少年具有平等地位、具有平等价值,并且对儿童青少年一视同仁;另一方面倡导工作要将平等原则作为基本的工作目标之一,在全社会倡导儿童青少年具有的平等价值和平等权利。

3. 主体性原则

主体性原则要求尊重儿童青少年价值,儿童青少年有本身特殊的价值,儿童青少年的一切行为和活动不是单纯为其长大成人提供的训练,而是享有自己的权利,包括游戏的权利。也就是说,儿童有自己的需求,对这种需求,我们必须保证绝对的尊重。

主体性原则还要求儿童青少年有自主的权利。自主(autonomy)是以自决和自由为基础的。它意味着每个人应有选择自己生活的权利。例如增权的概念就是建立在自主原则上的,它意味着一个人在生活旅程中抓住机会,有自我决定的权利和控制能力。作为一个例子,流产争议中赞成流产的倡导者倡导自主,认为这是妇女的一种选择权利。这种立场与一系列主张流产是伤风败俗的宗教原则相冲突,后者主张必须考虑未出生儿童的权利。尽管自主可能被理解为是个人主义的,因此更多地直接与实务工作相联系,只有参与到激烈争论中的人们才能认识到其中的伦理两难。

4. 社会责任原则

儿童青少年的不利处境固然是由多方面的原因造成的,既有社会的原因,也有家庭的原因、个人的原因;既有可能是先天原因造成的,也可能是由于后天的原因所造成。但无论是哪种或哪些原因,社会的原因应是主要的。即便是那些明显看起来是由于个人或家庭原因造成的弱势群体,如贫穷、先天残疾,这些儿童的弱势处境,社会的责任也是基本的、主要的,因为如果社会能够对他们采取特殊的保护,其弱势处境及由此而导致的心理压力就会大为缓解。倡导工作强调社会责任原则,将使国家和政府更加自觉地将完善相关社会政策视为自己义不容辞的责任。

(二) 倡导工作实践的操作准则

在儿童青少年倡导工作的实践中,需要将基本价值观和基本原则化为具体的操作原则,同时在实践过程中,还有一些具体的伦理规范要求,这些要求主要有:

(1) 倡导工作的开展要充分考虑案主(儿童青少年)的意愿,除个别情况下,倡导工作需要经过案主的同意方可进行。

(2) 倡导工作要尊重儿童青少年表达观点、思想的能力,绝不能从倡导者自己的角度出发考虑、假定案主的感受,不能怀疑和假想案主表达观点、思想的能力和权利,要留心不能强加给案主某种观点或论调。

(3) 倡导者需要为儿童青少年提供全部相关的信息和支持以帮助其充分理解某信息并做决定;要视青少年儿童的理解能力尽可能将工作中的一切信息和一些行动告知案主。

(4) 倡导工作要保证在工作过程中,以及在有关儿童青少年的决策过程中,认真听取案主的声音和愿望、正确理解并进行相关的备案和记录。

(5) 倡导工作要做好宣传,以便广大儿童青少年能广泛地接受,有关信息要在儿童青少年经常活动的场所,以他们喜闻乐见的形式来进行宣传,包括将各种宣传品做成儿童青少年易于接受的形式,比如说录音带、影碟等。

(6) 倡导工作要充分考虑使用的便利性,在儿童青少年方便的时间和地点来开展工作,除专门的社会工作机构外,还要促进学校、社区等相关机构来共同提供服务,保障倡导工作的覆盖率和有效性。

(7) 倡导工作要将案主的利益放在首位来考虑,倡导工作者不应有除所代表的案主利益外的特殊利益考量,不应受到第三方利益的影响和压力而损害案主的利益。

(8) 倡导工作要为案主保密,尤其是在个案倡导中。

第二节　儿童青少年倡导工作过程

儿童青少年倡导工作的目标在于帮助儿童青少年提升社会功能,解决和预防有关发展问题的产生,满足其成长需求,最终促进社会公正和社会进步。而这个目标的实现,需要经过一个结构化的操作实施,需要通过一系列有计划、有步骤的阶段。因此,儿童青少年倡导工作必然是一个井然有序的过程。

根据社会工作通用过程模式(general process model),儿童青少年倡导工作可以划分为五个阶段,即将整个流程划分为识别问题、研究和分析问题、计划、介入、评估总结。五个阶段之间有时会有重合,并且会随着具体问题的急迫性、复杂性,以及倡导方式的不同而有不同的变化。

一、识别问题阶段

这一阶段倡导者就儿童青少年遇到的问题进行初步评估,确定是否适合进行倡导性工作,以及倡导性工作在整个问题解决过程中应该处于怎样的地位,进而同儿童青少年案主建立良好的服务关系,以便为后面几个阶段奠定基础。主

要工作有:

1. 接触案主

儿童青少年倡导工作中,由于案主在认识、能力等方面存在特殊性,往往自愿性案主和主动性案主比较少,需要社会工作者在工作中发现,并主动同案主进行接触、沟通。通过接触使案主了解倡导工作的目的与作用,并决定是否进行倡导工作。在一些以儿童青少年总体和儿童青少年群体为案主的倡导工作中,需要倡导者自己对问题进行分析和把握,并决定是否继续开展。

2. 初步评估问题

初步评估的任务主要是要界定并确认案主的问题。如果案主的需要与所提供的服务之间相互匹配,有能力、有资源满足案主的需要、解决案主的问题,那么,工作者与案主就可以进入下一阶段,继续为案主提供服务。如果不能满足案主的需要,工作者要做出中止服务或转介的决定。初评需要围绕以下方面进行:案主为什么寻求帮助?案主希望从与社会工作者的接触中获得什么?案主希望产生什么后果?

3. 确立关系

对儿童青少年案主的问题有初步了解之后,倡导者同案主要通过沟通澄清双方对对方的角色期望,使双方有一致的目标,从而明确各自在倡导工作过程中扮演的角色,建立稳定的工作关系。与此同时,倡导者还应该基于助人、关爱的立场同儿童青少年案主建立一种有意义的感情连接,这样,一方面可以使案主更加愿意接受工作者的协助,另一方面也可以激发倡导者的工作动机。同情心、尊重、亲切感、真诚等要素有助于这种关系的建立。

二、研究和分析问题阶段

研究和分析问题阶段是清楚而又具体地了解案主的问题和需要的时期,它的工作成果将成为今后工作、行动的依据。

(一) 本阶段主要任务

(1) 识别、发现受助者问题的客观因素,包括受助者的背景资料、资源系统、问题存在的时间及曾经使用过的解决方法等;

(2) 识别、发现受助者问题的主观因素,即受助者对问题的主观实际感受;

(3) 识别、发现造成和延续受助者问题的因素;

(4) 识别、发现受助者及其生存环境中的积极因素,包括受助者自身及其所处环境的积极的方面和优势、受助者自身及其环境中的资源、受助者的动机与能力等;

(5) 决定适合受助者的服务类型,通过评估可以提出解决问题的建议。

（二）研究和分析的主要步骤

（1）收集资料，包括：第一，有关案主个人方面的资料，如案主的基本资料、案主的问题及其成因的资料、案主的问题和障碍；第二，有关环境（即案主生活中重要的社会系统、环境）的资料；第三，有关案主与环境的相互作用的资料。

（2）分析和解释资料，将整体分解为部分，以发现整体的性质、目的或作用；解释资料是努力阐明某事物的含义或使之更容易理解，以更好地了解案主的处境。

（3）认定案主的问题，以下几方面可以帮助社会工作者较好地来认定案主的问题：案主的问题是什么？问题的成因是什么？改变案主境况要做什么？

三、计划阶段

计划是在研究和分析问题的基础上制定儿童青少年倡导工作目标和计划，以明确的方式与案主取得共识，明确工作者和案主同意的目标和责任。所制定的计划应该以正式表单的形式呈现出来。

计划的内容主要包括：

1. 目的和目标

所谓目的，是期望在介入的最终阶段总体上要达到的较为笼统的、长远的方向和结果；而目标是较为具体的、近期的结果和指标。一个个目标实现了，也就达到了目的。制定的目的和目标应该是：第一，对案主而言是清楚、明白、易懂的；第二，现实可行的；第三，详细、具体而不空泛，太空泛的目标是无法实现的；第四，有完成任务的时间限制；第五，与案主的能力、机构的功能相一致。

2. 关注对象

这里的关注对象，即儿童青少年倡导工作要加以改变的系统。由于具体情况不同，工作的目标不同，对象也是不同的：第一，当案主的问题成因归结为个人，或者案主改变其选择时，可以以个人为关注对象。例如存在社交障碍的青年希望改变现状时，应以该青年为关注对象。第二，当案主的问题主要与家庭有关时，可以选择家庭为关注对象。例如某小学生经常逃学的原因是与其父母关系紧张，担心自己上学期间父母离婚，这时可以将其家庭作为关注对象。第三，当事实表明群体对个人有极大影响或面对类似问题困扰的群体时，可以选择群体为关注对象或工作焦点。例如失学儿童面临相似的经济问题、心理问题、教育问题，就可以将群体作为关注的对象。第四，虽然组织、机构的存在是为满足人的需要，但有时组织的政策、结构或工作不能满足服务对象的需要，这时组织便成为关注的对象。例如某些地方的共青团组织工作开展不利，无法满足当地儿童青少年在成长方面的需求,这时该团组织就成为倡导工作的关注对象。第五,当社区的资源、服务出现问题,不能满足儿童青少年的需要时,社区也会成为关注对象。例如在大部分农村地区,由于公共设施建设不足,很少有独立、集中的儿童青少年活动场所,如青少年之家等,这时农村公共福利设施的建设和环境的改善就成为儿童青少年倡导工作关注的重要对象。

3. 介入的策略

所谓介入的策略,包括:解决问题使用的方法、技巧;为实现计划的目的和目标,工作者要承担的角色、需完成的任务;案主要承担的任务。这是与案主的动机和能力(包括生理、心理和情感能力)相适合的任务。

四、介入阶段

工作介入阶段,也称行动阶段、执行阶段或改变阶段。这是倡导者运用专业知识、方法和技巧,协助案主按照前一阶段达成的社会服务计划、合约开展工作和采取行动的阶段,是倡导工作实现阶段。

儿童青少年倡导工作在介入时有两个重要的方向。

(一)协助案主一起行动

这个方向的具体策略包括:

(1)帮助儿童青少年案主认识和运用现有资源。大多数案主的问题是与案主缺乏所需资源相关的,在这种情况下,使案主能运用现有资源就成为恰当的介入策略。

(2)对案主进行危机干预、危机调适。当案主处于危机状态中,帮助其尽量将危机的时间缩短、减轻危机的严重影响的危机干预是最有效地介入策略。

(3)运用活动帮助案主。通过活动可以更好地帮助不善于语言表达的案主,可以帮助案主增强自信、发展能力。

(二)代表案主采取行动

这个方向的主要策略包括:

(1)争取有影响力的人士参与工作,共同为实现倡导目标而努力;

(2)协调各种服务资源与系统,将它们连接起来,以达到服务的目标;

(3)发展、创新资源,满足案主的需要;

(4)改变案主所处的环境,从而达到服务的目标;

(5)改变组织与机构,以更好地为案主服务;

(6)集体倡导。通过倡导为案主争取所需的资源,改变社会不公正的现象,促进社会公平、公正。

五、评估总结

评估总结的内容主要有：第一，制定的目的、目标是否恰当，是否有效地达到预期目标。第二，工作方法和技巧是否运用得当。第三，工作者的角色和任务完成情况。

在评估总结的过程中，一项重要的内容是帮助儿童青少年案主巩固已有的改变，倡导工作一方面要帮助儿童青少年解决面临的实际问题，同时还要提高其自助能力。工作者可以通过以下过程帮助案主巩固已有的成果：第一，帮助案主回顾工作过程。这可以进一步帮助案主学会如何解决问题。第二，强调案主已经取得的成绩。这样可以进一步增强案主的自信。第三，有必要假设一些问题，同案主讨论解决方法，并给予必要的指导。第四，进一步从政策、服务机制、儿童青少年工作价值方法等方面不断检讨，为儿童青少年提供科学发展提供保证。

第三节 儿童青少年倡导工作内容

儿童青少年倡导工作的内容是儿童青少年倡导工作过程的一个基本要素，是儿童青少年倡导工作目标的具体化，直接关系到其目标的实现和任务的完成情况。总体而言，儿童青少年倡导工作的主要内容包括：政策倡导、权利倡导、儿童青少年社区工作。其中，政策倡导是指倡导国家和政府制定保护儿童青少年的法律、条例等；权利倡导是促进儿童青少年满足生存、受保护、发展以及参与的权利；儿童青少年社区工作是指调动包括儿童青少年在内的社区居民参与为重点，以营造社区内儿童青少年健康成长发展环境和引导儿童青少年在力所能及范围内与社会形成互动为工作对象，动员一切社会资源，服务于儿童青少年，促进社区健全发展。

一、儿童青少年社会政策倡导

国家和政府为了保护儿童青少年群体、解决相应的社会问题，以实现公正、福利等特定的社会目标，制定了一系列法律、条例、措施和办法，这些社会政策在儿童青少年的社会保护中发挥了至关重要的作用。在市场经济条件下，通过国家和政府的力量，运用社会政策对国民收入再分配，是保障儿童青少年基本权利的基本途径，也是最重要的手段。因此在倡导工作实践中，最突出的内容往往集中于特定社会政策的制定、执行和改进，倡导者通过各种方法，将案主（儿童青少年）的主张传达给决策者，并促进政策的变化。

联合国为代表的国际社会一直以来都是儿童青少年社会政策的积极倡导

者,1979年,联合国大会通过第34/151号决议,把1985年定为"国际青年年"。1985年,国际青年年在全世界各国和地区开展,其主题是:参与、发展、和平。联合国发起的这一集体行动,号召各会员国为青年人口广泛地参与社会政治和经济生活、促进青年发展和青年间的和平相处而努力。此后十年间,《世界人权宣言》、《公民及政治权利国际公约》、《发展权利宣言》、《儿童权利公约》等文本以及"儿童问题世界首脑会议"、"国际人口与发展会议"等国际会议都不同程度涉及儿童青少年处境及其政策内容。1996年3月13日,联合国大会第50届会议,正式以大会第50/81号决议的形式,通过了《到2000年及其后世界青年行动纲领》,标志着关于儿童青少年明确而具体的国际政策正式出台。在这些倡导与推动下,各个国家和地区,尤其是一些新兴工业化国家和地区积极推进各自儿童青少年政策发展。

目前以政府政策方式,特别是以有关福利服务的政策应对儿童青少年问题已经成为一种国际性潮流,这些政策的基本立场是:通过向儿童青少年提供各方面的广泛福利服务,包括教育、就业、环境、健康、经济安全、特殊群体照顾与服务等方面,来促进他们更充分地参与社会、分享社会进步成果,并为社会政治经济发展贡献潜能。

由于社会政策直接影响到社会资源的分配,对儿童青少年的权益有直接具体的影响,因此推动包括儿童青少年社会保障和社会福利政策、儿童青少年教育政策、青年劳动就业政策、儿童青少年健康政策、儿童青少年司法保护政策在内的儿童青少年政策体系的发展成为儿童青少年倡导工作最重要、最紧迫的内容。

二、儿童青少年权利倡导

儿童青少年权利的保护是倡导工作实践中最重要的内容。1989年《联合国儿童权利公约》是一项关于儿童青少年权利保护的倡导性规定,其中确立的一些基本原则和精神被许多签约国融入立法当中。最具代表性的英国在1989年即结合公约内容制定了《儿童法》,以指导整个儿童保护的立法和司法实践,在破裂家庭儿童保护的司法实践方面进行了详细的规定和有益的探索。2002年的《儿童抚养法》中还特别规定了地方当局应该为破裂家庭儿童提供倡导服务(Advocacy Service),英国卫生部为此还出台了儿童倡导服务的国家标准(National Standard for children's advocacy service)用以规范地方当局的倡导服务。

儿童青少年的权利包括生存的权利、受保护的权利、发展的权利以及参与的权利。这些权利是儿童青少年权利倡导的基本方面。

生存的权利。儿童青少年享有生存的权利,不仅指他们有要求自己的生命存活的权利,而且还包括该生命存在所必需的最基本生活保障的权利,如食物、居所等。

受保护的权利。对儿童青少年特殊价值的尊重,包括保护儿童青少年免受歧视、剥削、酷刑、虐待或疏忽照料。

发展的权利。儿童青少年拥有充分发展其全部体能和智能的权利,包括有权接受一切形式的教育(正规和非正规的教育),有权享有促进其身体、心理、精神、道德和社会发展的生活条件。

参与的权利。儿童青少年有参与社会生活的权利,有权对影响他们的一切事项发表自己的意见。一般认为,他们的此项权利最易受到侵害。

权利的维护和促进不仅是儿童青少年倡导工作的核心内容,而且是其主要目标。正如前文所述,儿童青少年倡导工作的出发点在于增进儿童青少年自身权利和能力的建设,倡导工作不仅是要通过倡导者将儿童青少年的需求表达出来,更主要的是通过这些服务与工作,提高儿童青少年对自身权利的关注与认识,提高其表达诉求、提出主张的能力与信心,了解和正确运用表达主张、争取权利的合理途径和渠道。

三、儿童青少年社区工作

家庭、学校、社区、社会文化等社会环境对儿童青少年的健康成长具有非常重要的作用,提倡和发展儿童青少年成长环境中的积极因素,剔除其中不利因素,为儿童青少年营造健康的成长环境,是儿童青少年倡导工作的根本性内容。

社区工作与个案工作、团体工作一起并称社会工作的三大方法,但它与后两者不同,社区工作不直接解决个人与家庭的社会问题,而是以整个社区为工作对象,通过社区组织与社区发展来解决社会问题。因此社区工作属于倡导性工作范畴。

(一) 儿童青少年社区工作的含义

儿童青少年社区工作以调动包括儿童青少年在内的社区居民参与为重点,以营造社区内儿童青少年健康成长发展环境和引导儿童青少年在力所能及范围内与社会形成互动为工作对象,动员一切社会资源,服务于儿童青少年,促进社区健全发展。

我们可以从三个方面去理解它的内在含义:

第一,是社会工作的一种介入手段。它表明了一种工作模式,即在调查研究社区需要的基础上,通过动员社区资源,争取外力协助,培养社区居民,包括儿童青少年对社区的归属感和认同感,以及民主参与意识和能力等方式,改善儿童青少年的生活质量,解决儿童青少年发展中的问题,最终提高社会发展水平。

第二,是综合社会建设的一种方式。儿童青少年社区工作是一种综合性的社会建设,是通过对社区内居民的发动,通过居民自助的力量,来达到为儿童青少年创建一个安全、美好的生存环境的目的,其最终的结果,是对于社会的整体发展和建设的促进。

第三,蕴涵着一种理念。儿童青少年社区工作鼓吹的是一种现代社会理念,即自助、互助和自决的精神,主要通过自身的努力,而不是完全依赖政府、社会,来解决包括儿童青少年发展等社会性问题。同时儿童青少年社区工作还传递着另一个重要的现代观念——儿童青少年权利观念。

(二) 儿童青少年社区工作的目标

儿童青少年社区工作首先是以儿童青少年的发展为工作目标。以儿童青少年的发展为中心,不仅强调了在物质建设和精神建设二者之间的比重问题,而且回答了儿童青少年社区工作中,社区里成人利益与儿童青少年利益孰重孰轻的问题,是儿童青少年社区工作最重要的原则立场。

儿童青少年社区工作计划的制定一定要以儿童青少年具体的生活情景为依据,要从实际出发来通盘考虑问题,而不是千篇一律地按照固定的模式来解决问题。不同社区的儿童青少年的处境是不同的,他们的问题、需求和改变途径也是不相同的。

组织、教育、服务是儿童青少年社区工作的一个根本原则。这一原则表现在两个方面,一是将社区居民组织起来,采取共同行动,为社区里的儿童青少年提供服务;二是将社区里的儿童青少年组织起来,参与社区发展,和成人一道建设一个进步的、协调发展的社区。

积极促进儿童青少年的全面参与是儿童青少年社区工作的一个最关键的原则。根据这个原则,社会工作者要发动社区里的儿童青少年积极参与社区事务,通过力所能及地参与社区组织的各种事务,培养儿童青少年对于社区的归属感、荣誉感和责任感,培养儿童青少年的社会能力,并在改变社区总体综合环境的同时成长发展自我。

(三) 儿童青少年社区工作过程

社区工作作为一项成熟的社会工作方法,在实践中形成了比较成型的工作程序。儿童青少年社区工作过程既符合儿童青少年倡导工作的一般程序,在具体操作中又有其独特技巧。

1. 建立关系

儿童青少年社区工作建立专业关系的对象首先有社区的儿童青少年,同时还有与这些儿童青少年有关的社区居民、社区机构和团体等。

在社区工作中与案主及工作对象建立关系可以通过开展社区儿童青少年活动和家庭服务活动,探访社区重要人物和社区各种组织等方法,也可以通过几个社区的联合活动,大的社会性行动等方式。在这种联系与交往中,达到双方的了解和认识,获得相互的支持。

2. 调查研究

这个过程就是指社会工作者进入社区,了解社区的一般情况以及社区儿童青少年所面临的问题。主要任务包括了解社区的类型、儿童青少年所面对的问题、社区可运用的资源等。

首先,要调查社区的类型。不同类型的社区对于儿童青少年的影响是极不同的,儿童青少年在社区里面临的问题以及解决问题的方式也会有很大的不同。社区有纵向分类和横向分类两种大致的方法。纵向分类法,是以社区的历史发展线索为标准,可将社区分为:传统社区、发展中社区、现代化社区或发达社区,后者指现代城乡融为一体的社区;横向分类法,指以社区的空间位置为标准划分的社区,可分为法定社区,如村、乡、区、县、市、省等地方行政区;自然社区,指人类在生产和生活中自然形成的聚居区;专业性社区,指人们从事某种专门活动所形成的一定地域空间的聚居区;精神社区,如宗教社区、种族社区等。分析了解儿童青少年所处社区的类型,对儿童青少年社区工作意义重大。

其次,要调查儿童青少年所面对的问题。社区儿童青少年工作必须针对儿童青少年的问题,社会工作者在介入社区儿童青少年工作时,首先要调查了解本社区儿童青少年所面临的主要问题,也就是社区儿童青少年工作的具体目标。一般说来,社区儿童青少年的问题是多方面的,如有贫困户子女、孤儿等基本生存问题;有儿童青少年面临家庭暴力摧残、权利受到侵害的问题;有社区文化环境对儿童青少年发展的不良影响问题;有社区内儿童青少年文化、学习、娱乐需求得不到满足问题等。了解这些问题不仅可以帮助我们确立工作的主要目标,而且有助于我们更全面地运用社区资源,协调综合地解决社区问题。除了社区里儿童青少年面临的问题外,社会工作者还需要清楚地掌握本社区的其他问题,特别是那些突出的、急需解决的问题。

再次,要调查社区可运用资源。包括人口结构,如年龄结构、性别结构、职业结构、文化结构、阶级阶层结构等;区位结构,主要指社区居民及其活动的空间分布和各种社会群体和组织之间结成的一定关系;生活方式,即社区共同的、具有自己特色的社区生活方式;社区文化和社区意识,即社区居民在长期的共同生活中积淀而成的、并为广大社区居民所共享的那些价值观念、民风民俗、行为规范和准则等;社区组织,在社区里活跃的多种小型组织往往对儿童青少年形成直接的、经常性的影响,全面掌握社区组织情况,是社区儿童青少年工作在调查研究阶段工作的重点。

社区儿童青少年工作的调查研究在方法上同一般的社会调查大体相同,调查的方式可以是社区观察法、社区调查、访谈法、家庭访问法、随机访问、文献分析等。

社区观察是通过对以社区里各种资源、问题、结构的观察,了解社区情况;

社区调查,主要是通过问卷、访谈社区家长、儿童青少年等形式就某一个方面的问题细致了解情况;

直接与儿童青少年谈话,了解儿童青少年在社区里的真实感受,获得第一手资料;

家庭访问是通过观察、访谈,了解儿童青少年生活的状况和所发生的问题,获得对于儿童青少年家人及相关人员的具体材料;

随机访问是在社区工作中进行的对于儿童青少年的随机街头访问,当我们从社区工作的角度去关注一个儿童青少年的发展问题时,特别需要通过这种街头访问,真实地了解儿童青少年所处的环境和面临的问题,找到问题的症结所在;

文献分析主要是对儿童青少年政策、法规的掌握,收集了解与儿童青少年有关的社会政策,包括总的社会政策、地区性法规政策、本社区的特殊规定等,对儿童青少年问题的研究成果的分析,对本社区已有的研究使用等。

3. 制订计划

一个针对社区内儿童青少年综合服务的计划应该包括多方面的内容,除了解决社区儿童青少年当前所面临的问题外,还要从发展的角度来制定计划促进儿童青少年的发展和福利的提升。

4. 介入

介入就需要社会工作者通过各种方式,如会议、宣传教育、协调机构、社区组织等带动工作对象参与到行动中来,实现社区工作计划。介入的好坏将直接影响到社区工作的成败,介入的手段主要有:

从直接的物质性建设目标入手介入社区。这种介入于法主要是针对服务儿童青少年的直接物化目标的建设,如在社区里新建和扩建青年之家,公共图书馆与博物馆、少年宫、教育中心、视听中心、体育与运动设施等。

从非物质的、教育性服务入手介入社区。这种服务性的介入主要是围绕社区里儿童青少年发展的需求,为儿童青少年提供综合的、全面的服务,服务不仅仅是要解决物质问题,更重要的是以教育儿童青少年、服务儿童青少年为目标。

从社区里儿童青少年急需解决的问题、以儿童青少年为中心的突发事件入手介入社区。这种介入手法在实际的社区工作中常常遇到。社区中偶然出现的突发事件正好是社区工作者可以介入的好时机。围绕儿童青少年问题、解决儿童青少年问题为重点,这类问题有两种,一是社区里较长期存在的影响儿童青少年发展成长的问题,另一类是突发性的儿童青少年问题。

从动员组织社区内综合服务的力量入手介入社区。儿童青少年工作者需要在实际工作中组织、联合、动员社区内各类社会团体和居民组织,整合社区里有关儿童青少年事务的各种组织、机构和力量,为儿童青少年的健康成长提供包括政策、机制、社会机构在内的各种各样的服务。

从建设社区相关社会舆论入手介入社区。这个介入手法常常是与突发事件相关联,一般是由于突发事件而引入新闻媒体,可以通过大众传媒等手段,通过宣传相关社会理念,影响社区舆论,介入社区儿童青少年工作。

从发动社会资源,争取社会力量入手介入社区。这个介入手法是要从社会整体发展角度,为本社区儿童青少年的发展影响有关儿童青少年政策的制定,发展儿童青少年事业,推动社会性儿童青少年事务的发展;另一方面,要联系有关政府职能部门、相关社会组织和机构,争取社会资源,如资金、物质、人力等为本社区的儿童青少年服务。

5. 成效评估

评估的内容包括具体工作的直接成绩、对于社区整体儿童青少年发展状况的影响以及对社区其他方面的影响等方面。

具体工作的直接成绩评估主要是指具体工作项目的总结和成绩分析,如建立社区儿童青少年服务机构,在建成后需要对其主要功能、服务容量、财务支出等方面进行考察评估。

对于社区整体儿童青少年发展状况影响的评估是指对每一项社区儿童青少年工作项目,在总结时都必须评估项目对社区儿童青少年发展的综合效应,从直接影响和长远影响两方面进行鉴定。

评估儿童青少年社区工作对社区其他方面的影响,是指评估一项儿童青少年工作对社区其他工作的影响,这将有助于最大限度地发挥这项工作的效能,更好地集中社区与儿童青少年工作有关的力量。

第四节　我国儿童青少年倡导性工作

儿童青少年倡导工作涉及面广,内容复杂,全面系统地开展倡导性工作需要很长时间的探索和积累,目前我国的儿童青少年倡导工作主要集中于宏观工作方面,主要包括:推动儿童青少年立法;在儿童青少年问题上为政府提供资讯和建议;促进儿童青少年的健康发展、成长;监督、维护儿童青少年健康成长的社会环境;为儿童青少年创造娱乐休闲的各种条件;促进家庭建设,推动儿童青少年发展;保护儿童青少年权益;宣传儿童青少年等方面的工作。

一、推动儿童青少年立法

(一) 立法对儿童青少年工作的重要性

法律健全是一个文明社会的标志之一,儿童青少年社会工作发展的前景之一,也是关于儿童青少年法律法规的健全和不断完善的程序体系的建立。推动儿童青少年立法的工作,不仅是广大法律工作者的重要任务之一,也是我们专业儿童青少年社会工作的重要工作内容之一。只有把儿童青少年福利需求的途径通过法律的形式固定下来,儿童青少年的福利需求才可能在现代社会得到真正意义上的实现,儿童青少年的权益才可能受到真正的保护。同时,这些关于儿童青少年的法律法规也是我们社会工作者实施专业社会工作行为时的标准和依据,有了这些依据,我们才可能使得儿童青少年社会工作向着更为专业化的方向发展,更好地确保儿童青少年在接受福利服务时其利益得到保障。

我国台湾地区在近年来的社会工作发展过程中,在推动地方政府立法方面做出了很大成绩,相继出台了一系列的关于儿童青少年的法规,如"少年福利法"、"少年福利法施行细则"、"儿童及少年性交易防制条例"、"性侵害犯罪防制法"、"少年事件处理法"、"少年事件处理法施行细则"、"少年及儿童管训事件执行办法"、"预防少年儿童犯罪方案"、"国民中小学中途辍学学生追踪辅导工作实施计划"等。这些法规对于台湾地区的儿童青少年社会工作起到了应有的作用,同时,当地的社会工作者仍然在不断地推动新的立法的实现,来推动当地整个的儿童青少年社会工作事业的发展。

我国大陆儿童青少年的立法情况也在这些年有了很大的进展。自建国以来,我国的几代领导人都非常关注儿童青少年问题,1980年共青团在全国人大常委会的指导下,召开了青少年保护法会谈会,形成了中华人民共和国青少年保护法的初拟稿,之后,各省份的儿童青少年立法工作相继纳入了各地人民代表大会的议事日程。1989年,全国人大内务司法委员会青少年专门小组成立。这个专门小组的主要职责是参与审议和制定有关儿童青少年的法律、法规和政策,推动立法工作,监督和检查有关儿童青少年的法律、法规和政策的执行情况,协调并指导有关儿童青少年的其他重要工作。1991年,全国人大常委会审议并通过了《中华人民共和国未成年人保护法》,这是一部关于儿童青少年的基本法,经修订与《中华人民共和国预防未成年人犯罪法》等一起,成为未成年人法律的最重要组成部分。其他很多的关于儿童青少年福利政策的法律、法规在《中华人民共和国宪法》、《义务教育法》等法律、法规及党政系统的文化、教育、劳动就业、婚姻家庭的法规、条例中,累计有一百多条。现阶段如何推动我国整个儿童青少年法律、法规体系的建设成为一个重要问题。

(二)儿童青少年立法工作的目标

我们儿童青少年社会工作在推动立法方面的主要目标之一就是要推动儿童青少年法律内容体系的建设。主要是针对儿童青少年需求和儿童青少年社会问题的各个方面的调查研究工作,通过正常的法律途径和渠道来加强完整的儿童青少年法律体系的建设,如法律界定和司法保护、教育权、健康权、劳动就业、福利服务、社会保障等。

另一个重要方面就是要推动儿童青少年法律类型体系的建设。既有宏观的、原则性的基本法,又有具体的、制约执法过程的执行法;既有全国性法律,又有地方性法规,以推动在儿童青少年问题的全面法制建设。我国现行的儿童青少年法律内容体系上的建设有了很大的进展,关于儿童青少年福利的各个主要方面的法律法规基本建立起来了,但是在儿童青少年法律类型体系的建设问题上,我国还处于比较初级的层次,法律和法规的类型比较单一,并且没有规律性,随意性较大,关于儿童青少年福利的全面的法制建设体系需要继续推进。

儿童青少年社会工作在推动立法方面的第三个重要目标就是关于法律法规执行层面的问题,这就是要推动儿童青少年法律法规的执行,促进执行机制的建立。法律法规的成功制定只是儿童青少年法律体系建立的第一步,而真正更为关键的一个环节就是法律法规的实施过程,这个过程也同样是一个复杂的子系统,包括从法律法规制定完之后公布于众的过程、法律法规在各级儿童青少年福利服务系统的执行情况、各级儿童青少年福利服务系统对于执行该项法律法规过程中的意见反馈、对于正在执行或者执行到了一定阶段的法律法规的不断修改和补充。整个过程是由一个又一个环节的循环组成的。完善的执行和监督机制有利于促进整个儿童青少年法律法规系统的健全。

（三）推动儿童青少年立法工作的手段

儿童青少年社会工作在推动儿童青少年立法方面的主要手段有哪些呢?专业的儿童青少年社会工作者主要是从两个方向入手。一是从社会工作研究角度,通过对儿童青少年群体的各种调查和研究,对儿童青少年群体的基本特征,以及儿童青少年的基本福利需求的研究使得我们的社会,特别是儿童青少年法律法规的直接制定者了解、掌握儿童青少年群体的基本情况,以便做出明智的决策。

二是对于儿童青少年社会问题以及一般的儿童青少年问题进行深入研究,掌握这些情况,有针对性地对于突出的儿童青少年问题和儿童青少年社会问题给予政策和法规上的回应,通过制定和修改儿童青少年法律法规来直接解决这些儿童青少年问题,或者通过对于儿童青少年社会问题的更深层次的研究使得社会对于儿童青少年的发展动向更为明确,以便解决社会中潜在的儿童青少年社会问题,使得我们的法律法规制定工作更为有效地展开。

三是针对现有的有关儿童青少年法律进行研究疏理,并学习借鉴其他国家和地区的儿童青少年法律法规政策的可取之处,以推进我国儿童青少年法制体系的全面建设。对儿童青少年法律的全面研究同对儿童青少年群体的研究一样重要,都是专业儿童青少年社会工作推进儿童青少年立法的重要手段之一,而这方面的研究在我国发展很慢,同前面两方面研究相比,还需要更为重视。

儿童青少年社会工作在推动儿童青少年立法方面的另一个重要方面是通过儿童青少年社会工作行政来完成的。儿童青少年社会工作研究和儿童青少年社会工作行政都是儿童青少年社会工作的重要工作,相比较而言,儿童青少年社会工作行政更为直接地推动立法工作。首先,儿童青少年社会工作行政的一个重要的实际工作,就是推动已经颁布的法律法规的执行,以及这个过程中的监督控制工作和信息反馈工作,这些也同样对于制定和修改法律法规有着重要作用。

其次,就是通过儿童青少年社会工作行政,并且借助社会舆论和新闻媒体向法律法规制定者反映儿童青少年的实际需求和儿童青少年现实的生存状态,帮助法律制定者制定法律。

另外,儿童青少年社会工作行政人员往往也兼具法律制定修改的顾问人员或者类似的角色,这种角色的承担,使得他们有着更为便利的途径来直接向国家权力机关或者法律制定机关提出关于儿童青少年的立法、动议和议案,可以更直接更简便地推动儿童青少年立法。

二、在儿童青少年问题上为政府提供资讯和建议

儿童青少年倡导工作的一个重要内容就是要为政府提供相关的信息和建议,主要是通过研究活动来进行的。这些研究有的是一些关于儿童青少年的基本情况的研究,有的是一些针对具体儿童青少年问题的研究,不论这些研究是理论取向还是应用取向的,都会对政府在儿童青少年工作方面提供帮助。在我国的实际情况下,应用取向的研究往往更受到政府的青睐,给予的资金、技术支持以及人力资源也都相对丰富一些,而对于理论取向的儿童青少年研究则重视不够,使得政府对于儿童青少年的一些基本状况掌握不清,对于儿童青少年的基本特征了解不多,不能从宏观和长远角度更好地认识和解决儿童青少年问题,在促进儿童青少年发展的问题上得不到有效解决。理论研究和应用研究都不可偏废,轻视了哪一方都会使政府的实际工作受到阻碍。

为政府提供的儿童青少年信息主要有以下几个方面:

第一,调查了解儿童青少年的基本状况,为政府提供儿童青少年的总体状况分析。儿童青少年的基本状况包括儿童青少年人口的基本情况以及人口基本特征、性别分布状况、年龄结构状况等。这些情况是政府制定一切关于儿童青少年政策和法律法规的基础。

第二,调查了解儿童青少年需求,并通过多种渠道将儿童青少年的愿望反映给政府及职能部门。了解儿童青少年的需求是从事儿童青少年工作的出发点,没有对儿童青少年基本需求情况的掌握,政府部门以及政府各职能部门就无法展开对儿童青少年的一系列工作。儿童青少年的福利需求是基本点和出发点。

第三,调查研究儿童青少年社会问题和社会中的儿童青少年问题,为政府儿童青少年政策及儿童青少年事务提供依据。这方面的研究可以直接为政府解决一些现实的儿童青少年问题提供参考。

第四,对有关儿童青少年问题的各种社会因素进行了解、调查,并针对某一方

面的问题,整合社会相关部门,研究对策,提出方案,向政府有关部门提出建议。

第五,对于行政性的和社会性的儿童青少年问题和事务做出评估,提出意见等。评估对于社会工作是一个重要的环节,对于儿童青少年社会工作来说,这种评估对于真正有效地促进儿童青少年事业发展,推动政府在儿童青少年工作中的主导地位有着重要意义。

三、促进儿童青少年的健康发展、成长

1. 促进儿童青少年健康

儿童青少年健康是儿童青少年社会工作需要关注的问题之一,儿童青少年时期正是身心快速发展变化的阶段,在他们的成长过程中,家庭、政府和社会所提供的健康方面的照顾相当重要。健康的维护需要主要指保证儿童青少年的成长环境、获得身体发育成长所需要的营养照顾和健康知识,避免疾病和其他意外伤亡的危害,以及心理健康方面的发展。现代的健康意义已经超越出身体上的强壮,更多地重视心理和社会交往方面的能力的均衡发展。主要包括以下内容:

(1) 首先是保证儿童青少年的粮食、营养(解决贫困问题、食品生产、食品安全、宣传普及营养知识等);

(2) 通过健康检查、指导锻炼、不良生活方式矫治、传染病的预防、健康教育等方法,减少疾病的发生,全面提高其身体素质,促进儿童青少年健康发育成长;

(3) 保证儿童青少年良好的居住环境,积极推动环境的综合治理,加强对儿童青少年居住环境的科学辅导,普及儿童青少年生活环境的有关知识等;

(4) 在政府改善居民住房条件的同时提高学校、儿童青少年活动场所建设的质量和速度,在城乡建设中注重儿童青少年的利益和健康因素;

(5) 保证儿童青少年的心理健康发展和社会适应能力的提高,提升他们的自我价值感,接纳感,发展儿童青少年处理情绪的能力,以免于心理困扰和自我毁灭。

2. 推动儿童青少年教育

对于任何一个儿童青少年来说,教育是儿童青少年时期一个重大事件。在学校正规的社会化场所中,儿童青少年要经历长达近十年,或者更长的教育阶段。我国整个社会对于儿童青少年的教育问题的重视程度已经提升到了一个相对较高的程度,但是这不是说我们的教育中就不存在问题,相反,我国教育体系中的问题重重,应试教育和片面教育现象仍然存在,如何使得我们的教育更具有人性化,更能够真正培养儿童青少年的心智和人格的发展,使他们能够在今后的社会生活中,扮演好适当的社会角色,帮助儿童青少年面对挫折适应社会,学会自我负责等,这些都还需要儿童青少年倡导工作的推动。现阶段我们的主要工作方面是:

(1) 宣传、推动、监督义务教育法的落实,让更多的孩子接受教育;

（2）运用、动员社会力量帮助失学儿童重返课堂；

（3）普及家庭教育的科学知识，提高家庭教育的质量；

（4）大力加强职业教育，通过不同层次的职业教育全面提高儿童青少年职业技能和专业水平；

（5）推进成人教育和继续教育，为儿童青少年提供更多的受教育机会；

（6）宣传现代化的教育思想，提高全社会的教育意识和教育思想水平；

（7）面向儿童青少年解决儿童青少年学习做人做事的相关问题和困惑。

四、监督、维护儿童青少年健康成长的社会环境

儿童青少年倡导工作的一个重要工作就是要协助政府和社会团体来监督、维护儿童青少年健康成长的社会环境。良好的社会环境是儿童青少年健康成长的必要条件，没有一个稳定的优良的社会环境，儿童青少年的全面发展和健康成长只能是空谈，在这方面我们要做的是：

（1）协助政府部门，联合社会团体，通过立法、执法等形式，促进社会环境的整体建设；

（2）通过建立文明监督岗、监督哨、儿童青少年法律服务专门机构、儿童青少年权益保护联席会议制度等形式量化地、具体地、科学化地对危害儿童青少年健康发展的社会环境、行为实施日常的监督；

（3）协调社会各方面的力量，打击危害儿童青少年健康成长的现象和行为；

（4）加强社会总体建设，特别是社区的建设，整合社区内为儿童青少年健康成长发展服务的各种力量，建立社区儿童青少年服务的完整运行机制；

（5）积极倡导为儿童青少年健康成长营造良好社会环境的舆论氛围，表扬对儿童青少年负责的社会行为，促进儿童青少年健康成长环境的形成。

五、为儿童青少年创造娱乐休闲的各种条件

休闲娱乐指的是可自由运用的时间，或可自由选择进行的活动，它不是为了生存需要而进行的活动。休闲娱乐活动并不一定有着直接的特定目的，但是对于儿童青少年个体来说，可以使个体的身心放松，增进社会交往能力以及领导能力，扩展见识，有益于智力开发，可以增进家庭成员之间的感情，改善社会风尚，提高生活素质和促进经济发展。特别是对于儿童青少年个体的社会化有着积极意义，对于个体人格的成长和发展有着重要的促进作用。如何为儿童青少年提供娱乐休闲的机会，帮助他们合理利用时间，规划娱乐活动的内容，这些都是应该考虑的问题。主要工作包括：

（1）反映儿童青少年文化娱乐活动的愿望及要求，敦促政府制定充分照顾到儿童青少年特点和需求的文化娱乐政策；

（2）研究儿童青少年文化娱乐的需求、现状、特色、流行趋势等,为政策制定、社会文化建设、儿童青少年文化活动指导等提供依据;

（3）用政府投资或社会资助修建更多的儿童青少年娱乐场所;

（4）推广有益有趣的儿童青少年休闲娱乐形式,普及儿童青少年健康娱乐的知识;

（5）开展多种多样的儿童青少年文化娱乐活动,吸引儿童青少年参与;

（6）直接指导和带领儿童青少年的娱乐活动,帮助儿童青少年个体在娱乐中学习。

六、促进家庭建设,推动儿童青少年发展

家庭是社会最基本的单位,也是个人成长过程中最重要的社会单位。传统上认为家庭是具有生殖、教育、保护、经济、社会地位与娱乐之多样性的功能,不仅仅提供个人的心理、情感与安全感的满足,同时家庭也可以说是连接个人生活与社会生活的环节。除了提供社会地位外,家庭透过教养过程塑造个体的行为规范模式,是儿童青少年完成社会化的重要一步,并形成一种无形的社会控制。对于儿童青少年来说,家庭除了要对儿童青少年提供其基本生活所需的安全照顾和教养,包括个人在社会上生活所必需的知识、技能、价值规范等,还应培养儿童青少年的健康心理和人格的形成以及良好的社会适应能力。由于现实中的种种问题,家庭在养育儿童青少年的功能方面常常出现一些障碍,这就需要儿童青少年社会工作者来帮助人们推动家庭的建设,以推动儿童青少年在家庭环境中的发展。具体工作如下:

（1）推动政府和全社会普及现代家庭观念,运用各种手段,加强家庭建设,促进家庭功能的实现;

（2）监督、推动家庭中对于儿童青少年权益的保护;

（3）推动全社会对于婚姻恋爱方面知识的宣传普及,广泛开展婚姻教育、做父母的教育、育儿辅导等社会服务;

（4）推动政府和全社会建立相关机构直接为家庭建设提供包括必要的生活照料、家务辅导等帮助;

（5）推动社会开展针对亲子关系和儿童青少年教育方面的服务,在全社会普及儿童青少年发展及教育的知识,使儿童青少年能够生活在一个良好的家庭环境中。

七、保护儿童青少年权益

儿童青少年权益是儿童青少年福利的直接体现,作为儿童青少年与成年人一样享有一些基本的生存权、寻求安全的权利以及其他诸多权利,同时,儿童青

少年群体还享有作为一个区别于成年人群体的特殊群体的特殊权益,这些权利有必要得到满足。儿童青少年的基本权益不容侵犯,但是由于儿童青少年仍然处于成长和发展阶段,他们在社会上仍然处于一种不利的地位,对于自己的基本权益,还没有足够的能力去维护,因此这就更加要求社会中的其他声音为儿童青少年的权益的保护而做出努力。儿童青少年社会工作的一个最重要的内容就是要以一种更为有效的方式来保护儿童青少年的权益不受侵犯。主要通过以下方式:

(1) 沟通政府部门,推进保护儿童青少年的立法,监督、推进儿童青少年保护法律法规的执行;

(2) 运用多种手段,保护儿童青少年的合法权益,如生命权、发展权、参与权、优先救济权等;

(3) 对于社会上侵犯儿童青少年权益的人和事进行监督和打击;

(4) 代表儿童青少年团体及儿童青少年个人通过法律、行政、社会等多种形式维护自己的权利;

(5) 为儿童青少年提供法律服务和法律援助;

(6) 帮助儿童青少年学会依照法律法规实施自我保护,训练儿童青少年自我保护的技能,锻炼培养儿童青少年良好的自我保护心理。

八、面向全社会代表、宣传儿童青少年

在民主社会中,社会中的成员以代表的形式来表达自己的声音,维护自己的权利,而比较特殊的儿童青少年群体,他们还没有完全进入社会生活领域中,特别是政治生活领域中,没有自己的代表来表达这个群体的声音,维护自己的权利。儿童青少年社会工作者正是面向全社会来代表儿童青少年,表达他们的需求的声音,反映他们对于社会的看法,维护他们的基本权益。主要的工作有以下几点:

(1) 在社会生活中以各种方式代表儿童青少年群体的利益;

(2) 通过权力机构、立法部门、政府职能部门中的儿童青少年工作者反映儿童青少年的利益,影响政府相关决策;

(3) 代表儿童青少年参与包括行政事务和社会性事务的活动,在活动中反映儿童青少年这一年龄群体的利益,反映他们的要求;

(4) 在社会生活中,通过代表儿童青少年参与法律诉讼等形式,直接代表儿童青少年群体和个体,维护他们的合法权益;

(5) 通过多种形式,在社会上宣传儿童青少年的概念、儿童青少年的形象、儿童青少年的需求、儿童青少年的权益、儿童青少年的问题等有关儿童青少年的信息,促进全社会对于儿童青少年的认识和了解。

思考题

1. 什么是倡导性儿童青少年社会工作？它有什么功能？
2. 倡导性儿童青少年社会工作一般都有哪些过程？
3. 举例说明社区的倡导性儿童青少年社会工作。
4. 中国的儿童青少年倡导性社会工作都有哪些？有什么特点？
5. 以一个具体案例，说明倡导性儿童青少年社会工作的特点。

第八章

儿童青少年社会工作实务
——发展性工作

儿童青少年是民族的希望,是祖国的未来。儿童青少年能否健康良好发展受到社会各界普遍的关注。政府也将儿童青少年视为社会主义事业的建设者和接班人,对他们的整体素质和发展状况给予了很多的重视,这就使得儿童青少年发展性社会工作越来越受到人们的关注。儿童青少年发展性社会工作就是面向儿童青少年的以促进其发展为目标的社会工作,有特定的目标、功能和特点。儿童青少年社会工作的内容涉及生活的方方面面,在我国开展的儿童青少年发展性社会工作主要集中于家庭、学校和社会团体,这些活动对儿童青少年的发展起到了积极的促进作用。但是,目前我国的儿童青少年发展性社会工作中也存在着许多问题,需要广大社会工作者积极努力,为儿童青少年的健康成长服务。

第一节 儿童青少年发展性社会工作概述

儿童青少年发展性社会工作是儿童青少年社会工作的重要内容,是为儿童青少年开展的,意在促进其健康发展的一种社会工作。它是面向所有儿童青少年,以及影响儿童青少年发展的所有因素的,目标是实现他们身体素质、心理素质、社会性习得和自身特质的发展,有着广泛的功能。另外,儿童青少年发展性社会工作区别于其他的社会工作,有自身的一些特点,如对象有较强的差异性和复杂性,工作必须讲究方法的科学性与技术性,在本质上更强调助人自助,工作具有扩展性。

一、儿童青少年发展性社会工作的内涵

"发展"一词,在《现代汉语词典》中的解释为,"① 事物由小到大,由简单到复杂,由低能到高级的变化;② 扩大(组织、规模等)"。发展用在社会工作领域,则有了特定的含义,它特指人的发展。

联合国近十年来发表的数份关于人的发展的报告中,探讨了人的发展的概念,达成以下广泛的共识:(1)在发展过程中,对人的关心应当占据中心地位。(2)发展的目的,是增加人的各种选择的可能性,而不只是增加收入,因此人的发展的概念应包括整个社会,而不仅仅是经济。(3)人的发展过程既包括扩大人的能力问题(实现对人的投资),也包括确保充分实现这些能力的可能性(通过给予影响的范围)。(4)人的发展的概念建立在以下4个主要的基础上——生产率、公正性、稳定和能力的增强。在人的发展概念的框架内,经济增长具有巨大的意义,但必须充分重视经济增长的质量和分配,以及仔细研究它与人的生活的关系。此外,还必须强调实现从一代人到另一代人的稳定的选择。(5)从人的发展的角度,决定发展的最终阶段,并研究人们成就的途径。

因此,儿童青少年发展则是指儿童青少年在社会生活和教育条件等多种因素的影响下,个体、心理、情绪、行为等不断变化和成熟的过程。顾名思义,儿童青少年发展性社会工作就是专业社会工作人员利用社会工作的理论、方法与技术,对全体儿童青少年开展的,意在挖掘其潜力,帮助他们解决发展障碍,提高社会适应能力,改善他们的成长环境,促进他们更好地发展的专业服务。

具体来说,儿童青少年社会工作在推动儿童青少年发展方面的具体服务内容有:健康成长指导、就业辅导、生活方式辅导、社会交往和社会适应训练、领袖素质培养、自我发展训练,等等。

二、儿童青少年发展性社会工作的要素

(一)儿童青少年发展性社会工作的对象

1. 儿童青少年发展性社会工作是面对社会所有儿童青少年的

儿童青少年发展性社会工作的一个基本前提就是每个儿童青少年都有与成年人一样的平等权利,儿童青少年之间也应该是平等的,每个人都有自己的无限发展潜力,同时也有自己的不可能超越的局限性,人性的软弱性存在于任何一个人身上,所以每个人都有接受帮助的权利。另外,儿童青少年发展性社会工作是面向儿童青少年所有的成长阶段,因为他们所处的人生发展阶段不同,可能要面对的发展问题也有很大的差别。

2. 儿童青少年发展性社会工作面向影响儿童青少年发展的自我及社会的所有因素

一切影响儿童青少年发展的内在和外在的因素都是儿童青少年发展性社会工作的工作内容。向内,我们要挖掘儿童青少年内心的无限的动能,帮助其发掘自身潜力,学会动员自己的能量。我们要帮助儿童青少年,让他们自己学会如何寻找自己周围的一切可以利用的资源,这些资源包括家人、朋友、同学、老师、学校、专业机构、媒体以及社会工作者等。向外,我们应该为儿童青少年创造一个

更好的利于他们成长和发展的生存空间,包括全球的可持续发展和环境问题、社会福利政策和法律法规的健全和完善、文化传统的延续和继承以及文明氛围的扩展。这些都是影响儿童青少年发展的重要因素。

(二)儿童青少年发展性社会工作的手法

儿童青少年发展性社会工作是社会工作的一个重要领域,它是以调动儿童青少年内在的发展潜能、促进其自我发展为主的专业工作。儿童青少年发展性社会工作者不仅要掌握儿童青少年成长发展的规律,还要具有专业社会工作的视角、理论和方法技巧,配合儿童青少年的特征和发展规律,采用融社会工作价值理念于其中的个别辅导、角色扮演、小组游戏、技巧训练、集体活动等手法,充分地发掘儿童青少年自身的潜力,使儿童青少年得到全面健康的发展。

(三)儿童青少年发展性社会工作的目标

儿童青少年发展性社会工作的目标就是要激发儿童青少年自我发展、自我成长的潜能,促进儿童青少年全面健康地发展。发展,可以理解为一种变化,这种变化是一种正向的、前进的变化,是事物从小变大、从简单到复杂、从低级到高级的一种变化。人的发展是多层面的,有身体的发展、心理的发展,还有社会适应方面的发展。在儿童青少年阶段这种发展的进程是突飞猛进的,带有质变的特征,同时儿童青少年自身蕴涵了巨大的发展的潜质。这些都要求在儿童青少年发展性社会工作过程中,最大限度地发掘儿童青少年身上的潜力,最大限度地促进他们的发展,通过多种形式的服务,促进他们全面健康的发展,帮助他们朝着自我实现的方向去努力。

三、儿童青少年发展目标原则

思想、智力和身体素质全面、协调发展是国家制定的儿童青少年发展的一个总的目标,也是被社会广泛认可的一个目标。在这个总的目标下,我们将儿童青少年的发展目标原则具体地分为以下几个主要的部分。

(一)儿童青少年的身体素质、心理素质的发展

儿童青少年正处于一个身体发育成长的一个关键阶段。这个阶段,生理、心理都将会经历一个很大的变化,在制定儿童青少年发展原则和目标的时候,这是我们考虑的最基本的出发点。

儿童青少年时期是身心健康和各项身体素质发展的关键时期。广大儿童青少年身心健康、体魄强健、意志坚强、充满活力,是一个民族旺盛生命力的体现,是社会文明进步的标志,是国家综合实力的重要方面。

体质是人体的健康水平和对外界的适应能力,它既包括身高、体重等形体表现,更体现人体的内质。良好的体质表现为较少疾病,有旺盛的代谢能力、高度的适应能力以及高水准的生长发育,可以使个体达到较高的机能水平。

与身体素质的发展相对应的就是人格心灵的成长。人格心灵的成长与身体素质的发展同样重要,人格心灵的成长工作旨在建立儿童青少年的健全人格。人格是人的性格、能力、德行、意志、情感、信仰、作风等多因素的总和。它包括人的道德品质,人的性格、气质、能力、需要、兴趣、动机、理想、价值观、世界观等要素。儿童青少年健全人格具体体现为中国特色社会主义的政治观、道德观,适应现代社会发展要求的身心素质和能力素质基础上的独立自主、进取创新、务实求真、团结包容性、高度责任感等。

(二) 儿童青少年的社会性习得和发展

关于社会化的研究指出,儿童青少年的成长过程是一个很复杂的过程,作为一个社会人,他们必须经历一个社会化的过程。这个过程中,最基本的就是他们要学习生活常识和文化习俗。

学习生活常识和习俗的目标是让儿童青少年能适应社会生活,进入并融入现代社会生活。我们要帮助儿童青少年解决进入社会生活后所要面临的一些基本问题,比如,儿童青少年的自我意识、儿童青少年的人际认识、道德养成等。因此,对儿童青少年的社会规范教育、生活习惯的养成、与人交往的礼仪学习,对周围环境的态度,对自我的认知定位等,是发展性儿童青少年工作的重要任务。

在儿童青少年社会性习得和发展的过程中我们要考虑的因素是多方面的,因为外在的社会环境对儿童青少年发展的影响本身就是复杂的。在这里面,我们可能需要面对许多非常实际的问题,比如媒体对儿童青少年的发展影响等。

(三) 儿童青少年自身特质追求的发展

有一些现象是属于现代社会儿童青少年所特有的社会现象,比如儿童青少年所特有的休闲娱乐方式等。在开展社会工作的时候,我们必须尊重并承认这些特质的追求对他们生活的积极影响。儿童青少年亚文化是一种社会存在,这种亚文化影响儿童青少年的生活方式,这种生活方式是不同于主流社会的,但是他们所特有的这些文化现象也会影响主流社会。因此,对待儿童青少年发展的问题,不单单需要以往的经验,还需要与时俱进的观念。一方面要考虑到传统社会对儿童青少年的要求,另一方面也要看到现实环境下儿童青少年发展呈现出来的新特点。

四、儿童青少年发展性社会工作的功能

具体而言,儿童青少年发展性社会工作的功能包括以下内容:

(一) 协助儿童青少年获得实用的知识和能力,以适应现代生活的需要

儿童青少年发展性社会工作者要积极协助学校、家庭,为儿童青少年提供最有利于他们学习和成长的环境与条件,满足这些孩子在知识、能力、情绪等方面的需要,协助他们获得一些有用的知识和能力,以适应社会生活与发展的需要。

（二）协助儿童青少年获得适应变化的能力，完成社会化任务

社会化是一个持续的过程，发展性社会工作的目的不仅要培养儿童青少年具备现代社会生活的知识与能力，更应培养他们适应社会变化的知识与能力。社会工作者需要配合社会发展，保持与社会同步，随时了解与回应社会的要求，帮助儿童青少年学习并掌握适应社会变化的能力，只有这样儿童青少年才能获得长久的、可持续的发展，真正实现自己的社会功能，才能在未来的社会中保持学习激情，富有学习技能，获得人生成就。

（三）协助不良发展的孩子，以实现其良好的发展

发展性社会工作除了关注社会上所有的儿童青少年，还要特别关心那些有特殊需要、处于不良发展的孩子。社会工作者要非常重视儿童青少年的特殊发展需要，以这种特殊需要作为工作的着眼点，对一些孩子的不良发展情况做深入而客观地了解，给予适当的接纳、支持与鼓励，并提供专业的服务方案，以弥补其缺陷，协助他们获得适当的教育和锻炼，挖掘最大的潜能，以实现儿童青少年的良好发展。

（四）通过推动儿童青少年对社会的积极适应，实现个体与社会的共同发展

发展性社会工作的根本目的，是通过儿童青少年对于社会的积极适应，推动其健康发展，并最终实现个体与社会的和谐共同发展。从人与社会的关系角度看发展，个体的充分发展是人的发展的重要目标；而人的发展离不开个体的发展自由性；个体发展与客观世界发展的一致性是人的发展的终极目标。所以，儿童青少年发展性社会工作服务儿童青少年，最终结果是推动社会的发展，而这种终极目标的实现是通过对儿童青少年个体的服务，以儿童青少年个体的科学发展来保证的。

五、儿童青少年发展性社会工作的特点

儿童青少年发展性社会工作与一般的社会工作相比，具有自身的特点。这些特点可以概括为以下四点。

1. 工作对象具有较强的差异性和复杂性

儿童青少年作为社会中的一个特殊群体，并不是单一一致的群体，儿童青少年群体成员之间发展的差异是非常大的，同样年龄的男孩与女孩，在心理等方面的情况都有很大差别，同时，儿童青少年群体自身也存在着非常复杂的结构。因此，我们不能简单地以公式化、刻板化的方式去对待儿童青少年工作的服务对象，而要以艺术化、多样化的方式来帮助他们，实现各自不同程度的发展。这是儿童青少年社会工作者在理论和方法上首先要考虑的。

2. 工作必须讲究方法的科学性与技术性

方法的科学性和技术性是社会工作的要素，与一般的社会工作相比，儿童青少年发展性社会工作在科学性和技术性上的要求就更为突出，因为服务的对象

是最简单的,也是最复杂的。发展作为儿童青少年的本质,具有多样性的特征,对其进行社会工作更需要讲求方法与经验的结合,千人千面,也就需要多种方法。儿童青少年及其发展的多样性决定了社会工作本身必须兼具较强的科学性和技术性。

3. 在本质上更强调助人自助

儿童青少年发展性社会工作讲求的是促进个体生理与心理的成长,而不是从表面上解决其一时之需,这一点在具体的实务工作中极其重要。儿童青少年的发展从本质上是一种自我的、多样化的过程,而且其年龄特征使得他们更希望自己去面对和解决问题,对生硬的灌输、训诫特别反感,这就决定了儿童青少年发展性工作更要强调助人自助,把工作重点放在促进儿童青少年身心的健康发展、增强其自尊和自助的能力上面。

4. 工作具有扩展性

儿童青少年作为发展中的个体,与其他人群相比,外部环境,包括人际关系的影响巨大。因此,儿童青少年发展性社会工作有着较为广泛的深层扩展的服务对象,如父母、教师等,他们对于儿童青少年具有重大影响,有时候工作的开展也需要他们的大力配合。

第二节 儿童青少年发展性社会工作的内容

儿童青少年发展涉及儿童青少年生活的方方面面,具体而言,儿童青少年发展性社会工作主要包括:生理健康辅导、智力发展辅导、心理健康辅导、人际交往辅导、理想和道德及价值观发展辅导、休闲娱乐辅导、性心理与性教育、青少年就业辅导等多方面的内容。

一、生理健康辅导

儿童青少年的身体发育正处于快速变化阶段,身体的变化本身需要得到关注,具体的儿童青少年发展性社会工作在应对儿童青少年生理发展的辅导主要有以下几个方面:

(1) 对不良饮食观念和习惯的矫治在内的保证健康成长(身高、体重等)的良好的饮食习惯的养成;

(2) 现代生活观念和习惯的养成,包括睡眠、运动等;

(3) 青春期生理发育的辅导,包括青春期一般生活状态的辅导、性发育特征的正确认识和处理、青春痘等青春发育期生理现象的正确认识与对待等;

(4) 常见疾病的防治;

（5）对自己作为自然生物体的正确认识；

（6）开展有关性生理卫生、性道德观念的性教育。

二、智力发展和学业辅导

（一）智力发展辅导

儿童青少年正处于一个身体发育成长的关键阶段。在这一阶段,智力情况会经历一个很大的变化。主要包括：（1）思维能力的发展：儿童青少年开始从具体操作客体阶段转变到观念阶段,又迅速地向辩证逻辑思维发展；（2）记忆能力的发展：从无意记忆向有意记忆,从机械记忆到逻辑记忆,从听觉记忆到视觉记忆,从材料记忆向意义记忆发展；（3）想象能力的发展——考虑事情比较全面,具有很大的开拓性。

面对儿童青少年的智力发展,儿童青少年社会工作者要尊重儿童青少年智力发展的规律性,协助学校、家庭,帮助孩子学习各种知识和能力,促进智力健康发展。面对有智力发展障碍的儿童青少年,应及早发现、及时治疗。

（二）学业辅导

随着儿童青少年的不断成长,学业的准备就成了自身发展过程中必不可少的内容。帮助儿童青少年完成学业,就是帮助他们扩展自己的视野,提高自身的知识修养,加大自己的学识水平,熟练自身的专业技巧,净化其思维头脑,陶冶其情操,加深其文学修养。对儿童青少年的学业指导,要根据其自身所处的年龄阶段、意识思维、接受水平、理解程度、兴趣爱好等进行,离开了儿童青少年的这些自身固有的特征,会使儿童青少年的学业指导与其自身的学习相脱离,没有针对性,指导的效果会大打折扣,其投入和产出会不成正比。我们应从以下的五个方面对儿童青少年的学业进行指导。

（1）通过参观、访问、讲座、宣传等各种方式,激发学习动机,强化学习目的；

（2）端正学习态度,改良学习习惯；

（3）发展学习兴趣,扩展学习视野；

（4）解决学习困惑,加大学习深度；

（5）提高学习能力,改进学习方法。

三、心理健康辅导

（一）儿童青少年的情绪发展辅导

1. 儿童青少年的情绪发展

（1）原始情绪的发展

原始情绪包括快乐、幸福、愤怒、恐惧和悲哀等。儿童青少年期面临种种挑战和压力,面对各种选择,导致儿童青少年内心不时地充满着高度紧张,同时对将来又充满了信心,经常在欣喜的波峰和忧伤的低谷中起伏飘荡。

（2）自我情绪的发展

自我情绪包括成功和失败、骄傲和自卑、幸福和痛苦、充实和内疚、荣耀和耻辱等内容,儿童青少年自我情绪的发展最关键的是怎样看待自己,怎样把握自我的现实和目标差距。

（3）对别人情绪的发展

对别人情绪的发展是指在自己与别人打交道过程中的内心感受,爱和恨是对别人情绪的两极。儿童青少年阶段可以逐步地正确认识自己对对方的要求与对方实际行为的差距,情绪日趋稳定。

2. 儿童青少年情绪的主要特点

儿童青少年的情绪主要表现出以下几个特点:

（1）内隐性——开始有意识地对某些感受和情感进行掩饰;

（2）两极性——遇事表现出强烈的夸张的感情,或高强度的兴奋、激动、热情,或极端的愤怒、不满、泄气、自卑、绝望等;

（3）延续性——儿童的哭笑无常的现象逐渐减少,取而代之的是一种比较持续的心理状态,不再像儿童时那样无忧无虑,心里开始牵挂某些事情;

（4）冲动性——他们对自己情绪的控制力远不如成人,一旦遇到某种强烈的刺激,情绪就会突然爆发,在语言、形态、行为等方面失去了理智;

（5）社会性——情感生活日益与广泛的社会生活相联系,情绪的社会性倾向日益明显。

3. 儿童青少年的情绪发展辅导的主要内容

儿童青少年发展性社会工作者经常采用下面的方式进行情绪发展辅导:

（1）建立自我坦白。要达到感情反应的成熟,必须学会透视环境,最好的方法就是和别人讨论所面对的问题,也就是"自我坦白"。

（2）内化社会行为规范。工作员帮助儿童青少年,使其行为规范逐渐内化,增强自我控制的能力,使情绪表现符合社会文化的期望。

（3）情感和情绪的独立。工作员还应该帮助儿童青少年在情绪上逐渐独立,不再依赖别人。

（4）建立良好的自我意识体系。工作员帮助儿童青少年从幼儿时期的以自我为中心中走出来,学会关怀别人,帮助别人,在与他人建立关系的同时,增进情绪的适应性及深度。

（5）问题和冲突的解决。面对危机事件和存在情绪问题的儿童青少年,社会工作者要及时进行危机介入,应运用专业的社会工作技巧和手法,处理孩子的情绪问题,使其释放极端情绪,并帮助他们用正确、全面的观点看待负面生活事件。在此基础上,帮助其发展新的应对行为,能力真正得到提高。

(二) 儿童青少年的自我意识发展辅导

儿童青少年阶段的自我意识有了很大的变化,主要体现在儿童青少年的自我认可、外部形象的自我认可、社会角色的自我认可等。针对儿童青少年的这些变化,发展性社会工作者的工作有:

(1) 应积极推动儿童青少年自我意识的发展,帮助他们形成良好的自我意识,并有很好的自我认同感;

(2) 通过情景模拟、角色扮演等专业手法,使儿童青少年对自己在这个世界、这个社会、这个群体里究竟处于什么样的位置,应该发挥什么样的作用,承担什么责任和义务形成一种自我认定;

(3) 帮助儿童青少年明确角色的权利与义务,培养社会责任感,教育引导他们解决好角色冲突问题,并帮助其了解社会角色行为规范。

四、人际交往辅导

人不是孤立地存在的,作为个体的人只可能在群体中存在,而群体中的人与人之间必然要发生各种各样的联系,人与人之间的交往在所难免,良好的交往有利于交往双方的发展。因此,儿童青少年期的交往模式、人际互动对儿童青少年的社会性发展非常重要,儿童青少年的人际交往辅导也成为发展性社会工作的重要方面。

人际交往辅导的内容主要包括:

(1) 社会工作者可以通过个案辅导,对儿童青少年的社会交往实践给予指导,培养他们良好的交往动机和交往品质,提高合作精神、正确认知自我等方面的综合素质。

(2) 帮助儿童青少年发展正常的社会交往技能,培养良好的心理品质,同时要针对异性交往的问题,给予辅导。

(3) 对于存在社会交往障碍或困难的孩子要及时开展个案辅导,进行帮助和矫治,使他们适应社会,融入人群,主动、适当地与人交往。

(4) 儿童青少年社会工作者可以通过社会团体工作方法,开展成长互动小组活动,鼓励儿童青少年参与团体活动,锻炼社会交往的能力,使自己的领导才能、社交礼貌、交往态度不断有所提高。

五、理想、道德及价值观发展辅导

理想是儿童青少年前进的动力,道德、价值观更是儿童青少年成长发展辅导的核心内容,发展性社会工作不可忽视对儿童青少年的理想、道德、价值观发展辅导。

对儿童青少年的理想、道德、价值观的发展辅导必须运用专业手段、要紧密结合社会现实。

（1）要围绕社会现实和儿童青少年的需求，如儿童青少年发展的焦点、热点、矛盾点、发展关键等寻找教育主题，紧密结合儿童青少年的实际。

（2）提倡以问题为中心的教育组织形式，让儿童青少年在对社会问题和自身道德发展问题的探究中成长，发挥儿童青少年的主体性和能动作用。

（3）强调道德发展的过程是儿童青少年自身实践、体验、创造的过程，把理想、道德和价值观的辅导转变成带领儿童青少年去寻找真理的过程。

（4）建立多元化的评价体系，让每一个儿童青少年都能够体会到成功的快乐，推动儿童青少年主动发展。

（5）运用角色体验、情景体验的实践体验，使儿童青少年道德价值的发展成为自主的实践过程。

（6）善用奖惩与强化、训练与坚持的手段，激励儿童青少年主动发展道德，推动他们良好行为习惯的养成。

（7）经常进行价值观的讨论、辩论，联系生活实际进行价值辨析，让儿童青少年在社会多元元素中成长。

（8）充分发挥群体互动的成长小组的作用，帮助儿童青少年在群体的互动中度过青春期，实现健康快乐成长。

总之，儿童青少年的理想、道德、价值观发展受家庭、社会等多方面的影响，受自我发展主动性的制约。对儿童青少年的道德、理想、价值观发展辅导要从儿童青少年日常生活出发，避免只讲大道理。

六、休闲娱乐辅导

娱乐休闲对于儿童青少年来说是生活中非常重要的一部分，充分的娱乐是儿童青少年健康成长的一部分，没有应有的娱乐休闲，儿童青少年就不可能有健康的心理和社会性发展。所以，对于儿童青少年的休闲娱乐方式的辅导非常重要，是儿童青少年发展性社会工作的重要领域之一。

儿童青少年娱乐休闲涉及内容很多，而且经常处于不断的发展变化中。在当今社会，儿童青少年娱乐休闲辅导主要有如下几个方面：

（1）社会工作者要尊重儿童青少年的亚文化，用与时俱进的观念看待新的娱乐方式。

（2）社会工作者要引导儿童青少年在复杂的社会环境里选择健康的娱乐休闲方式，政府组织和社会团体应积极开办发展性活动项目。

（3）对有不良休闲娱乐习惯的儿童青少年进行行为矫治，以促进其健康发展。

七、性心理与性教育

"青春期"是指儿童逐渐发育到成人的过渡时期,即从第一性征出现,直到体格发育停滞为止,世界卫生组织(WHO)将青春期的年龄界定为 10～19 岁。在我国,每年约有 2 000 万人进入性成熟期,处于青春发育期的青少年(10～20岁)达 3 亿人以上,成为不容忽视的群体。性心理是指围绕性特征、性欲望和性行为而展开的所有心理活动,是由性意识、性知识、性经验、性观念等构建而成的。个体的性心理是建立在脑、内分泌和性器官的成熟以及性法律、性伦理道德、性文化等一系列因素构成的性社会环境基础之上的。

科学的性教育是对青少年学生的人生成长进行的全面教育,它不仅包括性生理教育,也包括性心理、性行为、性道德、性法律的教育。

1. 性教育的内容目标

我国青春期性教育的叫法和内涵经历了一个不断变化的过程。在 20 世纪70 年代初期称为青春期教育或生理卫生,其内容主要是介绍男女性器官的发育和生殖知识,书中几乎没有性心理、性社会学、性法学的内容,无疑这已不可能适应目前孩子们的需求。

当前青少年性教育应分阶段进行,不同阶段教育的内容是有所区别的,但总的看来应概括为以下 4 个方面:

(1) 提供关于人的正确知识;

(2) 态度、价值观和洞察力;

(3) 人际关系和交往技能;

(4) 帮助青少年增强性关系的责任感等。

2. 青少年性教育的任务

青少年性教育的主要任务包括:

(1) 帮助受教育者了解青春期的各种变化,认识这些变化的正常性和必然性;

(2) 引导受教育者形成对青春期变化所应持有的正确态度;

(3) 为满足受教育者在青春期所产生的各种需求提供机会和指导;

(4) 使受教育者掌握有利于缓解青春期变化带来的压力,处理各种矛盾冲突,解决各种实际问题所需要的知识技能。

八、青少年就业辅导

生涯(Career)指个人通过从事工作所创造出的一个有目的的、延续一定时间的生活模式。社会的变革影响着我们每个人的生活方式,进而影响我们对职业生涯的规划和追求。生涯选择和发展的理论有结构取向和过程取向两类。结构取向理论把生涯问题和决策看做是在一个时间点上发生的事件,即在个人生活当中某一时刻所发生的事。这类理论强调选择什么以及将个人与环境相匹配。帕森斯(Parsons)持这种观点,追求职业的最佳选择。过程取向理论把生涯问题和决策看做是各种事件和选择在一生中的发展过程,这一发展过程随个人年龄增长变得日渐复杂。这类理论强调最先的选择。舒伯(Super)的生活/生涯彩虹理论(the life/career rainbow)从个人的自我概念、年龄和生活角色的角度强调生涯发展,帮助我们更清楚地理解生涯发展和决策制定所涉及的内容。舒伯认为有九种生活角色是我们理解生涯概念的良好途径:孩子、学生、休闲者、公民、工作者、退休者、伴侣或配偶、持家者和父母/祖父母。

青少年的职业生涯辅导有其特殊的规律。

(1)重视职业理念的形成而非技能培训。青少年职业生涯规划是培养人的职业意识、职业品德和职业能力的教育过程,是帮助个人根据国家需要、职业要求和自身特点选择职业并适应职业的活动。它不是一般性的知识性、常识性选修课,也不是仅面对部分升学无望学生所进行的特定就业教育,更不是毕业班学生临近填报志愿时的应急性指导活动,而是重在涉及成才方向、过程和发展的全面人生指导。

(2)帮助青少年学会把握职业发展趋势。由于社会变革的需要,市场机制逐步成为配置人力资源的主要机制,这种机制给予劳动者充分自主选择专业和职业的权利。而同时又由于经济和科技的迅猛发展,使职业的结构和职业内容有了很大变化,许多新专业及职业门类纷繁,层出不穷,人们所从事的职业范围在不断扩大,可供选择的范围也随之扩大。青少年要步入社会和融入社会,首先需要学会正确选择。

(3)积极鼓励青少年积累个人资源。这些资源包括教育(学历、学位等)、技能(认证、证书等)和社会支持网络(就业指导中心、亲戚、朋友等)。

总之,就业指导的服务,应包括帮助和引导青少年了解国情,了解社会,了解职业,了解自己,帮助青少年初步树立正确的升学观、职业观和就业观,以适应社会和职业的要求,使青少年学会自觉地根据社会需要和个人特点选择职业或专业方向、学习相关职业的知识并真正获得职业。

第三节 我国儿童青少年发展性社会工作

我国儿童青少年发展性社会工作的内容十分广泛,主要集中于家庭、学校和社会团体,对儿童青少年的发展也起到了积极的促进作用,但是,目前儿童青少年发展性社会工作中也存在着许多问题,如:福利投入与需求之间存在巨大差距;全社会儿童青少年科学发展的观念尚未真正形成,传统的育儿观、家庭观的更新任务艰巨等,使儿童青少年发展性社会工作面临众多挑战。

一、我国儿童青少年发展性社会工作的主要内容

儿童青少年发展性社会工作涉及面广,内容复杂,全面系统地开展发展性工作需要很长时间的探索和积累,目前我国的儿童青少年发展性社会工作主要集中于家庭、学校、社会团体几个方面。

（一）家庭

目前,我国儿童青少年发展的主要职责和任务大部分集中在家庭。父母是孩子的第一任老师,肩负着儿童青少年的发展重任,随着社会工作的不断发展,儿童青少年发展性社会工作也延伸到了家庭。

在家庭系统层面,社会工作者经常通过各种方式了解家长的管教方式、亲子关系及家庭状况,利用热线、培训等方式,宣传亲子教育方案,促使家长改善家庭环境,改变教育理念,提高教育技巧,最终实现儿童青少年的良好发展。

（二）学校开展的发展性社会工作

学校社会工作是政府、社会各方面力量或私人经由专业工作者运用社会工作的理论、方法与技术,对正规或非正规教育体系中全体学生,特别是处境困难学生提供的专业服务。其目的在于帮助学生或学校解决所遇到的某些问题,调整学校、家庭及社区之间的关系,发挥学生的潜能和学校、家庭及社区的教育功能,以实现教育目的和学生的健康发展。由此可见,相当一大部分学校社会工作的内容与儿童青少年发展性社会工作的内容相似。在我国,儿童青少年发展性社会工作具体在学校的实施内容,主要有以下几个方面:

（1）学生的生活、学业和职业辅导。通过采用各种专业手法和活动,帮助儿童青少年树立正确的人生观、价值观;培养他们的社会角色认同;锻炼他们的各种技能(如学习技能、人际交往技能、领导能力、处理突发事件的能力等);丰富学生生活,以提高学生生活质量,使他们更充实,生活更富情趣。

（2）协调学校、家庭、社区和社会之间的关系,提供各种关于儿童青少年发展的咨询服务,以促进儿童青少年的健康发展。

（3）协助有"特殊需要"的学生。社会工作者利用个案、小组等辅导的方式,帮助那些存在情绪困扰、人际交往障碍、学习技能不良、道德价值观偏差的儿童青少年,给予其情感关注,挖掘其自身潜力,发展其支持系统,使他们回归到正常的生活学习轨道上,以实现健康发展的目的。

（三）社会团体

各种社会团体和组织,例如中国青少年发展基金会、中国青少年发展服务中心等,通过资助服务、利益表达和活动组织,帮助儿童青少年提高了能力,改善了他们的成长环境,为他们的发展做出了很大的贡献。

总而言之,我国对儿童青少年开展的发展性社会工作还很薄弱,需要儿童青少年、家长、学校、社会、专业社会工作者多方面的努力,来不断推进发展性社会工作的专业化、系统化,以更好地实现儿童青少年的发展。

二、我国儿童青少年发展性社会工作存在的问题

我国儿童青少年工作在传统上较多着眼于教育和发展,在宏观上做了大量的工作。经过多年的努力,儿童青少年发展性工作取得了一些成就,但是同时也有许多问题仍然需要去解决。目前,我国儿童青少年发展性社会工作主要存在以下几个问题:

(一)相对于庞大的儿童青少年群体,福利投入与需求之间存在巨大差距

在我国,儿童青少年的发展政府福利投入相对较低,相当多的儿童及青少年的福利需求还需要依靠家庭来解决。党和政府高度重视儿童青少年发展,但国家总体发展任务较重,投入不够,促进儿童青少年发展的公共产品提供也存在相对不足的问题。近年来,随着社会的发展进步,政府对于儿童青少年工作的投入越来越多,但还需要一个较好的福利模式来实现儿童青少年的健康发展。在这方面还有很多有待于解决的问题。

(二)儿童青少年与社会的互动日趋激烈,儿童青少年发展性社会工作面临众多挑战

儿童青少年是祖国的未来,是民族发展的将来,他们的健康发展具有很大的意义。随着社会的发展变迁,全球化、信息化对儿童青少年的发展提出了新的问题。加上我国社会转型带来的多元冲击,儿童青少年的发展出现了新的特点,这对发展性的儿童青少年社会工作不断形成新的挑战。另一方面,儿童青少年对社会发展变化的感悟最快,也最突出,而不少儿童青少年工作者还停留在原有的儿童青少年工作的方法和模式上,工作失效甚至遭遇反抗的事情时有发生,挑战时时刻刻存在。

(三)全社会儿童青少年科学发展的观念尚未真正形成,传统的育儿观、家庭观的更新任务艰巨

社会要可持续发展,我们对儿童青少年的教育培养也要考虑儿童青少年发展培养的可持续。特别是在谁是发展的主体、承认每一个儿童青少年拥有的潜能、认识每一个儿童青少年的独特性等问题上,社会上还存在很多认识的误区。这不仅直接影响孩子的发展形成长,而且引发众多家庭里的亲子冲突,引发儿童青少年发生心理问题。在具体的发展性儿童青少年社会工作中,观念的转变更是成功与否的重要前提。但在实际工作中,面对儿童青少年,我们更多的是从教育学的角度去思考,去处置。随着我们国家经济社会的发展,从更广的视角来考虑儿童青少年发展,意义重大,挑战也越加尖锐。

思考题

1. 什么是发展性的儿童青少年社会工作？它具备哪些基本要素？
2. 怎样理解儿童和青少年的发展目标和特色？
3. 举例说明发展性的儿童青少年社会工作的功能。
4. 我国发展性的儿童青少年社会工作有什么特点？
5. 你对做好发展性的儿童青少年社会工作有什么建议？

儿童青少年社会工作实务
——治疗性工作（上）

儿童青少年处于成长发展的关键时期，容易受到外界不良因素的影响，而出现各种各样的问题，这时候，儿童青少年社会工作者及时对他们进行正确引导和行为矫正是十分重要的，这就是本章要谈的儿童青少年治疗性社会工作。在本章中，通过对家庭功能不健全的儿童青少年、残疾儿童、孤儿、流动人口中的儿童青少年和流浪儿童的现状描述和原因分析，从儿童青少年治疗性社会工作的角度出发，探讨了相应的救助措施。

第一节　儿童青少年治疗工作概述

儿童青少年治疗性社会工作是特殊的心理辅导、行为纠正、生活照顾等方面的服务，它有三个重要的工作原则：服务性与非赢利性、发展性、工作方法的科学化。

一、儿童青少年治疗性工作的内涵

治疗，原是医学上的专门用语，意指通过手术或药物的协助，使身体部位或机能方面发生病变的患者得到康复，以重新过上和正常人一样的生活的过程。

治疗概念也被引入心理学领域，指运用心理学的原则和技巧，通过语言、文字、表情、姿势、行为以及周围环境的作用，对患者启发、教育、劝告和暗示，提高病人的感受和认识，改善病人的情绪、心理状态、行为方式以及由此引起的各种躯体症状等。

近些年来，越来越多的学者把"治疗"这一概念引入社会领域，特别是社会工作领域，治疗性社会工作也得到更多人的关注。

治疗性社会工作是指将社会工作实施于治疗体系中。它是由专业社会工作人员运用专业理论和技术，为存在情绪、心理问题、行为偏差等人员，提供心理辅导、行为纠正、生活照顾等方面的服务，从而使之消除不良心理，修正行为模式,适应社会生活的一种福利服务。顾名思义,儿童青少年治疗性社会工作就是以儿童青少年为对象的治疗性工作,内容主要包括:促进少年儿童的家庭建设;帮助残疾人实现医疗康复、教育、社会适应;对孤儿、留守儿童的救助、心理辅导;减少儿童青少年的情绪问题,纠正偏差行为等。目前,儿童青少年治疗性社会工作已受到广大社会工作者的重视,并已应用到具体的社会工作实务当中。

二、儿童青少年治疗性社会工作的原则

儿童青少年治疗性社会工作主要有以下几个原则:

1. 服务性与非赢利性

社会工作具有为社会整体和社会成员服务的功能。因此,儿童青少年治疗性社会工作的目的是对存在各种问题的儿童和青少年进行帮助,为其提供心理辅导、行为纠正,使其能够最大程度地发挥自己的潜在力量,适应社会生活。可以说,治疗性社会工作具有为社会整体和社会成员服务的特点,它以助人为目的,而不是以赢利为目的。社会工作者要秉承助人这一原则,切实为儿童和青少年服务。

2. 发展性

帮助服务对象实现自身发展是社会工作的基本功能之一。社会工作尊重人,认为人是有潜能的,并把充分挖掘个人潜能以达致个人幸福和社会进步当作自己的工作目标。因此,儿童青少年治疗性社会工作虽以治疗行为为主,但是最终目的是要实现儿童青少年的健康发展。社会工作者要在具体的实务过程中,以发展带治疗,更好地实现儿童青少年的社会功能。

3. 工作方法的科学化

儿童青少年治疗性社会工作对象是多种多样的,所面对的问题也是各不相同。在长期的实践过程中,社会工作者必须不断地总结经验,收集针对不同问题的工作方法,综合使用各种治疗技术,才能使儿童青少年社会工作者的助人活动更加有效。

此外,儿童青少年治疗性社会工作仍要遵守平等化、尊重案主、案主自主性、保密等工作原则。

第二节 家庭功能不健全的儿童

我国学术界一般把儿童的年龄界限界定在 0 岁到 14 岁之间。这一年龄段既是儿童智力开发、个性形成和激发自我实现趋向的关键时期,也是不良习惯和心理、行为障碍易于发生的阶段。由于儿童特有的生理和心理特点,很多因素都

会对他们的健康成长产生影响,其中影响最大的是家庭。家庭是社会的基本单位,也是儿童最重要的生活、成长场所。家庭作为孩子的第一座学府,父母作为孩子的第一任老师,对儿童的健康发展担负着极大的责任,也对儿童的健康发展有不可替代的作用。现实生活表明,单亲家庭、暴力家庭、残缺家庭、教育不当家庭、贫困家庭等家庭功能不健全,对儿童的身心成长、社会适应等均会产生不利影响,因此,应该建立支持性、辅助性、替代性的服务网络开展治疗性社会工作服务。

一、家庭功能的定义

家庭功能是由性生活与生育功能、经济生活功能、教育功能、情感功能、精神生活功能五个基本方面组成的一个有机整体。家庭结构失调、破裂、家长不良言行的污染、教育不当等都可导致家庭功能的失灵,直接影响到儿童身心的健康发展。

二、家庭功能不健全的表现

第一,单亲家庭。当代中国单亲家庭有以下四种形态:(1)丧偶式单亲家庭。家庭内部配偶一方去世,另一方与未成年子女共同生活。(2)未婚式单亲家庭。未婚男女未办理法律手续同居后,所生子女与父母一方共同生活。(3)分居式单亲家庭。保留夫妻名分,在一定程度上夫妻的权利、义务得以保留,但夫妻不共同居住在一起,其中一方与未成年子女共同生活。(4)离婚式单亲家庭。夫妻双方经法律程序解除婚约,父母中的一方与未成年子女共同生活。

这种家庭结构的显著特点就是缺乏父爱或者母爱。因此,在这种家庭中儿童或者受到亲人的特别宠爱,或者得不到父母的关怀、照顾,从而不利于性格品德的形成。研究表明:无论是单由父亲抚养的儿童,还是单由母亲抚养的儿童,都比生活在完整型家庭中的孩子更容易出现性格扭曲或个性畸形,与完整家庭儿童相比,单亲家庭儿童与同伴关系、与父母关系较差,在情绪、品德、性格、学习等方面出现问题的人数比例较高。有关部门组织对上海中小学 110 名离异家庭子女的抽样调查表明,父母离异导致子女心理素质差的达 80%,品德行为恶劣的达 46%,单亲家庭子女的犯罪率是正常家庭的两倍。广东省少管所的少年犯中,单亲家庭的占 1/3。

第二,家庭暴力。家庭暴力是指夫妻之间、父母与子女之间,家庭及其成员之间的暴力。家庭成员作为儿童的榜样,如果整天争斗不休,习惯用暴力来解决问题,那么无异会使儿童形成一种用暴力来处理问题的思维定势,使他们习惯于暴力攻击行为,更为严重的是,由于很多父母习惯采用粗暴野蛮的教育方式,会形成孩子与父母的尖锐对立。生活在习惯于通过暴力解决问题的家庭中的儿童,形成了其固有的性格特征,在心理上鲁莽凶暴、易于冲动、控制力差、胆大妄为与不计后果,一旦这些儿童犯罪心理形成了,有了犯罪动机,就会发生暴力型犯罪,且多属于攻击性行为。

第三,父母有缺陷的家庭。有缺陷的父母主要包括两种情况:一是父母智力或身体有缺陷,如精神病、盲人,他们自己生活都无法自理,更谈不上给子女以教育。处于这种家庭的儿童,从小得不到正常的教育,可能还因父母的缺陷遭到歧视,容易过早地流入社会,养成不良恶习直至违法犯罪。二是父母素质低下的家庭,父母如果本身道德败坏,吃喝嫖赌,作奸犯科,那么不仅难管教子女,还可能成为子女仿效的对象。

第四,教育方式不当的家庭。(1)打压型,是指父母常常强迫孩子按父母的意愿办事,而且用惩罚来强制执行,不许孩子有差错或失误,否则就遭到打、骂、恐吓或其他惩罚。儿童的判断力和自制力都较弱,他们在学习和生活上都需要父母的督促与教导,而父母采取这种教养方式虽然过于急躁,但也是从孩子的利益出发,不希望他们走错路、弯路,是“爱之深责之切”的表现,只是有时会伤害孩子的自尊心,也不利于他们建立自信。尤其当父母认为他们对孩子倾注了全部的爱,同时也对子女提出更高的要求时,当子女尽最大的努力也难以达到家长的期望,孩子就易产生极大的心理压力,产生逃避和逆反心理。当这些压力超过了他们的承受能力时,可能会离家出走,以至误入歧途。(2)溺爱型,是指父母把孩子放到特殊地位,一切服从、服务于孩子,不适当地满足子女生活上的要求和欲望,处处迁就,事事代劳。在这种教育环境下长大的孩子,或者性格脆弱,无法接受任何挫折;或者任性、自私、以自我为中心;或者好逸恶劳、贪图享受。他们无法形成社会所希望的性格取向,因此,他们无法适应竞争化的社会,反而在欲望无法满足的情况下,容易走入极端。(3)放纵型,是指父母忙于自身的工作、应酬等,无暇顾及子女,对孩子的言行没有严格的要求和必要的约束,对孩子的缺点不管不问,任其自由发展,放任自流。这种教育环境下长大的孩子任性、孤僻、冷漠,他们在父母身上感受不到亲情的温暖,造成子女和父母缺少情感沟通,子女心理上的迷惘和疑惑得不到父母的及时指点,内心的欲望和需求得不到满足,心理上得不到慰藉,久而久之,心理问题积重难返,进而形成心理障碍和人格缺陷。

第五,贫困家庭。在有些经济贫困的家庭,由于父母无稳定的收入,又无挣钱致富的技能,谋生艰难,一般是城市下岗职工和经济落后农村尚未脱贫的家庭,无暇教育子女。这些家庭中小孩中途辍学的较多,若是家中还有一个病人则更是雪上加霜,债务累累。这类家庭中的儿童很容易过早地涉足社会,外出打工。由于缺乏正常的家庭生活和文化教育,他们中的很多人或成为流浪儿童或误入犯罪群体中。

三、家庭功能不健全对儿童的影响

第一，对儿童心理、人格的影响。儿童时期，个体在生理、心理上都还不成熟，世界观、人生观、价值观还处于发展期，家庭功能不健全导致儿童很容易产生逆反、自卑、妒忌等心理问题。（1）自卑封闭。生长在功能不健全家庭的孩子大都自卑、忧郁、怯弱、狭隘、孤独、沉默寡言、性格内向。据有关调查表明，85%家庭功能不健全的儿童对教师和同学比较冷漠，对集体活动总是处于消极状态，不愿参加。（2）暴躁易怒。家庭功能不健全的儿童大多在"家庭战争"中成长起来，有的更是父母的"出气筒"，充斥童年生活的只有父母无休止的争斗吵闹。长此以往，有些孩子就错误地认为自己是引起家庭变异的原因，渐渐变得郁郁寡欢，更有的变得暴躁易怒、野蛮冲动，在学校里也经常欺负同学，对他人都不自觉地充满敌意，以此来发泄失意和伤感。（3）冷漠自私。家庭功能不健全的儿童在家庭中感受不到亲情的温暖，感受不到爱，于是慢慢极端地认为没有人会对他们友好。他们大多都沉默寡言，不关心集体，不爱参加群体活动，将自己心灵的窗户牢牢关闭起来，更不用说帮助别人。（4）报复心强。一些孩子感受不到父母的亲情温暖、亲人的关心爱护，而过早过多地体味着世态的炎凉、人情的冷漠，于是将自己对家庭、父母的仇恨转变成报复行为，而不管对象是谁，只是在报复行为中平衡自己已严重失衡的心理。

第二，对儿童行为的影响。功能不健全家庭的生活环境对儿童行为方式产生的不良影响，是绝不能否认的。首先，自暴自弃。尤其是单亲家庭的儿童，当家庭结构发生重大变化时，他们作为包袱或砝码，在父母离婚的过程中，领略了人生的冷落、放弃、无助的一面，也体会到了人间的冷暖炎凉。他们或失去了可以依赖并得到人生庇护如山一样高大的父亲，或失去了充满浓浓爱意无时无刻不在小心呵护自己的母亲，过去的一切幸福都随父母的离异而消失殆尽，人生则被一片黑云遮蔽。孩子作为需要爱、保护的幼者，他们还无力在短时间内承受如此沉重的打击。他们只好采取了自我放弃、躲避、逃跑、离家出走等方式来表达自己的情感。其次，犯罪率相对较高。在功能不健全家庭中成长的儿童，常常会感到家庭冷酷无情，于是选择离家出走，流落到社会去找小兄弟取得"同情"、"温暖"，有的在别有用心的教唆犯的引诱、威胁下，堕落成罪犯。尤其是在武力高压手段下的子女，家人对其动辄拳脚相加，这种教育方式会产生很多恶劣后果，它会导致儿童学会用暴力解决问题，还会产生与父母的尖锐对立，甚至会有极端之举。

四、对家庭功能不健全的儿童的救助

家庭功能不健全是一个世界性问题，也是儿童社会工作发展过程中一个有

争议的话题。经过长期的改革与规划,目前西方的儿童救助措施基本上是采取"家庭导向"的政策原则,服务的重点在于加强儿童发展及成长生涯中"永久性环境"的塑造与维持。以美国为例,儿童救助主要是以支持性、辅助性或替代性原则来加以分类与整合的,并最终形成了严格政策规定下的三大服务网络。

（一）支持性的服务网络

在家庭是儿童生长最佳环境的论断基础上,支持性的服务网络基本上致力于支持或增强父母亲正向的教养能力,同时,尽可能避免儿童与其自然家庭必须隔离的状况产生。这一方案主要倾向于预防性。具体内容包括:

（1）直接的家庭个案服务:如个案管理、心理辅导与治疗、危机仲裁、父母教养能力训练等。营养、健康及心理卫生方案也属此类。

（2）保护性服务:这项服务基本上是依《儿童虐待与疏忽通报法令》而执行的强制性服务。各种口头攻击、身体伤害、精神虐待、性骚扰、性虐待、管教疏忽或遗弃等都属于强制仲裁的范围。仲裁执行的专业界定,各州基本上大同小异,其中包括家庭或少年法庭、民营的儿童福利机构、警政单位,还包含社工师、医疗人员、心理辅导人员及警察在内的儿童保护团队。在尽可能维护并保持家庭完整的原则下,保护性服务是提供紧急反应服务的预防性措施。

（3）未婚或未成年父母及其家庭服务:其中最具代表性的就是所谓"依赖家庭补助方案",它的补助标准除了包含未成年子女的单亲家庭外,同时必须考察这些家庭的资产情况。

（二）辅助性的服务网络

当父母或家庭遭遇困境,或本身能力限制,无法充分为其子女提供教育或教养上的需求时,辅助性服务便成为必要。此类服务的主要目的是补充家庭的角色功能,尤其是双亲能力所不足的部分。具体内容为:

（1）居家服务:通常由训练合格的家务员到家庭中协助照料年幼子女,以维持并改善家庭生活品质。它基本上是向低收入家庭提供有关教养子女、维护健康或是管理家庭方面的技术指导。

（2）托儿服务:当父母或家庭遭遇危机,低收入家庭中双亲都有工作,或者家庭中有情绪障碍、身体障碍或智能障碍的儿童时,一些特别规则设计的托儿场所成为最基本的服务方式。一般而言,这些托儿服务（包括场地、人员与方案）都必须有特定的执照,并且由联邦或地方政府提供财政上的补助。

（3）学校社会服务:学校社会工作基本上已成为美国现代教育系统不可或缺的专业服务。它的具体措施包括:个人、家庭或团体辅导,学校与社区的顾问咨询,家庭、学校与社区间的中介协调,危机仲裁,个案管理以及法律仲裁等。

（三）替代性的服务网络

从预防理论的观点来看,替代性的儿童福利措施基本上是属于次度及三度预防的层次，它也是儿童福利的最后一道防线。替代性服务的需求，主要来自家庭功能的解组，或是因为环境多重问题与压力，使得双亲负担的能力不足，对儿童的成长与发展造成严重影响。此类服务的具体措施为：

（1）寄养服务：长久以来，它是一项最普遍的替代性儿童福利措施。在美国，公营与民营的社会服务机构都能够提供家庭寄养的配置服务。专业化的寄养服务是由受寄养儿童、儿童自身家庭及其成员、寄养家庭及其成员、儿童福利机构及其专业人员所组成的服务方案。这种服务可区分为紧急性寄养、短期性寄养及长期性寄养等。

（2）机构式服务：机构或团体的儿童服务模式基本上是为有特别需求的儿童及青少年设置的，尤其是当他们的心理或行为有严重偏差或困扰倾向时。目前，美国最普遍的机构式服务包括机关式教养、住宿治疗以及团体寄养等。

（3）领养服务：按照儿童福利的观点，领养服务是一项为儿童寻求合适家庭的具体措施，而非替某一个家庭寻找受领养的儿童的过程。它是通过社会工作及法律的专业服务，为具有重大理由，如亲生父母丧生或严重虐待个案等而无法由亲生父母继续抚育的儿童，获得一个永久的家庭。在美国，所有执行领养服务的专业人员及机构必须具有非营利的地位。同时，领养的过程不但必须符合法律的规定，还需要具备其他条件，其中，最重要的是以儿童的福利为最优先。

五、对家庭功能不健全儿童的社会工作

以儿童为对象的社会工作有其特性，在实施过程中应注意以下几点：

第一，"解铃还须系铃人"。父母在孩子心中的地位是无可取代的，社会工作者要主动与那些还有责任感的父母取得联系，晓以利弊，让他们清楚问题的严重性，教育与引导父母为儿童提供直接的、良性的学习对象。每个孩子的成长都离不开父母的养育、教导和关爱，父母的言传身教对孩子的健康成长至关重要。父母与孩子时常交流沟通，有感情，孩子就有爱心、同情心和责任感，孩子健全的人格确立须臾离不开父母的呵护和关爱。给孩子一个亲密的拥抱，一个幸福的微笑，一个关注的眼神，一次倾心的交谈，甚至是一次适时的批评，都会让孩子感觉到父母在关注他、爱他。家长即使有诸多的理由不能为孩子提供一个完整温暖的家庭，但亲情关系和抚养义务并没有结束，希望家长尽自己最大的努力来消除孩子心中的不安和痛苦，一如既往地关心自己孩子的成长，让孩子有一个平和、宁静的成长环境。同时，也让家长明白，孩子也是一个独立的个体而并非自己的"私有财产"，应充分尊重他自己的意愿，由于孩子年少，对他们不要放任自流，溺爱有加，也不要过严过苛，对孩子有过多的要求。总之，让爱继续，让孩子能快乐健康地成长。

第二，从外在环境入手。并不是每个家长都能尽自己的这份责任，而从家庭

中得不到温暖的孩子心底里对亲情更为渴望。学校与老师作为孩子们另一处感情的依托所起的作用是不容忽视的。社会工作者首先要指导老师们对这些孩子应该引起足够的重视,要善于在平凡的小事中加倍去关心、热爱孩子,努力使他们对老师建立起信任感,对老师感到亲近而不是敬畏。做到了这一点后才能与这些"问题"孩子之间架起一座可以来去自由的桥梁,然后才能加强正面引导,心理穿透,对症下药。其次可以推动教育机构,充实学前教育,修订课程结构,设计有利于儿童综合发展的课程模式,将社会工作作为学校的重要部分。鉴于社区的作用,社会工作者应该协助社区净化物质和人文环境,促进家庭、学校和社区的交流。鉴于社会政策的覆盖面,社会工作者应该倡导政府出台相关政策,在儿童的权利保护、发展和福利等领域推行可行的计划,营造有利于儿童健康发展的宏观环境。

第三,要注重游戏治疗。社会工作者在提供服务中,要与儿童建立温暖友善的专业关系,接纳儿童的各类表现,进行同理回应,保持实践智慧,形成健康、快乐、向上的气氛。绘画、戏沙、玩偶、娃娃屋、相互说故事等都是较适合的专业手法。社会工作者还可以组织儿童开展群体活动。群体活动是儿童喜闻乐见的好形式。儿童可以通过参加群体活动,满足娱乐、交往、竞争、自我实现等多种需要,并在活动中增长知识和才干。

第四,精准地把握社会工作伦理和守则。社会工作者要真正平等地对待每个儿童,相信其潜在能力与积极动机,真正为儿童提供公平的机会、资源和服务,要精确领悟案主自决等专业守则,要恰当应对案主自决与工作者决定等伦理困境,要特别注重保护当事人的权利和促进其福利,采用伤害最小、永久性伤害最小、即使伤害也最有可能恢复的方法,将保护生命视为首要原则。当然,社会工作服务面临的情况千差万别,依托专业素养、体现实践智慧是儿童社会工作成功的法宝。

第三节 残疾青少年

青少年时期是一个人一生中最重要的转折时期。这个时期的青少年充满了对生活的探索和质疑,他们逐步走向成熟,同时也特别需要引导和帮助。而对于那些残疾青少年来说,他们的生活面临着更大的困难与挫折,更加需要社会给予帮助和指导。残疾青少年社会工作就是一种以有残疾的青少年为服务对象的社会工作。它根据青少年的生理、心理和社会特征,同时考虑到残疾人所面临的困境,用专业社会工作的各种价值、理念、方法和技巧,为残疾青少年提供医疗康复、教育、职业康复、社会康复、心理辅导等服务,以促进残疾青少年的自由发展,帮助他们与社会达成一种良好的适应状态。

一、残疾青少年的概念及特征

（一）残疾青少年的界定

我们通常认为残疾是指人体某部分因疾病等原因造成缺损或生理功能障碍，在心理适应和社会适应方面出现问题，影响正常生活，不能发挥正常功能。

青少年指的是从儿童向成人的过渡时期，其起始年龄约为十二三岁，即青春期开始来临的时期，而青少年的下限的年龄则应止于社会成熟时期。这个年龄界限依不同的时代背景、社会环境而有所差异，一般应在 25～30 岁之间。

我们可以把残疾青少年分为以下几个类型：（1）智力残疾青少年。指智力明显低于一般人的水平的，并表现出适应行为的障碍现象的青少年。（2）肢体残疾青少年。指由于发展迟缓、中枢或周围神经系统发生病变、外伤，或疾病而形成的功能性障碍的状况的青少年。（3）听力残疾青少年。指由于各种原因导致双耳不同程度的听力丧失，听不到或听不清周围环境声及语言声的青少年。（4）视力残疾青少年。指由于各种原因导致双眼视力障碍或视野缩小，通过各种药物、手术及其他方法而不能恢复视觉功能者，以至于不能进行一般人所能从事的工作、学习或其他活动的青少年。（5）语言残疾青少年。指由于声音机能或语言机能障碍，与人沟通困难或完全无法沟通的青少年。

残疾问题是全球性普遍存在的问题，据联合国卫生组织统计推算，中国残疾人的数量已经达到 8 296 万人，与 1987 年的 5 164 万人相比，增加了 2 132 万人，残疾人口的数量已占全国人口的 6.34%，其中残疾青少年数量达到了 3 000 多万人，可以说这是一个庞大的数字，需要我国社会各界的关注和重视。

（二）残疾青少年群体区别于一般青少年的特征

残疾青少年作为弱势群体，不同于一般的青少年，他们具有生理上的障碍性、心理上的高度敏感性、生活上的贫困等特征。

首先，生理上缺陷或障碍是残疾青少年的首要特征，他们由于生物器官（组织）的缺陷，使得他们难以像正常人那样生活，同时对于家人和亲友的照顾有着强烈的依赖性，这对于他们的生活和学习以及社会交往有着众多的不便。

其次，心理上高度敏感性。青少年是一个人从不成熟的自我走向成熟的自我的过渡时期，对社会的认识也处于由感性到理性的转变过程中，这一过渡时期，青少年的独立性日趋增强，对自我的认识能力也大幅度的提高，这一时期的青少年容易受外界环境的影响，他们在乎别人对于他们的评价和看法。对于这些，有着残疾的青少年则面临着双重的压力和困境，他们从自我意识上察觉到自我与他人的差距，对于自身的缺陷，心理上存在严重的自卑感。残疾造成的学习、生活和社会交往上的障碍，使这些残疾青少年意识到他们需要比健全人更多地集中精力和付出代价，才能获得成功，所以过重的心理负担所产生的困扰,有时会陷入异常悲观的境地。由于生活范围的限制,使得相当多的残疾青少年缺乏社会交往、合作的能力,从而进一步导致孤僻性格的形成。由于上述的这些,通常残疾青少年有比较严重的相对剥夺感和较为强烈的受挫情绪,因此在心理上容易产生不满、苦闷、焦虑、急躁情绪,难以自我调适,进而对生活失去信心。

最后,生活上的贫困性。残疾青少年的家庭往往需要父母双方有一方对其照顾,这就使得整个家庭的经济收入相对较低。再加上有些家庭由于需要长期花钱为这些残疾孩子进行治疗,高昂的医疗费用往往使整个家庭陷入困境,使得这些残疾青少年的生活往往比较贫困,绝大部分的收入用于食品,而没有娱乐、文化等精神方面的消费。可以说他们处于社会分层中的底层,拥有的资源数量少,导致他们生活异常地拮据和困难。

残疾青少年同样也是社会的未来,但是从生理、心理及社会特征来看,他们同时也是社会上最脆弱的群体之一。他们在成长的过程中,自身往往由于各种原因容易遭受挫折。因此我们要从他们的心理特点出发,关注他们的需求,这是我们进行残疾青少年社会工作的基础。

二、我国现阶段残疾青少年面临的问题

尽管残疾青少年在政治、经济、文化、社会生活方面应该享有同其他公民平等权利的观念已经在全世界得到公认,而且在世界各国,残疾人的权利也普遍得到了法律的确认,但是,在现实生活中,社会对残疾人平等的公民权的漠视常常使得他们处于不利的地位。残疾青少年普遍不平等的待遇,具体表现在以下几个方面:(1)残疾青少年的基本生活得不到最起码的保障,残疾人状况与社会平均水平相比还存在不小的差距,有些方面甚至呈拉大趋势,严重威胁他们的生存权;(2)部分残疾青少年很难享受与其他公民平等的受教育的权利,发展的权利受到严重剥夺;(3)就业范围和选择的自由受到严格的限制,难以获得平等的就业机会;(4)缺乏医疗保障和必要的康复服务,由于自身的残疾和现实的障碍不能获得平等的社会参与机会;(5)权益受侵害事件时有发生,残疾青少年的合法权益得不到维护。

三、残疾青少年社会工作的概念

残疾青少年社会工作是指针对具有残疾特征的青少年所做的社会工作。它是社会工作者运用社会工作的方法帮助青少年补偿自身缺陷,树立生活信心,克服环境障碍,发掘他们的潜能,使他们能够平等地参与社会生活,分享社会发展成果的专业活动。它涉及的范围相当广泛,包括康复、社会融合和参与、特殊教育和职业训练、就业辅导和就业服务以及维权服务。

（一）残疾青少年社会工作的理论基础

理论作为我们实施具体工作的指导原则和依据，有着非常重要的作用。残疾青少年作为一个特殊的群体，不同的学科就其相关部分进行研究，发展了不同体系的社会理论和方法，具体涉及以下几个方面：

1. 标签理论

标签理论是解释某些偏差行为何以产生的理论，也是反对那些不正确地制造偏差行为的理论。这一理论认为，某些人的行为被认为是偏差行为，是社会上有权势的人给弱势者加标签的结果。本来，这些弱势群体的行为站在自己的立场上看是无可指责的，但是在那些有权势的人来说这些行为不合规范，从而给这些行为贴上"偏差"、"不正常"的标签。又由于这些人具有权势，经过宣传或某些社会程序，这些加在弱势群体头上的"偏差"的标签逐渐被广大社会所接受。这些有权势者的妄加标签使那些本不属于偏差的行为成为了"偏差行为"，而且这种妄加标签可能真的会促成弱势者偏差行为的后果。

标签理论应用到残疾现象上就是，用什么样的观点看待残疾人，这是制定残疾人政策、开展残疾人社会工作的基础，也是决定对残疾人态度的最根本因素。有的人把残疾人单纯看做是怜悯的对象，有的人认为残疾人无所作为，是"废人"，是社会和家庭的负担；还有的人认为残疾人是社会的"二等公民"，只能靠社会的施舍和恩赐来生活……种种对残疾人的歧视和偏见，不仅给残疾人及其家属带来精神上的巨大伤害，而且人为地在残疾人和主流社会之间制造屏障。在这种社会氛围下，即使有再多的保障残疾人的法规，残疾人境况的改善仍然不容乐观。

总之，用于残疾现象的标签理论反对轻率、不负责任地给某些人加上"残疾人"的标签，以避免这种妄加给这些人带来的不利影响。

2. 增能理论

许多人把残疾人看做是脆弱的一群人，而忽视了人是有潜能的、是可以改变的。增能理论就是站在人的发展的立场上，并通过一定的方法，使残疾人可以在一定程度上恢复他们失去的机体的、社会的功能，并有助于他们进入一般的、正常的社会生活。增能不但在于增强其原本丧失的集体的功能，而且可以增强他们的生活信心，甚至可以减轻他们对社会的负担。增能理论是以人的发展理论为基础的，它关注于人的基本价值的实现。按照增能理论的理解，增能的方式也是多种多样的。比如康复可以使残疾人已丧失的功能得以恢复，教育和培训可以发掘他们的潜能，外界生活、活动条件的改善可以减轻他们的能力障碍，等等。

（二）残疾青少年社会工作的内容

残疾青少年社会工作包括对青少年残疾者的医疗康复、教育、就业辅导、社会融合和参与、特殊教育和职业训练以及维权服务。

1. 对残疾青少年的医疗康复

医疗康复是指通过治疗、改善、恢复残疾者的各项身体功能,使其减轻能力障碍和获得最大限度的日常生活能力,为其重新参与社会生活提供身体方面的必要条件。同时医疗康复工作不仅要考虑到身体康复,也要考虑到残疾人的精神康复以及社会生活方面的康复。对于肢体残障者,我们借助医学治疗以使其残缺康复和预防可能再度残缺;对于精神障碍者,我们应借助医学治疗以使其症状减缓及初步防止其症状的复发。

2. 对残疾青少年的教育工作

对残疾青少年的教育包括对肢残人的普通教育和对聋哑人、盲人、弱智人进行特殊教育而采取的一切措施。它为残疾者重新参与社会生活提供文化素质方面的条件。对残疾人的教育工作,是社会进步的表现,是衡量一个国家教育发展水平的标志之一。对于残疾的青少年来说,他们有权利接受特殊教育,通过接受代偿性训练,可以在一定程度上补偿丧失的那部分感官功能,为进一步接受教育创造条件,以便积极地参加正常的社会生活。从社会角度看,对残疾人进行社会服务性训练,使他们获得基本的生活能力和一定的谋生能力,于社会有益。他们是否接受教育,直接关系到整个国家、整个民族素质的提高。对残疾青少年进行教育,有利于培养、发展和提高他们以后适应社会的能力,为家庭、社会减轻压力。残疾人给家庭和社会带来的压力真的是不言而喻的,发展和提高他们的生存能力,把他们培养成有一技之长,能自食其力的劳动者就显得特别的重要。

根据残疾青少年的特性,其教育工作应采取两种方式:一是普通教育方式,对具有接受普通教育能力的残疾青少年实施。社会工作者应大力宣传国家的有关政策,让学校和教育工作者不再歧视这些残疾的学生,同学们也应当尊重和帮助他们。二是特殊教育方式,对不具备接受普通教育能力的残疾青少年实施。如学习盲文或手语,使他们具备与外界沟通的能力。

3. 对残疾青少年进行职业康复工作

对于那些达到法定劳动年龄的、具有一定的劳动能力和劳动要求的残疾青少年,对其进行指导,使其能够获得劳动岗位,获得劳动报酬。社会工作者应帮助这些有意愿和工作能力的残疾青少年,对他们进行就业前的咨询和评估,考虑他们适合哪些工作。不但要对他们进行心理训练,同时也要进行技能训练,目的是使其较为顺利地适应岗位的需要,增强残疾青少年的工作信心。

4. 协助他们进行社会康复工作

社会康复工作以协调人际关系、增进社会福利和提高病伤残者生活质量为目的,不仅维护了社会的安定,而且也促进了社会的发展与进步。残疾人进行医疗、心理、教育和职业一系列康复之后,摆在他们面前的仍然有一个严峻的现实:社会并不轻易向残疾人敞开大门,这无疑影响到他们治疗的积极性和参加各种康复活动的热情。于是,社会康复就负有了特殊职能,它的主要任务之一就是沟通残疾人和外界的联系,一方面唤起社会对残疾人的理解,与社会一起创造帮助残疾人平等参与社会生活的条件;另一方面帮助残疾人认识和适应现实社会,使他们意识到自己不仅有生存的权利,而且还有为社会尽责的义务。现代社会中,从来没有一个人可以完全独自生活和活动的,每个人永远是某一个社会集团或群体的成员。从这种意义上说,残疾人的社会交往和人际关系直接影响着其他人群的社会活动和生活质量。

社会工作者应动员社会各界、各种力量,为残疾人的生活、学习、工作和社会活动创造良好的社会环境,使他们能够平等参与社会生活并充分发挥自己的潜能,自强自立,享有与健全人同样的权利和尊严,并为社会履行职责,做出贡献。

社会康复工作内容同样也包括协助政府制定法律、政策来保护残疾青少年的合法权益;并宣传社会对残疾人的理解,消除对残疾人的歧视,激励残疾青少年自强自立,建立和谐的社会环境。

5. 运用个案工作和团体工作的方法对残疾青少年进行帮助

对于那些有着自卑、孤僻等心理问题的青少年可以进行一对一的心理辅导,通过谈话等个案辅导,减缓他们的心理负担,改变他们消极的生活观念,克服心理障碍,树立自强自立的信心。

青少年身心发展决定了他们的乐群性,团体是青春期的伙伴,在青少年成长中具有重要的地位。而残疾青少年行动或沟通的不便,使得他们难以参与活动而容易形成孤独怪僻的性格。社会工作者应组织残疾人和健全人一起参加社会文化、体育和娱乐活动,支持残疾人自己的社团活动,通过交往,加强了他们与社会的联系。同时在活动中展示了他们的能力,使他们发现自己的潜能,减少自卑感。

第四节 孤 儿

随着我国经济的发展,孤儿的数量相比解放前已经明显减少,但是仍有部分省市还存在一定数量的孤儿,存在着生存、教育、心理、社会化等多种问题,对孤儿的救助和关怀势在必行。到目前为止,我国对孤儿开展的救助模式主要有:集中供养型、助养型、代养型、机构形态的家庭照顾型和家庭寄养型。在社会转型加速期,我们应该树立现代社会"全面帮助孤儿、帮助孤儿全面"的理念,构建全方位孤儿帮助体系,综合利用多种模式,促进孤儿的健康发展。

一、孤儿的概念及现状

所谓孤儿,顾名思义,是指父母双亲均不在位,即被父母遗弃或父母双亡的孩子。

　　根据 2005 年全国(除台湾、香港、澳门外)的孤儿排查数据,我国大陆 31 个省(自治区、直辖市) 孤儿总数为 5 713 万人,占全国人口的 4.43‰。其中青海、西藏、新疆、宁夏以及广西、贵州、云南等经济欠发达省份孤儿占人口比例高于其他地区;河南、安徽、湖北等艾滋病高发区的孤儿数量较高。农村户口的孤儿占总数的 86.3%,城市户口的孤儿占 13.7%。而且我国孤儿的绝大部分集中在 6 岁到 15 岁的年龄组。城市地区儿童致孤的首要原因是遭受遗弃,并且 0~3 岁的遗弃儿童比例最高,其次为父母疾病病故,意外事故排在第三位,而自然灾害导致的孤儿所占比重非常低。在农村地区,首要原因则是父母因疾病病故,其次为意外事故,儿童遭到遗弃排第三,自然灾害则排在最后一位。

二、孤儿的生存处境

　　1. 生存问题

　　生存是所有孤儿都面临的严峻问题。其困境主要表现为:(1)经济窘迫。由于父母双亡或遭受遗弃,孤儿丧失经济来源,生活非常贫困。(2)失去遗产继承权。特别是父母双亡的孤儿还面临着暴力威胁、被贩卖、住房和财产继承权被其他亲友或有权势者剥夺的问题。(3)营养不良和疾病。由于孤儿普遍生活在贫困地区或贫困家庭,其食物来源、营养状况大多数缺乏保障,直接影响到他们的体格发育和智力的发展,容易患上各种疾病,却很难获得医疗和保健服务。

　　2. 教育问题

　　由于缺乏父母照顾、经济窘困等原因,孤儿难以保证及时入学或继续学习,辍学对他们来说几乎是必然的。失去了上学和继续受教育的机会,使他们的明天更加黯淡。

　　3. 心理问题

　　在孤儿的心理发展中存在着很多的问题,并呈现日益复杂化和明显化的趋势。这主要表现在:(1)人生目标的两极化现象日益凸显。在问及孤儿“你的理想是什么?”“你长大以后想干什么?”等问题时,受社会环境的影响,越来越多的孤儿的回答或是充满幻想的宏愿,或是唉叹命运的自卑,而少有切合自身又可望可及的人生追求。(2)情感脆弱性日益明显。面对纷繁复杂、多元迅变的社会环境,孤儿的茫然感、无助感日益增强。(3)人际交往中恐惧感与失范性并存。多数孤儿害怕与社会接触、与其他孩子交往,这主要是其自卑心理所造成的。而在人际交往过程中,认知、情感、道德等方面的失范行为屡屡可见,客观地导致与孤儿交往困难。(4)失衡感与过强的自尊心交融在一起。渴望家庭亲情的天性,往往造成孤儿较强的失衡感,也养成了过强的自尊心,二者交融在一起,使孤儿格外在意别人的眼光与看法,总是感到社会对自己的不公平。

4. 社会化问题

由于丧失父母所带来的悲伤,以及由此带来的上述一系列问题阻碍了孤儿正常的交友、亲情和社会化的发展,这对他们顺利成长、融入主流社会造成了很大的困难,甚至会使他们产生不健康的行为或反社会倾向。

三、孤儿的救助模式

新中国建立以来,我国的儿童福利事业得到了快速的发展。到目前为止,我国已经形成了多类型的孤儿救助模式:(1)集中供养型(院舍照顾型)。由政府投资兴办的儿童福利机构为孤儿提供服务,被照顾的儿童集中生活在福利机构内。(2)助养型。由单位或个人出资资助一名或若干名儿童的部分或全部养育(含生活、教育、医疗等方面)费用,由福利机构提供集中照顾服务。(3)代养型。由个人或机构为由福利机构监护的儿童提供短期或较长期的家庭式、小机构式的服务,个人提供的服务多以"周末妈妈"的形式出现。(4)机构形态的家庭照顾型。将儿童福利机构的设施设计为以"家"为单位的居家环境,由工作人员(妈妈)和若干名儿童组成相对稳定的家庭,如 SOS 儿童村。(5)家庭寄养型。由政府出资,由福利机构为孤儿选择合适的家庭,由家庭为孤儿提供所需的生活照料和服务,使其能够在家庭环境中得到细致的照顾和关爱。这是当今儿童福利事业发展的趋势。(6)领养型。根据《收养法》领养孤儿,使领养家庭成为孤儿的合法监护人。

四、进一步做好孤儿救助工作的对策及建议

在社会转型加速期,我们应该树立现代社会"全面帮助孤儿、帮助孤儿全面"的理念,构建全方位孤儿帮助体系。总的思路是,从孤儿成长性的特点出发,坚持平等基础上的现代社会帮助观,建立福利思想指导下的帮助孤儿全面成长、促进其完全整合到主流社会中的新型孤儿帮助体系,即通过政策调整及制度建设把孤儿作为具有特殊需求的独特群体,引入现代社会工作理念及方法,对孤儿福利进行系统开发,由政府、社区、家族、社会共担帮助孤儿的责任,建立起"政府出资、社会支持、家族抚养、社区关爱"的孤儿现代帮助模式。具体说来,孤儿福利作为特殊群体福利,既是全国性公共产品,中央政府要负财政责任,同时也是地方性公共产品,地方基层政府负有提供具体服务等责任。同时,基于孤儿接受教育及基本生活抚养需求,地方学校和孤儿家族也对孤儿福利的提供承担责任。因此,我们应该建立一个有中央政府提供财政支持、地方政府和社区家族提供具体服务、社会提供志愿帮助的当代孤儿的社会帮助体系。

建立这种帮助孤儿的新体系基于两个基本理念,一是社会工作关于社会中个体与社会的关系及社会对个体、个体对个体提供帮助的理念。伴随着我国社

会主义现代民主社会的建立,社会工作理念及实务逐渐被引入我国,社会工作提出了明确的关于社会对个体、个体对个体提供帮助的价值理念:个人是社会的首要关心对象;在个人与社会之间存在一种相互依存的关系;个人和社会彼此之间具有相互的责任;每个人都有共同的人类需要,但每个人都是独一无二的,与其他人是不同的主体;一个民主的社会基本属性是实现每一个人的完全潜能,并鼓励每个人积极地参与社会生活,以便履行其社会责任;社会有责任提供种种方式来帮助个人克服自我实现的障碍。在此价值理念下,孤儿有得到社会、社会中的其他人及群体平等帮助的权利,现代社会应该以福利的方式为孤儿提供帮助。二是孤儿成长性特点导致的孤儿福利的发展性理念。孤儿福利以帮助与激发孤儿自我发展、自我成长的潜能,促进孤儿全面健康发展为目的,因此,儿童福利的最终目的是面向未来,面向儿童的健康成长。自改革开放以来,随着我国建立现代民主社会进程的加快,经济和社会发展水平的不断提高,社会工作思想及实务逐渐被引入我国,社会越来越注重人的全面发展和人与社会的协调,注重人的生活质量的提高。对孤儿这一社会中被边缘化并且正处于成长阶段的特殊群体来说,社会也更加关注通过有效手段和政策帮助其迅速提高生活质量。

基于上述理念,为建立新的帮助体系并保证其良性运行,主要应做好以下几方面工作:

(1) 改善孤儿福利结构,完善孤儿福利制度,提高孤儿福利质量。第一,在原有的孤儿福利内容上要增加项目。孤儿不仅有缺失性需求,更有成长性需求,他们应该受到关怀、爱护和了解,应有足够的营养和医疗照顾,应有法定的免费教育,应有发展潜能成为社会有用之才的权利,因此,孤儿福利应该包含保障其生存权、被抚养权、受教育权、社会交往权等在内的多项内容。目前,我们一是要按现代社会的要求重新设计孤儿福利制度的结构,重点根据将孤儿整合到主流社会的目标,增加对孤儿心理及成长帮助方面的内容。二是要结合当代社会经济发展水平,适度提高孤儿福利的水平。第二,福利提供的程序要规范。政府要尽快出台该制度实施细则,明确各责任主体的责任、任务及相互间的协调机制,建立新制度运行的监控及评估体系。其中,重点要明确孤儿社会救助福利服务递送的实际承担者。在福利经费准确及时到达孤儿抚养家庭的基础上,发挥基层组织及社区的优势,通过对孤儿抚养家庭的监督和管理,促进孤儿充分享受到福利服务。

(2) 加快孤儿福利机构职能的转变,大力发展家庭寄养模式。目前,我国的儿童福利机构主要包括:儿童福利院、残疾儿童康复中心、孤儿学校及 SOS 儿童村等。这些机构虽在供养、教育、医疗康复等方面各有所侧重,但其主要的服务对象是孤残儿童,为其提供的集中供养模式为保障孤儿、弃婴的健康成长做出了重要贡献。但是,随着儿童社会福利事业的改革与发展,集中供养的模式日益暴露出其局限性:儿童心理发展不全面,难以建立起正常的心理依恋;强化了儿童作为孤儿、弃婴的"个人"属性,弱化了作为"人"的社会属性,难以融入社会;财政投入大,功能庞杂,整体服务水平不高。家庭寄养模式则可以有效地避免上述局限,成为儿童福利事业发展的主流。

(3)加强社区建设,构建完善的为孤儿服务的现代社会服务网络。当代中国社区的社会服务职能越来越凸显,尽快加强社区的组织建设和社会服务功能建设迫在眉睫。基层社区组织可以设立职能部门专事孤儿福利事务,承担一部分孤儿救助的服务。另一方面,可以大力发展社会组织,成立服务型非营利组织,鼓励社会机构进入社区参与孤儿福利领域,如孤儿维权组织、孤儿代言组织、孤儿心理咨询及辅导组织等,以此与孤儿监护人、抚养人家庭一起建立起为孤儿服务的系统体系,促进孤儿福利社会化的进程。

(4)加大对孤儿监护及实际抚养家庭(人)的培训、监控及管理。一是强化其监护抚养孤儿的社会责任和意识。二是培训其抚养孤儿的技能,提高其抚养孤儿的能力和水平。如给他们讲解孤儿心理、孤儿需求、孤儿权利特点,教给他们如何了解孤儿、如何同孤儿交流与沟通、如何有效帮助孤儿解决困扰、促进孤儿健康成长的手段和方法。三是对孤儿实际抚养家庭及抚养人进行信息跟踪、联系和监控,及时了解和掌握他们自身的条件变化及对孤儿抚养的情况,保证对孤儿救助的经费真正用到孤儿身上,保证孤儿的权益在抚养家庭中能得到保护。对于孤儿由身体状况差的爷爷、奶奶、外公、外婆实行隔代抚养的贫困家庭,政府、社区及社会应实行特殊政策,更大程度地予以支持。

(5)加快建设专业化的社会工作者队伍。建立一支专业化的社会工作者队伍参与到对孤儿救助和帮助的所有环节。社会工作者不仅可以利用自己的专业知识直接对孤儿进行生活和心理方面的辅导,而且可以参与到救助政策及措施的制定过程中,并对福利机构、社区、寄养家庭的救助工作进行指导,用科学的、到位的社会工作理念和方法帮助孤儿构筑一片新的天空。

第五节　流动人口中的儿童

流动人口中的儿童包括留守儿童和流动儿童,这两种儿童都面临着教育、生活、道德品行、安全、社会化等多方面的问题。本节中,综合家庭、学校、社会,从儿童青少年社会工作的专业角度出发,提出了一些对流浪中的儿童进行教育、管理和心理辅导的措施,以促进全面发展。

一、流动人口中的儿童包括留守儿童和流动儿童

何谓流动人口,洪成文认为,"所谓'流动人口'就是在城市中无正式户口而

暂时留住的人"。在此,"流动人口"专指农村进城务工人员。流动人口中的儿童包括留守儿童和流动儿童。所谓"留守儿童",是指因父母一方或者双方外出打工而被留在家乡不能与父母双方共同生活在一起并需要其他亲人照顾的年龄在 16 岁以下的孩子。对于流动儿童,刘朝晖等认为"所谓'流动儿童',是指那些在家乡或者在父母打工的城市出生,不具有所在地城市户口,而被留在父母打工的城市生活、学习的农民工子女,是与那些因父母进城务工就业而被留在家乡的所谓'留守儿童'相对应而言的。"

随着改革开放的深入和城镇化进程的不断加快,农村富余劳动力大量向城市转移,中国流动人口规模不断增大,留守儿童和流动儿童问题就是在这个过程中出现的,这是我国现代化进程中的一个特殊社会问题。近年来,留守儿童和流动儿童数量不断增多。根据第五次人口普查资料推算,14 岁以下留守儿童总数已达 2 290. 45 万人,而 14 岁以下流动儿童总数为 1 409. 68 万人。这些儿童在家庭生活以及早期教育方面存在缺陷,无法享受正常的亲情关爱,在复杂的社会环境中面临着成长中的诸多问题。教育和保护好农村留守儿童、流动儿童,使他们健康成长,已成为一个刻不容缓的社会问题。

二、流动人口中的留守儿童问题及对策和建议

(一) 留守儿童存在的问题

1. 生活方面的问题

留守儿童在生活方面表现出来的问题比较复杂。由于父母外出务工,留守儿童缺少父母的管教和关爱,许多留守儿童在物质生活和精神生活方面都因无人照顾或者是照顾不周而处于严重紊乱状态。一方面,留守儿童很容易养成不良的生活习惯,饮食结构不合理、暴饮暴食、饥饿无偿现象经常出现,严重影响儿童的身体健康。另一方面,由于没有父母约束和引导,他们经常沉溺在一些不良的影视文化之中,而且在花钱方面也大手大脚,经常和一些不良群体混在一起,极易养成生活上追求享受、不思进取、懒惰贪玩的不良习惯。

2. 教育方面的问题

在市场经济条件下,外出打工既增加了农民收入,也提高了农民的生活质量,但是由于父母长期在外打工,没法照顾和教育自己的孩子,致使留守儿童的教育问题成为了一个社会备受关注的问题。留守儿童教育问题主要表现在以下几个方面:第一,家庭教育的缺失。家庭教育是学校教育的依托和基础,良好的家庭环境能使孩子在学校学习更加有信心,更积极。反之,家庭教育的缺失则会使孩子无心学习,逆反心理比较重。由于父母长期在外,根本就没有办法来监督和辅导孩子的学习,即便是有一方父母留在家中,也会因为忙于家务和农活而无暇顾及孩子的学习。由祖辈做代理监护人的孩子,由于爷爷奶奶、外公外婆对孩

子的溺爱,加之他们文化水平较低,在学习上根本无法指导孩子。由父辈的亲戚、朋友做代理监护人,则很难与孩子沟通,就更谈不上指导和监督学习了。第二,留守儿童缺少学习的动力,学习成绩下降。由于缺少监督和指导,缺少父母的帮助和鼓励,留守儿童普遍表现出对学习不感兴趣,缺乏学习的动力。另外,思念父母的强烈情绪使其上课注意力不能集中、听课效率低下,导致学习成绩下降。

3. 心理方面的问题

留守儿童正处于身心发育时期,在这个时期更需要父母的关爱和引导,而且缺少父母中任何一方的关爱都会对孩子的身心健康产生一定的影响。但是由于外出务工父母或代理监护人无暇顾及,留守儿童在感情上得不到满足,而且也得不到正确的引导和帮助,这会对他们的心理产生不利影响,容易导致心理问题,极易产生认识、价值上的偏离和个性、心理发展方面的异常,人格发展不健全,集中表现为任性、自卑、冷漠、失望、敏感、孤独、胆怯等。长期积累,就容易形成任性自私、性情孤僻、以自我为中心的性格特点。

4. 道德品行方面的问题

留守儿童正处于成长时期,身体各个方面都发育不成熟,自控能力比较差,再加上长期缺少良好的家庭管教,缺少父母的引导和监督,这样留守儿童在行为品德上就极易发生消极的变化,主要表现有违反学校纪律、不服管教、小偷小摸、拉帮结派、看黄色录像,有些还学会了抽烟、酗酒、赌博等,甚至走上违法犯罪的道路。还有一些留守儿童既没有上学,也没有打工,成为社会上的"小混混",这类留守儿童的品行问题更多,更容易走上犯罪的道路。父母辛辛苦苦打工赚钱的目的无非是为了让孩子过上更好的生活,如果因此而毁了孩子,那就得不偿失了。

5. 安全方面的问题

父母外出打工,导致留守儿童监护权的缺失,代理监护人要么太老没有充沛的精力,要么就是与孩子缺少沟通、交流,两者都不能够很好地照顾孩子,这使得农村留守儿童的安全问题和隐患不断呈现。留守儿童大部分是 5~16 岁之间的学龄儿童,处在这个年龄段的儿童自律性差,他们活泼好动、贪玩、好奇心强,而且缺乏理性的判断和辨别是非的能力,很容易造成安全问题的发生,甚至行为失控走上违法犯罪、自杀轻生之路。在全国各地的触电、溺水、打斗等意外伤亡事件中,留守儿童所占比例较高。同时,由于防范意识较弱,留守儿童成为被拐卖、被侵犯等恶性案件的主要对象。从我国目前打击拐卖儿童工作所显示的数据来看,被拐卖儿童群体中居第一位的是流动儿童,居第二位的就是留守儿童。

(二) 对策和建议

1. 家庭教育方面

从留守儿童存在的问题可以看出,家庭教育对孩子的健康成长有着举足轻重的作用。因此重视留守儿童的家庭教育非常重要。(1)外出务工父母要明确自己教育子女的责任,加强与子女的联系和沟通。父母要明确一点,教育子女是自己的责任,要对子女负责,不能够把孩子丢给别人就不管了。父母还要加强与子女的联系和沟通,让留守儿童感受到父母的关爱。(2)外出务工父母要加强与代理监护人、学校的联系和沟通。父母加强与代理监护人、学校的联系和沟通,能够更好地了解孩子在家、在学校的表现,只有这样,才能更好地协助代理监护人和学校教育好自己的孩子。另外父母还可以为留守儿童找一个自己熟悉而又信任的老师任委托管理人。托管老师可以与孩子进行经常性地思想交流,还可有针对性地帮助孩子解决一些实际问题和学习问题。(3)改变家长外出打工的方式。父母都外出打工对孩子各方面的影响很大,但是如果父母有一方呆在家里,则对孩子的影响就会减少许多。因此,父母外出找工作时,最好有一方留在家监护孩子的生活与学习,保证孩子的家庭教育以及对孩子的关爱是非常重要的。

2. 学校方面

(1)对留守儿童有针对性地进行教育和管理。对留守儿童进行登记,学校和老师应给予他们更多的关怀和爱护,经常与他们交流思想,及时帮助他们解决学习上、生活上的难题。尽量多安排他们参与课外活动,充实留守学生的业余生活,让他们感受到温暖。(2)加强对留守儿童的思想道德教育和法制教育。积极开展丰富多彩的教育活动,帮助留守儿童树立正确的思想道德观念,强化他们的自尊和自立意识,并帮助他们了解知法、守法的重要性。(3)开设针对留守儿童的心理辅导课,加强心理健康教育。帮助留守儿童解决各种困惑,对于潜在的心理压力进行疏导,引导留守儿童心理向健康方向发展。(4)召开留守学生家长会。可以利用假期召开留守儿童家长会,通过学校与家长的交流和沟通,来充分了解留守儿童存在的问题,从而更好地教育和引导留守儿童。

3. 政府、社会方面

(1)加大各级政府对农村义务教育的投入力度,搞好农村寄宿制学校建设。寄宿制学校可以解决留守儿童无人照看、学习和安全得不到保障的问题,从而解决进城务工父母的后顾之忧。要搞好寄宿学校的建设,政府必须加大对农村义务教育的投资力度。(2)建立农村社区的留守儿童教育和监护体系。以学校为主体,联合乡镇、村组织,动员当地居民积极参与,组成关爱留守儿童的志愿队,以关心和支持留守儿童的成长。做好学校及周边治安综合治理工作,净化社会风气,为学生健康成长创造良好环境;加强对留守儿童法制教育的宣传,使其知法、懂法;还要加强对留守儿童生活和学习方面的监督和引导。(3)调动社会各方面的力量,为农村留守儿童的健康成长创造良好的外部环境。在充分调动社会各方面的力量帮助农村留守儿童的同时,政府有关部门应对进城务工的留守儿童父母进行教育和引导,以强化其家庭教育的观念,使其学会与孩子沟通、交流的正确方式,发挥家长对孩子独特的教育功能,引导孩子健康成长。(4)加快户籍制度改革,逐步消除城乡差别。改革现有户籍制度,逐步弱化乃至取消与户籍相联系的城乡分隔的各种不平等制度,从而保障劳动力的合理流动。只有这样,进城务工农民才不会因为城市的各种制度的限制而将孩子留在农村,农村留守儿童问题才能真正得到解决。(5)加强媒体宣传。充分发挥媒体的作用,加强社会各方面、各层次人士对农村留守儿童问题的关注,以调动全社会的力量来共同关注、共同解决留守儿童问题。

三、流动人口中的流动儿童问题及对策和建议

(一) 流动儿童存在的主要问题

1. "上学难"的问题

现在,流动儿童面临接受义务教育难的问题,主要原因还是由于我国义务教育阶段实行的是"分级办学、分级管理",义务教育阶段的经费主要是由地方政府来负担的。由于流动儿童没有流入地的户口,所以无法享受由流入地政府财政负担的教育经费。对于流动儿童来说,上学面临着三种选择:一是私立学校,这类学校收费昂贵,大多数流动儿童由于资金问题无法进入此类学校学习;二是当地公立学校,由于公立学校较高的借读费、校服费、午餐费以及当地学生的歧视等原因,很多流动儿童也无法进入此类学校;三是民工子弟学校,这类学校因为收费比较低成为多数流动儿童的选择,但民工子弟学校往往存在办公条件简陋、教师素质低下、管理不完善等问题。另外,流动儿童由于经常流动而会中断学习,流入地的学校大都不愿意接收,还有初中毕业后没有相关政策让流动儿童继续在流入地学校升读。

2. 心理问题

流动儿童是城市的边缘群体,这不仅表现在物质条件与生活环境方面的缺乏,还包括来自各个方面的歧视,这些都对流动儿童的心理产生一定的负面影响。流动儿童会感觉到自己与城市孩子的差别,而且这种差别在城市壁垒面前难以逾越。他们过早地体验了世态炎凉,遭受别人的冷眼与歧视,在公立学校就读的流动儿童还可能会受到同学的歧视和欺辱以及老师的冷落。他们受到的这些不公正的对待会使他们感到孤独、寂寞、自卑,甚至对社会产生对立情绪。当他们的努力得不到跟其他孩子一样的回报时,首先产生的就是对公平的渴望,这种愿望长期得不到满足就会产生激进、反抗等边缘化的扭曲心理。

3. 就业问题

按照中国现行的学籍管理体制,流动儿童很难在城市里有上高中的机会,他

们更不能在城市里参加高考。如果他们不能在城市里上高中和考大学,那么在初中毕业之后就难以在城市里获得很好的就业机会,由此产生了大龄流动儿童的出路问题。在城市里找不着合适的工作,这会使一部分流动儿童开始不务正业,甚至走上违法犯罪的道路。

(二)对策和建议

首先,加强对打工子弟学校的管理,把合格的打工子弟学校纳入学校所在地政府教育部门的管理之内。打工子弟学校是流动儿童的主要选择,但是由于打工子弟学校存在许多问题,需要政府加强对打工子弟学校的管理和扶持,以保证流动儿童各方面的利益,使得所有的至少是大部分流动儿童都有接受义务教育的机会。

其次,规范流动儿童的教育,帮助他们树立正确的人生观和价值观。使流动儿童接受正规有效的教育是帮助他们树立正确的人生观和价值观的基础。另外,还要加强公平意识的宣传。流动儿童也是祖国的未来和希望,他们应该享受到和城市孩子一样的教育,应该受到平等地对待。呼吁大家平等地对待流动儿童,消除对流动儿童的歧视,帮助他们树立自信、自强的意识,引导其心理健康地发展。

最后,打破城乡二元教育体制,倡导教育公平原则。城乡二元的教育体制是流动儿童在城市受教育难的主要原因,只要城乡二元教育体制还存在,流动儿童就不能够在城市享受公平的受教育机会,也不能够在城市读高中、考大学。因此,只有打破城乡二元教育体制,才能够真正解决流动儿童上学难和出路的问题,才能够真正实现教育公平原则。流动儿童的出路问题需要引起社会各界的重视和关注,如果解决不好,很可能就会使流动儿童成为社会稳定的一大隐患。

第六节　流浪儿童

流浪儿童是年龄在 18 岁以下,脱离家庭或离开监护人流落社会,在外游荡连续超过 24 小时,失去基本生存和可靠保障而陷入困境的少年和儿童。据相关数据显示,我国流浪儿童数量有明显上升趋势,已经成为一个严重的社会问题,需要社会的广泛关注。流浪儿童之所以流浪,主要因为家庭贫穷,家庭功能不健全,学校压力和社区的影响,社会工作者在对流浪儿童进行救助的时候,要注意预防、救助、回归三位一体的方法。其中,预防是指建立一个联结家庭、社区、学校、个人四个层面的综合预防机制,从而减少少年儿童离家流浪;救助是指建立专门的流浪少年儿童救助保护机构,同时开展外展社会工作的专业方法;回归是指使流浪儿童回归原有家庭或类家庭,进行家庭寄养、心理矫治、专业技能培训等服务。

一、流浪儿童的概念和分类

根据国家有关法律的规定和《联合国儿童权利公约》精神,在中国,我们把流浪儿童定义为:年龄在 18 岁以下,脱离家庭或离开监护人流落社会,在外游荡连续超过 24 小时,失去基本生存和可靠保障而陷入困境的少年和儿童。

流浪儿童基本上可以分为以下三类:第一类是他(她)们在街头工作、生活而且过夜;第二类是在街头活动的儿童,这类孩子白天在街头工作或玩耍,晚上回家过夜;第三类是作为随行者的流浪儿童,这类孩子因为其跟随或依赖着的成年人过着流浪生活。

二、我国流浪儿童救助的现状

根据国家民政部门的统计数字显示:从 2003 年 8 月 1 日到 2005 年 6 月 30 日,全国共有 111 万余人次得到救助,其中儿童(根据国际惯例,将 18 岁以下的未成年人均称为儿童)17 万人,占受助人员总数的 15.97%,而据全国妇女儿童委员会统计,全国每年的流浪儿童已经达到 100~150 万人。从统计上看流浪儿童有明显的上升趋势,其中 7 岁以下的儿童占流浪儿童总数的 10%,8 岁到 12 岁的占 23%,13 岁到 15 岁的占 63%,16 岁到 18 岁的占流浪儿童总数的 4%。据 1999 年郑州救助保护流浪儿童中心档案资料,1 247 名流浪儿童中,男性占 86.44%,女性占 13.56%;16 岁者最多,占 38.03%。据流浪儿童自述的离家流浪次数比例是:二次离家出走为 15.84%,三次为 9.35%,四次及以上者为 14.02%。这三项总共为 39.22%。就是说,二次以上离家出走儿童占总数的 1/3 强,且多集中在 11~14 岁之间。流浪时间是一个月以内者最多,占 34.8%,一年以上者其次,占 28.31%,三个月以内者居第三位,呈现出流浪时间期最短与最长的两头大的状况。绝大部分流浪儿童来自农村,占 75% 左右;51.42% 的流浪儿童为小学未毕业者,人数最多。其次是小学毕业者,占 15.32%。再次是初中未毕业和不识字者,各占 14.54% 和 13.5%。从统计中可知,年龄偏大的流浪儿童中,只要是不识字者,都可能是在年龄偏小时就有了离家出走的流浪生活经验;有 48% 的流浪儿童在流浪生活中受到过人们各种形式的帮助。流浪儿童的主要流出地是湖南、四川、河南、山东、安徽、贵州、广西、云南、新疆等省份。

三、流浪少年儿童离家流浪的主要原因

第一,从社会整体结构层面上看,农村成为流浪少年儿童的主要流出地,贫穷成为农村少年儿童外出流浪的根本原因。国家社科基金项目《中国流浪少年儿童预防、救助与回归》的调查统计结果显示:流浪少年儿童主要来自于农村,有效百分比为 77%。流浪少年儿童的家庭经济大多处于一般水平以下,其中来

自一般水平以下家庭的累计百分比为82.3%。

第二,社区层面的原因。社区对经常打骂、虐待孩子的家庭缺乏有效地监督和制约;对无人照管的孩子缺乏有效的保护;对城市流动人口的子女缺乏应有的关注和保护。

第三,家庭层面的原因。不完整的家庭结构、家庭暴力、不和睦的家庭关系以及不当的教养方式是儿童离家外出流浪的直接原因。《中国流浪少年儿童预防、救助与回归》的调查统计结果显示:因为父母离异、入狱等原因无人照管而流浪的儿童占总数的有效百分比为16%;因为家庭暴力或者家庭关系不和睦而流浪的儿童占总数的有效百分比为14.3%;受到继父母虐待而离家出走儿童占总数的有效百分比为1.1%。这样累积起来,因为家庭问题而离家出走的儿童累计百分比达到31.4%。

第四,学校层面的原因。在应试教育的阴影下,很多学校采取高压政策,运用"填压式"的教学方法,单纯追求升学率;家长也望子成龙,除了学校里的日常学习以外,还给子女报名参加一系列的辅导班、学习班,强迫子女"考级",这无形中又给子女增加了很大的压力。考名校成为学校和家长为孩子构建的梦想,在以"分数"为标准评价孩子优劣的前提下,那些因为学习成绩不好,在家庭和学校甚至学生群体中经常被忽略甚至被蔑视的学生,由于自信心、自尊心反复受挫,很容易产生厌学情绪而流向社会。

四、流浪少年儿童社会工作

流浪少年儿童社会工作主要包括预防、救助与回归三大方面。

(一) 流浪少年儿童的预防

贫困是产生流浪少年儿童的主要根源之一,中国目前不可能从根本上解决流浪少年儿童问题。但是,建立一个联结家庭、社区、学校、个人四个层面的综合预防机制,能够有效地预防少年儿童离家流浪。

(1) 家庭预防。要完善法律制度,维护儿童的权益;建立和睦家庭氛围;对"问题家庭"进行法制、人权、教育方法等方面的教育,树立正确的教育理念,摒弃不当的教养方式,坚决制止家庭暴力。

(2) 社区预防。社区要高度重视未成年人合法权益的保护工作,充分发挥社区组织监督管理的作用;对问题家庭及时进行指导和干预,预防儿童离家出走;调动群众力量,形成社区监护网络;加强对流动人口子女的管理和保护;完善监护法规,妥善安置孤儿,做好违法少年儿童的矫治和回归工作。

(3) 学校预防。破除落后的教育方式,将素质教育落到实处;实施爱的教育,建立和谐的师生关系;加强思想道德教育,普及法制教育;重视心理健康,加强心理辅导;认真贯彻《义务教育法》,加强学校的监督和管理。

（4）个人预防。加强未成年人法律法规的宣传教育力度，提升少年儿童的法律意识；将少年儿童的自我保护教育融入家庭和学校教育，激发少年儿童的自我保护意识。

（二）流浪少年儿童的救助与保护

实施《城市生活无着的流浪乞讨人员救助管理办法》后，对流浪乞讨人员以自愿接受救助取代强制性的收容遣送，目前对流浪少年儿童的救助保护也采用的这种办法。但是，根据国家社科基金项目《中国流浪少年儿童预防、救助与回归》的调查，有近一半的流浪少年儿童"不愿意回家"，所以他们不会"自愿地接收救助"，如果社会不采取主动救助的方法，那么这些流浪少年儿童就会继续到处流浪，继续受饥饿和疾病的折磨，继续受他人的打骂和社会的歧视，继续受坏人的教唆和胁迫。所以，必须采取积极的措施，主动救助保护流浪少年儿童。

流浪少年儿童的救助保护工作是一项复杂的系统化工程，不是某个部门可以单独解决的，它需要多个部门的协调和合作，更需要全社会的共同关注和努力。应该建立一个以流浪少年儿童救助保护中心为基地、社区为平台、社会治安机构为保障、外展社会工作为补充的救助网络体系。

首先，在流浪儿童比较集中的城市应建立专门的流浪少年儿童救助保护机构，负责全市（区）内流浪少年儿童的接收、救助、康复、教育、安置、转送等工作。

其次，在流浪少年儿童活动较为频繁的路段应设立救助站，一方面便于流浪少年儿童主动求助，另一方面也能够及时地为他们提供最基本的救助。

再次，在街道办事处应设立救助保护点，充分发挥社区居委会、公安民警和志愿者等多方面力量的作用，将救助工作延伸到城市的每个角落，给流浪少年儿童提供第一时间的有效救助。特别是对一些被犯罪分子或集团控制的流浪少年儿童，只有救助人员主动走上街头发现他们，并与社会治安力量相结合形成救助保护合力，才能使他们摆脱犯罪分子或集团的控制。

最后，与专业社工人员合作，运用外展社会工作的专业方法，在街头为流浪少年儿童提供流动救助。同时吸收已经接受救助的流浪少年儿童参与进来，协助外展社会工作者发现和帮助还在街头流浪的少年儿童。

（三）流浪少年儿童回归主流社会的方法与途径

促使流浪少年儿童成功回归主流社会是救助与保护流浪少年儿童工作的最终目标，也是衡量这一工作绩效的一个重要标准。

回归工作是一个让孩子回到安全、稳定的家庭或者类似家庭环境生活的过程。《联合国儿童权利公约》及各国的学术界和实际工作者都认为最有利于大多数儿童成长和发展的地方是家庭或类家庭的环境，因此必须强调让流浪少年儿童回归家庭。根据郑州市救助保护流浪少年儿童中心的成功经验，回归社会主要方法和途径有以下几个方面：

（1）回归原有家庭。帮助流浪少年儿童回归原有家庭是帮助他们回归主流社会的最基本和最主要的途径。虽然这些流浪少年儿童因为种种原因离开了原来的家庭，但是原有家庭仍然是他们生活与成长的最好的地方。在帮助流浪少年儿童回归原有家庭过程中需要解决造成他们离家出走的主要问题，避免他们再次流浪。

（2）回归"类家庭"。对于那些无家可归或有家难归因而有多次流浪经历的少年儿童，应该在社区中为这些流浪少年儿童建立一个集寄养、看护、教育于一体的"类家庭"，为他们融入主流社会奠定基础。"类家庭"必须像一个家，有"爸爸"和"妈妈"，有一个有利于孩子们发展的生活环境，让孩子们有与爸爸妈妈欢聚一堂的感觉，从而让他们感到温暖，感到快乐，走出凄凉的阴影，生活在明媚的阳光中。

（3）家庭寄养。针对那些年龄较小、流浪时间较短、各方面正常且无家可归的流浪少年儿童，实施家庭寄养项目。通过正常家庭和学校的良好照顾与教育，为流浪少年儿童提供一个健康的成长环境，使他们能够重获家庭温暖，养成良好的生活行为习惯。

（4）家庭助养。家庭助养是指由选定的爱心家庭在周末把流浪少年儿童接到家里，使他们感受到家庭的温暖，有助于流浪少年儿童的成长和回归。

（5）专业技能培训。调查发现，14岁以上的流浪少年儿童都有"学习一点技术，将来自己养活自己"的打算。一般来说，这些有工作意愿的流浪少年儿童重新接受系统的基础教育困难很大。因此，对他们应该采取职业技术教育为主的方针，使他们能够掌握一技之长，为成功融入主流社会做准备。

（6）工读学校。将有犯罪行为的流浪少年儿童送到工读学校，进行强制性的救助、保护与教育，使其改邪归正，对他们是十分必要的。但是，为了有利于这些流浪少年儿童将来回归主流社会，学校名称可以不叫工读学校。

（7）心理矫治。流浪少年儿童都有着不同程度的心理障碍，如果不能得到及时、有效的矫治，将会影响到他们回归社会。所以，回归工作中，开展心理咨询，解除心理障碍，弥合心理创伤，纠正行为偏差，也就显得非常必要。

思考题

1. 什么是治疗性儿童青少年社会工作？你认为治疗性儿童青少年社会工作的最主要的工作原则是什么？

2. 以一个残疾青少年个案为例，说说针对残疾青少年的治疗性社会工作的主要方法和技能。

3. 到当地的流浪儿童救助站(中心)等机构做一次访谈,根据结果和研究设计一份针对当地情况的流浪儿童救助计划。

4. 到附近学校做一次调查,分析一下随着社会变迁,家庭功能变化的规律,分析家庭功能不全的数量、类型、危害,并针对其中一个个案提出治疗计划。

儿童青少年社会工作实务
——治疗性工作（下）

　　儿童青少年群体是人群中最活跃、最敏感的群体,他们是社会的未来和希望,帮助儿童青少年解决其发展中面临的问题,促进其发展,从某种意义上说,也是帮助社会的稳步发展。因此,透过治疗性的社会工作,帮助儿童青少年走出发展中的困境是儿童青少年社会工作中的重要内容。在本章中,主要介绍儿童青少年的多种情绪问题和青少年的偏差行为,详细论述这些问题的现状及产生原因,并结合治疗性社会工作的专业特长,寻求促进儿童青少年健康发展的途径。

第一节　儿童青少年的情绪问题

　　2004 年 10 月 10 日(世界精神卫生日)中国卫生部出台的《关于进一步加强精神卫生工作的指导意见》中,首次将儿童列为需要预防精神病的重点人群。据统计,我国 18 岁以下的儿童青少年中,至少有 3 000 万人受到各种情绪障碍和行为问题的困扰。据世界卫生组织估计,2020 年以前全球儿童精神障碍会增长 50%,成为最主要的 5 个致病、致死和致残原因。我国儿童青少年的精神卫生状况也不容乐观。精神科专家临床发现,中、小学生精神障碍突出表现为人际关系、情绪稳定性和学习适应方面的问题。据估计,这些问题儿童中成年早期的犯罪、酒瘾、吸毒、反社会性人格障碍率是普通人群的 5 至 10 倍。2002 年北京中关村地区部分重点小学儿童行为问题患病率为 18.2%,并且主要以焦虑、抑郁等行为的增多为主。儿童青少年常见的情绪问题主要有:焦虑、抑郁、冷漠、嫉妒、恐惧、迷失自我等,形成的原因复杂多样,据分析,主要是个体身心发展的障碍、家庭、社区的变迁及功能转变、朋辈行为、学校教育及"亚文化"的不良倾向、大众媒体及消费主义的误导、社会转型、社会变迁与社会失范的原因造成。儿童青少年社会工作者应从社会工作的角度出发,综合运用个案辅导、小组工作、家庭辅导、社区和学校介入的方法对其不良情绪进行引导和纠正。

一、儿童青少年常见的情绪问题

从性质上说,情绪是个体对客观事物是否足够满足自身的需要而产生的态度体验。当客观事物或情景不能满足个体的需要和愿望时,就会产生消极、否定的情绪。负性情绪出现频繁或持续时间过长,则易导致情绪问题,使人感到不愉快甚至痛苦,同时对行动起抑制或阻碍作用。情绪问题是儿童青少年成长中常见的问题,据美国的研究,18岁以下的青少年中有12%～15%的未成年人需要接受心理治疗,但目前接受治疗的人数仅占30%。儿童青少年的情绪困扰常以外向行为(药物依赖、纵火、欺凌等)和内向行为(被动、害羞、退缩等)表现出来。儿童青少年所处的环境和其个人功能,都会造成或增强儿童青少年的情绪问题和行为问题。儿童青少年的情绪问题主要表现为以下几个方面:

（一）焦虑

焦虑是一种没有明确对象和内容的恐惧,预感到发生不良后果但又难以预测和驾驭,因此内心烦躁不安。有严重焦虑反应的儿童青少年会突然感到害怕,仿佛有什么不幸的事情即将发生,他们会变得心神不宁、烦躁不安、容易受惊,还会体验到如头昏眼花、头痛恶心或呕吐等症状,注意广度受到限制,还可能出现精神错乱。

（二）抑郁

抑郁是一种持续时间较长的低落消沉的情绪体验。处于抑郁状态的儿童青少年往往感到生活无意义、前途无望、找不到自身价值所在等,从而表现出情绪低沉,思维迟钝,兴趣丧失,郁郁寡欢,不愿与人交往等状态。

（三）冷漠

冷漠是一种自我保护和自我防御状态。经常表现出对人、事漠不关心,自我逃避或退缩的情况,这种青少年往往表面冷漠,内心却备受痛苦、孤独、寂寞、不满、愤恨情绪的煎熬,有着强烈的压抑感。

（四）嫉妒

因别人胜过自己而痛苦、不满或憎恨他人,以至于导致一些偏激言行。嫉妒情绪在儿童青少年中普遍存在,有的嫉妒情绪强烈,容不得别人比自己强,当看到别人在学习成绩、处事能力、人缘、荣誉、衣着方面超过自己时,就感到愤怒、痛苦、愤愤不平,甚至采取不正当手段,进行报复;当别人遭遇不幸或灾难时,不是伸出援助之手,而是幸灾乐祸。嫉妒者往往期望着别人失败,因此不仅影响人际交往,而且使自己生活在负累之中。

（五）恐惧

对人、事等产生一种莫名的恐惧感,不敢去接触,胆小怕事,自我封闭,如社交恐惧。

（六）迷失自我

迷失自我是自我意识发展过程中自我意识障碍造成的情绪困扰,这是社会转型期出现的一种新型的情绪困扰,表现为有时自负、自大,有时自卑、自弃,有时自嘲,有时又自怜,时沉时浮,找不到"自我感觉",不能恰当地"自我定位",心理时常失衡。

二、儿童青少年情绪困扰的主要原因[①]

（一）个体身心发展的障碍

儿童青少年的身心发展不同阶段的特点及其障碍是导致其情绪问题的一个基本因素。主要包括四个方面的内容:首先是个体生理层面的因素,包括内分泌失调、肢体残障、性的欲求及发展不正常、不满意自己的外表容貌等;其次为心理层面的因素,主要包括负面的自我概念(自我贬抑、低自我效能、自我退化、高自我谴责、低自我尊重)以及不当的自我防卫;再次为本能及潜意识层面的因素,主要表现为存在被压抑的情结、本我焦虑和潜意识的不当转化,例如偷窥、虐待动物、恋物、强迫性行为、歇斯底里等,儿童青少年在意识上知道不该如此,但却无法抗拒这些行为及其所带来的情绪上的兴奋、愉悦感;最后是认知及行为层面的因素,包括不当的情绪归因、不当的自我增强、功能固着、自我中心、低抗拒诱惑能力、自我强度不足以及认知失调等。

（二）家庭、社区的变迁及功能转变

家庭的变迁对儿童青少年情绪的影响主要表现为三个方面:首先是家庭结构的残缺,包括父母离异、抚养权的争执、单亲家庭和松散家庭、父母对子女疏于监护等;其次是家庭教育的失当,具体表现为溺爱放纵、粗暴生硬、自由放任、隔代抚养以及缺少沟通所导致的思想隔阂等;最后是不良的家庭环境,包括家庭成员价值观扭曲、家庭成员行为不良、家庭关系恶化以及家庭过于贫困等。这些问题都对儿童青少年的情绪产生不良的影响,引发儿童青少年问题。

（三）朋辈行为、学校教育及"亚文化"的不良倾向

儿童青少年都有自己的朋辈群体,但在朋辈中所处的地位各不相同,或受欢迎,或遭拒绝,或有争议。这与儿童青少年个体所获得的成就感、活动参与率、个性以及社会技能发展息息相关。当个体不能顺应群体的态度和行为时,儿童青少年往往会显得羞怯与被认为行为怪异,造成不良的情绪。而在学校教育层面,过分重视教育者的主导和灌输作用,忽视学生的主体性地位;重视整齐划一的标

[①]　刘斌志:《社会工作视阈下青少年情绪问题的归因及其处遇》,载《山东省青年管理干部学院学报》2006 年 11 月第 6 期。

准性教育,忽视人的差异性和个性教育的现象也大量存在。同时,重视知识和规范教育,忽视情感教育;重视教育管理职能,忽视教育服务职能等问题给那些求学阶段的儿童青少年的情绪发展也产生了负面的作用。

（四）大众媒体及消费主义的误导

在大众媒介普及的今天,儿童青少年的情绪受到电视、广播、书籍、网络等媒介的深刻影响。当大众传播不加节制地渲染、刻画一些暴力、色情、恐怖场面时,儿童青少年就容易盲目崇拜和深陷其中,使得现实的"自我"与理想中的"超我"形成鲜明反差,导致情绪上的低落。这些不良的影响包括:网络道德的失范行为、不健康的网络迷恋心理以及相互攀比、求品牌、崇权威、追时尚、求新颖的非理性消费行为,最终使得儿童青少年在大众媒体与消费主义面前毫无自制之力,但又不得不作为其中的牺牲品,产生许多消极的无能感和厌世情绪。

（五）社会转型、社会变迁与社会失范

经济的飞速发展,加速了我国社会的转型。随着各类生活风险（事故、污染、健康威胁）、经济危机（下岗、失业）、分配差距、政策不当（乱摊派、乱罚款、违法拆迁）、阶层歧视（妇女歧视、老年人歧视、农民工歧视）以及贪污腐败等社会问题的不断出现,转型期的社会、经济乃至个人的不确定性因素与"焦躁"的社会心理相结合,必然引发各类社会心理问题。儿童青少年刚刚进入社会,往往对这些社会问题极为关注,不能正确认识,而引发情绪问题。

三、儿童青少年情绪问题的社会工作策略

（一）个案辅导

个案辅导作为社会工作的一个基本方法,是处理所有儿童青少年情绪问题常用的方法。开展儿童青少年的个案辅导,一方面要开展生理与心理健康辅导,包括对不良饮食观念和习惯的矫治、青春期生理发育的辅导、青少年自我意识、自我情绪的发展辅导等。另一方面也要关注儿童青少年的情绪教育,帮助他们正视和理解自己的情绪,培养自我情绪认知能力;指导他们恰当地表达自己的情绪,增强他们对快乐的情绪体验,培养情绪自我激励能力;教会他们处理情绪困扰,培养调控情绪的能力。具体方法有:压力、冲突的处理、责任感的培养、表达能力的锻炼等。

（二）小组工作

小组工作是在团体情景下通过小组内的人际交互作用,运用小组动力和适当的社会工作技术,协助个体认识自我、探索自我,调整、改善与他人的关系,促使小组成员学习新的态度与方式,进而促进自我发展及自我实现的过程。通过小组工作可以使儿童青少年在良好的氛围中获得归属感,通过集体环境给儿童

青少年注入希望,给儿童青少年以自我表达和宣泄的机会,同时儿童青少年可以在小组工作中了解组员间的共性,学习情绪管理的技巧,增强情绪控制的信心,并通过帮助他人来同时处理自己的情绪问题。在处理儿童青少年情绪问题的小组工作中,常常采用榜样示范法、行为锻炼、情景感染、竞赛激励、角色模拟等专业方法;具体的活动形式有团体辅导、野外训练拓展营、历奇训练、关于组织和团体建设的行为和活动等。

（三）家庭辅导

对有情绪问题的儿童青少年进行家庭辅导时,不仅要对当事人进行辅导,更要从"家庭诊断"或"家族疗法"的角度,对整个家庭环境存在的问题进行整体的、动力学的分析和把握。这就要涉及当事人父母的婚姻生活、夫妻关系、亲子关系、与其他亲族之间的关系等。家庭辅导可以采用多种方式来处理儿童青少年的情绪困扰问题,包括:帮助家长做好亲子沟通的工作,了解儿童青少年情绪困扰;教会家长良好的教养方式,减少儿童青少年情绪焦虑;培养良好的家庭氛围等。

（四）学校与社区社会工作介入

学校社会工作介入不仅要解决如学习困难、性格孤僻、自私、任性及其他不良行为问题,更要处理诸如学校恐惧症、厌学症、考试焦虑等情绪问题以及学校以外的教育环境的问题。专业社会工作者在儿童青少年情绪问题的学校,一般有三个层次的介入:发展性辅导(包括学校生活指导、人际关系处理等)、预防性辅导(包括培养学习兴趣、进行松弛疗法、情绪教育等)以及治疗性辅导(面向特定的有情绪问题和情绪障碍的问题、人格异常和学习困扰的学生)。

儿童青少年情绪问题的社区介入,主要以预防为主,具体方法主要有:(1)进行社区宣教、儿童青少年情绪咨询与辅导、家长学校以及专业人员的培训;(2)为儿童青少年提供信息、电话咨询、心理健康以及情绪问题诊断等;(3)开展有情绪障碍的儿童青少年的康复训练,通过组织他们参加劳动、文艺活动以及定期开展情绪辅导和情绪健康教育,减少社区中有情绪问题、精神症状的人数。

此外,通过推动有关儿童青少年的立法、在儿童青少年问题上向政府提供咨询和建议、促进儿童青少年的健康、推动儿童青少年教育、监督和维护儿童青少年健康成长的社会环境、为儿童青少年创造娱乐休闲的各种条件、促进家庭建设、推动儿童青少年发展、保护儿童青少年权益等,不断满足儿童青少年的需求,配合社会发展阶段,提供个人化的服务,也是缓解儿童青少年情绪问题必不可少的手段和措施。

总之,全社会应该通过多种形式,宣传儿童青少年的概念和形象,让儿童青少年表达他们的需要和情绪,维护儿童青少年的权利,减少他们情绪问题的出现。

四、一些典型的儿童青少年情绪问题及处理

（一）儿童青少年抑郁症

近年来,青少年抑郁患者越来越多,一些调查结果表明,其发病率大约为1.8%～7.8%。美国的一项研究结果表明,青少年抑郁症发病率为8.3%。流行病学调查显示,近十年来,儿童期重型抑郁症的发病率是2%～4%,青春期上升到4%～8%,抑郁症患者的人数逐年上升,且呈低龄化趋势。抑郁症成为当今儿童青少年最普遍的心理疾病之一。[①]

1. 儿童青少年抑郁症的表现

儿童青少年抑郁症的主要特征和成年人抑郁症的特征大致相同,成年人抑郁症的主要特征是悲伤感、无意义感和绝望感。儿童,尤其是幼童很少有持续的悲伤感。

儿童青少年抑郁症的主要症状有:

（1）情绪方面:沮丧,不能从生活和学习中获得乐趣,自我评价较低。

（2）认知方面:悲观和无助感。

（3）动机方面:兴趣索然和无聊厌倦。

（4）身体方面:饮食失调和睡眠障碍;无以名状地哭泣;各种类型的躯体不适,如头痛、背痛、肚子痛等。

（5）行为方面:行为问题增多,如行为失调、攻击性和多动症。

此外,自杀和儿童青少年抑郁有密切的关系,酗酒和对能改变心情的物质的滥用也是抑郁的症状。

2. 儿童青少年抑郁症的治疗

（1）药物治疗

对于中度和重度的抑郁症儿童青少年来说,适当的药物治疗是必要的。使用抗抑郁药物的生物性疗法,主要是针对患者的神经内分泌功能障碍。在药物方面,有一类被称为选择性5－羟色胺再摄入抑制剂（SSRIs）的药物,如百优解（Prozac）,在治疗儿童青少年抑郁症方面有良好的效果。

（2）认知行为治疗

对儿童青少年抑郁症患者开展治疗性的个案工作,旨在帮助儿童青少年认识他们抑郁的根源,从而让他们在日常活动中感受到更多人对他们的支持,

---

① 龚银清:《青少年抑郁症的心理社会治疗进展》,载《中国学校卫生》2005年3月第26卷第3期,第252－253页。

或者改变他们消极的认知方式。目前普遍使用的心理治疗模式是认知行为治疗。认知行为治疗是指治疗师运用认知重建的方法纠正儿童青少年歪曲的信念，并教给他们改善行为的技能，方法包括自我监督、言语的自我指导、解决问题策略、自我评估和自我加强等。儿童青少年时期是认知方式、价值观形成的重要阶段，许多青少年抑郁症患者具有认知功能障碍。因此，认知行为治疗的针对性就更为突出。认知行为疗法具有下列特征：① 案主是治疗焦点所在；社工发挥积极的作用；② 案主与社工合作，共同解决问题；③ 社工教导案主监控思维与行为，并学会记录；④ 治疗中合并其他技术，如行为技术与认知策略。

认知行为治疗的主要目的在于改变案主负性的思考方式，学习新的思考模式，理解后果，并探索替代性的问题解决的方法，消除案主负面的自我概念。具体技术包括认知重组、角色模仿、问题解决、行为训练等。

（3）家庭治疗

家庭治疗假定儿童青少年抑郁症的产生是由于家庭成员之间的功能关系（如距离、亲密或支持）所致，在家庭中的不适过程会导致障碍产生。治疗目的就是要通过选择适当的互动和交往模式，重新建立一种更加适当的功能。许多研究表明：家庭问题与儿童青少年抑郁症具有较高的相关性，儿童青少年的心理疾病与家庭功能性不全之间通常有一定的联系，尤其是不良的亲子关系、父母对孩子过分严格和家庭不和睦是儿童青少年抑郁症的重要致病因素，家庭在治疗过程中起着非常重要的作用。尽管家庭治疗的定义大相径庭，但一般认为家庭治疗有下列特征：① 与两个以上的家庭成员面谈；② 治疗目的是改变家庭成员间的相互关系；③ 其疗效主要从两个方面进行判断，即目前存在问题及与问题相关的关系模式是否发生改变；④ 其方法主要是对双亲进行训练，除此之外，还可运用放松训练、认知重建、解决问题技能、配偶间的沟通技能等。

由于抑郁症和不良的家庭动力有关，因此开展家庭治疗的目的在于恢复儿童青少年与家人的关系，建立积极的家庭关系，尤其是亲子关系，以减少和防止儿童青少年从家庭压力中受到的伤害。家庭治疗的主要内容如下：

① 协助父母采取适当的措施防止孩子自杀或自我伤害，确保儿童青少年的安全。

② 开启亲子之间的对话，特别是以往不能讨论的禁区，提供儿童青少年以新的希望。

③ 协助家庭提供适度的情感滋润，避免家庭对儿童青少年过度溺爱，照顾太多使其行为退化为婴幼儿，或剥夺其自主权。

(二) 儿童青少年焦虑症

在童年和青春期期间,焦虑症是最常见的感情性疾病之一。据估计大约有10%~20%的儿童曾经患过焦虑症或有焦虑的相关症状①,女孩发病率多于男孩。50%有焦虑症的儿童和青少年会有第二焦虑症或者其他精神、行为障碍,如忧郁症。另外,焦虑症可能会伴随其他身体疾病。

1. 焦虑症的主要症状

(1) 生理方面:常见有心悸、气喘、出汗,甚至腹痛、恶心呕吐及头痛等植物神经功能紊乱症状,而且常以植物神经功能紊乱症状为突出表现。

(2) 情绪方面:担心、焦虑不安、心神不定、坐立不停、心烦意乱。

(3) 认知方面:常常具有负向的认知,反复思考,担心被评价,反复思考过去或未来。常有自我批评的想法,常常想到威胁和危险。

2. 儿童青少年焦虑症的常见类型

(1) 广泛性焦虑症

儿童和青少年对现实怀有极端的、不现实的担忧。他们过度担心其学业成绩和娱乐活动。他们非常害羞,感到紧张,在做事的时候需要不断地鼓励和再保证。他们可能抱怨似乎没有任何身体原因的胃痛或者其他不快的事。

(2) 分离焦虑症

有分离焦虑症的儿童青少年经常很难离开他们的父母去上学或者参加团体活动。他们喜欢经常缠住父母并且很难入睡。分离焦虑症可能伴随着沮丧、悲哀或者担忧一名家庭成员可能死亡。

(3) 恐惧症

儿童青少年对不现实的和某些情形或者物体产生过度恐惧。很多恐惧有特定的对象,比如动物、风暴、水、高度或者场所。有社会恐惧症的儿童和青少年害怕被批评或者粗糙的判断。有恐惧症的年轻人会努力逃避与他们害怕的物体和情形接触,因此这个病症会很大程度地限制他们的生活。

(4) 惊恐障碍

没有明显的原因而重复性地"惊吓发作"是惊恐障碍的症状。惊吓发作时表现出来的是:伴随连续猛烈的心跳、出汗、头晕、恶心或者感觉死亡将降临的强烈恐惧。这种体验是如此地令人恐惧,孩子会极度担心下一次惊吓发作。为了避免下一次惊吓发作,他们可能不想去上学或者黏住他们的父母不愿分离。

---

① Philip C. Kendall 编:《儿童与青少年治疗》,唐子俊等译,台湾五南图书出版社 2004 年版,第 262 页。

（5）强迫症

有强迫念头和行为的儿童和青少年,深陷于一个重复的想法和行为模型无法挣脱。即使他们认识到自己的想法或者行为毫无意义并且因此而十分苦恼,但却很难停止这种无益的念头和行为。强迫的念头可以是数字和符号或一直想一件事。重复性行为包括重复性地洗手、数数或者重复安排物体。大约在每100名少年中会有两个患有强迫症。

（6）创伤后遗症

经历了一次非常强烈的创伤事件之后,儿童和青少年很可能会患上创伤后遗症。创伤事件可以包括经历身体或性虐待,亲眼目睹暴力,经历过一个大灾难,例如车祸或者洪水。有创伤后遗症的儿童青少年常被痛苦的记忆和相关的想法所困扰。因此,他们可能努力避免与创伤相关的任何事情。

3. 焦虑症的成因

儿童青少年焦虑症与个体因素和环境因素有密切关系。这类儿童青少年往往有敏感,自信心不足,自尊心又很强的性格特点,容易紧张、多虑。

在环境因素中,家庭因素与儿童青少年焦虑症的产生有密切关系。家庭环境不良、父母不和、家庭气氛紧张、与父母突然分离、亲人死亡或教育方法不当都容易导致焦虑。一般而言焦虑症患者的父母对孩子控制较多,过度保护,父母常常替孩子解决问题,而孩子常常缺乏自主性,与父母的冲突也较多。父母对孩子打骂、体罚、威胁等,都可使孩子出现焦虑。一些研究表明,患焦虑症的儿童青少年其父母也有一些焦虑的特征,并且患焦虑症的父母其孩子患焦虑症的可能性也比其他孩子高。另有研究表明,孩子会模仿父母的恐惧和焦虑。此外,儿童青少年面临较大的压力情景并缺乏应对措施也是导致焦虑症的主要原因。

4. 焦虑症的治疗

认知行为治疗是目前认为对焦虑症比较有效的治疗模式。它通过改正患者的认知行为模式来更好地处理恐惧。焦虑症的患者负向思考比较多,认知治疗主要目的是协助其辨别并反击自己的负向思考,激发非负向思考的动力。同时,学会管理焦虑的认知策略以及行为放松方法。主要技术包括:

（1）示范:示范的概念来自社会学习。在恐惧的情景中示范非恐惧的行为,以告诉服务对象什么是适当的行为,结果会减少恐惧。示范的方法包括影片示范、生活示范和参与者示范。

（2）辨别与修正焦虑的自我对话:教导儿童和青少年检查并减低负向的自我对话,产生正向的自我陈述,挑战非理性的或失去功能的负向自我陈述,并创造一个应对恐惧情景的计划。

（3）系统脱敏:系统脱敏法,又称交互抑制法、对抗条件作用。它应用经典性条件反射原理,让服务对象在放松的状态下逐步地靠近、接触引起其敏感反应

（如恐惧、焦虑、厌恶等）的事或物，这样可以抑制或者消减案主的焦虑反应，从而帮助案主逐渐克服恐怖症状。系统脱敏法由三个部分组成：一是让服务对象学会放松练习；二是建立焦虑的等级层次；三是系统脱敏过程，即服务对象在放松的状态下，按等级层次中列出的项目进行想象和实地脱敏。

（4）角色扮演：让服务对象扮演某种角色，从行动中去改变观点。如一个学生心理很胆怯，不知道如何应付不讲理的同学。这时可以让另一个同学去表演示范如何应对不讲理的同学，再让这个同学去实际模仿，学习如何应对不讲理的同学的行为。

（5）放松训练：放松训练的主要目的是引导儿童和青少年发展其自身对焦虑的生理和肌肉反应的察觉和控制。此治疗技术认为，心与身的反应是共同发生的，是一个事情的两个方面，松弛了身体的紧张，可连带松弛心理的紧张；而松懈身体的紧张可以依靠随意肌肉的松懈而获得。如一个学生因被老师叫起来读书而紧张时，就马上放松全身肌肉，以便保持冷静。

（三）儿童青少年饮食失调

儿童青少年饮食失调是最近 20 年来研究较多的一个新领域，特别是在发达国家。最近几年，我国儿童青少年饮食失调的问题日益增多，主要表现为：肥胖症、厌食症和暴食症。以下主要讨论厌食症和暴食症。

1. 主要特征

（1）厌食症的主要特征

刻意挨饿，扭曲的身体形象，拒绝保持正常的体重；对肥胖有恐惧；纵然体重下降，也极度害怕增加体重；为形体、体重和外貌感到困惑；青春期开始发病。常见于女性，死亡率在 5% ~ 18% 之间。

（2）暴食症的主要特征

突发的暴饮暴食；饮食时因觉得无法自我控制而情绪沮丧；体重波动较大，但未达到威胁生命的程度。暴食者可能有正常的体重。

2. 饮食失调的原因

饮食失调是多种因素共同作用的结果，主要有：

（1）个人因素

心理动力学派的 Bruchu 认为，厌食症患者有无力感和低效能感，体验不到身体属于自己，常遭受身体体验感知紊乱之苦，受他人命令的指使。对厌食症患者的研究表明，他们常常有一些人格缺陷，如孤僻、任性、好幻想、完美化、刻板、虚荣等特征。

（2）家庭因素

家庭关系在饮食失调中扮演着重要的角色。Mimuchin Rosman 和 Baker 认为厌食者家庭有以下特征：过分纠结，僵化，过渡保护，逃避冲突。厌食者协助家庭逃避其他冲突,并通过对单一问题的注意去稳定家庭系统。Humphrey 则把厌食症家庭描述为:混乱、疏离和孤立。[①] 结构心理学派的创始人米纽秦从其临床经验中观察到,厌食症者的家庭特征是:家庭关系过分紧密,过分保护,回避矛盾和跨代联盟。这些家庭推崇个人牺牲精神,强调家庭的整体利益,形成一个家庭和谐温馨的假象[②]。患病的儿童青少年常常对父母最忠诚,不自觉地处于父母冲突的夹缝里面,牺牲自己的成长,甚至赔上性命。

（3）文化因素

对文化因素的强调能很好地说明为什么饮食失调多见于女性。本世纪以来,无论是西方国家还是中国,饮食失调,特别是神经性厌食的发病率明显增高。社会中对于性别角色的刻板化造成女性被鼓励要纤瘦、柔软、顺从、被动,并将自我价值建立在男性的评价上。媒体中大量充斥着"瘦身"的信息,各种以瘦为美的选美比赛对少女的影响不可忽视。

3. 饮食失调的治疗

一般采用药物治疗和心理治疗相结合的方式来处理儿童青少年饮食失调的问题。

（1）住院治疗

严重的饮食失调者需要住院接受药物和其他治疗,如强制喂食和行为修正等。强制喂食可以增加体重,而行为修正主要是奖赏进食和惩罚绝食。服用一些抗抑郁药物和镇静剂。药物治疗的一个缺点是容易使病人感到自己的无能,对提升患者的自主性没有帮助。

（2）心理治疗

主要采用认知行为治疗。认知行为治疗可以纠正患者对体重和进食的不良认知,建立不同阶段的行为目标。找到强化的条件因素,打破病理性的条件发射,逐渐建立合理的进食行为。

同时,要疏导患者的心理压力,使其对自己和环境有一个客观的认识,学会处理和应对生活事件的方法,增强适应社会的能力。此外,要让案主了解健康体魄的概念,标准体重的意义,对自己的身体状况有客观的评价,了解食物和营养方面的知识。另外,对于家庭关系紧张的患者,要进行家庭治疗。

第二节　儿童青少年的偏差行为

儿童青少年偏差行为主要是青少年在青春期出现的偏离或违背社会规范的

---

① ［美］Paula Allen – Meares 著:《儿童青少年社会工作》,李建英、范志海译,华东理工大学出版社 2006 年版,第 109 页。

② 马丽庄著:《青少年家庭治疗》,台湾五南图书出版公司 2003 年版,第 194 页。

行为。主要有突发性、模仿性、易变性、盲从性的特点，是因为社会不良风气、媒体、家庭、学校、自身等原因引起的，已经成为一个全球性的社会问题。在对儿童青少年的偏差行为进行矫治的过程中，社会工作者通常采用学校、家庭、社会、社区四结合的形式，开展多种心理辅导、行为矫正的服务，引导和教育儿童青少年走向健康发展的道路。

一、偏差行为的概述

（一）什么是偏差行为？

对儿童青少年偏差行为的界定是非常困难的。从比较宽泛的意义上说，所谓偏差行为，即偏离行为、异常行为或越轨行为，通常是指那些超出常规，偏离或违背社会道德规范、纪律规范和法律规范的行为。儿童青少年偏差行为主要是在青春期出现的偏离或违背社会规范的行为。根据偏差行为性质、程度的不同，儿童青少年偏差行为可以分为一般的偏差行为和严重的偏差行为。后者主要是指儿童青少年犯罪行为，本节主要讨论儿童青少年中常见的一般偏差行为。

（二）影响偏差行为界定的因素

（1）社会文化：社会文化是包含了政治、经济、伦理道德等方面的一个体系，常常有这种现象：在一种文化中被认为是偏差行为，在另一种文化中则被认为是正常的，如中西文化对子女孝敬、赡养父母的不同看法。

（2）群体价值：同一社会的不同群体对同一行为也可能有相异的看法，从而影响对偏差行为的判定，如未婚同居、婚前性行为等，在一些年轻人看来不算偏差行为，而一些上年纪的成年人却认定它们是偏差行为。

（3）社会的变迁和发展：每个社会和不同的时期都有关于偏差行为的标准。如对儿童青少年着装、同性恋等。同性恋在某些国家被视为正常，而在另外一些国家被视为偏差行为，甚至是病态。

（三）儿童青少年偏差行为的表现

儿童青少年的偏差行为主要包括以下几种类型：

（1）不适当行为：违反道德或特定场合的特定管理机制的行为，但对社会并无重要损害。如小偷小摸、说谎欺骗、逃学、欺负同学等。

（2）成瘾行为：吸烟、酗酒、吸毒都是典型的成瘾行为，网络成瘾是近几年随着电脑的普及出现的，在儿童青少年的成瘾行为中占有相当大的比例。

（3）自毁行为：指违反社会规范的自我毁坏或自我毁灭行为，如吸毒、酗酒、自杀等；其中，自杀行为是儿童青少年偏差行为的极端表现形式，指儿童青少年在严峻的客观现实面前无法摆脱的自我否定形式。

（4）不道德行为，指违反人们共同生活及其行为准则的行为，这种行为通常会受到舆论的谴责,如在公共场所大声喧哗、乱扔垃圾等。

（5）反社会行为:指对他人与社会造成破坏的行为。

（6）犯罪行为:指违反刑事法规而应受刑事处罚的行为,它与反社会行为同属最严重的偏差行为,如暴力犯罪。

二、儿童青少年偏差行为的特点

儿童青少年时期是个体生理和心理发展的特殊时期,他们的独立意向迅速发展,但由于他们对道德标准的认识比较薄弱,分辨是非能力也较差,因而对各种消极、错误或违法行为缺乏辨别和抵制能力,于是某些不良事物很快被接受下来,并产生偏差行为。他们的偏差行为具有以下比较明显的特征:

（1）突发性。自然属性表明,儿童青少年意志薄弱,自制力差,反复性大,他们的思想具有很大的可塑性,因此这就决定了儿童青少年偏差行为缺乏事前的充分考虑、酝酿和计划过程,只要受到某种影响和刺激,可能立即萌生犯意,突发偏差行为。

（2）模仿性。儿童青少年求知欲望盛,好奇心强,喜欢模仿,但同时,他们又缺乏相应的道德识别能力和自控能力。影视剧中的打斗凶杀情节,特别是那些所谓英雄人物或儿童青少年崇拜的明星角色所表现的暴力行为,比较容易为他们所认同、学习和模仿。不少儿童青少年的犯罪灵感和犯罪手段均来自于影视剧中的影视人物。

（3）易变性。儿童青少年行为意识不深,原本动机不稳定,自控能力弱,一受诱惑,便会迅速产生不良行为动机。若遇到情境有变,往往情绪激动,在短暂而模糊的意识斗争过程中可能促使初始动机发生转变。

（4）盲从性。儿童青少年随意性比较强,在外界的影响下,常会放弃自己的意见而采取与众多人一致的行为。数个儿童青少年聚在一起,若有一个滋生不良之念,其他人一般不是力加阻拦,实践中他们受不良青年挑拨、煽动产生偏差行为的居多。他们一经诱惑,通常出于哥们义气不能自控,一拍即合,便一起行动。

三、偏差行为产生的原因

（一）社会原因

第一,受社会不良风气的影响。当今社会正处于从计划经济向市场经济过渡的转型期,社会利益和价值观念的多元趋势是不可逆转的时代潮流,传统的许多价值观念、道德规范受到挑战,而新的价值体系还没有完全建立起来,致使儿童青少年面对新事物、新思潮缺乏正确的判断依据,不知如何适从。于是,在道德失范的社会环境中,个人主义、自由主义、拜金主义和享乐主义等腐朽的东西便乘机侵蚀着他们的心灵。

第二，受传播媒介的负面影响。儿童青少年对外部世界充满好奇，迫切希望获得新知识，了解新信息。因此，他们很有可能成为众多媒体竞争的传播对象。一些媒体诸如广播、广告、报刊等为了迎合儿童青少年的口味和心理特点，往往不加节制地去渲染、刻画一些暴力、恐怖场面，使一些儿童青少年盲目崇拜媒体中的"英雄人物"，甚至刻意模仿，走上违法犯罪的道路。

（二）家庭原因

家庭是社会的细胞，是儿童青少年社会化的主要场所和第一所学校。家庭教育方式不当、家庭结构不全等都是促使儿童青少年越轨的重要因素。家庭教育方式偏差主要体现为溺爱型和粗暴型教育方式。有的家长过于宠爱孩子，对他们百依百顺，不加约束，甚至对子女的不良行为也不加制止。有的家长望子成龙、望女成凤心切，不考虑子女的实际可能，使子女压力过大，难以承受而产生逆反心理，出现逃学、旷课、学习成绩下降等现象，对此，父母不是耐心教导，而是棍棒相加，严重摧残子女的身心健康。此外，破碎的家庭也是导致儿童青少年偏差的重要因素之一。单亲家庭下的孩子容易造成性格孤僻，感情冷漠，感受不到家庭的温暖，在心理上产生愤世情绪。由于对社会、对生活有一种敌视的态度，极易受坏人引诱、利用，或因生活所迫而堕落。

（三）学校原因

学校对儿童青少年的成长起着至关重要的作用。近几年来，学校的思想教育工作和法制教育从总体上在不断加强，但是发展不够平衡，表现在如下几个方面：一是部分学校思想政治、法制教育工作队伍力量薄弱，管理水平、教育水平较低，客观上放纵了儿童青少年的违法乱纪行为；二是片面追求升学率，精力集中在品学优良的学生身上，对于差生缺乏耐心细致的教育帮助，使他们失去往好的方面发展的机会；三是教育工作方法简单，同时学校文化生活单调，课余生活缺乏有效的管理和引导，对学生监控不力、不严。此外，少数教育者形象不好，不能为人师表，其自身的不良表现对学生造成了不可估量的负面影响。

（四）自身原因

社会、家庭、学校三方面的因素是外因，外因必须通过内因才起作用。同样的社会、同样的学校、差不多的家庭环境，有的儿童青少年遵纪守法，有的却违法犯罪。这说明，尽管儿童青少年正处于身心发展的过渡期，但自身素质的高低也很重要。儿童青少年时期的特殊性也是他们产生偏差行为的重要因素之一。在这一时期，他们无论在认知方面、情绪情感方面、道德认识方面都还不完善，认知能力低，对道德、法纪的认识欠缺，不能正确评价自己和他人的品质和行为，思想简单，行为盲目，极易受外界各种不良因素的暗示而产生偏差行为。

四、偏差行为的预防对策

预防和减少儿童青少年偏差行为不仅关系到儿童青少年自身的前程、家庭的幸福,更关系到社会的发展、祖国的明天,是事关千家万户切身利益的大事。因此,应该采取积极有效的措施,预防和减少儿童青少年的偏差行为。

(一)学校方面

首先,要强化师资队伍建设,加强师德教育,全面贯彻党的教育方针,狠抓日常行为规范的养成教育,开展法律教育活动,帮助学生树立正确的人生观、价值观。做好差生的思想转化工作和失足学生的帮教工作,努力控制在校学生的违法犯罪情况的发生。对有轻微违法犯罪行为的特殊学生应当及时挽救,给他们改正错误的机会。

其次,要将心理健康教育的内容全面渗透在学校教育的全过程中。利用活动课、班团队活动时间,开展心理健康教育的专门活动。组织有关心理健康教育的专题讲座和技能训练活动,帮助学生掌握一般的心理保健知识和方法,培养良好的心理素质。

最后,学校应配备专门的心理健康辅导教师,除了对那些普遍性、发展性的心理问题进行团体心理咨询与辅导外,对个别存在心理问题或出现心理障碍的学生进行及时、认真、耐心、科学的个别咨询和辅导,帮助学生排除心理障碍,解决心理困扰。

(二)家庭方面

家长首先要加强自身的道德和法律修养,在子女面前树立好的榜样,用高尚的品格、良好的言行影响子女,杜绝自己的不良影响。在抓好子女学习的同时,抓好对子女的道德和法制观念的培养。对望子成龙、盼女成凤的家长,在注重考分高低的同时,更要注意子女的品格教育。对有不良行为和恶习的儿童青少年,家长要根据不同的情况和特点注意教育方法和效果,要加强管束,必要时要和学校联系,共同做好他们的教育工作,千万不要对子女溺爱娇惯、姑息迁就。

(三)专业社会工作

社会工作者应积极开展各种活动,培训家长以现代方式教导子女、强化他们与子女沟通的技巧以及鼓励他们建立亲子关系等,协助家长引导儿童青少年适应现代社会。

对于儿童青少年方面,如果生活在不完整结构的家庭,可由社工及辅导人员介入协助,这样可防止他们因不适应家庭生活而在外另觅寄托,甚至有可能因此误入歧途。

（四）社区教育

社区教育是学校、家庭、社会三结合教育的一种最佳形式，要充分发挥社区教育在儿童青少年教育中的德育功能，使儿童青少年投入社区生活，接受正规学校教育以外的社区教育。

首先，鼓励儿童青少年参加对身心发展有帮助的康体活动，投入社会群体生活。可以针对不同年龄段的儿童青少年，分类组织不同活动，以满足他们身心发展的需要。其次，可以有系统地训练儿童青少年的组织能力，鼓励他们由认识社区开始，参与社区建设，培育他们成为协助社区发展的一股正面力量。训练儿童青少年认识自己在社区中角色的重要性，可透过社区教育，对他们灌输法制及公民教育，全面提升儿童青少年素质。

（五）社会力量

各级有关部门要采取有力措施，整治社会的不良诱因，为儿童青少年提供良好的外部环境。宣传部门要组织力量，多创作、出版、制作和播放有利于儿童青少年健康成长的书籍、报刊和广播影视节目，尤其要抓好儿童青少年思想政治教育和法制教育读物的出版、发行工作，为儿童青少年学法、守法提供精神食粮。政法部门要深入持久地开展"扫黄"、"打非"工作，扫除社会丑恶现象。公安、工商、城管部门要加强对学校周边治安和学校内部的综合治理，严厉打击危害学校正常秩序、侵犯儿童青少年人身安全以及教唆、引诱、胁迫儿童青少年违法犯罪的各类违法犯罪活动。此外，青少年宫、文化馆、图书馆、体育馆等部门，都要关心、支持儿童青少年参加各种活动，并为他们开展健康活动提供便利的条件。只有这样，才能逐步营建一个好的外部环境，一定程度上预防儿童青少年偏差行为的发生。

五、儿童青少年常见偏差行为处理案例

学习是学生的主要任务，按时上学是学生的本分。如果学生未经请假却不按时上学，称为逃学。逃学是儿童青少年适应困难或儿童青少年犯罪的一种先兆。

学生对学校生活失去兴趣，产生厌倦感，对学校和学习持冷漠态度等心理状态及其在行为中的不良表现就是厌学。厌学者最明显的特征是学习动力不足，把学习看做是一件痛苦的事情，学习习惯差，上课注意力不集中，作业马虎甚至不写作业。厌学的结果是学业不良，缺乏成就动机，大多数厌学者最终成为学习困难者。厌学造成的直接危害是影响儿童青少年的个人成长。

我们以一个案例来简单说明对于儿童青少年行为偏差的辅导过程。

1. 基本情况

明明，男，15 岁，初三年级学生。明明是独生子，爸爸是某机关的处级干部；

妈妈是一位中学教师。明明很聪明,上课时只要花十多分钟,就能听懂老师讲的所有内容。因此,他上课常常只能专心听课十多分钟,之后就坐不住了。于是,上课讲"小话"成了其家常便饭,为此没少挨老师的批评。一次,英语老师在课堂上对他说:"你有毛病,让你妈带你去看心理医生。"老师的这番话深深地刺伤了明明的心,他认为只有得了精神病即疯子才需要去看心理医生,自己没有病。从此,明明与老师十分对立,不爱上学,常常逃课,也经常和其他不爱学习的同学搞一些恶作剧戏弄同学和老师。于是,明明的成绩大幅度下降,从班级的20多名降到40多名。初三时,明明的班级换了一个体育老师做班主任,这个老师以打学生闻名,经常打骂学生。一天,明明目睹了班主任打本班一位同学的情景,并听其他同学说老师下一个要"收拾"(打)的对象是自己。因害怕被老师当众打骂,明明从此不愿到学校上学。父亲对明明不愿上学的行为非常气愤,用尽各种方法也不能让明明回校上学。最终,明明因讨厌父亲逼迫自己回学校上学,而离家出走了。

2. 明明为什么会厌学、逃学甚至离家出走呢?

(1)个人系统方面。明明从小聪明伶俐,深得父母宠爱,也备受爷爷奶奶、外公外婆等家庭其他成员的关注。他从小就自尊心强,爱面子,不愿受约束。由于上课爱讲话,做小动作,搞恶作剧,经常受到老师批评,导致自我形象低落,自信心较差。

(2)家庭系统方面。父亲经常忙于自己的工作,对家人不够关心,明明的妈妈对丈夫意见很大。但由于丈夫拥有较高的社会地位,妈妈只好在儿子面前发泄对丈夫的不满,使得孩子也对父亲很不满。母亲与儿子纠结在一起反对父亲,家庭中有三角关系的存在。

(3)同辈群体方面。明明在学校和邻舍层面都有不少朋友,这些朋友对他很关心,常常打电话给他,特别是学校里的朋友。但他们大多和明明一样,聪明、活泼、好动,对学习不感兴趣。

(4)学校方面。应试教育给教师和学生以很大的压力,分数成为评价学生的唯一标准。这对明明这类聪明、有个性,不愿死读书的学生来讲,是一种束缚,缺乏吸引力。加之一些老师教育方法简单粗暴,明明十分讨厌学校,只得以厌学和逃学并最终离家出走的方式来表示不满和反抗。

3. 介入方法

介入目标:帮助孩子找回自尊和自信,勇敢地面对个人生活。

(1)家庭治疗。通过对明明一家进行家庭治疗改善家庭成员的互动方式,改善夫妻关系,让夫妇共同帮助孩子面对困难和挑战。

(2)个别心理辅导。对明明进行个别辅导,改善其自我认知,帮助孩子确定学习目标并从孩子的系统中找资源来帮助他实现此目标。

(3) 学业辅导。针对明明的特点请家教替他补习功课,制定合适的学习计划,通过提升其学业成绩来提升其自我形象。

(4) 环境改善。以社区教育的形式对教师和家长进行培训,让他们学会以正确的方式与学生沟通交流和对学生进行教育,建立良好的师生关系。从学校和家庭教育方面消除各种不利因素,如教师教育方法简单粗暴、父母对孩子的教育观点不一致等。

思考题

1. 举例说明儿童青少年情绪问题的严重性,并设计治疗方案。

2. 你怎样认识儿童青少年的行为偏差?你认为治疗的关键是什么?

3. 到附近小学做一次小学生学习动力和情绪状况调查,分析学生厌学情况,并制定以班级团体为单位的矫治计划。

4. 对一个网瘾少年进行访谈,做好记录并作出分析。

儿童青少年社会工作案例

　　儿童青少年社会工作的具体实务包括：儿童青少年个案工作、儿童青少年小组工作、儿童青少年社区工作。在本章中，结合案例详细介绍每种工作方法的理论基础、通用服务过程、技巧运用等内容，希望对实践有一定的指导价值。

第一节　儿童青少年个案工作案例

　　儿童青少年个案工作是由专业社会工作者运用专业知识和技巧，为儿童和青少年提供物质或感情方面的支持与服务，目的在于帮助他们减低压力、解决问题，达到儿童青少年的良好福利状态。由于个案工作面对的是一个个独立的儿童青少年，在具体的实务过程中，一定要遵守服务对象的个别性和发展性。本节以星星个案为例，通过分析星星的自我系统、家庭系统、学校、社会、财政等情况，在认知发展理论和行为主义理论的指导下，工作者运用了行为疗法和感觉统合疗法相结合的治疗模式，并制定了详细的工作计划过程、结案与评估方法，为星星提供了很好的服务，取得了一定的效果。

一、星星，一个自闭症儿的故事[①]

　　"正常的外表却具有连最亲近最依靠的母亲都无法了解的谜样般个性，是自闭症儿存在人间的姿影，犹如天上的一颗孤星。"[②]

　　早在 1913 年，布鲁勒（Bleuler）医师[③]即用"自闭症"一词解释临床治疗案例中发现的精神分裂症成人病患所具有的极端孤立而无法与人沟通的精神失调特

---

　　①　本案例由中国青年政治学院 06 级硕士生王芳撰写。

　　②　曹纯琼：《自闭症儿与教育治疗》，台湾股份出版社 2002 年版。

　　③　布鲁勒，20 世纪瑞士精神病学家，提出了"精神分裂"的概念及"精神分裂症"的命名，对本病进行了细致的临床学研究，指出情感、联想和意志障碍是本病的原发性症状，而中心问题是人格的分裂。

质。这类病人过去曾如正常人般融入社会团体,却突然不再与他人交往,完全陷入极度专注自我的孤立状态。

1943 年,肯纳(Leo Kanner)医师①认为,他研究的 11 名儿童最主要的孤立特征与布鲁勒的描述极为类似,但为了易于辨别这类儿童的孤立症状并非突发性,而是先天性无法建立或反应人际关系,而采用此词并命名为"早期幼儿自闭症",以强调这种早期发病的精神症状。

在 20 世纪 60 年代之前,专家多以欠缺母子关系等心因论来断定自闭症的发病原因,认为自闭症属于精神病的范畴。肯纳医师坚持"自闭症乃一种幼儿期的精神分裂症",亚斯伯格(H. Asperger)医师②则认为"自闭症乃变态的儿童精神病质"。其后,随着神经生理学和神经心理学的发展以及依据心因论进行心理治疗失败的例子,专家又试图从生理心理学的角度揭开自闭症之谜,然而具体的解释说法不一。近年来,专家多认定"自闭症是一种自闭症候群,不同成因产生不同症状,但是均具有明显的共通特征"。这些共通特征基本地体现在社会性、语言沟通能力以及特有的行为模式三个方面,而具体症状则因其不同的成因、发病时间、障碍程度、心理特性及问题行为等有极大的个别差异。

这里,我们描述的就是一个自闭症儿的故事,一个社会工作专业本科生陪伴自闭症孩子近半年的个案治疗的前前后后。在这次实施干预的过程中,工作员多方收集资料,尝试了感觉统合疗法与行为疗法,原创了以单个案主为中心、多个工作员参与干预的"逆向小组"个案工作方法。

二、过程

(一)接案

星星(化名),8 岁男孩,在他还是婴儿的时候,母亲就感觉孩子与自己不够亲近,但并未引起注意。4 岁时情况愈发严重,后经多方诊断,确诊为自闭症。

(二)建立关系、收集资料

接案之后,工作员来到星星家中,向其母亲了解星星的成长过程以及自闭症的发现情况,调查星星周围的环境如家庭、学校、社区等对星星的影响,同时观察星星的行为表现,进行资料收集的工作。

1. 案主资料

(1)治疗经历:4 ~ 7 岁,寻找治疗方案,曾有半年时间每周去一次启智学校

---

① 肯纳,美国儿童精神科医师,率先将自闭症的种种情绪及行为障碍写成正式报告。近年来,我国台湾地区有些机构提出用"肯纳症"取代"自闭症"。这种提法直接采用音译的方式,同时包含着希望这个社会接纳、包容多元性的含义。

② 亚斯伯格,维也纳小儿科医师,1944 年首次报告 4 位具有社交互动困难的男孩,称之为自闭性精神病态。与肯纳一样,他强调这些个案的强烈自我中心及关闭与外界的一切沟通的特质。

(北京市海淀区培智学校),但因其母工作忙,未能进行连续性的综合治疗。后来,由母亲自己摸索进行康复训练,苦心引导三年,收效甚微,且错过了最佳治疗时间。

(2)语言表达:星星在使用第一、第二人称上稍有困难,无法正确区分"你"和"我"的概念。比如,妈妈问他,"把玩具给你(星星)好么?"星星会说,"把玩具给你(我)"。在交流中,星星不能很好地表达自己的意思,常常用逻辑不清的语句叙述,致使他人很难理解星星想要表达的真正含义。

(3)行为举止:星星经常会向他人吐吐沫,有时还会大吼。与小朋友在一起时,为了表示友好,他会去拉对方的耳朵或者摸对方的头,不过经常被别人把手甩开。这个时候,星星虽然会停止拉同伴耳朵或摸头的动作,但过了一段时间又会反复,直到别人表示不满才会住手。之后,星星便自己默默坐在一旁,或者坐到妈妈身边。

(4)交往需要:星星的妈妈告诉工作员,孩子内心其实非常愿意和别人交往,但常因不得法而遭到漠视。同时,由于他不懂得如何表达自己的感受,所以常常会自卑,逐渐对外界事物产生抵触心理,加剧了他的自闭倾向。

(5)兴趣爱好:星星对韵律非常敏感,可以很快记住节奏性很强的音乐。也是因为韵律的关系,星星很喜欢古诗,能背出好多首。

2. 家庭系统

星星与父母及保姆住在一起,母亲是朝阳区一所高中的高三语文老师,父亲在中远集团工作,常年不在家,有时候,爷爷奶奶会过来和他们一起住。6岁以前,爷爷奶奶曾经照顾过星星一段时间,亲戚们对星星的态度大多是"有心没时间",只有舅舅家的儿子(星星上大学的表哥)对他关注多一些。逢年过节的时候,母亲会带星星去亲戚家或乡下外婆家。星星与亲戚的小孩接触较多,但因他只是沉浸在自己的世界里,和亲戚的小孩关系也不是太好。

3. 学校系统

星星在幼儿园时曾遇到过一个很关心他的老师,他也很少有的和这个老师非常亲近。到了入学年龄,因在普通学校读书缺乏自我约束力,如在上课时会突然唱歌、站起来或手舞足蹈,无奈去了特殊教育学校,与一些脑瘫孩子共同接受教育。经了解,脑瘫儿与星儿的交流不多,绝大多数老师鉴于他的不合群也对他关注较少,有时会把他排除在学校集体活动之外。

4. 社区系统

星星居住的社区是一个较老的物业管理型社区,楼下有一处健身中心,常有老人与孩子在那里活动。社区是业缘社区,邻里之间很少熟识,彼此间的支持相对较少。社区附近是团结湖公园,母亲常带孩子去公园散步。

据星星的母亲描述,她见到邻居大多会主动躲避,也很少去社区的健身中心活动,因为她不敢告诉别人孩子的真实情况,怕被贴上标签。星星的妈妈曾经尝试与社区中其他父母结对,促进星儿与其他孩子的交流,但因受到较多排斥,最终放弃。社区工作人员也曾来了解过情况,但因对自闭症知识的缺乏,只能给予"多带孩子出去走走"的建议,没有更多的帮助。

5. 专业资源与专业康复机构支持情况

目前,我国关于自闭症的资料较少,缺乏相关的专业翻译人才,尤其缺乏对国际最新的康复治疗方案的介绍,这使我国的自闭症治疗较为滞后,大多数家庭只能依靠自己摸索来积累经验。据星星的母亲反映,她对于自闭症完全是通过查阅相关书籍来了解,还有就是常去"以琳"网站搜索资料,获得启示。

专业康复机构大多采取做量表的方式,给出康复计划的参考。但是,机构很难做到去自闭症儿童家庭中、在自然的状态下指导孩子,康复计划的实施因此有较大困难。另一方面,自闭症的最佳治疗年龄是6岁以前,星星已经近8岁,专业康复机构大多不愿接收这样的孩子,除非是一些花费较高的私立的训练。

6. 政府支持情况

如何定义自闭症、他们是否属于残疾人的范畴,国家对此还没有明确的规定,也没有相关的政策。就案主星星所受到的政府支持来说,"残联"会在"六一"儿童节等特别的节日问候星星,但形式比较单一,仅是送个水杯等,少有实质性的帮助。

(三)案情评估与诊断

在对收集到的资料进行整理总结后,工作员发现:星星的困难主要在人际交流和感觉方面,行为与情绪控制相对较好,没有过动、自伤等行为,也没有突发的情绪失控。在星星的生活环境中,除了妈妈对自闭症相对了解之外,星星身边的其他人都不甚清楚何为自闭症,不能给予星星充分的关注、理解、尊重与爱。

1. 语言方面:语言发展迟缓

星星所说的话缺乏流畅感和逻辑性,难以清楚地表达自己的意思。在使用人称代词时,他不能区分"你"和"我"的不同,导致交流出现障碍。他还有长时间重复说一句话的情况。这些语言表达方面的缺陷正是自闭症的表现。

2. 行为方面:刻板行为

星星的行为举止体现了自闭症儿童特有的交流方式——刻板行为。星星最具代表性的刻板行为是关注旋转的物品,他可以一直不动地看某个物品旋转,连续看上几个小时。

星星的刻板行为是仅仅属于自己、仅仅自己能够理解的,这就造成了他人理解的困难,形成人际沟通的障碍。比如,为了向同行的小朋友表示友好,星星会去拉他们的耳朵或摸他们的头,这就是星星的刻板行为,是他认同的表达友好的方式。但是,这样的方式难以被他人理解与接受,甚至产生误解,所以,星星的手经常被甩开。刻板行为也不是一次性的,而是反复出现的,因此,即使手被甩开,星星还是会重复同样的动作。

3. 感觉方面：感觉发育迟滞

对于自闭症儿童，不仅需要注意智力因素，还要特别注意感觉方面。星星在这方面存在很大的障碍，而且这种状况还很难得到改善。比如运动中身体的不协调，无法长时间静坐等，都是自闭症的表现。

4. 环境方面：社会隔绝

自闭症的儿童通常有一个共同的特点，就是社会隔绝。星星的家比较小，他的外出活动也不很频繁。即使与同伴交往，其他孩子也因为他与众不同的行为方式而不愿意跟他一起玩，周围人对星星的态度大多是冷漠的。这些因素构成了星星狭小封闭的生活空间，使他缺乏有利的治疗康复环境，大大阻碍了星星的健康成长。

5. 兴趣方面：学者症候群

自闭症儿童通常有自己非常擅长的地方，星星最擅长、最喜欢的是节奏。无论音乐还是唐诗，凡是有节奏的声音，都可以很大程度上激起他的兴趣。所以，尽管星星的智力存在缺陷，他仍可以借着对节奏的敏感，背出很多诗歌、唱出一些歌曲，这种现象即是学者症候群。

（四）确定辅导目标，制定辅导计划

在资料收集以及案情评估的基础上，工作员针对案主自身确定了具体的辅导目标、制定了具体的辅导计划（见表11-1）。

表11-1 辅导计划简表

活动次数	主要目标	具体活动形式
一	与星星相识，建立信任关系	以简单游戏为主，强调快乐原则
二	进一步建立彼此接纳关系	回顾第一次游戏，并开展新游戏
三	认知训练	在游戏过程中认识相关事物
四	视觉训练	在游戏过程中训练注意力
五	语言训练	在游戏中练习相互交流
六	综合复习各项能力	让星星全程带领组员活动
七	社会适应性训练	外出郊游，观察应变状况
八	社会适应性训练	外出郊游，观察应变状况

（1）辅导目标：陪伴星星，辅助训练与康复，协助其家庭进行家庭照顾。

（2）辅导计划：到星星家与他的母亲一起，陪星星进行有计划的康复训练。每周一次、每次三个小时，共八次，包括六次室内训练与两次室外训练。

（3）干预手段：以活动与游戏为主，在星星母亲的帮助下，做一些感觉统合训练，在此基础上，根据实际情况尝试行为方面的简单训练。

（五）干预

从 2005 年 12 月的第一次接触到 2006 年 5 月这半年中,工作员按照计划进行了每周一次、每次三个小时的服务,并及时根据案主的情况与反馈调整计划。每次服务结束后,工作员都会整理观察记录,对本次活动进行讨论与总结,评估活动的长处与不足,为下次活动提供经验和教训,以使活动更加成熟与完善。实施干预过程中,星星的妈妈积极配合,与工作员共同促进孩子的恢复。

1. 2005 年 12 月,第一次接触

与星星相识,与星星母亲会谈,初步建立专业关系。

2. 2006 年 2 月 25 日　星期六

首先,工作员陪星星说话,在他母亲的帮助下,工作员能和星星有一些沟通,但他还不能很好地说出完整的句子。如果工作员拽住星星不放,反复鼓励和重复同样的话,他可以很慢地说出完整句子,但也只是单句。星星在大家都围着他的环境中有些紧张,表现为总是想离开大家呆的屋子。

熟悉了之后,工作员开始陪着星星玩游戏。游戏不是事先安排好的,是看他想干什么就顺势开始。在与星星的游戏过程中,气球游戏最为成功,套圈和投篮次之,而折飞机则未能达到工作员的预期效果。

工作员首先利用抛气球开始实践逆向小组活动。三个工作员围成一圈,让星星坐在中间,工作员将气球抛给星星,让星星用双手去抓。这个过程中,星星的注意力可以集中。之后,工作员逐渐增加了游戏难度,由简单地把气球扔给星星,到与星星交互传球。一人扔给他气球,另一人鼓掌,再让他回传给工作员。最后,工作员还试着往上抛气球让星星跳起来去抓,这对于星星有一举两得的功效:首先,气球运动很慢,这让星星有比较充足的时间来判断,游戏的成功可以增强星星的自信心;同时,这个过程还锻炼星星的注意力,让他在接气球的过程中保持注意力的集中。

在之后的套圈和投篮游戏中,工作员试图继续训练星星的注意力,但星星对这两个游戏兴趣一般,最终拒绝参与,游戏计划因此作罢。

3. 2006 年 3 月 4 日　星期六

活动之前,工作员首先把近半年的辅导计划以及有关自闭症的一些资料拿给星星的母亲看,她也把星星 7 岁那年的智力测试以及专家对星星治疗的建议和活动内容拿给工作员。从智力测试的结果来看,星星在很多方面相当于四五岁小孩的智力,在认知、模仿方面只相当于一岁半左右的幼儿。

这次活动,工作员与星星一起做了拍手、套圈、气球、不倒翁等游戏。星星对拍手和玩气球比较感兴趣,精神比较集中,大概可以玩十几分钟。对其他活动兴趣一般,只能在工作员和母亲的帮助下玩四五分钟。星星对新鲜事物的好奇心

比较强,但对好奇心保持的时间很短。比如说,星星在刚看到工作员带去的不倒翁时很好奇,但注意力很快转移,而且不倒翁再也提不起他的兴趣。

这次活动主要是对星星视觉上的刺激和模仿能力的训练,还有听觉的练习。工作员发现,星星说话时眼睛和对方对视的时间比以前稍长了,对动作的模仿也有一定的进步。工作员还发现,星星对圆形的东西特别感兴趣,比如说他对玩气球和高尔夫球的游戏就很感兴趣,很少产生厌倦的情绪。相比带有学习性质的游戏,星星对于纯粹的娱乐活动兴趣更大,注意力更能集中。

活动的顺序及每个活动持续的时间:

玩娃娃5分钟,玩不倒翁6分钟,唱歌表演4分钟,玩气球15分钟,拍手12分钟,套圈5分钟,玩娃娃5分钟,玩高尔夫球2分钟,玩气球10分钟,拍桌子5分钟。

4. 2006年3月11日　星期六

这次活动中,工作员更加注意与星星的沟通和交流,即使反馈很少,工作员依然不停地与之沟通。

这次活动内容主要包括:鼓励星星进行即兴表演,利用唱歌、说话来训练他的胆量与语言表达能力;用色子和橡皮泥作为工具,告诉他一些图形的概念,如正方形、圆形等;用扔球的方法来锻炼他的方位能力和反应力。

因为之前两次活动中星星对扔球游戏反映良好,这次工作员尝试用网球代替气球,加大难度,不过星星依然可以较为准确地进行方位判断并接住球。之后,工作员利用踢足球的方式,训练星星左右脚的反应能力和协调能力,星星的表现也很不错。

与之前的活动相比,这次活动的项目减少了,但每项的时间都有了明显的加长,这证明星星的注意力有了长足的进步。在逆向小组活动中,工作员明显感觉到星星对于集体的归属感和认同感,并且能够从游戏中找到乐趣和自信。

5. 2006年3月18日　星期六

这次活动以触觉刺激和模仿为主,包括:吹泡泡、套圈、抛球、复述故事、用橡皮泥做东西。这几个活动都比较能提起他的兴趣,持续时间相对较长。

吹泡泡游戏目的在训练星星的视觉注意、模仿能力和自我控制能力。套圈可以集中他的注意力,又锻炼他的手眼协调。抛球游戏同样锻炼他的视觉注意和手眼协调。工作员发现,经过一个月的工作,星星在反应力、注意力以及相关的语言表达上有了一定的进步。

6. 2006年4月8日　星期六

这次活动中,工作员发现,星星已经接纳并认可了工作员,他可以根据衣服颜色来区分不同的人,对每一个人的特征有了自己的认知结构图。因此,工作员尽量用一些较为抽象的物品和他玩,如积木和翻绳,考察和训练他对非具体事物的认知和掌握。

星星在玩积木的过程中显得比较开心,工作员还根据需要进行小组活动,让他来选择需要的积木,以此锻炼记忆力和语言表达能力。翻绳游戏对于他来说显得难了很多,以致他在几次尝试无果的情况下失去耐心。之后,工作员为了缓和气氛继续玩起扔球的游戏,几次的练习已经使他的反应和协调能力有了明显提高,而且从他扔球的速度和力量上可以看出,他比之前要自信了。为了防止他对扔东西产生新的刻板行为,工作员还开始训练他左右脚配合简单踢球的能力。

7. 2006 年 4 月 16 日 星期六

这是室外活动的第一次尝试,带星星去紫竹院公园,让他在一个完全开放的环境下与工作员互动。但星星表现得十分拘谨和不够合作,他一直不肯离开妈妈很远,对妈妈的依赖比我们初识星星时有过之而无不及。在紫竹院公园,他几乎没有和别人发生过任何语言和非语言的互动,交流能力似乎在这一刻停滞。

8. 2006 年 5 月 19 日 星期六

这是一次室内活动与室外活动的结合。首先,工作员在星星家与他做了套圈和抛球的游戏,之后到团结湖公园活动。再一次的室外活动是因为星星在上次紫竹院之行中暴露的在陌生环境中的一些问题,所以要继续在实际生活环境中加以训练,促进其成长。这次,星星显得很自在,自己走在前面带路,看到公园的健身器械时,显得有兴趣且比较专注,然而与工作员的沟通依然很少。

三、结案与评估

八次干预活动之后,为期半年的服务告一段落。一是自闭症孩子的康复效果本身不太明显;二是这次干预也受到时间短的限制,案主的完全康复还需要更长时间的持续努力。但是,在这样的短期服务中,工作员依然看到一些可喜的变化,最初设定的辅导目标基本达成。

首先,工作员观察发现,星星在注意力上的进步最为明显。接受服务之前,星星无法长时间地将注意力集中在某一事物上,最多也就 5 秒钟,在有针对性的游戏治疗之后,星星的注意力有了大幅长进。通过气球游戏、套圈游戏和吹泡泡游戏等,星星可以连续关注一件事物长达 3 分钟左右,这正是工作员选择这些经典游戏让星星持续练习的成果。为了保持这样的好趋势,吹泡泡之类的经典游戏还应继续下去,以训练注意力的保持。

其次,星星的身体协调性有了一定的好转。工作员利用球类游戏,特别是左右脚踢球练习和左右手扔老虎游戏,使星星可以较为准确地区分身体各个部分。游戏治疗之前,星星仅能用单手、单脚完成某个动作,不能辨别哪里是左边、哪里是右边,更不能在手脚相互配合的情况下完成任务。八次干预之后,在工作员的协助下,无论是双手还是单手,星星都能按要求正确完成任务。在最后的几次活动中,还可以在手脚配合的情况下顺利完成垫气球的游戏,星星的身体协调性得到了一定的改善。

再次,星星的认知能力得到了较大提高。之前,星星只能对非常具体的事物有认识;之后,他可以通过颜色来区分不同的个体,如"那个穿黄衣服的姐姐",这说明在他的大脑里开始出现了普通儿童所拥有的图式。这为以后的工作开启了大门,只要从这种比较具体的抽象概念入手,星星对抽象概念的认识还会逐步提升。

最后,在语言能力和人际交往方面,星星也有一定的提高。在工作员的积极引导下,星星由之前的一次说两三个字,改进到可以完整地说好一句话;由不看着人、自顾自地说话,发展到可以利用语言和身体语言与他人沟通。

结案后,工作员曾同案主的母亲再次进行会谈,询问案主的变化情况。据星星的母亲说,星星在她身边的时候大多较乖、较听话;在学校的时候,接受服务之前常有侵犯和攻击性的行为,如见到谁盯着谁看、吐吐沫、乱叫、怕人等,但现在这样的行为明显减少,学校老师反映这个孩子总是笑眯眯的。

综上观察和反馈,工作员认为,案主在各方面均有一定的进步,本次短期服务的目标基本达成。但由于时间有限、工作员经验不足以及资源条件的限制,案主进一步的康复和治疗还需要漫长的过程和更多的付出。

四、基础理论分析

在星星的个案中,工作员依循从生理上找寻自闭症成因并予以康复治疗的方法,以认知发展理论和行为主义理论为基础,采用了感觉统合疗法与行为疗法。

(一)认知发展理论

认知发展理论的代表人物是瑞士儿童心理学家皮亚杰。皮亚杰利用临床会谈的技巧探讨儿童面对推理问题的反应方式、思考特征和知识的获得。1923—1929年间,他系统调查儿童的道德判断、日常生活事件、使用的语言等,形成了著名的认知发展论。皮亚杰的贡献之一是建立了认知发展的阶段理论,他认为,个体的发展共分四个时期,分别是感知动作阶段、前运算阶段、具体运算阶段和形式运算阶段。0~2岁是幼儿的感知动作阶段,这一阶段的儿童只能协调感知觉和动作活动,在接触外界事物时能利用或形成某些低级行为图式。2~7岁是前运算阶段,在这一时期,表象或内化了的感知或动作在儿童心理上起重要作用,儿童能用表象和语言作为中介来描述外部世界,大大扩展了儿童生活和心理的范围。但是,这一时期的儿童只能从自我考虑问题,不能从多方面条件考虑问题,这就限制了他(她)掌握逻辑概念的能力。7~12岁是具体运算阶段,这时候儿童能进行真正的、与客体直接相连的运算,能理解那些在客体或情景的其他方面产生变化的时候,仍然会保持不变的方面或事件。到具体运算期结束的时候,儿童说明物理事件原因的能力已得到显著提高。他们不仅准备好解决那些包含客体的问题,而且也准备好了解决那些涉及关于假设和命题的问题。12~15岁属于形式运算阶段,在这一时期,一般儿童不再受他(她)所直接看到、听到的东西的限制,也不再受他(她)手头问题的限制。他们能够想象问题的条件,并能设想出在因素的不同联合的条件下可能合乎逻辑地产生什么情况的假设。

案主星星8岁,已到了具体运算阶段的年龄,然而他的认知水平依然停留在感知动作的阶段。此外,他运用语言作为中介描述外部世界的能力也相对较弱,语言表达和沟通方面存在一定的障碍。感觉统合疗法的理论即与皮亚杰认知发展的四阶段理论基本类似,首先规定了新生儿感觉统合发展的四个阶段,工作员即在此基础上对星星进行感觉统合方面的训练。

(二)行为主义理论

行为主义理论是以实验行为心理学为基础而形成和发展起来的一种社会工作理论。它认为社会工作的主要任务是对服务对象的不适当行为进行治疗或矫正,但它不是应用心理分析或认知心理学而是应用行为心理学的理论(如条件反射、条件运算、学习理论等)方法(如实验等)来完成这一任务。它认为心理分析及认知理论将关注的焦点放在难以观察、验证的内心世界上是一种不智之举,我们真正能观察到因而也只能关心的只是个体的外显行为而已。它认为行为是个体对当前环境所做的反应,不适当的行为是个体对当前环境所做的不适当的反应,社会工作的任务就是要帮助服务对象学习和掌握恰当的反应模式。

这一理论在儿童社会工作中的运用相当广泛。儿童的认知往往不会准确深刻,他们的发展问题更多地是通过行为表现出来的,行为的养成和矫治对儿童的发展格外重要,采取行为改变技术并辅以增强或削弱,往往是儿童个案工作中经常采取的方式,其效果对行为能力强而认知能力稍差的儿童来说颇为显著。

五、工具理论分析:感觉统合疗法与行为疗法结合[①]

以认知发展理论和行为主义理论为基础,工作员从生理学视角出发,对案主进行感觉统合训练与行为训练,在此过程中创造了逆向小组工作方法,将感觉统合训练与行为训练、社会适应性训练整合起来,试图有效地提高服务质量、促进案主的治疗与发展。

---

① 参见曹纯琼:《自闭症儿与教育治疗》,台湾心理出版社有限公司1994年版。

（一）感觉统合疗法

感觉统合疗法的兴起与对以生理学理论为基础解释自闭症的成因有直接的关联。自 1960 年起,随着神经生理学和神经心理学的发展,又依据心因论治疗自闭症失败的例子,学者试图以生理学的观点来揭开引起自闭症候群的主要病因。他们认为,自闭症并非源于心因论者所解释的心理性自我封闭,也不是幼儿型精神分裂症,而是脑障碍所引起的发展性障碍。

1. 感觉统合疗法的起源与发展

最早用于启智教育的感觉教育可追溯至以五年时间亲自教导法国阿维隆森林野孩儿的伊塔医师(J. M. Itard)。伊塔医师用各种基本感觉刺激野孩儿对其进行感觉训练,以促进其神经系统和感觉辨别能力的发展,结果证实智能不足儿是可教育的。

以生理学的理论为基础并沿用伊塔的感觉教育,倡导生理学教育法的塞根(E. Seguin)特别注重刺激大脑使心智活动活泼化的肌肉运动,即身体的大小肌肉运动。蒙特梭利(M. Montessori)承传伊塔和塞根的教育方法,强调幼儿的感觉和肌肉训练,以此促进智能的发展。他还以儿童的自我教育为主旨,开发了26 种儿童能够自我学习的教材器具。近代生理学理论者艾雅兹等亦强调感觉、知觉、运动教育为学习基础的必要性,治疗计划的设计须依据儿童的正常发展阶段,并使用确切教具以促进其发展。

2. 感觉统合疗法的理论

近年来在我国台湾地区普遍推广的感觉统合疗法是美国南加州大学艾雅兹(A. J. Ayres)教授以神经生理学理论为基础、以学习障碍儿及自闭症儿为对象而发展出的一套治疗法。

艾雅兹教授认为,新生儿的感觉统合发展模式与皮亚杰主张的发展过程大致相似,可分为四个阶段(表 11 - 2),于十岁左右完成发展。感觉失常(表 11 - 3)是由于个体因脑功能障碍而无法将五种基本感觉——视觉、听觉、触觉、肌肉关节动觉和前庭感觉——的刺激加以组合统整并作适度反映的结果。感觉统合疗法的目的即在于提供前庭体系、肌肉关节动觉和皮肤碰触等感觉刺激的输入,并予以适当的控制,让孩童依内在驱策力引导自己的活动,自动形成顺应性的反应,借此促成这些感觉的组合和统一。

表 11 - 2　感觉统合发展的四个阶段

阶　　段	发 展 模 式
一	以基本反射模式(如吸吮反射、平衡反应等)为基础,统合触觉以形成初期摄食反应及亲子关系,并统合前庭觉及肌肉关节动觉使眼球运动、姿势、身体平衡等组织能力

续表

阶 段	发 展 模 式
二	触觉、前庭觉及肌肉关节动觉完成身体知觉、身体两侧协调性运动、身体发展及注意集中力和活动阶层的统合作用
三	听觉、前庭觉与身体知觉之统合作用促进说话及理解能力;视觉、触觉前庭觉及肌肉关节动觉之统合作用发展感觉运动能力、视知觉、手眼协调、手、身体精细运动能力
四	形成阅读、书写、计算乃至人际关系、自信及自尊心等个人进运社会生活之必要能力(感统功能基本发育成熟)

表 11-3 五种感觉统合失常现象

前庭和双侧大脑分化失常	前庭反应不足所致的眼睛运动、肌姿势、身体平衡、肌肉张力、左右惯用手手性没有建立等失常现象,以及附带引起的阅读演算困难、自我形象不良和情绪等问题
触觉防御	在数字判断决策的反应模式中,孩童的触觉防御样式识别不够,防御保护式的活动却太多,脑神经生理抑制上有困难
肌肉关节动觉障碍(发育性行为障碍)	不能做同年龄孩子都会做的事情,孩子不仅身体形象感觉不良、动作计划困难,对很多日常生活的情况也应付不了
重力不安全症	前庭对重力和速度过度敏感,引起情绪上的害怕反应和不安全感
视觉和听力语言失常	看、听和说是许多基本脑功能的最后产物,必须先发展好脑的前庭平衡、肌肉关节之本体感觉和触觉的功能,才能改善视听的处理过程

3. 自闭症适用感觉统合疗法的临床依据

如前所述,应用感觉统合疗法治疗自闭症的主因即在于对自闭症成因的生理学阐释,欧尼之等人曾确切指出:自闭症主因在感觉输入的调节障碍,即脑中枢的感觉刺激调整功能发生故障,脑干无法将各个感觉感受器接受并传达来的所有感觉刺激完成初步的调整作用,乃至大脑皮质无法加以统整判断认知而作适度的行为反应,自闭症儿因此在行为上有异常的感觉反应、与物的怪异接触方式、重复的固定和仪式化行为、自伤和自己刺激等症状特征。

艾雅兹亦观察发现,自闭症儿在感觉讯息处理方面有感觉而未在大脑内确切注册,故无法注意很多事情或相反地有过度反应;基本感觉中尤其是触觉及前庭觉未获适切调整,故有重力不安全及触觉防御出现;并且因为新行为模型无法顺利形成脑的部分功能,故较少有兴趣做有目的的活动,而感觉统合疗法可以改善并调节其感官感觉讯息处理能力。

日本兹库模幼儿教室对 18 名三至九岁的自闭症儿作感觉诊断,发现一般自闭症儿的典型特征是:平衡感觉迟钝、视听触觉敏锐。而该教室负责人门部秀雄所长等人从事多年感觉统合疗法发现,自闭症儿多喜平衡感觉刺激,且经过治疗后平衡感觉功能恢复正常化,可正面影响其他感觉功能的正常化。

本案例的案主星星即存在感觉失常的表现,如身体平衡性差、协调性差等,工作员对此采用感觉统合疗法,这对于集中一段时间调节案主感官感觉的能力、改善案主的自闭症状是恰当的选择。

4. 感觉统合疗法的原则与实施

艾雅兹综合多次对学习障碍和自闭症儿的感觉统合疗法的经验确定了疗法的一般原则为:

(1) 儿童最喜爱的刺激乃必要刺激。

(2) 需以人体基本感觉(即上文所述五种基本感觉)为主。

(3) 需以迟钝的感觉为主。

事实上,感觉统合训练的实质是给儿童的发展过程"补课",可以运用一定的辅助器材提供种种感觉刺激,以促进感觉输入的处理过程和脑的统整功能,改善自闭症状行为。滑板、滑梯、网缆、圆筒、四足平衡吊缆、圆木柱吊缆、旋转轮盘吊缆、游泳圈吊缆、海洋球、羊角球、蹦蹦床、平衡台、大笼球、时光隧道、滚筒、旋转浴盆、独脚凳、平衡木、绳子、跳跳乐、袋鼠跳等都可以作为感觉统合训练的器材。通过训练,儿童前庭、肌肉、关节、皮肤、触压、视、听、嗅等多种刺激与运动相结合。儿童能够统合这些感觉,促进脑神经生理发展,并同时做出适应性反应。

本案例中,工作员遵循艾雅兹所确立的原则,运用球类等器具,尝试进行了有针对性的感觉训练,包括手眼协调的训练、空间感的训练等,短期内相应改善了案主的症状。

(二) 行为疗法

对于自闭症儿童来说,感觉统合疗法在初期密集式的治疗中会有急速的改善效果,且年龄越小、越早进行,疗效就越好。但是,若考虑到自闭症儿童的未来发展,则需要用其他的方法来加强其社会自立能力。行为疗法就是在改善去除自闭症状与不适应行为或者形成适应行为与日常生活自立及专业技能方面最惯常采用的治疗方法。

1. 行为疗法的起源与发展

20 世纪 20 年代,华生(J. B. Wattson)强调外显行为而非内在主观的心智活动才是心理学的研究对象,提出了主张一切行为皆是学习结果的行为学说。俄国巴夫诺夫(I. Pavolv)用狗的唾液流量试验制约反射的成果,确立了沿用至今的行为疗法。此后,行为理论日益发展,行为疗法也被广泛应用于诸多领域,其对象涵盖了正常儿童、青少年、成人、智能不足者、罪犯以及精神病患等。

2. 行为疗法适用自闭症儿的理论依据

行为疗法适用于改善自闭症状始于 20 世纪 60 年代。那时,依据心因论对自闭症儿进行心理治疗疗效不佳,而行为疗法在临床被证明是有效的。自此,行为疗法成为自闭症教育的核心。

20 世纪 60 年代,自闭症儿的行为疗法在形成适应行为方面主要采用渐进法,以形成类化模仿行为、互动行为、社会性行为以及语言和阅读能力等。在改善和去除不适应行为方面,主要采用惩罚技术以削弱或去除自伤、固定而重复之行为,及危害自己或他人生命之行为。

本案例中,工作员对行为疗法的运用即体现在这两个方面,其中更多地是在形成适应行为方面的训练,对案主注意力的训练就是一个典型。至于改善和去除不适应行为方面,工作员曾针对案主动辄爬床的行为习惯提出惩罚办法,但因各种原因没有付诸实施。

六、工作方法分析:个案工作方法

这是一个个案工作,工作者是来自中国青年政治学院社会工作与管理学院的学生,他们在专业训练的基础上对服务对象星星进行了为期半年的跟踪治疗。

(一)建立关系、资料收集、案情评估

在对星星的个案中,工作员注重儿童个案工作系统性的特点,以系统论思想为指导,通过直接观察以及与案主身边主要人物的沟通,全面收集了包括案主个人、家庭环境、学校环境、社区环境、专业机构支持情况、政府支持情况等从微观到宏观的各个环境系统的相关资料,为进一步的案情评估与方案制定奠定了良好的基础。

在资料收集之后,工作员对资料进行了归纳、整理和分析,试图弄清案主问题的性质、特点、程度、产生原因和影响因素等。案主问题的性质很明显在于自闭症,特点和程度从之前的诊断、妈妈的描述和工作员的观察中也可以得出。不过,案主自闭症的成因与影响因素却是很难弄明白的,这也直接影响到之后的具体干预方式。

此外,工作员还对案主问题解决的客观条件进行了评估。妈妈的悉心照料是星星康复发展的有利条件,专业治疗的相对缺失和社会关注的不足是不利的条件。对于自闭症儿童,其治疗往往要在生活中一点一滴不断地持续,让孩子感觉到他人对自己的关心,为他们提供与人沟通的平台。在治疗中,家庭照顾是基础,专业治疗是关键,而政府的支持、人们的观念变革与爱的奉献,则构成良好的治疗环境与社会环境,有利于自闭症状的改善与消除。在这个过程中,社会工作者是一个服务的提供者、资源的联系者、政策的呼吁者,其重要的角色地位也督促着社工人进一步的努力与奉献。

(二) 制定目标与计划

在对星星的情况进行评估诊断的基础上,工作者有针对性地制定了目标与计划,规定目标为帮助星星进行康复训练。只不过,因为自闭症儿康复情况因个体不同而差异显著,以及工作者对相应的康复训练经验较少,没能够将具体目标量化并在康复程度上做出预期,只是笼统地确定了一个方向性的目标,这是本案的一个不足之处。

在具体的计划中,工作员大致安排了一周一次、共八次的活动,确定了八周的服务期限,初步制定了每次活动的具体目标与活动内容,同时与案主的妈妈进行充分的沟通,案主的妈妈对工作员的工作也非常支持,双方有着良好的互动。

(三) 干预

这是具体的实际干预阶段,是社会工作者协助儿童解决问题的执行过程。在这个阶段,工作员按照制定好的目标与计划,为星星提供个别的、具体的治疗。工作员从生理学的角度入手,采用了感觉统合疗法,针对星星在感觉方面的不足进行训练。通过训练,星星的注意力有了较大改善,身体平衡性有所加强,认知能力亦有提高,感觉统合疗法取得了比较明显的成效。

工作员还从星星的未来发展考虑,对他进行了行为方面的训练,形成其适应行为,去除其不适应行为。不过这方面的效果不甚明显。尤其在去除不适应行为方面,工作员曾提出针对星星的不适应行为进行惩罚,但最终并未付诸实施。

虽然感觉统合疗法和行为疗法侧重的是生理治疗,但在实施的过程中,工作员也同时注意到了心理层面的激励与鼓舞。工作员很注重使用鼓励支持的技巧,强化其正确的、积极的行为方式。比如,当星星成功地完成了整个游戏时,工作员会用一个拥抱来表示鼓励和支持,而之所以选择拥抱这种身体接触的方式来鼓励星星,是为了让他更明显地感受到爱的力量。

在本案例的干预过程中,工作员创新性地运用了"逆向小组"工作方法。所谓逆向小组,是指多个工作员对应一个案主的小组形式,用来为单个案主服务。

在这个小组中,工作员本身成为组员,真正的案主成为工作员。真正的案主在逆向小组组员(即工作员)的配合下,根据其自身的兴趣和意愿来带动整个小组的活动进程,在此过程中获得各项能力的提升与改善。这个方法设计的初衷在于反思一对一辅导效果的有限性,进而通过小组的形式共同服务,设计一种情境,提供一种情境的体验,在此情境中将感觉统合训练、行为训练切实整合起来,以增进案主的社会功能并挖掘其潜能。从这个方面来说,逆向小组也是一种治疗时间和资源的节省,同时进一步体现了对人的关怀,做到依据案主的需求开展治疗。

在提供服务与治疗的过程中,工作员每一次活动之后都会做出评估,根据收效来确定计划是否合适,并作必要的改进、完善和加强。

在提供服务的过程中,工作者体现了个案工作的价值原则。

首先,他们接纳星星的一切,包括他的优点和缺点、积极和消极的情绪、建设性和破坏性的态度及行为。虽然星星的智力发育水平不足,有一系列的社交障碍,但是工作员没有对此采取批判态度。相反,工作员还充分注意到星星对音律节奏的敏感、对诗词的好记性以及对圆形物体的特殊偏好等,适时地予以鼓励以增强其自信。此外,工作员还尝试理解案主的感受,了解其特殊的需要,充分相信其潜能。工作员对星星给予足够的关注与支持,随时注重沟通与互动,耐心倾听他的想法并予以回应,满足他的合理要求,同时以此为引导,激发他的兴趣。

其次,工作员注重个别化的原则,时刻注意星星的特点与变化,随时根据他的情况对辅导计划做出调整,包括游戏的一些细节,以求更恰当地满足星星的需要。

再次,工作员注重与星星的沟通,但这一点在本案例中有着特殊的一面。案主星星存在沟通障碍,工作者与他沟通的目的与其说是了解情况,不如说是通过沟通行为本身训练其沟通能力。因此,即使星星给工作者的反馈极少,工作者还是注重与他不断交流。此外,工作者的沟通对象不仅局限在案主个人,还包括其周围环境系统中的重要人物,如星星的妈妈。事实上,工作者基本是从与星星妈妈的交流中获取相关信息,并在此基础上评估诊断且实施干预的。

最后,工作员坚持环境分析的原则,对星星所处的环境进行了较为全面的分析评估。但是,工作者因能力有限,难以调动其他资源,难以改变周围环境。工作者主要接触的就是案主及其母亲,对于案主身边的其他亲人、对于案主所在的学校、所生活的社区等几乎无能为力,这也是本案例的不足之处。事实上,由于社会整体对自闭症相关知识的缺乏,要想改变其他人对自闭症儿的看法,为案主提供更好的康复生存环境,还需要较大的精力和较长的时间。

（四）结案和总结评估

一般状况下,结案是因为案主的问题得到了基本的解决,或者工作员无法解决以及案主主动要求结束关系。星星的个案中,工作员本身并不是职业的社会工作者,只是正在上学的社会工作专业的本科生,其服务时间还会受到自身课业压力的限制。在按照计划进行了八次活动之后,工作员即开始结案工作,并就投入、服务提供状况及短期效果进行了总结评估。

投入评估主要涉及工作者为完成此个案所投入的人力、物力和财力,包括所花费的资金、社会工作者人数及使用的其他资源。

服务提供状况评估主要涉及为达到案主某种程度的改变,工作者所进行的一切行动,具体说就是对每次活动的评估。由于工作员经验不足,对感觉统合训练和行为训练的具体实施有待进一步娴熟,也曾经出现过没把握好训练的度而引起案主厌烦与拒绝的情况,相关的具体训练技巧还需要更多的经验积累才可获得提升。

短期效果评估则集中于服务提供结束后,案主所发生的明显变化和取得的显著成效的评估。由于服务时间持续较短,案主又错过了最佳的治疗时期,很明显的转变比较难。虽然社会工作者相信人的潜能,但在仅半年的时间内,自闭症儿难有质的飞跃,而且很容易回复原样。所以,即使是已取得的短期疗效,也需要未来持续的练习来巩固和发展。

七、特殊儿童专业服务的本土化反思

在对特殊儿童提供专业服务时,所遵循的基本思路和服务的基本方向可以分为四个方面。

首先,从个体角度而言,对其障碍症状进行康复训练,改善其生理结构的适应性。

其次,是对其心理承受能力以及自信心的培养,使他们有一个乐观、积极的态度来面对生活。

再次,要从长远考虑特殊儿童的未来发展问题,使他们接受义务教育或是职业教育,培养一技之长。

最后,在对特殊儿童提供专业服务的时候,要注意对其相关环境的改善,包括对其家庭成员的影响以发展家庭照顾水平,还包括对学校或社区系统的影响,营造一个利于特殊儿童健康发展的环境。

在我国,针对特殊儿童的专业服务常见于福利院以及一些专门的机构中,比如针对自闭症儿提供服务的"星星雨"和"惠灵",而针对自闭症儿以及智力障碍儿童的社会工作在对特殊儿童的专业服务中较为普遍。对于身体残疾的儿童来说,更多的是设计一些项目来促进其教育状况的改善。

第二节 儿童青少年小组工作案例（上）

小组工作不同于个案工作，有自己的理论背景、过程模式，青少年小组工作尤其要重视青少年的群体性。在以残疾人为服务对象的小组活动中，社会工作者在库利的社会会学理论和交流分析理论的指导下，通过对服务对象的需求评估，制定了一套活动方案，开展了为期一个半月的小组活动，在服务效果评估中发现，残疾人团队的整体意识得到提升，同学们的干群关系和宿舍关系得到改善，成员也有了不同程度的改变。

一、残疾中专学生团队建设案例①

据 2006 年 4 月进行的全国第二次残疾人抽样调查统计，我国现有 8 296 万各种类型的残疾人，残疾人是需要社会关心和帮助的特殊困难群体。目前，我国对残疾人服务主要局限于物质方面，还难以顾及对其精神需求的慰藉。此外，由于残疾人群体本来就是一个较为敏感的群体，他们对精神健康服务的需求更为突出。生理的缺陷、社会的疏离甚至不恰当的怜悯，使这些敏感的人群很容易缩回到自己个人的小世界，拒绝与别人的交流、合作，人际交往困难，团队合作能力欠缺。本文以云南省华夏中专残疾学生为服务对象，通过开展"团队建设"的小组工作，探索适应中国残疾学生的心理特点和需求的社会工作模式。

本次小组工作主要目标是帮助残疾学生以班级为单位进行团队建设，提升合作精神和团队的凝聚力。在小组活动中，工作人员从社会工作助人自助的基本理念出发，并吸收了 PRA（农村参与式评估方法）的方法设计活动。通过参与式的学习，增进组员与工作员之间的交流，组员与工作员之间形成一个良好的互动，共同探讨团队建设的相关问题。通过小组活动和讨论，工作人员和残疾中专学生互相学习，共同成长。

概而言之，本次团队建设小组的总体目标是：让组员学习如何建设团队，如何让团队意识深入人心，如何把团队意识转化为团队建设的行动。

二、服务提供的理论依据

（一）库利的社会学理论

库利的社会学观点强调整个社会过程中的全部相互联系。他说："我们说社会是一个有机体，其含义是指社会是各种过程的复合体，每一个过程在与

其他过程的互相作用中存在和发展。整个社会是一个统一体,它的每一个组成部分的变化都要影响到其他部分,它是一个庞大的内部互相作用的组织。"①特别在论证人类本性与社会秩序关系的过程中,库利提出了遗传与环境的密切交流。遗传与社会环境是互相作用的,换言之,人类社会的发展就是个人的生理决定与社会环境互为决定的过程。进一步可以发现,该理论还论证了有机的含义,即每一个人都给整体生活贡献了不可取代的一部分。每个成员的功能是不同的,无论其以何种姿态生活于这个社会,都会发挥其应有的作用。"注意,正是由于他这个人,他与其他人不同的作用,使每一个他在整体生活中都具有特殊的意义。"②由此可见,该理论强调了有机体内每个成员的作用,也许会存在发挥作用程度不同的问题,一部分成员尽管可能不那么明显,但也都起着独特的作用。

　　本次服务之所以选择这个理论主要在于考虑残疾人群体的特殊性。残疾人的生理缺陷是一个不可改变的事实,因此这个客观存在势必会影响其与社会的结合,比如别人对他们的评论,他们的自我评价等。目前,这些评价往往都是负面的,这导致他们所形成的"社会中的自我"也往往带有负面的色彩,这是其心理压力产生的主要根源。而上述理论则强调每个个体在社会中的独特作用,也就是说承认残疾人的社会作用,这对于目前的社会而言,是一个独特视角,这是有助于残疾人融入社会的理念,而整体社会也因此更为和谐。

　　(二)交流分析理论

　　交流分析理论就是用于检查"我对你做了什么,你反过来对我做了什么"一类的相互作用,目的是了解在交往过程中,双方的关系是相辅的、互补的还是矛盾的、冲突的,帮助人们了解自己与别人互动的本质,对人际交往获得深刻的领悟力,从而促使当事人改变生活态度,建立更成熟、更有自尊的人际关系。

　　本次小组工作的主题是"团队建设",之所以选择该主题也是由服务群体的特殊性所决定的,其敏感、内向的性格使其互相之间的交流受到某种程度上的阻碍。这势必影响组员之间的人际交流,进而影响该班级的团队建设。由此,我们可以知道,以交流分析理论为指导,在实际小组活动中,特别是在分享和讨论时,解释交流分析理论的内容,让组员了解自己与同学互动的本质,从而促使组员改变态度,建立良好的人际关系,为团队建设夯实基础。

　　(三)小组动力学理论

　　小组动力学理论告诉我们:以共同活动为中介可以增进小组的凝聚力。这

---

① 刘易斯·A.科塞著:《社会思想名家》,石人译,上海人民出版社2007年版,第270页。

② 查尔斯·霍顿·库利著:《人类本性与社会秩序》,包凡一译,华夏出版社1991年版,第27页。

是我们选择小组工作的专业方法为本次服务手法的一个重要因素。小组工作是以组员之间的互动为其本质而存在的,组员通过小组这个平台,通过设计的游戏的演练而完成必要的交流和沟通。其实小组的游戏、角色表演、讨论都是对真实生活的呈现和反思,通过活动为中介可以提升组员的交流能力,增强组员所在班级的凝聚力。

三、服务实施的过程

(一)服务对象

服务对象是云南省昆明市华夏中专 2004 级微机班学生。该班级有学生 34 人,其中男生 10 人,女生 24 人,年龄在 15～17 岁之间。他们中的 90% 为肢体残疾学生,10% 为健全学生。

(二)需求评估

服务前我们对该班级的同学进行了需求评估,评估方法有问卷调查、参与式观察、个别访谈(包括班主任、班干部和学生)。评估中我们发现这个班级中存在的主要问题是:

(1)同学之间不团结,分歧比较多,特别是残疾学生与健全学生之间的分歧,男生与女生之间的分歧表现得尤其明显。

(2)班级很散,缺乏凝聚力。

(3)组员需要人际交流的能力和技巧有待提升。

(三)服务准备和活动设计

小组工作开始之前,社会工作专业的学生接受了社会工作如何服务特教学生的专业培训,其中包括特教学生的心理特点、青春期学生的心理特点和性教育、如何用小组工作和个案工作等社会工作专业手法服务特教学生,还有"参与式的工作方法"等其他学科知识。我们以小组工作的方法,本着平等、尊重、自愿的原则组建成开放式的成长小组。小组活动的设计根据服务群体的特殊性,设计适当的活动内容。真诚接纳每个人的长处和短处,并通过服务鼓励和促进残疾学生之间的互助合作。

(四)服务实施

(1)组员招募:本次小组是开放性的小组,组员招募范围为华夏中专 2004 级微机班的学生,招募自愿为学生参与,共有 28 人报名参加小组。

(2)小组类型:开放性、发展性。

(3)小组活动具体内容:本次小组活动由 6 次聚会组成,每周 1 次,为期一个半月,内容摘要见表 11－4:

表 11 - 4 小组工作活动内容表

单 元 名 称	目 的	内 容	时 间
"团结就是力量"	1. 认识组员,建立信任关系 2. 让组员认识"团队意识"的概念,并把"团队意识"的概念具体化 3. 让组员认识缺乏"团队意识"的危害,并初步认识"团队意识的重要性"	1. 自画像:自我介绍 2. 游戏:传递"团结" 3. 观看影片《逃学威龙》片段:一个班级同学间关系疏离,总是互相欺负、打架等,最后让坏人有机可乘,这个班级陷入危机 4. 讨论:用"我、爱、集、体"代名词的方式分为 4 个次小组,讨论下列问题:"看到了什么?""为什么会这样?反映了什么?""遇到这种情况,你会怎么办?" 5. 再次观看影片《逃学威龙》片段:与上面的片段形成对比,班级同学意识到团结的重要性,团结合作,打败坏人。仍用"我、爱、集、体"代名词的方式分为 4 个次小组,讨论下列问题:"看到了什么?""为什么会有这个结局?" 6. 订立小组契约 7. 合唱:《众人划桨开大船》	2 小时
"同参与"	1. 增进组员的交流 2. 提升组员合作和参与团队的意识	1. 第一次小组活动回顾 2. 游戏:大风吹 3. 真情述说:班级生活中最难忘的事(俩人一组) 4. 游戏:运气球 5. 写建议:如何建设我们的班集体? 6. 合唱:《青春舞曲》	1.5 小时
"班干部的难处,同学的期待"	1. 让普通同学了解作为一名班干部的难处 2. 让班干部了解同学对自己的期待 3. 让组员意识到沟通方式不当带来的后果 4. 引发组员对今后如何改善同学沟通问题的思考,即学会换位思考	1. 热身游戏:人 房子 台风 2. 主持人带出主题:班干部眼中的同学,同学眼中的班干部 3. 情景剧:自习课上的干群冲突 4. 分享:请扮演班干部和群众的组员述说自己在冲突中的感受 5. 讨论:假如我是班干部,某同学在自习课上讲话,我将如何处理?假如我是犯错误的同学,我希望班干部如何对待我? 6. 情景剧续尾:干群冲突化解	1.5 小时

续表

单元名称	目 的	内 容	时 间
"同在一个屋檐下"	1. 通过协调宿舍之间的关系,促进班集体的团队建设 2. 呈现宿舍之间的问题,激发组员对问题的思考 3. 巩固组员的团队意识,加强团队合作	1. 热身游戏:你来比画我来猜 2. 小组工作员小结游戏的目的、意义:信息的传递是有正误的,一定要加以区分,及时消除误解 3. 情景剧:两个宿舍之间的误会 4. 头脑风暴:问题产生的原因和对策 5. 合作游戏:翻叶子 6. 游戏结束后讨论:a. 你觉得任务完成的关键是什么;b. 在参与团队决策的过程中,你个人所处的位置与参与程度有什么关联;c. 游戏中你获得到了什么? 7. 猜猜今天是谁的生日,并唱生日祝福歌	2 小时
"快乐大回放"	1. 巩固上几次小组活动的内容 2. 继续改善班干部和同学之间的沟通 3. 进一步提升宿舍之间的合作能力	1. 热身游戏:名厨炒菜 2. 经典重播:小组工作员和组员共同回顾前几次活动的内容 3. 同心圆倾诉与建议:班干部为内圆,群众为外圆,面对面坐着,互相提问并解答对方的问题 4. 非常"3 + 1":从每个宿舍抽出一名代表,让他们四人共同商量,协作完成一个节目。目的是加强班级 4 个宿舍之间的合作 5. 主题游戏:心花朵朵开 6. 建议:下次活动时间恰逢"圣诞节",让我们来共同策划一次圣诞大联欢活动	1.5 小时
"回味昨天,畅想明天"	1. 强化组员班集体团队建设意识,并将对团队建设的认识转化为行动 2. 鼓励和带动组员成为小组活动的主持人,提升班级自我服务、自我完善的能力,让小组真正成为"他们的小组"	1. 圣诞大联欢:上半场由组员们主持,组员用情景剧的方式把前 5 次活动主题进行总结,并描述班级的变化;下半场由小组工作员主持,主题为"赠送祝福,收获笑声" 2. 处理离别情绪:离别祝福与承诺 3. 小组活动成效评估	2 小时

"团队建设"小组活动从设计到实施始终贯穿着挖掘残疾中专生自身潜力，培养其能力的目标。在这个过程中，工作人员有意识地转变着自己的身份，由最初的使能者转变为最终的同行者，使小组内化得以实现，小组活动从工作员的小组逐渐演变为"我们共同的成长小组"。

四、服务效果评估

本次小组采用自我评价与服务群体以及相关群体评价相结合的方法，评估方法主要包括活动开展过程中的观察评估、活动结束时的问卷评估、活动结束后对组员的个别访谈。下面从目标达成、小组内部互动情况、组员的成长等角度对评估结果进行阐述。

（一）目标达成分析

1. 团队意识得到提升

小组活动快结束之前，工作员给组员布置了一个组外作业：希望组员给"共同成长小组"写一封信。在写给"共同成长小组"的信中一部分组员表示自己在小组活动中学到了关于团队意识与团队建设的很多东西，并了解了团结的真谛，觉得小组活动对他们很有帮助，让他们的班集体团结起来，而且小组活动教会了班干部和普通同学之间如何沟通。如有一个组员这样写道："通过参加你们组织的活动，让我们学会了很多，是你们让我们懂得了团结的真谛，教会了我们团队意识。我希望这样的活动能够继续下去，因为这能使我们的班级更加团结，只有团结才能战胜一切，因为团结就是力量。"另一部分组员表达了对小组工作员的谢意。有一个组员这样写道："你们每次都要从你们学校跑到我们学校，那么远的路，确实很辛苦，我们真的很感动，也很感激……经过小组活动的相识、相交，我们更多感觉到你们真诚尽心的付出，让我们丝毫没有感觉到我们之间有什么不同，反而更亲切。"最后，还有一些组员提出了自己对小组的希望和建议。可见组员对小组有了归属感，把我们的小组作为自己的小组在经营，并且有了团队意识。从这个角度考虑，我们的目标是基本实现了。

2. 同学们的干群关系和宿舍关系得到改善

（1）80％的组员认为我们的小组活动对他们班的"干群关系"的改善有帮助，据此，我们可以认为关于"改善组员所在班班干部与普通同学之间的关系"的目标基本达到。

（2）76％的组员认为我们的小组活动对他们改善宿舍与宿舍之间的关系有明显的帮助。

（3）70％的同学认为小组活动对其个人的沟通能力是有提升的。

通过以上各项评估分析，我们基本完成了小组的总体目标，组员的团队意识有了提升，而且本学期该班级团队的建设情况很不错，如他们自己组织了一些团队活动,班级卫生、纪律情况有很大的改善,这些都是团队建设的结果。

(二) 小组内部互动情况

1. 小组的整体气氛

整体而言,小组的气氛经历了一个由"冷淡—活跃"的过程:

以下将小组气氛变化情况大致列出(表 11 - 5):

表 11 - 5 小组气氛变化情况

小 组	气 氛
第一次小组活动	很热闹,因为我们做了"大组",组员很多。但是热闹并不能说小组气氛好,在小组活动中,有个别组员只顾自己说话,不参与小组讨论
第二次小组活动	第二次小组活动的气氛不太好。组员人数由第 1 次的 28 人减少到 23 人,一些参加活动的组员心不在焉,分享感受的时候相当形式化
第三次小组活动	此次小组活动的气氛相当好,很活跃,而且也贴近主题,引发了组员的思考。组员积极参与小组活动,主动分享感受,组员之间的互动增加
第四次小组活动	此次小组活动的气氛也较好。组员的积极性仍较高,组员的自主意识增强,对小组产生了认同感,而且组员之间出现了对质,次小组之间产生了竞争,组员思考问题的角度也多样了
第五次小组活动	此次小组活动较第三、第四次小组活动的气氛差。与天气冷、时间晚有一定关系,参加小组的组员只有 16 人,也不是很积极。但是组员对小组的认同感加深,有了主人翁意识,小组气氛总体而言还不错
第六次小组活动	我们把主动权交给了组员,他们主持小组时,气氛非常好。组员与组员、组员与工作者、组员与班主任、班干部与普通同学之间的互动都很自然,很频繁。而且组员会"惩罚"小组工作员。在小组过程中,组员发言积极踊跃,气氛活跃

从上面的表格中,可以看出小组的整体气氛经历了从"差—好"的转变。所以从整体而言,小组的整体气氛是不错的。最后一次小组活动,气氛达到了最高潮,这是不是一个好现象呢? 这样会让组员对小组产生依赖吗? 这个问题是需要我们去思考的。

2. 小组的沟通模式:沟通中心转移

在小组活动初期,工作员是小组沟通的中心人物,当小组活动时,组员不会主动表达自己的意见,一定要在工作员的鼓励下才会发表自己的看法,有些组员甚至不发表自己的看法。

在小组活动中期,组员逐渐开始"主动说话",这和我们设计的小组活动有一定的关系,我们设计的活动比较贴近组员的年龄特征,所以组员比较积极,会主动分享自己的感受。我们顺水推舟,鼓励组员发表自己的看法,而且还鼓励组员与组员之间的讨论,小组领导逐渐成为活动的引导者,而不是决定者。小组领导做到了"见首不见尾"。组员与组员之间开始有了沟通,如组员与组员之间的对质、次小组与次小组之间的竞争、组员与组员之间形成对问题的不同看法等,组员的自主意识增强,对小组的认同感增强,并逐渐转化为对小组的归属感。而且,我们鼓励组员把这样的沟通带到日常的学习生活当中去。

3. 小组的整体凝聚力

本次小组的主题为"团队意识与团队建设",主题是关于凝聚力的。在小组初期,组员之间的凝聚力很差。随着小组的开展,这种情况有所改善。我们也看到组员的团队意识增强,组员之间的关系得到改善,可见小组的整体凝聚力也有很大的提升。在小组活动中,我们有时会把小组(全班)分为若干次小组,次小组的存在不能断然说好与坏,关键看小组领导者的引导,应该让次小组为小组共同的目标而努力,这样才能提升班级内部的整体的凝聚力。

(三) 组员的成长

1. 小组整体变化

从小组气氛、小组凝聚力等方面可以看出,组员的整体表现很不错。虽然在小组初期组员并没有很快融入小组,但是在小组中后期,组员的积极性得到了很大的提高,组员对小组的认同感加强,组员在小组的地位发生了改变,小组领导的位置也发生了改变,所以,小组整体的表现变得很好。从评估量表可以看出,小组目标基本完成,所以组员的进步和改变也是明显的。

2. 组员的变化

大部分组员的改变相当明显,其中以男生的改变比较明显。几乎所有的男生对小组都很认同,而且都很投入小组。小组刚开始时,一些调皮的男生在小组中很沉默,不说话,而且讨论或分享的时候也不发言。后来,在小组领导的鼓励、支持下,他们逐渐变得活跃起来。特别是小飞,有一次还连续参加了两次同主题的小组活动(有时由于参加活动的同学比较多,活动场地小,我们会举办二次同样主题和内容的活动)。小兵在最后一次小组活动时担任了主持人。一些女生改变也很大,如小路、小静、小珍、小花、小琦等,她们也经历了从冷漠到热心的过程。最终,她们主动说出自己的想法,主动帮助小组领导分析组员积极性下降的原因,甚至帮助小组工作员召集组员。

这四个角度的评估为改进以后的服务打下了扎实的基础。经过后期的追踪服务发现,本次小组活动对组员改善人际交流,提升团队意识和团队建设能力,客观认识"社会中的自我"具有一定的影响。

五、服务反思

在本次小组工作的实务中,我们遇到了很多困难,同时也解决了很多困难,我们在反思中成长。

(1)组员的情绪会影响到工作员的情绪。工作员也有自己的情感,这很正常。但是如果带着情绪开展活动,会影响到小组甚至伤害组员。我们应该有一颗平常心,努力做好自己的工作,因为我们是人,而不是神,我们并不能解决组员所有的问题。工作员要学会自我鼓励和支持。

(2)工作员支持体系很重要。如果遇到工作员情绪低落或是组员不尊重工作人员时,我们的小组工作将如何开展呢?因此,社会工作者在工作中建立的彼此间的支持体系相当重要。

(3)工作员应该用心。在做实务时,用心是最重要的,组员很敏感,我们用心与否,他们都能感受到,如果不用心,组员会对小组失去信心,小组工作的目标将无法实现。

(4)不断思考和创新。社会工作是一个不断思考的工作,社会工作者应该处于一个思考的状态,组员的需求是不断变化的,我们应该跟随组员开展活动。经验固然重要,但是,我们更应该创新。在经验的基础上,通过创新让小组有持久的动力。

(5)务必相信和鼓励组员。作为工作员,不仅是组员信任我们,我们也要相信组员,相信组员的潜力。在小组中,鼓励组员可能会花一定的时间,但是我们不能因为这个原因而不鼓励组员。但是,鼓励组员应该有度,而且一定要注意观察其他组员的反映。如果我们一味地鼓励,而忽略了被鼓励组员的心情,会使组员产生一种厌恶情绪,甚至把这种情绪反射到工作员身上。

第三节 儿童青少年小组工作案例(下)

在开展青少年小组工作的过程中,应视服务对象的不同,选择适合的小组活动和工作技巧,青少年与儿童在爱好、性格等方面有很大的不同,因此,要注意青少年小组工作的特性。"开心钥匙"红领巾小社团通过采用悄悄话小屋、开心钥匙信箱、消气商店、爸爸妈妈,请您关心我的"心"等多种工作模式,不但解决了不少儿童个体的心理困惑,在少先队员和家长中也有良好的反响,真正实现了助人自助的目标。

一、"开心钥匙"红领巾小社团①

社团策划是山东省招远市北关实验学校。社团由孩子们组成,其中社长吴悦娴,女,10岁,三(1)中队,活动总指挥;副社长张妍妍,女,11岁,三(1)中队;王阳,男,11岁,三(1)中队;栾晓梅,女,10岁,三(2)中队;监督员王颢锟,男,11岁,三(1)中队,负责活动的检查督促;联络员邵群惠,女,11岁,三(2)中队,负责对外联络;辅导员王丽。

"开心钥匙"红领巾小社团之所以取名"开心钥匙",一是取其"开启心灵的钥匙"之意,二是含有"带来开心的钥匙"的意味。社团成员有一个闪亮的名字——开心天使。开心天使们秉承"开启心灵之门,点亮心灵之光"的社团宗旨,先后创办了"悄悄话小屋"、"开心钥匙信箱"、"消气商店"等活动阵地,印发了《爸爸妈妈,请您关心我的"心"》宣传手册,帮助同学们解决隐藏在心底的问题和疑惑。

在2006年社团成立之初,20多名开心天使就开始苦练"理论功"。他们在心理辅导老师的指导下,利用课余时间阅读心理健康教育书籍,分析心理健康案例,努力夯实理论基础。如今,这些开心天使俨然成了心理健康小专家!

二、主要模式

(一)悄悄话小屋

成立于2006年8月20日的"悄悄话小屋"由开心天使们自己设计与装饰。开心天使实行轮流值班制,每人值班一天,每天课间操及中午时间向全校少先队员开放。"悄悄话小屋"坚持"把心结打开,让烦恼走开"的服务目标和"相互信任、绝对保密"的服务原则,让每一个光顾此地的队员都能无所顾虑地倾诉自己遭遇的困惑,找到问题的根源,重现自信的笑容。

(二)开心钥匙信箱

随着"悄悄话小屋"人气越来越旺,单靠在固定时间接受来访、咨询已经不能完全满足同学们的需求。于是,开心天使在"悄悄话小屋"门上挂起了"开心钥匙信箱",让同学们写出自己的心里话放到信箱里,开心天使们尽量做到每封来信必有回复。至今,"开心天使"已经回复信件600余封,解决了同伴中很多的心理难题。

(三)消气商店

"受了气去哪里发泄?""发生了纠纷哪里解决?""如果能有个地方让同学们发发疯、撒撒气就好了!"为了满足同学们发泄不满情绪的需求,为他们提供发

---

① 案例来源:陆宁:"童趣杯"全国优秀红领巾小社团风采展示集,撰写王芳。

泄不满情绪的渠道,2006 年 11 月,"开心钥匙"红领巾小社团的"消气商店"正式开张。

"消气商店"里摆放着沙袋、篮球、足球、飞镖等各种体育用品及小玩具、音像设备。这些"消气商品"由学校提供、由开心天使捐赠,供同学们发泄不满情绪。如果你非常生气,就戴上拳击手套,狠狠地打一顿沙袋;如果你郁闷至极,就戴上耳麦,听一段轻松的音乐;如果有心事却不便跟别人讲,就对着镜子说给最可靠的自己听……只要来到"消气商店","开心售货员"就会根据你的情况为你量身定做适合你的"消气商品",保证你快快乐乐出门。

当然,既然起名"商店",就一定要讲求"利润"。走进"消气商店"需要支付的唯一成本就是为后来者留下一份可以令其开心的礼物,这份礼物既可以是一个幽默的故事,也可以是一份手工制作,还可以是一幅漫画作品……"利润"越丰厚,"消气商店"服务同学们的资本才越富足,服务期才越长。

(四) 爸爸妈妈,请您关心我的"心"

如今,很多父母只注重孩子的学习成绩,忽视了对孩子心理状况的了解。对此,"开心钥匙"红领巾小社团在 2007 年 3 月编制印发了名为《爸爸妈妈,请您关心我的"心"》的宣传手册。手册收录了孩子想对父母说的心里话,并为父母提供了心理健康教育方法。很多家长看过这本宣传手册都爱不释手,评价说"它让我们更加了解自己的孩子,认识到了心理健康教育的重要性,是整个宣传手册,是'开心钥匙'红领巾小社团,开启了孩子的心灵,更开启了我们家长的心灵。"

三、案例简析

这是一个类似社会工作服务机构的少先队小社团,虽然工作员都是身为孩子的少先队员,没有经过专业的社工训练,但他们阅读了相关的书籍,具备了基础的咨询知识和能力,在社团运作中充当着社会工作者的角色。

社团的理念在于针对同伴的需求提供相应的服务,主要服务目标是解决同伴的心理困惑,使每一个孩子拥有积极快乐的心情。首先,"小社工"们对自己及伙伴的学习生活状态进行了评估,发现无论家长还是学生自己,都对学习成绩给予了充分重视,与此同时,心理健康却被相对忽略。家长不认为孩子有什么大不了的烦恼,孩子有了困惑也无从抒发、无处寻找解答。这个状况直接影响了孩子的精神状态与学习状态,对儿童的社会化进程产生了不利的影响。因此,在辅导员的指导下,"小社工"们以帮助伙伴拥有健康心态为目标,相继创设了"悄悄话小屋"、"开心钥匙信箱"、"消气商店"等,试图满足同学的需求,解决同学的问题。在"消气商店"中,消气的儿童在离开商店时需要支付一份可令他人开心的礼物。这份礼物可以是一则小笑话,可以是自己的手工制作,这就使孩子们在得到支持的同时也给他人以支持,在群体中形成良好的互动。"小社工"们的做法同时还体现了系统论的思想,他们注重与家长的沟通,将社团的影响力由少先队、学校扩展到家庭,在更广阔的领域为儿童心理健康成长营造良好的氛围。

在经营社团的过程中,"小社工"们与学校的其他伙伴共同探讨问题、解决困惑,伙伴的问题解决了,他们自己也提高了沟通交流的能力,提高了分析问题、解决问题的能力,提高了协同合作的能力,孩子们共同进步、共同成长。

从服务效果来看,社团成立至今,解决了不少儿童个体的心理疑难,在少先队员和家长中也有良好的反响,其目标基本达成,并且将在今后的工作中继续为同伴服务,继续沿着自己的价值理念追求既定目标。

第四节　儿童青少年社区工作案例

儿童青少年社区工作是儿童青少年社会工作的另一种工作方法,它要求社会工作者整合社区的资源、帮助儿童青少年提高社区参与能力、解决他们的问题,从而提高整个社区的社会福利水平,促进社区的进步。儿童青少年社区工作有独特的工作手法。本节中的 Y 社区,通过对社区中的流动儿童及其家庭开展助学服务、课外文化活动、个案辅导、儿童健康成长指导、家庭服务、二手市场、健康知识讲座等活动,在短短一年的时间里与社区流动人口初步建立了信任关系,并为流动人口提供了急需的服务和帮助,促进了社区成员的成长和发展,推进了社区的建设和进步。

一、流动儿童城市社区综合服务案例[①]

近年来,"乡—城"迁移型流动民工队伍持续扩大,并逐渐由分散的、跑单帮式地流动向家庭型转变,呈现出"流动的家庭化"现象,即农民工把妻儿带在身边[②]。流动家庭化使得在城市中生活的流动人口子女数量不断增加。广义上说"流动人口子女"指以下两个群体:一是在外来流动人口聚集较多城市中的流动人口子女,即跟随父母流入到城市的儿童、少年;二是农村地区中的留守少年儿童,即父母外出后,留在原籍由他人代养或寄养的少年儿童。本案例所指的流动人口子女是随父母一起来到城市的少年儿童。根据"五普"的有关数据,全国有 14 岁以下流动儿童 1 980 万人,其中农村户籍的流动儿童占 74%,即 1 460 万人。有关专家测算,他们的中位年龄为 7 岁,以此推算,其中的义务教育学龄儿

---

① 本案例撰写得到 Y 机构的支持,案例撰写人:章晓。
② 曾守锤:《亟须加强流动青少年的社会工作——以浦东为例》,《华东理工大学学报》2006 年第 2 期。

童大约有 800 多万人①。许多流动人口子女来到城市后面临很多困难,如上学难、上学贵、接受的教育质量差、社会教育被忽视、家庭教育弱化、亲子关系不良等。这些问题如果得不到有效解决,则会对流动人口子女的社会化产生负面影响,导致其来到城市,却不能融入城市,最终成为城市融不进,农村回不去的城市边缘人。因此,根据流动儿童的需要,用专业社会工作的手法开展社区服务,促进其健康成长是十分必要的。

云南 Y 社区照顾中心(以下简称 Y 中心)是一家在当地民政部门正式注册的非营利性社会服务机构。中心成立后的第一项服务是在昆明流动人口集中的 W 社区开展流动人口子女社区综合服务。W 社区的流动人口主要来自云南地州,其次是四川、贵州。与该社区本地人相比,流动人口处于弱势地位。以经济收入为例,W 社区居民小组(该社区过去是农村,故保留着居民小组)人均年收入在 1 万元左右,当地村民的主要收入来源是集体经济年终分红(主要来源是集体用地出租),私有房屋出租和旅游服务;而该区的流动人口主要以从事体力劳动为主要收入来源,如到建筑工地打零工、收废品、捡垃圾、擦皮鞋、贩卖水果和蔬菜等。这些行业工作机会不稳定,工作繁重、工作时间长、收入较低。其中一些流动人口家庭月收入不足 500 元,生活非常贫困。鉴于流动儿童进入城市生活面临很多困难,Y 中心结合自身的能力和资源,目前主要开展以流动儿童为主的社区综合服务,并在此基础上,逐渐拓展了妇女服务、家庭服务和健康服务。

二、服务理念

作为一个建立不久的机构,Y 中心对为谁服务、服务什么、怎样服务等问题,持有一种开放的态度,认为服务理念的探索是一个不断澄清、更新、改变、发展的过程,它有赖于机构人员在服务中去探索、思考,通过不断地充分讨论和民主决策,先把工作做起来,在此基础上对中心的理念、中心的发展方向达成共识。

目前,Y 中心开展服务的主要指导思想是以社区和社区居民为服务对象,以社区问题和需求为中心,强调居民积极参与,广泛动员社区资源,回应社区需求,预防、解决社会问题,以促进社区成员的成长和发展,推进社区的建设和进步。就目前而言,回应社区的迫切需要,改善流动人口子女成长困境是中心工作的重心。

三、服务的主要内容和方法

目前,Y 中心开展的流动儿童社区综合服务主要内容包括儿童服务和妇女服务两个方面。

---

① 孙立平:《职业教育:城市融入的阶梯》,经济观察网,2007 年 4 月 17 日。

流动儿童服务主要以中心为基点,直接为流动人口子女提供各类学习、生活、娱乐、健康等各方面的服务。这其中既包括儿童福利设施的建立、孩子成长环境的净化,也包括广泛地动员社会力量,整合社会资源,鼓励更多的人参与等,以此激发流动人口子女自我发展、自我成长的潜能,促进他们全面健康的发展,增强孩子们的幸福与快乐感。

孩子的成长很大程度上依赖于家庭,在流动人口家庭中,相对父亲而言,母亲通常为了便于照顾孩子会在住处附近找工作,和孩子的联系较为紧密。妈妈的健康、教育意识、教育方法会对孩子产生至关重要的影响。关注孩子,就离不开关注他们的家庭。通过给孩子提供服务,中心与孩子的家庭建立了良好的关系,开始为妇女们提供服务,目前主要是邀请妇女们参与二手市场,参加健康知识培训等。这样,妇女们既能得到一定的物质帮助,也能获取更多的科学的生活知识、技巧。

中心具体的服务内容和方法如下:

(一)助学服务

接受教育是每个公民的基本权利。伴随父母流入城市的孩子多半都处于义务教育阶段。对于适龄儿童来说,接受正规教育是其最基本的权利。但对于流动人口子女而言,上学难、上学贵、教育质量差却是不争的事实。鉴于教育对于孩子的成长有着举足轻重的作用,中心提供了大量的助学服务。目的是防止孩子失学,增加其接受教育的机会,提高学习成绩。

1. 学费资助

(1)直接资助:机构工作人员透过走访孩子所在学校、社区、家庭,向父母、老师、邻里询问有关的情况。尤其是通过家访了解孩子的家庭情况,如家庭人口、父母工作情况、收入状况、孩子上学情况等。根据家访和观察做出综合评估,评定家庭的经济情况和支持孩子上学的困难程度后,才决定是否资助孩子学费。

(2)间接资助:除了直接提供学费资助外,中心还以发放学习用品、组织孩子参加活动奖励学习用品等方式,为孩子提供一些学习必需品,同时也提升孩子求学的积极性。

2. 学习辅导

(1)个别辅导:中心为孩子们提供完成家庭作业教室,由志愿者为完成作业有困难的孩子提供功课辅导。一对一个别辅导,使志愿者能耐心细致地指导一个孩子,督促他正确地完成作业,并查缺补漏,补习薄弱的知识环节,同时也让孩子学会正确的学习方法。

(2)团体辅导:中心跟 W 社区的一所民办学校取得联系,每周六早上学校提供教室,由师范专科学校的志愿者们为一些成绩较差的学生提供系统全面的功课辅导。

（二）课外文化活动

儿童的健康成长离不开参加丰富的课外文化活动。流动儿童所在的社区环境大多数都比较差。非法的碟吧、租书店、台球室、游戏室等比比皆是,不健康的娱乐方式有碍孩子们的身心健康成长。因此,中心还为流动儿童提供了健康的课外活动。

1. 娱乐活动

中心为孩子们提供一些健康有益的娱乐活动。如为孩子们播放电影、动画片,提供玩具,提供一些小动物让儿童学着照顾等。

2. 兴趣培训

中心定期或不定期地为孩子们开展绘画、手工艺、诗词朗诵、音乐、乒乓球兴趣小组,由中心员工或志愿者为孩子们提供辅导,并把一些优秀的绘画、手工艺作品展示出来,作为对孩子们的鼓励。为了让孩子们获得更多的知识,中心还将拟建电脑培训班,教孩子们使用电脑。

3. 图书室

鉴于流动人口子女缺乏课外读物,为了开阔孩子的视野,中心筹建了图书室,募集 900 多册书籍,包括中外名著、故事书、百科全书、兴趣指导书、连环画、杂志等。负责图书室管理的志愿者还为较小的孩子讲故事,目的是从小培养孩子爱读书、爱护书的习惯。目前,中心为长期来此活动的孩子办了借书卡,并招募了一批大孩子担任图书室管理员,让孩子们参与到图书的购买和管理过程中,培养孩子们爱书、护书的意识,学会对自己的职责负责,增强孩子们的凝聚力、归属感和主人翁意识。

4. 组织社会活动

为了让孩子们能参加较多的社会活动,融入城市,享受一些城市公共资源,中心组织了一些参观、游览和庆祝活动,如带领孩子们游览西山、参观民族博物馆、参加六一儿童节游园会等,以扩大孩子们的视野,增加与他人的交流。

（三）个案辅导

由于流动人口家庭的流动性、经济的贫困性、生活质量的低层次性、家庭结构的不完整性和承载力的脆弱性等特点,流动儿童中的心理问题比较突出,如情绪不稳定、自卑、孤僻、胆怯、自傲、叛逆、烦恼、抑郁,甚至行为出轨。

中心有专职的工作人员为出现情绪或行为问题的孩子提供个案辅导,疏导不良情绪,帮助孩子调整心态和改变行为模式。

（四）儿童健康成长指导

流动儿童正处于生长发育的关键时期,但由于种种原因,W 社区中的很多流动儿童缺乏健康知识,卫生习惯不好,健康问题比较突出。

为了促进孩子们的健康,Y 中心的工作人员、志愿者常常提醒在中心的孩子注意换牙、洗手、预防感冒、腹泻等事项,灌输健康常识和保健意识。同时,中心还通过妇女服务,向流动儿童的家长提供健康知识教育,包括生殖健康、儿童营养健康等。

(五) 家庭服务

家庭是孩子成长的港湾,家庭环境对孩子的健康成长有重要的影响。目前中心主要以家访的形式来开展家庭服务。一是通过家访了解孩子的家庭情况:住址、家庭成员情况、经济状况、亲子关系、父母对子女的教育态度和期望、家庭经历、家庭的支持系统等。二是根据家访情况,对家庭需要做出评估,考虑是否需要介入及介入措施。三是根据需要为家庭提供一些就业信息和免费就医信息,或提供家庭教育方法指导、改善亲子关系的指导等。

(六) 二手市场

某种程度上,直接为家庭提供物资有助于改善儿童的家庭物质环境。中心建立伊始,就不断地收到一些社会捐赠的衣物、日用品等,工作人员和志愿者把这些物资进行消毒、整理,在周五、周六晚上开放针对成人的二手市场,以极低的价格让经济贫困的家庭自主选购需要的物品。出售物资所得的资金均用于二手物资的消毒处理。以二手市场的方式向贫困家庭提供物品,降低了人们领取捐赠品的自卑感、耻辱感,增强了服务对象自主选择物品的权利和能力。

(七) 健康知识讲座

流动人口的生活环境比较差,居住空间狭小、不卫生,容易滋生细菌和病毒,家庭的营养膳食结构简单而不合理,家庭成员尤其是免疫力相对较低的孩子很容易生病。因此,机构定期邀请专业人员开展健康知识讲座,如预防传染病、生殖健康和预防艾滋病健康知识讲座等。

事实上,上述服务内容和方法在具体实务中并非是相互独立割离的。服务与服务之间是相互关联的,例如:通过给孩子提供服务,机构要求家长签署"开展活动的通知与回执",与家长取得了联系,为家访打下基础;通过家访了解到家庭的需求,在有相关信息的时候又通知家长参加活动。而通过二手市场和讲座,不少家长了解了 Y 中心,又把孩子带到中心,接受服务⋯⋯在服务方法上,既有专业的社会工作方法,又辅以非专业的手段。在社会工作专业方法的运用上,强调把个案、小组和社区的方法整合起来,灵活运用,不断探索适合社区的更好的方法,不断提高服务的质量。

四、服务评估

评估决定了服务的方向,只有对服务对象、服务过程、服务方法、服务效果等不断地进行评估,再评估,才能确保服务朝有利的方向发展,并能根据评估调整和改进工作方法,才能将工作失误降到最低,获得更好的服务效果。

作为一个新成立的机构,Y 中心很重视服务评估。既然把中心的服务定位于回应社区需要的,做出正确的需求评估也就至关重要。服务的内容和效果则决定机构的未来。同时,通过评估可以激发工作人员的热情和积极性,挖掘其潜能,使其能提供更优质的服务。因此,Y 中心把员工的团队建设、机构发展、服务发展与评估密切地结合起来,既重视服务效果评估,也重视服务过程评估。

Y 机构的服务评估的参与者是多方的,包括机构工作员、服务对象和志愿者。具体为:机构工作员对项目的内部评估;志愿者的评估,即请部分志愿者对活动开展情况进行讨论,提出意见和建议;请服务对象对服务做出评估。评估的方法既有量化的问卷,也有参与观察和深度访谈。

五、启示与思考

作为一个新兴的社区服务机构,Y 中心在短短一年的时间里与社区流动人口初步建立了信任关系,并为流动人口提供了急需的服务和帮助,机构的经验给予我们很多启示。一是社会服务的开展离不开专业社会工作的理论指导。社会工作的理论只有切实运用到了实践中,才能真正体现其价值。但是理论的运用一定是灵活和创新的。Y 中心的流动儿童服务才刚刚起步,服务的内容也极其琐碎、细微,但是每一项服务的背后都有一些理论的支撑。二是要充分整合和利用社区内的服务资源。Y 中心一方面很重视义工队伍建设,很多服务都发动志愿者积极参与。另一方面,机构也很重视与其他服务机构的联系与合作,善于利用其他机构的资源为流动儿童提供服务。

第五节 整合类案例(上)

在具体的儿童青少年工作中,经常会遇到一些整合性的案例,这时候需要儿童青少年社会工作者灵活运用个案、小组、社区多种工作方法,及时处理各种问题,满足儿童青少年的需要,促进他们的发展。本节国唤的案例中,工作员在优势视角理论、社区为本的青少年社会支持网络和以案主为本的跨专业、多层面的整合工作模式的指导下,为其制定服务计划和效果评估,取得了很好的效果。

一、青少年社区矫治综合干预模式[①]

本项目是按照新西兰的"家庭圆桌会议"工作模式选择中国的一个小城镇

---

① 本案例根据郭伟、范燕宁和席小华《优势为本的青少年社区整合干预模式探索》改写,原文载于王思斌主编:《中国社会工作研究》第 4 辑。

进行试点。项目试点社区选在北京郊区的古树镇(已做化名处理)，该镇位于怀柔区，是怀柔区唯一的一个平原镇，全镇总面积30.5万平方公里，辖15个行政村，7 792户；全镇总人口2.1万人，其中城镇人口7 000人，农业人口1.1万人，流动人口3 100人，全镇共有青少年2 022人(12～18周岁)。

　　和大多数中国普通乡镇一样，这里也缺乏专职的青少年社区工作者，也没有专职的司法社会工作者，有的只是现有组织系统下的工作设置，比如有司法所、镇团委、镇妇联、中小学校校团委和思想政治教师及班主任老师，村里也有健全的村委会组织和相应的村干部设置，他们是中国现有的负责实际社会问题处理的社会工作者。该社区作为探索青少年社区整合干预模式的好处恰是司法所、镇团委、教育组、中小学等相关组织机构都很健全而且运行良好，相关的工作人员没有抵触情绪，虽然对国外的"家庭圆桌会议"模式持怀疑态度，但是都希望探索中国自己的教育孩子的方式，基本上比较合作。

　　在项目的执行过程中，我们没有照搬国际经验，特别是对实际案例的选择和干预时，我们根据中国的实际制度文化和关系伦理文化，对案例采取了一种实践取向的行动研究工作策略，以便有效地开展工作。以下以一个青少年工作的个案来说明这个社区整合干预模式是如何实施的。

二、个案的基本资料

　　国唤(化名)，初三学生，曾经参与一次青少年同伙的抢劫，目前正在被公安机关取保候审。案主的家庭背景：父母离异，母亲改嫁，父亲曾经被劳动改造7年，国唤从小被爷爷奶奶带大，没有母爱和母亲的概念。在暑假举办的"家庭圆桌会议"培训时，奶奶带着他一起来参加培训。奶奶对孩子的教育感到力不从心而又担心不已，希望能教育好这个孩子。后来经过镇团委和学校的动员，案主答应参加下面的具体个案工作辅导。一直以来，父亲和孩子的关系是生疏的，父亲劳改回来后，感到对不起孩子，也不知道该不该管孩子？管孩子听不听？不听怎么办？而孩子对父亲也感到陌生，想接近又很紧张，不知如何接近？基本上在教育孩子的问题上，父亲是缺位的，主要靠奶奶辛苦劳作照顾孩子，但是奶奶又感觉孙子大了，管不了了。在村里，还有伯伯家，孩子和二伯家的一个堂兄关系不错，常到二伯家玩，也还听二伯和大妈的话，但是堂兄到北京上中专去了，所以平时也中断了这种联系。孩子平时和附近村里的几个比较野的孩子一起玩，去年发生了参与抢劫的违法事件，但是孩子在取保候审期间还算表现不错。据学校老师反映，国唤在学校时比较调皮，因此怀疑对他进行辅导干预是浪费时间，不相信会发生作用。但是孩子在培训现场的表现，让人感到机敏、乐于助人，但又比较敏感，有些防御心理，不轻易相信别人。

三、服务的理论依据

（一）优势为本的青少年增权发展方向

优势为本的青少年增权发展方向强调，在看待青少年时不要盯住他们的问题、放大他们的缺陷，而是要承认在每个人身上都有可以被释放出来的自然力量，这些力量可以使积极变化的可能性增强，社会工作者应该协助案主汲取自身和周围环境中的资源，来充实案主的权能，增强案主的能力，促进更加有效的个人社会功能的发挥。

但是优势为本的助人视角需要一种具体的工作方法来实践，而增权工作方法和能力促进的工作方法恰可以作为落实优势为本的工作理念的实践方式。根据斯威夫特和勒温的观点，增权意味着接近权力，指一种感觉有价值和能力的精神状态，感觉有力量和自我控制；增权还指通过修改社会结构来重新分配权力。根据拉波波特的观点，增权可以分作三个层面：个人、人际和社会结构。在个人层面是指使自己拥有一种能力感、操控感，有力量和能力使情况发生转变；在人际层面，增权是指可以影响别人，在某种程度上控制我们的人际关系，能有效地和别人交往；在社会结构层面，增权意味着平等地分配资源，增加资源的可接近程度，取消权力障碍，增加新的机会等。所以增权的社会工作实践需要多层面的结合。另外增权是一种过程，一种由自我低落、人际隔离和社会排斥的状态走向自我掌控、人际关怀和社会支持的状态。在这个过程中，需要社会工作者转变自己的位置和态度，由一种专家的身份和指示的态度转变成一种协同者身份和启发引导的态度；而案主在这个过程中应该是一个积极参与、自我反思和成长、自我实践和增强能力的角色；同时需要社区环境给案主积极的支持和包容，提供资源和机会，让案主通过社区参与和使用资源发生积极的改变。

（二）社区为本的青少年社会支持网络

20 世纪 80 年代葛尔民和吉特曼（Carel Germain and Alex Gitterman）提出的生态系统模式下的社会工作观强调人生活在社会脉络中，人的社会功能问题是在人与社会环境互动过程中发生的，所以应该在自然的社区环境下把焦点集中在社会中的多人互动关系上，综合介入来帮助人们实现协调发展。社区为本的自然情景下社会互动介入策略成为一种勾连微观的个案工作、中观的小组工作和宏观的社会制度和结构的倡导机制，而不再仅仅是动员组织居民社会行动和社会发展的狭义社会工作。在这当中，建立社会支持网络（social support network）又成为一种具体地促进和增强人与社会环境互动、增强案主的社会功能的策略。社会支持网络是指个人能够从中获得资源和支持的自然人际关系网络，主要包括家人、亲戚、邻居和社区互助小组等。有人甚至认为应该把社区中正式的专业服务也纳入个人的支持系统，在自然支持网络和正式专业服务之间形成一种合作关系。

（三）案主为本的跨专业、多层面的整合工作模式

在社会工作内部一直存在着一种专业主义的动力,追求比较垄断的服务领域和权威的专业判断空间。但是过度专业化反而导致服务质量下降,服务成本提升,案主利益和能力萎缩,所以在 20 世纪 80 年代以来遭到管理主义的阻击。它强调专业服务的社会透明和责任,强调专业服务中的案主的选择和参与,强调专业服务程序的优化和规范,强调专业服务的成本核算和质量管理等。虽然管理主义并不能作为一种挽救过度专业化带来的社会工作技术官僚化弊端,但是管理主义提出的案主选择和参与却是和案主为本的社会工作价值信仰一致的。案主为本一直就是社会工作服务的基本信念,只不过在过度追求专业地位的时候曾经沦为一种幌子。但是 20 世纪 90 年代以来的增权工作模式又一次切实把案主为本作为工作的基本立场,而且强调的是社会工作要开放自己的专业,在案主的现实社区环境和其他专业一起来协同服务于案主,并且要求社会工作者成为一个通用社会工作者,应该能够从微观、中观和宏观多个层面综合服务,不要把案主分割转介,影响服务成效。

四、制订服务计划

（一）问题评估

在接触国唤前,工作人员通过其他人对案主的个人情况和家庭背景做了了解,经过评估,发现国唤的主要问题是:

（1）在家庭结构上,其家庭的结构功能失调,焦点是祖母和孙子关系强于父子关系。父亲不知道该不该管国唤,怎么管?

（2）在学校里,国唤比较顽皮,老师对他进行批评教育时容易顶撞老师,学习成绩差。

（3）在村里,国唤平时多和附近村里的几个比较野的孩子一起玩,受他们不良行为的影响,去年发生了参与抢劫的违法事件。

（二）辅导目标

（1）进一步了解国唤,与国唤建立信任关系;

（2）通过对国唤父子做具体的亲子沟通辅导,帮助国唤父子建立融洽的亲子关系;

（3）帮助国唤父亲学习帮助国唤建立具体生活目标和支持国唤实现生活目标的沟通技巧,引导国唤父子做目标导向的谈话。

（三）辅导阶段

第一阶段:开始第一次圆桌会议,引导大家发现国唤的优点和长处。约定参与各方在活动结束后的工作。

第二阶段：开始第二次圆桌会议，通过和国唤父子聊天，发现国唤父子在日常互动中存在的问题，和大家一起讨论第三步的工作。

第三阶段：开始第三次圆桌会议，帮助国唤父子建立良好的沟通互动关系。

五、辅导过程与效果

第一节：

某年 10 月 19 日，我们来到古树镇开始第一节工作。这次国唤没有来，不过孩子的大妈来了，我们只好先和大妈谈谈。这次参加圆桌会议的还有镇中学的张书记、司法所的张所长、镇团委周书记、镇党委刘委员等。除了国唤的大妈在介绍孩子的情况时能够谈到案主的优点和长处，其他人都是讲到案主的问题和品质以及相关的家庭缺陷，大家对案主的改变抱不同程度的消极看法。

学校张书记："国唤在接受批评教育时容易和老师顶撞，上次培训后态度有所转变，但是随即就改回原样。主要问题是学习太差，平时吸烟、骑摩托到处跑，但是脑子聪明。"（基本上以缺点描述为主。）

团委周书记："国唤父母离异，从小父亲因犯罪被劳改，母亲改嫁，孩子靠爷爷、奶奶抚养长大，爸爸释放后身体又不好，也很少管孩子，爷爷奶奶也没有什么教育方法。"（一种消极失望的态度。）

司法所张所长："对这个孩子可能产生影响的是他的大爷、大妈，他们家庭经济条件较好，人品也不错，而且关心国唤。"（提供社区中内在的自然支持关系和案主本人优点。）

大妈："国唤的优点是知道关心人，体育比较好，下学就去打球，也比较有礼貌。去年暑假的事件是别人找他，要求他跟着参与抢劫的！我批评他时，他倒没有反对意见，相对来说，他大伯的话更听一些。国唤的父亲对他的事也很着急，但是国唤怕他爸爸，他爸身体也不好，对孩子不怎么管。"（是一种对自己亲属的保护，也是一种对案主活动多元性的朴素解释。）

通过初步的谈话我们发现在常人的思维中存在着多种视角，既有盯住案主问题的偏差特质化的视角，也有发现孩子的优点和长处的视角。我们运用优势为本的增权工作视角，同时运用福柯主义的话语扭转理论，设法在大家现有的不同论述中，选择一种对当事人增权的论述策略，引导大家在思想上达到这样一种认识，即孩子发生的参与抢劫事件不是品质坏，而是一种小团体的带动，是一时冲动所为，孩子的最大优点是品质不坏，脑子较聪明，知道关心人等。

我们通过和国唤大妈的探讨，还了解到国唤的家庭平时顾不上对孩子的管教，孩子处于一种比较散漫的状态，并进一步发现案主的家庭结构功能失调，焦点是祖母和孙子关系强于父子关系，这对初中阶段的孩子成长会有影响。所以社会工作者强调应该强化孩子和父亲的关系。

最后我们对国唤的大妈提出要求，希望国唤父子下次一定来参加我们的活动。然后约定参与各方在活动结束后的工作。

第二节：

11月9日，我们在杨宋镇政府办公室举行第二次社区圆桌会议。这次国唤和他爸爸、奶奶、大妈都来了，社会工作者先和国唤父子交流最近一段时间的表现，从中可以看出，他们都有一定程度的紧张和防御心理，所以社会工作者转而轮流询问周围人的情况，缓解国唤父子的情景压力。

学校团委的徐书记主动向大家介绍国唤最近一段的积极表现："学习上能按时上课、听讲、不下座位，能交作业，最让人欣慰的是国唤当上了生活委员，负责班里的集体卫生，进步很大。"社会工作者和国唤交流这种积极进步的过程，以进一步强化进步表现的心理感受，并且试图帮助案主探索当中个人的内在的潜力和长处。以下是一段对话摘录：

"国唤，可否讲一下你是怎么当上生活委员的？"

"……"

"也就是说是老师让你当的？还是你自己被——选上的？"

"老师让当的。"（声音很小。）

"给大家说说，你当生活委员的感觉如何？"

"没什么，当就当呗。"

"你是如何把卫生流动红旗保持在本班的？"

"……"

"每次打扫卫生时，是你给大家布置好任务然后监督呢？还是给大家带头一起打扫？"

"一起打扫。"

"把卫生流动红旗保持在班里，你觉得怎么样？"

"没什么。"

……

社会工作者极力去挖掘案主的社会成就感的内心体验，但是案主在现场情景下的反应是比较平淡和沉默的。以一般的标准来衡量，这可能是一段不成功的对话，没有人们所期待的案主的积极回应和表述。但是我们认为这种挖掘内心积极体验的谈话方式会对孩子有一种新的刺激，也等于给现场在座的家长和社区成员一种示范和引导：注重孩子的点滴进步的内心体验，而这种内心体验来自于社会关系中重要他人的信息反馈和刺激！

通过沟通探索，我们发现建立国唤父子的融洽关系是关键，它既是建立国唤父亲责任心和自信心的关键，也是帮助国唤恢复父子亲情和家庭纽带的关键，同时只有国唤父亲和孩子建立了融洽关系，才能有信心和动机和学校沟通，了解孩子的情况,关心孩子的成长。因此我们在另一个房间对国唤父子做了具体的亲子沟通辅导。

之后,我们和大家一起讨论下一步该怎么工作。从大家的发言可以看出,注重孩子的优点和长处、社区整合的工作思路已经是大家的自觉意识。最后提出了具体的参与各方的行动方向以便会后执行。

第三节:

12月21日,我们又来到了古树镇,了解案主最近的情况和表现。我们来之前已经知道,在家里国唤父子关系已经比较融洽,国唤在学校能够继续进步并获得了老师的赞许,在社区里能够和另外一个案主一起到课外辅导老师陈老师家接受辅导。

经过和案主的简单交谈后,就先听到学校张书记跟我们谈国唤的积极进步,从张书记的描述中,可以看出张书记看待案主的视角明显发生了变化,就算对待孩子的抄作业行为也可以从积极角度来理解。

张书记的介绍令我们在座的每个人都感到由衷的欣慰,感到工作没有白做。接下来我们继续探索在家里,国唤和爸爸、爷爷奶奶等的关系,发现国唤的爸爸确实承担起了父亲的职责,而且也和国唤开始建立起良好的互动关系,平时能在一起看电视、打牌、下棋等。这个家庭已经由原来的奶奶独立承担对孙子的抚养、照料责任恢复到孩子的父亲开始承担父职,这样就健全了一种家庭抚养结构,有利于孩子的健康成长。但是我们发现父子之间的互动还只是处在自然适恰状态,缺乏帮助孩子建立具体生活目标和支持孩子实现生活目标的沟通技巧,而孩子正处在中学阶段的一个关键时期,明年面临着中考的选择,所以我们就在现场引导他们父子做这种目标导向的谈话技巧。

社会工作者:"你现在能不能对着爸爸谈谈你明年有什么具体的方向、打算?比如想考什么?高中、中专、还是职高?然后跟爸爸谈谈有什么具体困难需要他帮助和支持?"(教案主学会提出自己的目标和需要。)

国唤:"……"

国唤父亲:"说吧,怎么想就怎么跟我说。我呀平时跟他讲:'现在这个社会你不上学还能干什么?没有文化干什么都不成,我们这一代是不行了,没有文化,你不上学可就不行。'……"(没有跟案主对话,而是跟社工及其他人谈话。)

社会工作者:"你能不能现在给我们示范一下如何和他谈话?好像你们俩很少谈方向性的话题,更多只是谈生活中的小事啊,但是现在他将要面临方向选择,所以能否和他聊聊这个话题?你刚才是跟我们讲的,现在能否对着他,直接跟他讲?"(继续强化案主父子之间的交流。)

国唤父亲:"你现在啊不学文化不行,你说你还能干什么?……"(开始直接和案主对话。)

社会工作者问国唤："你觉得他说得对吗?"(鼓励父子直接对话。)

现场一位旁人对案主进行引导："国唤你自己觉得初中毕业后想干什么?比如升高中,还是学干点什么?"(现场有人干扰父子对话。)

社会工作者："你别跟她讲,她不会一直跟着你,你跟你爸讲,我们走了他才会一直陪伴你,和你在一起。"(继续引导案主和父亲建立直接的目标导向的对话互动,同时排除现场干扰。)

国唤父亲："你觉得想考什么? 你得有目标啊! 没有目标怎么知道自己将来干什么? 那哪成啊?"(父亲已经开始朝着目标谈话。)

整个谈话过程,国唤没有直接就自己的中考目标和父亲交谈,而是处于一种似乎有压力的自我封闭状态,而旁人也一再地给他提示,也影响着他的现场参与。但是我们觉得这种谈话方式会对国唤父子今后的交流提供一些准备。

六、服务反思

在整个案例干预过程中,我们一直在反思,如何更好地为案主提供服务,促进案主的改变。具体分为以下几点:

(1)在案主缺席的情况下,就确定了孩子上学的基本任务和相关各方的协助责任,对孩子是否构成了一种强制? 是否违背了社会工作的案主自决的基本工作原则? 尤其是没有反思学校的教育制度,而是将学习当作一种当然的人生任务,是否缺乏批判精神? 这种担心在我们心中是存在的,但是因为案主的缺席,而社区的各方人员更愿意看到的是具体的工作方向,所以我们必须给出一种权宜性的工作方案,鼓励各方参与者的信心(这正是所谓的本土制度、伦理基础和西方专业社会工作的碰撞,我们初步立场是实践取向而不是追求专业准则)。对于案主本人,因为没有来,所以我们无从知道此方案是否一定就遭到他的抗议和反对? 只好等下次见面时,根据本人的感受和期待,来调整工作方向。但是我们至少做到了在现有的教育体制下,转化各方参与者的视角,从孩子的优点来看待孩子,给孩子正面的鼓励,提供针对性的服务给孩子,各方整合起来协调、支持孩子的成长(此处,我们又在现有的制度伦理基础上添加了专业的元素)。

(2)在社区过程中存在着社会工作的更多的内在的悖论,比如强调尊重当地参与者的合作和本土知识,与社会工作中的一些实质性原则比如平等对待孩子、注重情感性的沟通等存在着矛盾。在此案例中,社区本土参与者,不论是父亲还是学校老师都会以一种长者的姿态来和孩子谈话,显示出一定的训导和权威,但是在现有的社会教育体制下,这种态度是一种普遍的教育者的态度,如果硬套社会工作的沟通理念来调节社区本土参与者的谈话方式,就容易压抑社区本土参与者的积极性,我们不能要求他们按照专业社会工作训练出来的对案主的平等和不批判的态度对待案主。而且这里的悖论还在于专业社会工作者对当地社区中的参与者的态度,按行动研究原则,应该是平等和尊重的态度,但是从案主的利益出发又应该设法转化当地社区参与者逐渐形成一种平等、尊重和非批判的对待孩子的态度和语气。所以我们认为社会工作者的态度应该是权宜性的,要根据现场情景来决定是鼓励社区本土参与者的积极性,还是保护案主的平等权利。这里没有通行的准则可守,要根据特定情景下的各方态势而定。而且在中国的环境下,父亲的权威地位要比父亲的缺位更容易被孩子接受。家庭教育方式应该转化为在中国传统脉络下进行情景化的调节,而不是通过形式化的儿童权利法律的规定或儿童教育专家的说教来完成。

(3) 在第二节我们已经看到了案主发生了积极的变化,学校能够给案主提供积极的班级角色,发挥其负责精神,而且能注意到孩子学习进步的表现,不再认为孩子无可救药;而且与会的社区各方成员都能接受优势为本和社区整合的青少年教育模式。关键是如何把它放大,提供一种连续一致的社会关系来保证这种教育理念的社会效应,防止在日常实践中被针对孩子的缺点的批评惩罚模式所压倒。当大家作为一个项目成员的身份参加会议,本身给个人建构了一种投入性场景,需要对自己说的话负责,而下一次又要会面交流的预期也迫使大家去履行自己在会上承诺的责任。如果没有项目设定的场景和前期的培训,社区参与者对待孩子的态度会随着日常实践场景的流动而表现出摇摆:也可能会尊重和鼓励孩子,也可能会责备和处罚孩子等,这其实是对中国本土的行政化的社会教化体制的一种重新组合,使他们脱离原有的行政化场景换一种角色交流,从而改变和工作对象的工作关系。

(4) 在案例干预过程中,我们发现社会工作的一个基本原理,沟通过程和形式重于实质的工作模式是有道理的。比如在我们这个案例中,大家都可以在自己的生活语言中找到优势为本和社区整合的青少年教育模式,但是在现实中具体教育孩子时却都存在着惩罚和隔离的教育方式,一个简单明了的道理如何才能落实到案主身上呢? 这取决于具体的互动情景和沟通技巧。社会工作者的一种设问式的探询对话,一种鼓励别人积极表达的态度,一种对当事人心理感受的同理和保护等都是使现场发挥效力的细微却重要的因素。这应该是社会工作方法上的本土化——在生活场景中示范、导入一种专业元素强调的沟通互动模式。

第六节　整合类案例(下)

本节小袁的案例是一类整合性的案例,儿童青少年社会工作者通过分析小袁的自身行为、家庭系统、社会环境等因素,制定了个性化教育矫正的计划,社工不但将专业的知识与技巧融入到了对案主的日常教育管理中,做了大量细致而扎实的工作,还从建立信任关系入手,改善其与父母的关系,继而在其稍见稳定的时候适时鼓励他投身工作,很好地培养了案主的独立性以及责任意识,并能够在工作中开始关注自己今后的发展。整体而言,本案取得了较好的效果。

一、强化日常管理,建立信任关系①

案主基本情况——姓名:小袁,性别:男,年龄:21,文化程度:初中,婚姻状况:未婚,案由:盗窃,矫正类型:缓刑,矫正期限:四年(2004 年 7 月 31 日—2008 年 7 月 30 日)。小袁是家里的独子,家里上面的两代人都十分宠爱他,小袁初中毕业后就没有再继续读书,而是终日在家无所事事。

二、确定个性化教育矫正的具体理由

(1) 小袁的自身行为偏差,自控能力较差;

(2) 小袁的家人对他太过放任,忽略对他的教育,彼此缺乏沟通;

(3) 小袁的社会交友不良。

三、个性化教育矫正目标的设定和计划

我们将帮助小袁提高自我认识,改善社会认知,通过日常教育增强其自控能力,重新适应社会作为工作的总体目标。

制定个性化教育矫正的实施计划如下:

1. 强化日常管理

加强对小袁的个别教育,提高他在刑意识,促使其自觉遵守社区矫正的各项规章制度,引导其树立正确的人生观、价值观,让他分清好坏善恶,不再和以前的朋友有来往。

2. 纠正其父母的教育模式

想办法改变其父母长久以来对其的溺爱方式,引导他们采取正确的教育模式,加强小袁与父母之间的沟通。

3. 帮助小袁寻找一份工作

小袁作为一个成年人,不能再依靠父母,要培养他自食其力的能力,并且新的工作可以为小袁带来新的朋友圈,有助他远离原来的朋友。

四、个性化教育矫正的具体实施过程

1. 强化日常管理,提高自控能力

小袁刚从看守所出来不到两个月,终日无所事事的他就再次和原来的朋友

---

① 本案例由中国青年政治学院社会工作系洪江荣撰写。

混在一起沉迷于电脑游戏和吃喝玩乐中,为了满足其挥霍的欲望,小袁当掉了父母为他新买的准备将来上班时用的摩托车和手机,甚至为躲避父母的责骂小袁不惜离家出走。为了防止小袁再次做出违法犯罪的行为,小袁的父母和社工到处向他的朋友打听他的下落,最后好不容易了解到他可能在浦东,社工和他的父母整整奔波了一个星期才终于找到小袁,并把他带回了家。社工告诉小袁,他作为社区服刑人员,要服从司法所和社工的日常管理,外出要经过司法所和派出所的同意,现在他私自外出,根据《社区服刑人员日常行为奖惩》的有关规定,社工可以提请司法所对他进行处分,情节严重的还可以提请收监。社工希望小袁明白情况的严重性,以后做任何事都要三思而后行,鉴于小袁主动承认了错误,司法所和社工决定再给小袁一次机会。

社工从小袁离家出走这件事上意识到小袁作为一个刚成年的青少年服刑人员,自控能力比较差,容易再次做出违反日常管理的行为,为了帮助小袁增强在刑意识,提高自我认识,社工决定在日常管理中加强对他的监督。社工为小袁安排了村里的调解主任做志愿者,志愿者可以随时留意小袁的活动情况,及时与社工进行沟通。社工将小袁的公益劳动安排在村委,小袁开始的时候很不愿意去参加劳动,经过社工的多次教育,告诉他做公益劳动是他犯了错误后向社会做出的一种补偿,加上他的劳动得到了村民的肯定,小袁认识到了劳动的意义和价值,后来都很积极主动地参加每个星期的公益劳动。为了培养小袁的自控能力,帮助他锻炼毅力,志愿者还推荐小袁参加了村里的民兵训练,一个星期的训练时间虽然不是很长,但有效地帮助小袁培养了组织性和纪律性,收到明显的成效。

社工还要求小袁每天书面记录自己的行动,每个星期报到一次向社工详细汇报一周的情况。社工还要了小袁的 QQ 号码,以方便晚上和他保持联系,了解他的情况。经过几个月的走访、面谈、网聊的努力,小袁逐渐认识到自己要有能力控制自己的行为,不能再任性行事。他在思想汇报中写到:我想了很多,我在想对不起我的爸妈,还有对不起社工姐姐,他们都是为了我好,难道我就这样回报他们吗?希望大家还可以给我一次机会,看我以后的表现吧!

2. 介入家庭教育,改善亲子关系

由于小袁是家里的独子,在农村仍旧存有一定"重男轻女"的思想,所以小袁的父母和爷爷奶奶一直对小袁溺爱有加,在平常的生活、学习方面没有对他进行严格的要求,虽然家里的经济条件并不好,但对小袁的要求几乎有求必应,这在很大程度上造成了小袁好逸恶劳的性格。但小袁的父母对小袁的宠爱只体现在物质方面,社工觉得小袁父母的教育方式存在一定的问题,社工与小袁及其父母分别进行了沟通。一方面让他的父母明白一味地溺爱孩子只会使他越来越娇纵,贪图享乐,只有改变对小袁的教育方式,多关心他的想法,多与他进行沟通,在他犯错误的时候及时加以指正,而不是一味地包容,才是对他真正的关心。另一方面社工也让小袁多体谅父母工作的辛苦,明白虽然父母不懂得表达,但对他的关心和照顾却是世界上最无私的,他现在20多岁了,不要总是让父母担心。经过社工的多次教育,小袁的父母逐渐意识到要对小袁进行管束,给他一定的压力,增强他的自我约束能力。小袁也学着体谅父母,双方开始有了更多的交流,彼此也更明白对方的想法。

3. 体现人性管理,建立信任关系

经过一段时间的工作,小袁的情况逐渐稳定下来。但是就在这时,小袁突然得了急性肠梗阻住进了医院。得知这个消息的第二天社工就买了水果,冒着37度的高温赶到医院去看望小袁,小袁没有想到我们会去医院看望他,满脸的惊讶。社工向小袁的父母了解了手术的情况,劝慰小袁要好好休息。社工告诉小袁自己不仅是对小袁进行教育管理的人,同时也是为小袁提供帮助的人,在他做错事的时候社工会很严厉地批评指正他,但在他需要关心的时候社工也会及时地提供帮助。社工的关心感动了小袁和小袁的父母,小袁的母亲对小袁说:你要争气一点,社工姐姐一次次上门来帮助、教育,上次离家出走还一起帮助寻找,现在住院又赶来探望,她们是真心为你好的,你不应该辜负社工姐姐的一片心意。小袁表示他会尽快好起来的,保证不再去外面瞎混了,要找份工作开始新的生活。社工没有想到一次小小的探望会有这样的效果,当然这也要靠社工前面一直坚持不懈的努力。

4. 鼓励积极就业,重新适应社会

随着小袁的身体逐渐好转,社工认为小袁不应该再待在家中无所事事了。社工本来打算劝小袁继续学业,但小袁表示他宁愿工作也不想读书,社工觉得小袁如果去工作就能重新培养起良好的社交环境,与原来的朋友脱离联系,也是一个不错的选择,而且小袁已经20多岁了,应该自食其力。鉴于小袁的学历不高,又没有工作经验,找工作存在一定的难度,社工建议小袁可以先参加一些技能培训,就在社工和社保中心联系要为小袁找一个合适的培训机会的时候,社工从小袁爸爸那里了解到小袁的表姐打算把市区的工厂搬到小袁家附近,工厂正在招人,小袁的爸爸辞职帮他表姐管理食堂,打算让小袁也一起来帮忙。社工认为小袁刚开始工作,先从能够胜任的工作做起是一个不错的选择,而且在工厂有小袁爸爸的监督,相信他能够认真地工作。社工找小袁谈了几次,希望他能端正自己的就业态度,不要嫌工作辛苦、劳累,认认真真地工作,不辜负大家对他的期望。小袁同父亲一起在食堂工作后,虽然要早起,天冷天热都很辛苦,但社工看到小袁一天天地坚持下来了,没有出现旷工的情况,没有让我们大家失望。

五、个性化教育矫正的效果

经过一段时间的工作,小袁现在各方面的情况都比较稳定,能够认真遵守社区矫正的相关规定,逐渐和原来的朋友圈脱离了联系,有了新的朋友圈,没有再出现离家出走的情况,还找了女朋友,生活逐渐走上了正轨。就在社工写这个个案的时候,小袁刚刚收到一家单位的录用通知,他马上就要去上班了。社工教育小袁在单位做事要认真努力,要学会和别人融洽相处,最关键的是要懂得自我约束,不要因为脱离了父母的监督,就又开始故态重萌,社工会随时关心他的近况的。

六、个案自评与反思

小袁的这个个案,让社工意识到对服务对象的日常管理教育是方方面面的,呈阶梯式前行,先通过教育管理、制度规定、情况汇报等日常管理措施来矫正对象的行为,使其符合社区矫正的规定;然后开始深层次了解对象的家庭背景,行为模式,目前的打算,随时修改针对服务对象的矫正方案,帮助对象转变行为,使之符合社会的要求。

社工还注意到在与青少年打交道时一定要结合年轻人的特点,运用现代的科技手段,了解他们所关心的事物,才能与他们有共同语言,建立起良好的专业关系。做青少年个案,一定要特别留意他们身上的反复性,由于正处于性格成型期,他们的个性和行为可能都存在一定的不稳定性,可能会间隔一段时间就出现一些情况,这都需要我们社工更加耐心细致地做好自己的工作,随时留意他们的行为变化,适时地调整自己的矫正计划,实行教育奖惩与细心开导想结合的方式,帮助他们实现人格的完善,达到最佳的矫正效果。

本案是典型的强化社区矫正日常教育管理来帮教社区服刑人员的案例。案例的对象是一名年轻的案主,具有青少年的特质,年少气盛、冲动、叛逆,反复性强,加上现代独生子女的特点,父母宠爱,缺乏与家人的真正内心交流与沟通,比较以自我为中心,受同辈群体的影响较大。工作者不仅仅是考虑到案主的特点而采用了现代时尚的交流方式,即通过网络首先与案主建立了联系,并通过从网上的漫谈,到逐步深聊,渐渐打开案主戒备的心门。同时更是深入有效地运用了社区矫正的手段,即将情况汇报、公益劳动以及日常奖惩有机地结合起来,适时地发挥有效的作用。案主从开始对社区矫正不接纳,到逐步对自己有正确的定位,既而积极地接受社区矫正,这些转变都离不开工作者深入而专业的工作。在与案主进一步接触的同时,社工全面了解案主的生活状态,并深入分析其实际和内心需求,采用对症下药的办法,逐级深入案主的内心。一方面通过与案主的谈话巩固专业关系,另一方面从案主的父母入手,开展系列工作,帮助案主与父母建立良性的沟通模式,改变父母一味溺爱或是完全放任自流的消极态度,重建了家庭对案主的重要关怀,使案主愿意同父母分享自己的感受和情绪,正确积极地处理好家庭关系,这让案主不再依赖于外面的世界,而是重新走回了家。

本案中,社工将专业的知识与技巧融入到对案主的日常教育管理中,做了大量细致而扎实的工作,从建立信任关系入手,到改善其与父母的关系,继而在稍见稳定的时候适时鼓励其投身工作,很好地培养了案主的独立性以及责任意识,并能够在工作中自己开始关注今后的发展。整体而言,本案取得了较好的效果。当然也应当看到,社区矫正应当是刚性管理和柔性帮教的有机结合,在严肃的刑罚执行的同时注入人性化的帮教理念和方法,真正做到刚柔并济,在制度和操作上结合案主个性化的特征才能够从根本上提高矫正的效果。

思考题

1. 记录一个案例,并作分析。
2. 以一个青少年社会工作个案为例,谈谈对工作方法整合的认识。

有关儿童与青少年的相关政策（节选）

《联合国儿童权利公约》

第二条 1. 缔约国应遵守本公约所载列的权利，并确保其管辖范围内的每一儿童均享受此种权利，不因儿童或其父母或法定监护人的种族、肤色、性别、语言、宗教、政治或其他见解、民族、族裔或社会出身、财产、伤残、出生或其他身份而有任何差别。

2. 缔约国应采取一切适当措施确保儿童得到保护，不受基于儿童父母、法定监护人或家庭成员的身份、活动、所表达的观点或信仰而加诸的一切形式的歧视或惩罚。

第三条 1. 关于儿童的一切行动，不论是由公私社会福利机构、法院、行政当局或立法机构执行，均应以儿童的最大利益为一种首要考虑。

2. 缔约国承担确保儿童享有其幸福所必需的保护和照料，考虑到其父母、法定监护人或任何对其负有法律责任的个人的权利和义务，并为此采取一切适当的立法和行政措施。

3. 缔约国应确保负责照料或保护儿童的机构、服务部门及设施符合主管当局规定的标准，尤其是安全、卫生、工作人员数目和资格以及有效监督等方面的标准。

第五条 缔约国应尊重父母或于适用时尊重当地习俗认定的大家庭或社会成员、法定监护人或其他对儿童负有法律责任的人以下的责任、权利义务，以符合儿童不同阶段上、接受能力的方式适当指导和引导儿童行使本公约所确认的权利。

第六条 1. 缔约国确认每个儿童均有固有的生命权。

2. 缔约国应最大限度地确保儿童的存活与发展。

第七条 1. 儿童出生后应立即登记，并有自出生起获得姓名的权利，有获得国籍的权利，以及尽可能知道谁是其父母并受其父母照料的权利。

2. 缔约国应确保这些权利按照本国法律及其根据有关国际文书在这一领域承担的义务予以实施,尤应注意不如此儿童即无国籍之情形。

第八条　1. 缔约国承担尊重儿童维护其身份包括法律所承认的国籍、姓名及家庭关系而不受非法干扰的权利。

……

第二十三条　1. 缔约国确认身心有残疾的儿童应能在确保其尊严、促进其自立、有利于其积极参与社会生活的条件下享有充实而适当的生活。

2. 缔约国确认残疾儿童有接受特别照顾的权利,应鼓励并确保在现有资源范围内,依据申请斟酌儿童的情况和儿童的父母或其他照料人的情况,对合格儿童及负责照料该儿童的人提供援助。

3. 鉴于残疾儿童的特殊需要,考虑到儿童的父母或其他照料人的经济情况,在可能时应免费提供按照本条第2款给予的援助,这些援助的目的应是确保残疾儿童能有效地获得和接受教育、培训、保健服务、康复服务,就业准备和娱乐机会,其方式应有助于该儿童尽可能充分地参与社会,实现个人发展,包括其文化和精神方面的发展。

4. 缔约国应本着国际合作精神,在预防保健以及残疾儿童的医疗、心理治疗和功能治疗领域促进交换适当资料,包括散播和获得有关康复教育方法和职业服务方面的资料,以其使缔约国能够在这些领域提高其能力和技术并扩大其经验。在这方面,应特别考虑到发展中国家的需要。

第二十四条　1. 缔约国确认儿童有权享有可达到的最高标准的健康,并享有医疗和康复设施;缔约国应努力确保没有任何儿童被剥夺获得这种保健服务的权利。

2. 缔约国应致力充分实现这一权利,特别是应采取适当措施,以(A) 降低婴幼儿死亡率;(B) 确保向所有儿童提供必要的医疗援助和保健,侧重发展初级保健;(C) 消除疾病和营养不良现象,包括在初级保健范围内利用现有可得的技术和提供充足的营养食品和清洁饮水,要考虑到环境污染的危险和风险;(D) 确保母亲得到适当的产前和产后保健;(E) 确保向社会各阶层、特别是向父母和儿童介绍有关儿童保健和营养、母乳育婴优点、个人卫生和环境卫生及防止意外事故的基本知识,使他们得到这方面的教育并帮助他们应用这种基本知识;(F) 开展预防保健、对父母的指导以及计划生育教育和服务。

3. 缔约国应致力采取一切有效和适当的措施,以期废除对儿童健康有害的传统习俗。

4. 缔约国承担促进和鼓励国际合作,以期逐步充分实现本条所确认的权利。在这方面,应特别考虑到发展中国家的需要。

第二十六条　1. 缔约国应确认每个儿童有权受益于社会保障,包括社会保险,并应根据其国内法律采取必要措施充分实现这一权利。

2. 提供福利时应酌情考虑儿童及负有赡养儿童义务的人的经济情况和环境,以及与儿童提出或代其提出的福利申请有关的其他方面因素。

第二十八条　1. 缔约国确认儿童有受教育的权利,为在机会均等的基础上逐步实现此项权利,缔约国尤应:

(A) 实现全面的免费义务小学教育;

(B) 鼓励发展不同形式的中学教育,包括普通和职业教育,使所有儿童均能享有和接受这种教育,并采取适当措施,诸如实行免费教育和对有需要的人提供津贴;

(C) 根据能力以一切适当方式使所有人均有受高等教育的机会;

(D) 使所有儿童均能得到教育和职业方面的资料和指导;

(E) 采取措施鼓励学生按时出勤和降低辍学率。

2. 缔约国应采取一切适当措施,确保学校执行纪律的方式符合儿童的人格尊严及本公约的规定。

3. 缔约国应促进和鼓励有关教育事项方面的国际合作,特别着眼于在全世界消灭愚昧与文盲,并便利获得科技知识和现代教学方法……

第三十一条　1. 缔约国确认儿童有权享有休息和闲暇,从事与儿童年龄相宜的游戏和娱乐活动,以及自由参加文化生活和艺术活动。

2. 缔约国应尊重并促进儿童充分参加文化和艺术生活的权利,并应鼓励提供从事文化、艺术、娱乐和休闲活动的适当和均等的机会。

《中华人民共和国宪法》

第四十六条　中华人民共和国公民有受教育的权利和义务。

国家培养青年、少年、儿童在品德、智力、体质等方面全面发展。

第四十九条　婚姻、家庭、母亲和儿童受国家的保护。

夫妻双方有实行计划生育的义务。

父母有抚养教育未成年子女的义务,成年子女有赡养扶助父母的义务。

禁止破坏婚姻自由,禁止虐待老人、妇女和儿童。

《中华人民共和国未成年人保护法》

第三条　未成年人享有生存权、发展权、受保护权、参与权等权利,国家根据未成年人身心发展特点给予特殊、优先保护,保障未成年人的合法权益不受侵犯。

未成年人享有受教育权,国家、社会、学校和家庭尊重和保障未成年人的受教育权。

未成年人不分性别、民族、种族、家庭财产状况、宗教信仰等,依法平等地享有权利。

第四条　国家、社会、学校和家庭对未成年人进行理想教育、道德教育、文化教育、纪律和法制教育,进行爱国主义、集体主义和社会主义的教育,提倡爱祖国、爱人民、爱劳动、爱科学、爱社会主义的公德,反对资本主义的、封建主义的和其他的腐朽思想的侵蚀。

第五条　保护未成年人的工作,应当遵循下列原则:

(一)尊重未成年人的人格尊严;

(二)适应未成年人身心发展的规律和特点;

(三)教育与保护相结合。

第六条　保护未成年人,是国家机关、武装力量、政党、社会团体、企业事业组织、城乡基层群众性自治组织、未成年人的监护人和其他成年公民的共同责任。

对侵犯未成年人合法权益的行为,任何组织和个人都有权予以劝阻、制止或者向有关部门提出检举或者控告。

国家、社会、学校和家庭应当教育和帮助未成年人维护自己的合法权益,增强自我保护的意识和能力,增强社会责任感。

第八条　共产主义青年团、妇女联合会、工会、青年联合会、学生联合会、少年先锋队以及其他有关社会团体,协助各级人民政府做好未成年人保护工作,维护未成年人的合法权益。

第十条　父母或者其他监护人应当创造良好、和睦的家庭环境,依法履行对未成年人的监护职责和抚养义务。

禁止对未成年人实施家庭暴力,禁止虐待、遗弃未成年人,禁止溺婴和其他残害婴儿的行为,不得歧视女性未成年人或者有残疾的未成年人。

第十一条　父母或者其他监护人应当关注未成年人的生理、心理状况和行为习惯,以健康的思想、良好的品行和适当的方法教育和影响未成年人,引导未成年人进行有益身心健康的活动,预防和制止未成年人吸烟、酗酒、流浪、沉迷网络以及赌博、吸毒、卖淫等行为。

第十二条　父母或者其他监护人应当学习家庭教育知识,正确履行监护职责,抚养教育未成年人。

有关国家机关和社会组织应当为未成年人的父母或者其他监护人提供家庭教育指导。

第十三条　父母或者其他监护人应当尊重未成年人受教育的权利,必须使适龄未成年人依法入学接受并完成义务教育,不得使接受义务教育的未成年人辍学。

第十四条　父母或者其他监护人应当根据未成年人的年龄和智力发展状

况,在作出与未成年人权益有关的决定时告知其本人,并听取他们的意见。

第十五条　父母或者其他监护人不得允许或者迫使未成年人结婚,不得为未成年人订立婚约。

第十六条　父母因外出务工或者其他原因不能履行对未成年人监护职责的,应当委托有监护能力的其他成年人代为监护。

第十七条　学校应当全面贯彻国家的教育方针,实施素质教育,提高教育质量,注重培养未成年学生独立思考能力、创新能力和实践能力,促进未成年学生全面发展。

第十八条　学校应当尊重未成年学生受教育的权利,关心、爱护学生,对品行有缺点、学习有困难的学生,应当耐心教育、帮助,不得歧视,不得违反法律和国家规定开除未成年学生。

第十九条　学校应当根据未成年学生身心发展的特点,对他们进行社会生活指导、心理健康辅导和青春期教育。

第二十条　学校应当与未成年学生的父母或者其他监护人互相配合,保证未成年学生的睡眠、娱乐和体育锻炼时间,不得加重其学习负担。

第二十一条　学校、幼儿园、托儿所的教职员工应当尊重未成年人的人格尊严,不得对未成年人实施体罚、变相体罚或者其他侮辱人格尊严的行为。

第二十二条　学校、幼儿园、托儿所应当建立安全制度,加强对未成年人的安全教育,采取措施保障未成年人的人身安全。

学校、幼儿园、托儿所不得在危及未成年人人身安全、健康的校舍和其他设施、场所中进行教育教学活动。

学校、幼儿园安排未成年人参加集会、文化娱乐、社会实践等集体活动,应当有利于未成年人的健康成长,防止发生人身安全事故。

第二十三条　教育行政等部门和学校、幼儿园、托儿所应当根据需要,制定应对各种灾害、传染性疾病、食物中毒、意外伤害等突发事件的预案,配备相应设施并进行必要的演练,增强未成年人的自我保护意识和能力。

第二十四条　学校对未成年学生在校内或者本校组织的校外活动中发生人身伤害事故的,应当及时救护,妥善处理,并及时向有关主管部门报告。

第二十五条　对于在学校接受教育的有严重不良行为的未成年学生,学校和父母或者其他监护人应当互相配合加以管教;无力管教或者管教无效的,可以按照有关规定将其送专门学校继续接受教育。

依法设置专门学校的地方人民政府应当保障专门学校的办学条件,教育行政部门应当加强对专门学校的管理和指导,有关部门应当给予协助和配合。

专门学校应当对在校就读的未成年学生进行思想教育、文化教育、纪律和法制教育、劳动技术教育和职业教育。

专门学校的教职员工应当关心、爱护、尊重学生,不得歧视、厌弃。

第二十六条　幼儿园应当做好保育、教育工作,促进幼儿在体质、智力、品德等方面和谐发展。

第二十七条　全社会应当树立尊重、保护、教育未成年人的良好风尚,关心、爱护未成年人。

国家鼓励社会团体、企业事业组织以及其他组织和个人,开展多种形式的有利于未成年人健康成长的社会活动。

第二十八条　各级人民政府应当保障未成年人受教育的权利,并采取措施保障家庭经济困难的、残疾的和流动人口中的未成年人等接受义务教育。

第二十九条　各级人民政府应当建立和改善适合未成年人文化生活需要的活动场所和设施,鼓励社会力量兴办适合未成年人的活动场所,并加强管理。

第三十条　爱国主义教育基地、图书馆、青少年宫、儿童活动中心应当对未成年人免费开放;博物馆、纪念馆、科技馆、展览馆、美术馆、文化馆以及影剧院、体育场馆、动物园、公园等场所,应当按照有关规定对未成年人免费或者优惠开放。

第三十一条　县级以上人民政府及其教育行政部门应当采取措施,鼓励和支持中小学校在节假日期间将文化体育设施对未成年人免费或者优惠开放。

社区中的公益性互联网上网服务设施,应当对未成年人免费或者优惠开放,为未成年人提供安全、健康的上网服务。

第三十二条　国家鼓励新闻、出版、信息产业、广播、电影、电视、文艺等单位和作家、艺术家、科学家以及其他公民,创作或者提供有利于未成年人健康成长的作品。出版、制作和传播专门以未成年人为对象的内容健康的图书、报刊、音像制品、电子出版物以及网络信息等,国家给予扶持。

国家鼓励科研机构和科技团体对未成年人开展科学知识普及活动。

第三十三条　国家采取措施,预防未成年人沉迷网络。

国家鼓励研究开发有利于未成年人健康成长的网络产品,推广用于阻止未成年人沉迷网络的新技术。

第三十四条　禁止任何组织、个人制作或者向未成年人出售、出租或者以其他方式传播淫秽、暴力、凶杀、恐怖、赌博等毒害未成年人的图书、报刊、音像制品、电子出版物以及网络信息等。

第三十五条　生产、销售用于未成年人的食品、药品、玩具、用具和游乐设施等,应当符合国家标准或者行业标准,不得有害于未成年人的安全和健康;需要标明注意事项的,应当在显著位置标明。

第三十六条　中小学校园周边不得设置营业性歌舞娱乐场所、互联网上网服务营业场所等不适宜未成年人活动的场所。

营业性歌舞娱乐场所、互联网上网服务营业场所等不适宜未成年人活动的场所,不得允许未成年人进入,经营者应当在显著位置设置未成年人禁入标志;对难以判明是否已成年的,应当要求其出示身份证件。

第三十七条 禁止向未成年人出售烟酒,经营者应当在显著位置设置不向未成年人出售烟酒的标志;对难以判明是否已成年的,应当要求其出示身份证件。

任何人不得在中小学校、幼儿园、托儿所的教室、寝室、活动室和其他未成年人集中活动的场所吸烟、饮酒。

第三十八条 任何组织或者个人不得招用未满十六周岁的未成年人,国家另有规定的除外。

任何组织或者个人按照国家有关规定招用已满十六周岁未满十八周岁的未成年人的,应当执行国家在工种、劳动时间、劳动强度和保护措施等方面的规定,不得安排其从事过重、有毒、有害等危害未成年人身心健康的劳动或者危险作业。

第三十九条 任何组织或者个人不得披露未成年人的个人隐私。

对未成年人的信件、日记、电子邮件,任何组织或者个人不得隐匿、毁弃;除因追查犯罪的需要,由公安机关或者人民检察院依法进行检查,或者对无行为能力的未成年人的信件、日记、电子邮件由其父母或者其他监护人代为开拆、查阅外,任何组织或者个人不得开拆、查阅。

第四十条 学校、幼儿园、托儿所和公共场所发生突发事件时,应当优先救护未成年人。

第四十一条 禁止拐卖、绑架、虐待未成年人,禁止对未成年人实施性侵害。

禁止胁迫、诱骗、利用未成年人乞讨或者组织未成年人进行有害其身心健康的表演等活动。

第四十二条 公安机关应当采取有力措施,依法维护校园周边的治安和交通秩序,预防和制止侵害未成年人合法权益的违法犯罪行为。

任何组织或者个人不得扰乱教学秩序,不得侵占、破坏学校、幼儿园、托儿所的场地、房屋和设施。

第四十三条 县级以上人民政府及其民政部门应当根据需要设立救助场所,对流浪乞讨等生活无着未成年人实施救助,承担临时监护责任;公安部门或者其他有关部门应当护送流浪乞讨或者离家出走的未成年人到救助场所,由救助场所予以救助和妥善照顾,并及时通知其父母或者其他监护人领回。

对孤儿、无法查明其父母或者其他监护人的以及其他生活无着的未成年人,由民政部门设立的儿童福利机构收留抚养。

未成年人救助机构、儿童福利机构及其工作人员应当依法履行职责,不得虐待、歧视未成年人;不得在办理收留抚养工作中牟取利益。

第四十四条　卫生部门和学校应当对未成年人进行卫生保健和营养指导,提供必要的卫生保健条件,做好疾病预防工作。

卫生部门应当做好对儿童的预防接种工作,国家免疫规划项目的预防接种实行免费;积极防治儿童常见病、多发病,加强对传染病防治工作的监督管理,加强对幼儿园、托儿所卫生保健的业务指导和监督检查。

第四十五条　地方各级人民政府应当积极发展托幼事业,办好托儿所、幼儿园,支持社会组织和个人依法兴办哺乳室、托儿所、幼儿园。

各级人民政府和有关部门应当采取多种形式,培养和训练幼儿园、托儿所的保教人员,提高其职业道德素质和业务能力。

第四十六条　国家依法保护未成年人的智力成果和荣誉权不受侵犯。

第四十七条　未成年人已经完成规定年限的义务教育不再升学的,政府有关部门和社会团体、企业事业组织应当根据实际情况,对他们进行职业教育,为他们创造劳动就业条件。

第四十八条　居民委员会、村民委员会应当协助有关部门教育和挽救违法犯罪的未成年人,预防和制止侵害未成年人合法权益的违法犯罪行为。

第四十九条　未成年人的合法权益受到侵害的,被侵害人及其监护人或者其他组织和个人有权向有关部门投诉,有关部门应当依法及时处理。

第五十条　公安机关、人民检察院、人民法院以及司法行政部门,应当依法履行职责,在司法活动中保护未成年人的合法权益。

第五十一条　未成年人的合法权益受到侵害,依法向人民法院提起诉讼的,人民法院应当依法及时审理,并适应未成年人生理、心理特点和健康成长的需要,保障未成年人的合法权益。

在司法活动中对需要法律援助或者司法救助的未成年人,法律援助机构或者人民法院应当给予帮助,依法为其提供法律援助或者司法救助。

第五十二条　人民法院审理继承案件,应当依法保护未成年人的继承权和受遗赠权。

人民法院审理离婚案件,涉及未成年子女抚养问题的,应当听取有表达意愿能力的未成年子女的意见,根据保障子女权益的原则和双方具体情况依法处理。

第五十三条　父母或者其他监护人不履行监护职责或者侵害被监护的未成年人的合法权益,经教育不改的,人民法院可以根据有关人员或者有关单位的申请,撤销其监护人的资格,依法另行指定监护人。被撤销监护资格的父母应当依法继续负担抚养费用。

第五十四条　对违法犯罪的未成年人,实行教育、感化、挽救的方针,坚持教育为主、惩罚为辅的原则。

对违法犯罪的未成年人,应当依法从轻、减轻或者免除处罚。

第五十五条　公安机关、人民检察院、人民法院办理未成年人犯罪案件和涉及未成年人权益保护案件,应当照顾未成年人身心发展特点,尊重他们的人格尊严,保障他们的合法权益,并根据需要设立专门机构或者指定专人办理。

第五十六条　公安机关、人民检察院讯问未成年犯罪嫌疑人,询问未成年证人、被害人,应当通知监护人到场。

公安机关、人民检察院、人民法院办理未成年人遭受性侵害的刑事案件,应当保护被害人的名誉。

第五十七条　对羁押、服刑的未成年人,应当与成年人分别关押。

羁押、服刑的未成年人没有完成义务教育的,应当对其进行义务教育。

解除羁押、服刑期满的未成年人的复学、升学、就业不受歧视。

第五十八条　对未成年人犯罪案件,新闻报道、影视节目、公开出版物、网络等不得披露该未成年人的姓名、住所、照片、图像以及可能推断出该未成年人的资料。

第五十九条　对未成年人严重不良行为的矫治与犯罪行为的预防,依照预防未成年人犯罪法的规定执行。

第六十条　违反本法规定,侵害未成年人的合法权益,其他法律、法规已规定行政处罚的,从其规定;造成人身财产损失或者其他损害的,依法承担民事责任;构成犯罪的,依法追究刑事责任。

第六十一条　国家机关及其工作人员不依法履行保护未成年人合法权益的责任,或者侵害未成年人合法权益,或者对提出申诉、控告、检举的人进行打击报复的,由其所在单位或者上级机关责令改正,对直接负责的主管人员和其他直接责任人员依法给予行政处分。

第六十二条　父母或者其他监护人不依法履行监护职责,或者侵害未成年人合法权益的,由其所在单位或者居民委员会、村民委员会予以劝诫、制止;构成违反治安管理行为的,由公安机关依法给予行政处罚。

第六十三条　学校、幼儿园、托儿所侵害未成年人合法权益的,由教育行政部门或者其他有关部门责令改正;情节严重的,对直接负责的主管人员和其他直接责任人员依法给予处分。

学校、幼儿园、托儿所教职员工对未成年人实施体罚、变相体罚或者其他侮辱人格行为的,由其所在单位或者上级机关责令改正;情节严重的,依法给予处分。

第六十四条　制作或者向未成年人出售、出租或者以其他方式传播淫秽、暴力、凶杀、恐怖、赌博等图书、报刊、音像制品、电子出版物以及网络信息等的,由主管部门责令改正,依法给予行政处罚。

　　第六十五条　生产、销售用于未成年人的食品、药品、玩具、用具和游乐设施不符合国家标准或者行业标准，或者没有在显著位置标明注意事项的，由主管部门责令改正，依法给予行政处罚。

　　第六十六条　在中小学校园周边设置营业性歌舞娱乐场所、互联网上网服务营业场所等不适宜未成年人活动的场所的，由主管部门予以关闭，依法给予行政处罚。

　　营业性歌舞娱乐场所、互联网上网服务营业场所等不适宜未成年人活动的场所允许未成年人进入，或者没有在显著位置设置未成年人禁入标志的，由主管部门责令改正，依法给予行政处罚。

　　第六十七条　向未成年人出售烟酒，或者没有在显著位置设置不向未成年人出售烟酒标志的，由主管部门责令改正，依法给予行政处罚。

　　第六十八条　非法招用未满十六周岁的未成年人，或者招用已满十六周岁的未成年人从事过重、有毒、有害等危害未成年人身心健康的劳动或者危险作业的，由劳动保障部门责令改正，处以罚款；情节严重的，由工商行政管理部门吊销营业执照。

　　第六十九条　侵犯未成年人隐私，构成违反治安管理行为的，由公安机关依法给予行政处罚。

　　第七十条　未成年人救助机构、儿童福利机构及其工作人员不依法履行对未成年人的救助保护职责，或者虐待、歧视未成年人，或者在办理收留抚养工作中牟取利益的，由主管部门责令改正，依法给予行政处分。

　　第七十一条　胁迫、诱骗、利用未成年人乞讨或者组织未成年人进行有害其身心健康的表演等活动的，由公安机关依法给予行政处罚。

《中华人民共和国预防未成年人犯罪法》

　　第二条　预防未成年人犯罪，立足于教育和保护，从小抓起，对未成年人的不良行为及时进行预防和矫治。

　　第五条　预防未成年人犯罪，应当结合未成年人不同年龄的生理、心理特点，加强青春期教育、心理矫治和预防犯罪对策的研究。

　　第六条　对未成年人应当加强理想、道德、法制和爱国主义、集体主义、社会主义教育。对于达到义务教育年龄的未成年人，在进行上述教育的同时，应当进行预防犯罪的教育。

　　预防未成年人犯罪的教育的目的，是增强未成年人的法制观念，使未成年人懂得违法和犯罪行为对个人、家庭、社会造成的危害，违法和犯罪行为应当承担的法律责任，树立遵纪守法和防范违法犯罪的意识。

　　第七条　教育行政部门、学校应当将预防犯罪的教育作为法制教育的内容纳入学校教育教学计划,结合常见多发的未成年人犯罪,对不同年龄的未成年人进行有针对性的预防犯罪教育。

第八条 司法行政部门、教育行政部门、共产主义青年团、少年先锋队应当结合实际,组织、举办展览会、报告会、演讲会等多种形式的预防未成年人犯罪的法制宣传活动。

学校应当结合实际举办以预防未成年人犯罪的教育为主要内容的活动。教育行政部门应当将预防未成年人犯罪教育的工作效果作为考核学校工作的一项重要内容。

第十条 未成年人的父母或者其他监护人对未成年人的法制教育负有直接责任。学校在对学生进行预防犯罪教育时,应当将教育计划告知未成年人的父母或者其他监护人,未成年人的父母或者其他监护人应当结合学校的计划,针对具体情况进行教育。

第十一条 少年宫、青少年活动中心等校外活动场所应当把预防未成年人犯罪的教育作为一项重要的工作内容,开展多种形式的宣传教育活动。

第十二条 对于已满十六周岁不满十八周岁准备就业的未成年人,职业教育培训机构、用人单位应当将法律知识和预防犯罪教育纳入职业培训的内容。

第十三条 城市居民委员会、农村村民委员会应当积极开展有针对性的预防未成年人犯罪的法制宣传活动。

第十四条 未成年人的父母或者其他监护人和学校应当教育未成年人不得有下列不良行为:

（一）旷课、夜不归宿;

（二）携带管制刀具;

（三）打架斗殴、辱骂他人;

（四）强行向他人索要财物;

（五）偷窃、故意毁坏财物;

（六）参与赌博或者变相赌博;

（七）观看、收听色情、淫秽的音像制品、读物等;

（八）进入法律、法规规定未成年人不适宜进入的营业性歌舞厅等场所;

（九）其他严重违背社会公德的不良行为。

第十五条 未成年人的父母或者其他监护人和学校应当教育未成年人不得吸烟、酗酒。任何经营场所不得向未成年人出售烟酒。

第十六条 中小学生旷课的,学校应当及时与其父母或者其他监护人取得联系。

未成年人擅自外出夜不归宿的,其父母或者其他监护人、其所在的寄宿制学校应当及时查找,或者向公安机关请求帮助。收留夜不归宿的未成年人的,应当征得其父母或者其他监护人的同意，或者在二十四小时内及时通知其父母或者其他监护人、所在学校或者及时向公安机关报告。

第十七条　未成年人的父母或者其他监护人和学校发现未成年人组织或者参加实施不良行为的团伙的，应当及时予以制止。发现该团伙有违法犯罪行为的，应当向公安机关报告。

第十八条　未成年人的父母或者其他监护人和学校发现有人教唆、胁迫、引诱未成年人违法犯罪的，应当向公安机关报告。公安机关接到报告后，应当及时依法查处，对未成年人人身安全受到威胁的，应当及时采取有效措施，保护其人身安全。

第十九条　未成年人的父母或者其他监护人，不得让不满十六周岁的未成年人脱离监护单独居住。

第二十条　未成年人的父母或者其他监护人对未成年人不得放任不管，不得迫使其离家出走，放弃监护职责。

未成年人离家出走的，其父母或者其他监护人应当及时查找，或者向公安机关请求帮助。

第二十一条　未成年人的父母离异的，离异双方对子女都有教育的义务，任何一方都不得因离异而不履行教育子女的义务。

第二十二条　继父母、养父母对受其抚养教育的未成年继子女、养子女，应当履行本法规定的父母对未成年子女在预防犯罪方面的职责。

第二十三条　学校对有不良行为的未成年人应当加强教育、管理，不得歧视。

第二十四条　教育行政部门、学校应当举办各种形式的讲座、座谈、培训等活动，针对未成年人不同时期的生理、心理特点，介绍良好有效的教育方法，指导教师、未成年人的父母和其他监护人有效地防止、矫治未成年人的不良行为。

第二十六条　禁止在中小学校附近开办营业性歌舞厅、营业性电子游戏场所以及其他未成年人不适宜进入的场所……

第二十九条　任何人不得教唆、胁迫、引诱未成年人实施本法规定的不良行为，或者为未成年人实施不良行为提供条件。

第三十条　以未成年人为对象的出版物，不得含有诱发未成年人违法犯罪的内容，不得含有渲染暴力、色情、赌博、恐怖活动等危害未成年人身心健康的内容。

第三十三条　营业性歌舞厅以及其他未成年人不适宜进入的场所，应当设置明显的未成年人禁止进入标志，不得允许未成年人进入。

营业性电子游戏场所在国家法定节假日外，不得允许未成年人进入，并应当设置明显的未成年人禁止进入标志。

对于难以判明是否已成年的,上述场所的工作人员可以要求其出示身份证件。

第三十七条　未成年人有本法规定严重不良行为,构成违反治安管理行为的,由公安机关依法予以治安处罚。因不满十四周岁或者情节特别轻微免予处罚的,可以予以训诫。

第三十八条　未成年人因不满十六周岁不予刑事处罚的,责令他的父母或者其他监护人严加管教;在必要的时候,也可以由政府依法收容教养。

第三十九条　未成年人在被收容教养期间,执行机关应当保证其继续接受文化知识、法律知识或者职业技术教育;对没有完成义务教育的未成年人,执行机关应当保证其继续接受义务教育。

解除收容教养、劳动教养的未成年人,在复学、升学、就业等方面与其他未成年人享有同等权利,任何单位和个人不得歧视。

第四十一条　被父母或者其他监护人遗弃、虐待的未成年人,有权向公安机关、民政部门、共产主义青年团、妇女联合会、未成年人保护组织或者学校、城市居民委员会、农村村民委员会请求保护。被请求的上述部门和组织都应当接受,根据情况需要采取救助措施的,应当先采取救助措施。

第四十三条　对同犯罪行为作斗争以及举报犯罪行为的未成年人,司法机关、学校、社会应当加强保护,保障其不受打击报复。

第四十四条　对犯罪的未成年人追究刑事责任,实行教育、感化、挽救方针,坚持教育为主、惩罚为辅的原则。

司法机关办理未成年人犯罪案件,应当保障未成年人行使其诉讼权利,保障未成年人得到法律帮助,并根据未成年人的生理、心理特点和犯罪的情况,有针对性地进行法制教育。

对于被采取刑事强制措施的未成年学生,在人民法院的判决生效以前,不得取消其学籍。

第四十五条　人民法院审判未成年人犯罪的刑事案件,应当由熟悉未成年人身心特点的审判员或者审判员和人民陪审员依法组成少年法庭进行。

对于已满十四周岁不满十六周岁未成年人犯罪的案件,一律不公开审理。已满十六周岁不满十八周岁未成年人犯罪的案件,一般也不公开审理。

对未成年人犯罪案件,新闻报道、影视节目、公开出版物不得披露该未成年人的姓名、住所、照片及可能推断出该未成年人的资料。

第四十八条　依法免予刑事处罚、判处非监禁刑罚、判处刑罚宣告缓刑、假释或者刑罚执行完毕的未成年人,在复学、升学、就业等方面与其他未成年人享有同等权利,任何单位和个人不得歧视。

第五十六条　教唆、胁迫、引诱未成年人实施本法规定的不良行为、严重不良行为,或者为未成年人实施不良行为、严重不良行为提供条件,构成违反治安管理行为的,由公安机关依法予以治安处罚;构成犯罪的,依法追究刑事责任。

《中华人民共和国婚姻法》

第二条 实行婚姻自由、一夫一妻、男女平等的婚姻制度。保护妇女、儿童和老人的合法权益。实行计划生育。

第十二条 无效或被撤销的婚姻,自始无效。当事人不具有夫妻的权利和义务。同居期间所得的财产,由当事人协议处理;协议不成时,由人民法院根据照顾无过错方的原则判决。对重婚导致的婚姻无效的财产处理,不得侵害合法婚姻当事人的财产权益。当事人所生的子女,适用本法有关父母子女的规定。

第二十一条 父母对子女有抚养教育的义务;子女对父母有赡养扶助的义务。父母不履行抚养义务时,未成年的或不能独立生活的子女,有要求父母付给抚养费的权利。

子女不履行赡养义务时,无劳动能力的或生活困难的父母,有要求子女付给赡养费的权利。

禁止溺婴、弃婴和其他残害婴儿的行为。

第二十二条 子女可以随父姓,可以随母姓。

第二十三条 父母有保护和教育未成年子女的权利和义务。在未成年子女对国家、集体或他人造成损害时,父母有承担民事责任的义务。

第二十五条 非婚生子女享有与婚生子女同等的权利,任何人不得加以危害和歧视。

不直接抚养非婚生子女的生父或生母,应当负担子女的生活费和教育费,直至子女能独立生活为止。

第二十六条 国家保护合法的收养关系。养父母和养子女间的权利和义务,适用本法对父母子女关系的有关规定。

养子女和生父母间的权利和义务,因收养关系的成立而消除。

第二十七条 继父母与继子女间,不得虐待或歧视。

继父或继母和受其抚养教育的继子女间的权利和义务,适用本法对父母子女关系的有关规定。

第二十八条 有负担能力的祖父母、外祖父母,对于父母已经死亡或父母无力抚养的未成年的孙子女、外孙子女,有抚养的义务。有负担能力的孙子女、外孙子女,对于子女已经死亡或子女无力赡养的祖父母、外祖父母,有赡养的义务。

第二十九条 有负担能力的兄、姐,对于父母已经死亡或父母无力抚养的未成年的弟、妹,有扶养的义务。由兄、姐扶养长大的有负担能力的弟、妹,对于缺乏劳动能力又缺乏生活来源的兄、姐,有扶养的义务。

第三十条 子女应当尊重父母的婚姻权利,不得干涉父母再婚以及婚后的生活。子女对父母的赡养义务,不因父母的婚姻关系变化而终止。

第三十六条 父母与子女间的关系,不因父母离婚而消除。离婚后,子女无论由父或母直接抚养,仍是父母双方的子女。

离婚后,父母对于子女仍有抚养和教育的权利和义务。

离婚后,哺乳期内的子女,以随哺乳的母亲抚养为原则。哺乳期后的子女,如双方因抚养问题发生争执不能达成协议时,由人民法院根据子女的权益和双方的具体情况判决。

第三十七条 离婚后,一方抚养的子女,另一方应负担必要的生活费和教育费的一部或全部,负担费用的多少和期限的长短,由双方协议;协议不成时,由人民法院判决。

关于子女生活费和教育费的协议或判决,不妨碍子女在必要时向父母任何一方提出超过协议或判决原定数额的合理要求。

第三十八条 离婚后,不直接抚养子女的父或母,有探望子女的权利,另一方有协助的义务。

行使探望权利的方式、时间由当事人协议;协议不成时,由人民法院判决。

父或母探望子女,不利于子女身心健康的,由人民法院依法中止探望的权利;中止的事由消失后,应当恢复探望的权利。

第四十八条 对拒不执行有关扶养费、抚养费、赡养费、财产分割、遗产继承、探望子女等判决或裁定的,由人民法院依法强制执行。有关个人和单位应负协助执行的责任。

《中华人民共和国收养法》

(1991 年 12 月 29 日七届全国人大常委会第二十三次会议通过,
1998 年 11 月 4 日九届全国人大常委会第五次会议修订)

第二条 收养应当有利于被收养的未成年人的抚养、成长,保障被收养人和收养人的合法权益,遵循平等自愿的原则,并不得违背社会公德。

第四条 下列不满十四周岁的未成年人可以被收养:

(一) 丧失父母的孤儿;

(二) 查找不到生父母的弃婴和儿童;

(三) 生父母有特殊困难无力抚养的子女。

第五条 下列公民、组织可以作送养人:

(一) 孤儿的监护人;

(二) 社会福利机构;

(三)有特殊困难无力抚养子女的生父母。

第六条　收养人应当同时具备下列条件：

(一)无子女；

(二)有抚养教育被收养人的能力；

(三)未患有在医学上认为不应当收养子女的疾病；

(四)年满三十周岁。

第八条　收养人只能收养一名子女。

收养孤儿、残疾儿童或者社会福利机构抚养的查找不到生父母的弃婴和儿童,可以不受收养人无子女和收养一名的限制。

第九条　无配偶的男性收养女性的,收养人与被收养人的年龄应当相差四十周岁以上。

第十条　生父母送养子女,须双方共同送养。生父母一方不明或者查找不到的可以单方送养。

有配偶者收养子女,须夫妻共同收养。

第十一条　收养人收养与送养人送养,须双方自愿。收养年满十周岁以上未成年人的,应当征得被收养人的同意。

第十二条　未成年人的父母均不具备完全民事行为能力的,该未成年人的监护人不得将其送养,但父母对该未成年人有严重危害可能的除外。

第十三条　监护人送养未成年孤儿的,须征得有抚养义务的人同意。有抚养义务的人不同意送养、监护人不愿意继续履行监护职责的,应当依照《中华人民共和国民法通则》的规定变更监护人。

第十四条　继父或者继母经继子女的生父母同意,可以收养继子女,并可以不受本法第四条第三项、第五条第三项、第六条和被收养人不满十四周岁以及收养一名的限制。

第十七条　孤儿或者生父母无力抚养的子女,可以由生父母的亲属、朋友抚养。

抚养人与被抚养人的关系不适用收养关系。

第十八条　配偶一方死亡,另一方送养未成年子女的,死亡一方的父母有优先抚养的权利。

第二十条　严禁买卖儿童或者借收养名义买卖儿童。

第二十一条　外国人依照本法可以在中华人民共和国收养子女。

第二十三条　自收养关系成立之日起,养父母与养子女间的权利义务关系,适用法律关于父母子女关系的规定；养子女与养父母的近亲属间的权利义务关系,适用法律关于子女与父母的近亲属关系的规定。

养子女与生父母及其他近亲属间的权利义务关系,因收养关系的成立而消除。

第二十四条 养子女可以随养父或者养母的姓,经当事人协商一致,也可以保留原姓。

第二十六条 收养人在被收养人成年以前,不得解除收养关系,但收养人、送养人双方协议解除的除外,养子女年满十周岁以上的,应当征得本人同意。

收养人不履行抚养义务,有虐待、遗弃等侵害未成年养子女合法权益行为的,送养人有权要求解除养父母与养子女间的收养关系。送养人、收养人不能达成解除收养关系协议的,可以向人民法院起诉。

第二十七条 养父母与成年养子女关系恶化、无法共同生活的,可以协议解除收养关系。不能达成协议的,可以向人民法院起诉。

第二十九条 收养关系解除后,养子女与养父母及其他近亲属间的权利义务关系即行消除,与生父母及其他近亲属间的权利义务关系自行恢复,但成年养子女与生父母及其他近亲属间的权利义务关系是否恢复,可以协商确定。

第三十条 收养关系解除后,经养父母抚养的成年养子女,对缺乏劳动能力又缺乏生活来源的养父母,应当给付生活费。因养子女成年后虐待、遗弃养父母而解除收养关系的,养父母可以要求养子女补偿收养期间支出的生活费和教育费。

生父母要求解除收养关系的,养父母可以要求生父母适当补偿收养期间支出的生活费和教育费,但因养父母虐待、遗弃养子女而解除收养关系的除外。

第三十一条 借收养名义拐卖儿童的,依法追究刑事责任。

遗弃婴儿的,由公安部门处以罚款;构成犯罪的,依法追究刑事责任。

出卖亲生子女的,由公安部门没收非法所得,并处以罚款;构成犯罪的,依法追究刑事责任。

《中华人民共和国教育法》

第四条 凡具有中华人民共和国国籍的适龄儿童、少年,不分性别、民族、种族、家庭财产状况、宗教信仰等,依法享有平等接受义务教育的权利,并履行接受义务教育的义务。

第五条 各级人民政府及其有关部门应当履行本法规定的各项职责,保障适龄儿童、少年接受义务教育的权利。

适龄儿童、少年的父母或者其他法定监护人应当依法保证其按时入学接受并完成义务教育。

依法实施义务教育的学校应当按照规定标准完成教育教学任务,保证教育教学质量。

社会组织和个人应当为适龄儿童、少年接受义务教育创造良好的环境。

第十一条 凡年满六周岁的儿童,其父母或者其他法定监护人应当送其入学接受并完成义务教育;条件不具备的地区的儿童,可以推迟到七周岁。

适龄儿童、少年因身体状况需要延缓入学或者休学的,其父母或者其他法定监护人应当提出申请,由当地乡镇人民政府或者县级人民政府教育行政部门批准。

第二十七条 对违反学校管理制度的学生,学校应当予以批评教育,不得开除。

第二十九条 教师在教育教学中应当平等对待学生,关注学生的个体差异,因材施教,促进学生的充分发展。

教师应当尊重学生的人格,不得歧视学生,不得对学生实施体罚、变相体罚或者其他侮辱人格尊严的行为,不得侵犯学生合法权益。

第三十四条 教育教学工作应当符合教育规律和学生身心发展特点,面向全体学生,教书育人,将德育、智育、体育、美育等有机统一在教育教学活动中,注重培养学生独立思考能力、创新能力和实践能力,促进学生全面发展。

第三十六条 学校应当把德育放在首位,寓德育于教育教学之中,开展与学生年龄相适应的社会实践活动,形成学校、家庭、社会相互配合的思想道德教育体系,促进学生养成良好的思想品德和行为习惯。

第三十七条 学校应当保证学生的课外活动时间,组织开展文化娱乐等课外活动。社会公共文化体育设施应当为学校开展课外活动提供便利。

第五十八条 适龄儿童、少年的父母或者其他法定监护人无正当理由未依照本法规定送适龄儿童、少年入学接受义务教育的,由当地乡镇人民政府或者县级人民政府教育行政部门给予批评教育,责令限期改正。

《中华人民共和国教师法》

第八条 教师应当履行下列义务:

(一)遵守宪法、法律和职业道德,为人师表;

(二)贯彻国家的教育方针,遵守规章制度,执行学校的教学计划,履行教师聘约,完成教育教学工作任务;

(三)对学生进行宪法所确定的基本原则的教育和爱国主义、民族团结的教育,法制教育以及思想品德、文化、科学技术教育,组织、带领学生开展有益的社会活动;

(四)关心、爱护全体学生,尊重学生人格,促进学生在品德、智力、体质等方面全面发展;

(五)制止有害于学生的行为或者其他侵犯学生合法权益的行为,批评和抵制有害于学生健康成长的现象;

(六) 不断提高思想政治觉悟和教育教学业务水平。

第三十五条 侮辱、殴打教师的,根据不同情况,分别给予行政处分或者行政处罚;造成损害的,责令赔偿损失;情节严重,构成犯罪的,依法追究刑事责任。

第三十七条 教师有下列情形之一的,由所在学校、其他教育机构或者教育行政部门给予行政处分或者解聘:

(一) 故意不完成教育教学任务给教育教学工作造成损失的;

(二) 体罚学生,经教育不改的;

(三) 品行不良、侮辱学生,影响恶劣的。

教师有前款第(二)项、第(三)项所列情形之一,情节严重,构成犯罪的,依法追究刑事责任。

《中华人民共和国残疾人保障法》

第三条 残疾人在政治、经济、文化、社会和家庭生活等方面享有同其他公民平等的权利。

残疾人的公民权利和人格尊严受法律保护。

禁止基于残疾的歧视。禁止侮辱、侵害残疾人。禁止通过大众传播媒介或者其他方式贬低损害残疾人人格。

第九条 残疾人的扶养人必须对残疾人履行扶养义务。

残疾人的监护人必须履行监护职责,尊重被监护人的意愿维护被监护人的合法权益。

残疾人的亲属、监护人应当鼓励和帮助残疾人增强自立能力。

禁止对残疾人实施家庭暴力,禁止虐待、遗弃残疾人。

第二十一条 国家保障残疾人享受平等接受教育的权利。

各级人民政府应当将残疾人教育作为国家教育事业的组成部分,统一规划,加强领导,为残疾人接受教育创造条件。

政府、社会、学校应当采取有效措施,解决残疾儿童、少年就学存在的实际困难,帮助其完成义务教育。

各级人民政府对接受义务教育的残疾学生、贫困残疾人家庭的学生提供免费教科书,并给予寄宿生活费等费用补助;对接受义务教育以外其他教育的残疾学生、贫困残疾人家庭的学生按照国家有关规定给予资助。

第二十二条 残疾人教育,实行普及与提高相结合、以普及为重点的方针,保障义务教育着重发展职业教育,积极开展学前教育,逐步发展高级中等以上教育。

第二十三条 残疾人教育应当根据残疾人的身心特性和需要,按照下列要求实施:

（一）在进行思想教育、文化教育的同时，加强身心补偿和职业教育；

（二）依据残疾类别和接受能力，采取普通教育方式或者特殊教育方式；

（三）特殊教育的课程设置、教材、教学方法、入学和在校年龄，可以有适度弹性。

第二十五条　普通教育机构对具有接受普通教育能力的残疾人实施教育，并为其学习提供便利和帮助。

普通小学、初级中等学校，必须招收能适应其学习生活的残疾儿童、少年入学；普通高级中等学校、中等职业学校和高等院校，必须招收符合国家规定的录取要求的残疾考生入学，不得因其残疾而拒绝招收；拒绝招收的，当事人或者其亲属、监护人可以要求有关部门处理，有关部门应当责令该学校招收。

普通幼儿教育机构应当接收能适应其生活的残疾幼儿。

第二十六条　残疾幼儿教育机构、普通幼儿教育机构附设的残疾儿童班、特殊教育机构的学前班、残疾儿童福利机构、残疾儿童家庭，对残疾儿童实施学前教育。

初级中等以下特殊教育机构和普通教育机构附设的特殊教育班，对不具有接受普通教育能力的残疾儿童、少年实施义务教育。

高级中等以上特殊教育机构、普通教育机构附设的特殊教育班和残疾人职业教育机构，对符合条件的残疾人实施高级中等以上文化教育、职业教育。

第四十六条　国家保障残疾人享有各项社会保障的权利。

政府和社会采取措施，完善对残疾人的社会保障，保障和改善残疾人的生活。

第六十三条　违反本法规定，有关教育机构拒不接收残疾学生入学，或者在国家规定的录取要求以外附加条件限制残疾学生就学的，由有关主管部门责令改正，并依法对直接负责的主管人员和其他直接责任人员给予处分。

《中华人民共和国母婴保健法》

（1994 年 10 月 27 日第八届全国人民代表
大会常务委员会第十次会议通过）

第二条　国家发展母婴保健事业，提供必要条件和物质帮助，使母亲和婴儿获得医疗保健服务。

国家对边远贫困地区的母婴保健事业给予扶持。

第三条　各级人民政府领导母婴保健工作。

母婴保健事业应当纳入国民经济和社会发展计划。

第四条　国务院卫生行政部门主管全国母婴保健工作，根据不同地区情况提出分级分类指导原则,并对全国母婴保健工作实施监督管理。

国务院其他有关部门在各自职责范围内,配合卫生行政部门做好母婴保健工作。

第五条 国家鼓励、支持母婴保健领域的教育和科学研究,推广先进、实用的母婴保健技术,普及母婴保健科学知识。

第六条 对在母婴保健工作中作出显著成绩和在母婴保健科学研究中取得显著成果的组织和个人,应当给予奖励。

第十四条 医疗保健机构应当为育龄妇女和孕产妇提供孕产期保健服务。

孕产期保健服务包括下列内容:

(一)母婴保健指导:对孕育健康后代以及严重遗传性疾病和碘缺乏病等地方病的发病原因、治疗和预防方法提供医学意见;

(二)孕妇、产妇保健:为孕妇、产妇提供卫生、营养、心理等方面的咨询和指导以及产前定期检查等医疗保健服务;

(三)胎儿保健:为胎儿生长发育进行监护,提供咨询和医学指导;

(四)新生儿保健:为新生儿生长发育、哺乳和护理提供医疗保健服务。

第十五条 对患严重疾病或者接触致畸物质,妊娠可能危及孕妇生命安全或者可能严重影响孕妇健康和胎儿正常发育的,医疗保健机构应当予以医学指导。

第二十三条 医疗保健机构和从事家庭接生的人员按照国务院卫生行政部门的规定,出具统一制发的新生儿出生医学证明;有产妇和婴儿死亡以及新生儿出生缺陷情况的,应当向卫生行政部门报告。

第二十四条 医疗保健机构为产妇提供科学育儿、合理营养和母乳喂养的指导。

医疗保健机构对婴儿进行体格检查和预防接种,逐步开展新生儿疾病筛查、婴儿多发病和常见病防治等医疗保健服务。

第二十八条 各级人民政府应当采取措施,加强母婴保健工作,提高医疗保健服务水平,积极防治由环境因素所致严重危害母亲和婴儿健康的地方性高发性疾病,促进母婴保健事业的发展。

第二十九条 县级以上地方人民政府卫生行政部门管理本行政区域内的母婴保健工作。

第三十条 省、自治区、直辖市人民政府卫生行政部门指定的医疗保健机构负责本行政区域内的母婴保健监测和技术指导。

第三十一条 医疗保健机构按照国务院卫生行政部门的规定,负责其职责范围内的母婴保健工作,建立医疗保健工作规范,提高医学技术水平,采取各种措施方便人民群众,做好母婴保健服务工作。

第三十二条 医疗保健机构依照本法规定开展婚前医学检查、遗传病诊断、产前诊断以及施行结扎手术和终止妊娠手术的，必须符合国务院卫生行政部门规定的条件和技术标准，并经县级以上地方人民政府卫生行政部门许可。

严禁采用技术手段对胎儿进行性别鉴定，但医学上确有需要的除外。

《中华人民共和国传染病防治法》

（1989 年 2 月 21 日第七届全国人民代表大会常务委员会第六次会议通过
2004 年 8 月 28 日第十届全国人民代表大会常务委员会第十一次会议修订）

第十条　国家开展预防传染病的健康教育。新闻媒体应当无偿开展传染病防治和公共卫生教育的公益宣传。

各级各类学校应当对学生进行健康知识和传染病预防知识的教育。

医学院校应当加强预防医学教育和科学研究，对在校学生以及其他与传染病防治相关人员进行预防医学教育和培训，为传染病防治工作提供技术支持。

……

第十五条　国家实行有计划的预防接种制度。国务院卫生行政部门和省、自治区、直辖市人民政府卫生行政部门，根据传染病预防、控制的需要，制定传染病预防接种规划并组织实施。用于预防接种的疫苗必须符合国家质量标准。

国家对儿童实行预防接种证制度。国家免疫规划项目的预防接种实行免费。医疗机构、疾病预防控制机构与儿童的监护人应当相互配合，保证儿童及时接受预防接种。具体办法由国务院制定。

第七十七条　单位和个人违反本法规定，导致传染病传播、流行，给他人人身、财产造成损害的，应当依法承担民事责任。

《中华人民共和国食品安全法（草案）》

第十六条　食品安全标准应当包括下列内容：

（三）专供婴幼儿的主辅食品的营养成分要求；

第三十九条　预包装食品的包装上应当有标签。标签应当标明下列事项：

专供婴幼儿的主辅食品，其标签还应当标明主要营养成分及其含量；已经实行食品安全监管码管理的食品，其标签还应当标明食品安全监管码。

《中华人民共和国劳动法》

（1994 年 7 月 5 日第八届全国人民代表
大会常务委员会第八次会议通过）

第十五条　禁止用人单位招用未满十六周岁的未成年人。

文艺、体育和特种工艺单位招用未满十六周岁的未成年人,必须依照国家有关规定,履行审批手续,并保障其接受义务教育的权利。

第五十八条 国家对女职工和未成年工实行特殊劳动保护。

未成年工是指年满十六周岁未满十八周岁的劳动者。

第六十一条 不得安排女职工在怀孕期间从事国家规定的第三级体力劳动强度的劳动和孕期禁忌从事的活动。对怀孕七个月以上的女职工,不得安排其延长工作时间和夜班劳动。

第六十三条 不得安排女职工在哺乳未满一周岁的婴儿期间从事国家规定的第三级体力劳动强度的劳动和哺乳期禁忌从事的其他劳动,不得安排其延长工作时间和夜班劳动。

第六十四条 不得安排未成年工从事矿山井下、有毒有害、国家规定的第四级体力劳动强度的劳动和其他禁忌从事的劳动。

第六十五条 用人单位应当对未成年工定期进行健康检查。

第九十四条 用人单位非法招用未满十六周岁的未成年人的,由劳动行政部门责令改正,处以罚款;情节严重的,由工商行政管理部门吊销营业执照。

第九十五条 用人单位违反本法对女职工和未成年工的保护规定,侵害其合法权益的,由劳动行政部门责令改正,处以罚款;对女职工或者未成年工造成损害的,应当承担赔偿责任。

《中华人民共和国妇女权益保障法》

第六条 各级人民政府应当重视和加强妇女权益的保障工作。

县级以上人民政府负责妇女儿童工作的机构,负责组织、协调、指导、督促有关部门做好妇女权益的保障工作。

县级以上人民政府有关部门在各自的职责范围内做好妇女权益的保障工作。

第十六条 学校和有关部门应当执行国家有关规定,保障妇女在入学、升学、毕业分配、授予学位、派出留学等方面享有与男子平等的权利。

学校在录取学生时,除特殊专业外,不得以性别为由拒绝录取女性或者提高对女性的录取标准。

第十七条 学校应当根据女性青少年的特点,在教育、管理、设施等方面采取措施,保障女性青少年身心健康发展。

第十八条 父母或者其他监护人必须履行保障适龄女性儿童少年接受义务教育的义务。

除因疾病或者其他特殊情况经当地人民政府批准的以外,对不送适龄女性儿童少年入学的父母或者其他监护人,由当地人民政府予以批评教育,并采取有效措施,责令送适龄女性儿童少年入学。

政府、社会、学校应当采取有效措施,解决适龄女性儿童少年就学存在的实际困难,并创造条件,保证贫困、残疾和流动人口中的适龄女性儿童少年完成义务教育。

第十九条　各级人民政府应当依照规定把扫除妇女中的文盲、半文盲工作,纳入扫盲和扫盲后继续教育规划,采取符合妇女特点的组织形式和工作方法,组织、监督有关部门具体实施。

第二十三条　各单位在录用职工时,除不适合妇女的工种或者岗位外,不得以性别为由拒绝录用妇女或者提高对妇女的录用标准。

各单位在录用女职工时,应当依法与其签订劳动(聘用)合同或者服务协议,劳动(聘用)合同或者服务协议中不得规定限制女职工结婚、生育的内容。

禁止录用未满十六周岁的女性未成年人,国家另有规定的除外。

第三十八条　妇女的生命健康权不受侵犯。禁止溺、弃、残害女婴;禁止歧视、虐待生育女婴的妇女和不育的妇女;禁止用迷信、暴力等手段残害妇女;禁止虐待、遗弃病、残妇女和老年妇女。

第四十九条　父母双方对未成年子女享有平等的监护权。

父亲死亡、丧失行为能力或者有其他情形不能担任未成年子女的监护人的,母亲的监护权任何人不得干涉。

第五十条　离婚时,女方因实施绝育手术或者其他原因丧失生育能力的,处理子女抚养问题,应在有利子女权益的条件下,照顾女方的合理要求。

第五十一条　妇女有按照国家有关规定生育子女的权利,也有不生育的自由。

《中华人民共和国刑法》

(1979年7月1日第五届全国人民代表大会第二次会议通过
1997年3月14日第八届全国人民代表大会第五次会议修订
同日公布)

第十七条　已满十六周岁的人犯罪,应当负刑事责任。

已满十四周岁不满十六周岁的人,犯故意杀人、故意伤害致人重伤或者死亡、强奸、抢劫、贩卖毒品、放火、爆炸、投毒罪的,应当负刑事责任。

已满十四周岁不满十八周岁的人犯罪,应当从轻或者减轻处罚。

因不满十六周岁不予刑事处罚的,责令他的家长或者监护人加以管教;在必要的时候,也可以由政府收容教养。

第二十九条 教唆他人犯罪的,应当按照他在共同犯罪中所起的作用处罚。教唆不满十八周岁的人犯罪的,应当从重处罚。

如果被教唆的人没有犯被教唆的罪,对于教唆犯,可以从轻或者减轻处罚。

第四十九条 犯罪的时候不满十八周岁的人和审判的时候怀孕的妇女,不适用死刑。

第一百三十八条 明知校舍或者教育教学设施有危险,而不采取措施或者不及时报告,致使发生重大伤亡事故的,对直接责任人员,处三年以下有期徒刑或者拘役;后果特别严重的,处三年以上七年以下有期徒刑。

第二百三十六条 以暴力、胁迫或者其他手段强奸妇女的,处三年以上十年以下有期徒刑。

奸淫不满十四周岁的幼女的,以强奸论,从重处罚。

强奸妇女、奸淫幼女,有下列情形之一的,处十年以上有期徒刑、无期徒刑或者死刑:

(一)强奸妇女、奸淫幼女情节恶劣的;

(二)强奸妇女、奸淫幼女多人的;

(三)在公共场所当众强奸妇女的;

(四)二人以上轮奸的;

(五)致使被害人重伤、死亡或者造成其他严重后果的。

第二百三十七条 以暴力、胁迫或者其他方法强制猥亵妇女或者侮辱妇女的,处五年以下有期徒刑或者拘役。

聚众或者在公共场所当众犯前款罪的,处五年以上有期徒刑。

猥亵儿童的,依照前两款的规定从重处罚。

第二百三十九条 以勒索财物为目的绑架他人的,或者绑架他人作为人质的,处十年以上有期徒刑或者无期徒刑,并处罚金或者没收财产;致使被绑架人死亡或者杀害被绑架人的,处死刑,并处没收财产。

以勒索财物为目的偷盗婴幼儿的,依照前款的规定处罚。

第二百四十条 拐卖妇女、儿童的,处五年以上十年以下有期徒刑,并处罚金;有下列情形之一的,处十年以上有期徒刑或者无期徒刑,并处罚金或者没收财产;情节特别严重的,处死刑,并处没收财产:

(一)拐卖妇女、儿童集团的首要分子;

(二)拐卖妇女、儿童三人以上的;

(三)奸淫被拐卖的妇女的;

(四)诱骗、强迫被拐卖的妇女卖淫或者将被拐卖的妇女卖给他人迫使其卖淫的;

(五)以出卖为目的,使用暴力、胁迫或者麻醉方法绑架妇女、儿童的;

（六）以出卖为目的,偷盗婴幼儿的;

（七）造成被拐卖的妇女、儿童或者其亲属重伤、死亡或者其他严重后果的;

（八）将妇女、儿童卖往境外的。

拐卖妇女、儿童是指以出卖为目的,有拐骗、绑架、收买、贩卖、接送、中转妇女、儿童的行为之一的。

第二百四十一条　收买被拐卖的妇女、儿童的,处三年以下有期徒刑、拘役或者管制。

收买被拐卖的妇女,强行与其发生性关系的,依照本法第二百三十六条的规定定罪处罚。

收买被拐卖的妇女、儿童,非法剥夺、限制其人身自由或者有伤害、侮辱等犯罪行为的,依照本法的有关规定定罪处罚。

收买被拐卖的妇女、儿童,并有第二款、第三款规定的犯罪行为的,依照数罪并罚的规定处罚。

收买被拐卖的妇女、儿童又出卖的,依照本法第二百四十条的规定定罪处罚。

收买被拐卖的妇女、儿童,按照被买妇女的意愿,不阻碍其返回原居住地的,对被买儿童没有虐待行为,不阻碍对其进行解救的,可以不追究刑事责任。

第二百四十二条　以暴力、威胁方法阻碍国家机关工作人员解救被收买的妇女、儿童的,依照本法第二百七十七条的规定定罪处罚。

聚众阻碍国家机关工作人员解救被收买的妇女、儿童的首要分子,处五年以下有期徒刑或者拘役;其他参与者使用暴力、威胁方法的,依照前款的规定处罚。

第二百五十二条　隐匿、毁弃或者非法开拆他人信件,侵犯公民通信自由权利,情节严重的,处一年以下有期徒刑或者拘役。

第二百六十条　虐待家庭成员,情节恶劣的,处二年以下有期徒刑、拘役或者管制。

犯前款罪,致使被害人重伤、死亡的,处二年以上七年以下有期徒刑。

第一款罪,告诉的才处理。

第二百六十一条　对于年老、年幼、患病或者其他没有独立生活能力的人,负有扶养义务而拒绝扶养,情节恶劣的,处五年以下有期徒刑、拘役或者管制。

第二百六十二条　拐骗不满十四周岁的未成年人,脱离家庭或者监护人的,处五年以下有期徒刑或者拘役。

第二百六十三条　以暴力、胁迫或者其他方法抢劫公私财物的,处三年以上十年以下有期徒刑,并处罚金;有下列情形之一的,处十年以上有期徒刑、无期徒刑或者死刑,并处罚金或者没收财产:

（一）入户抢劫的；

（二）在公共交通工具上抢劫的；

（三）抢劫银行或者其他金融机构的；

（四）多次抢劫或者抢劫数额巨大的；

（五）抢劫致人重伤、死亡的；

（六）冒充军警人员抢劫的；

（七）持枪抢劫的；

（八）抢劫军用物资或者抢险、救灾、救济物资的。

第三百零一条 聚众进行淫乱活动的，对首要分子或者多次参加的，处五年以下有期徒刑、拘役或者管制。

引诱未成年人参加聚众淫乱活动的，依照前款的规定从重处罚。

第三百五十八条 组织他人卖淫或者强迫他人卖淫的，处五年以上十年以下有期徒刑，并处罚金；有下列情形之一的，处十年以上有期徒刑或者无期徒刑，并处罚金或者没收财产：

（一）组织他人卖淫，情节严重的；

（二）强迫不满十四周岁的幼女卖淫的；

（三）强迫多人卖淫或者多次强迫他人卖淫的；

（四）强奸后迫使卖淫的；

（五）造成被强迫卖淫的人重伤、死亡或者其他严重后果的。

有前款所列情形之一，情节特别严重的，处无期徒刑或者死刑，并处没收财产。

协助组织他人卖淫的，处五年以下有期徒刑，并处罚金；情节严重的，处五年以上十年以下有期徒刑，并处罚金。

第三百五十九条 引诱不满十四周岁的幼女卖淫的，处五年以上有期徒刑，并处罚金。

第三百六十条 嫖宿不满十四周岁的幼女的，处五年以上有期徒刑，并处罚金。

第三百六十四条 向不满十八周岁的未成年人传播淫秽物品的，从重处罚。

第四百一十六条 对被拐卖、绑架的妇女、儿童负有解救职责的国家机关工作人员，接到被拐卖、绑架的妇女、儿童及其家属的解救要求或者接到其他人的举报，而对被拐卖、绑架的妇女、儿童不进行解救，造成严重后果的，处五年以下有期徒刑或者拘役。

第四百一十八条 国家机关工作人员在招收公务员、学生工作中徇私舞弊，情节严重的，处三年以下有期徒刑或者拘役。

《中华人民共和国刑事诉讼法》

(1979 年 7 月 1 日第五届全国人民代表大会第二次会议通过 根据
1996 年 3 月 17 日第八届全国人民代表大会第四次会议《关于修改
〈中华人民共和国刑事诉讼法〉的决定》修正)

第十四条 人民法院、人民检察院和公安机关应当保障诉讼参与人依法享
有的诉讼权利。

对于不满十八岁的未成年人犯罪的案件,在讯问和审判时,可以通知犯罪嫌
疑人、被告人的法定代理人到场。

诉讼参与人对于审判人员、检察人员和侦查人员侵犯公民诉讼权利和人身
侮辱的行为,有权提出控告。

第三十四条 公诉人出庭公诉的案件,被告人因经济困难或者其他原因没
有委托辩护人的,人民法院可以指定承担法律援助义务的律师为其提供辩护。

被告人是盲、聋、哑或者未成年人而没有委托辩护人的,人民法院应当指定
承担法律援助义务的律师为其提供辩护。

被告人可能被判处死刑而没有委托辩护人的,人民法院应当指定承担法律
援助义务的律师为其提供辩护。

第四十八条 凡是知道案件情况的人,都有作证的义务。

生理上、精神上有缺陷或者年幼,不能辨别是非、不能正确表达的人,不能作
证人。

第六十条 对有证据证明有犯罪事实,可能判处徒刑以上刑罚的犯罪嫌疑
人、被告人,采取取保候审、监视居住等方法,尚不足以防止发生社会危险性,而
有逮捕必要的,应即依法逮捕。

对应当逮捕的犯罪嫌疑人、被告人,如果患有严重疾病,或者是正在怀孕、哺
乳自己婴儿的妇女,可以采用取保候审或者监视居住的办法。

第一百五十二条 人民法院审判第一审案件应当公开进行。但是有关国家
秘密或者个人隐私的案件,不公开审理。

十四岁以上不满十六岁未成年人犯罪的案件,一律不公开审理。十六岁以
上不满十八岁未成年人犯罪的案件,一般也不公开审理。

对于不公开审理的案件,应当当庭宣布不公开审理的理由。

《中华人民共和国民法通则》

第九条 公民从出生时起到死亡时止,具有民事权利能力,依法享有民事权
利,承担民事义务。

第十条　公民的民事权利能力一律平等。

第十一条　十八周岁以上的公民是成年人,具有完全民事行为能力,可以独立进行民事活动,是完全民事行为能力人。

十六周岁以上不满十八周岁的公民,以自己的劳动收入为主要生活来源的,视为完全民事行为能力人。

第十二条　十周岁以上的未成年人是限制民事行为能力人,可以进行与他的年龄、智力相适应的民事活动;其他民事活动由他的法定代理人代理,或者征得他的法定代理人的同意。

不满十周岁的未成年人是无民事行为能力人,由他的法定代理人代理民事活动。

第十四条　无民事行为能力人、限制民事行为能力人的监护人是他的法定代理人。

第十六条　未成年人的父母是未成年人的监护人。

未成年人的父母已经死亡或者没有监护能力的,由下列人员中有监护能力的人担任监护人:

(一) 祖父母、外祖父母;

(二) 兄、姐;

(三) 关系密切的其他亲属、朋友愿意承担监护责任,经未成年人的父、母的所在单位或者未成年人住所地的居民委员会、村民委员会同意的。

对担任监护人有争议的,由未成年人的父、母的所在单位或者未成年人住所地的居民委员会、村民委员会在近亲属中指定。对指定不服提起诉讼的,由人民法院裁决。

没有第一款、第二款规定的监护人的,由未成年人的父、母的所在单位或者未成年人住所地的居民委员会、村民委员会或者民政部门担任监护人。

第一百零四条　婚姻、家庭、老人、母亲和儿童受法律保护。

残疾人的合法权益受法律保护。

第一百三十三条　无民事行为能力人、限制民事行为能力人造成他人损害的,由监护人承担民事责任。监护人尽了监护责任的,可以适当减轻他的民事责任。

有财产的无民事行为能力人、限制民事行为能力人造成他人损害的,从本人财产中支付赔偿费用。不足部分,由监护人适当赔偿,但单位担任监护人的除外。

第一百四十八条　扶养适用与被扶养人有最密切联系的国家的法律。

《中华人民共和国民事诉讼法》

(1991 年 4 月 9 日第七届全国人民代表大会第四次会议通过 根据
2007 年 10 月 28 日第十届全国人民代表大会常务委员会第三十次会议
《关于修改〈中华人民共和国民事诉讼法〉的决定》修正)

第五十七条 无诉讼行为能力人由他的监护人作为法定代理人代为诉讼。法定代理人之间互相推诿代理责任的,由人民法院指定其中一人代为诉讼。

第七十八条 送达诉讼文书,应当直接送交受送达人。受送达人是公民的,本人不在交他的同住成年家属签收;受送达人是法人或者其他组织的,应当由法人的法定代表人、其他组织的主要负责人或者该法人、组织负责收件的人签收;受送达人有诉讼代理人的,可以送交其代理人签收;受送达人已向人民法院指定代收人的,送交代收人签收。

受送达人的同住成年家属,法人或者其他组织的负责收件的人,诉讼代理人或者代收人在送达回证上签收的日期为送达日期。

第九十七条 人民法院对下列案件,根据当事人的申请,可以裁定先予执行:

(一) 追索赡养费、扶养费、抚育费、抚恤金、医疗费用的;

(二) 追索劳动报酬的;

(三) 因情况紧急需要先予执行的。

第一百零九条 起诉应当向人民法院递交起诉状,并按照被告人数提出副本。

书写起诉状确有困难的,可以口头起诉,由人民法院记入笔录,并告知对方当事人。

第一百一十条 起诉状应当记明下列事项:

(一) 当事人的姓名、性别、年龄、民族、职业、工作单位和住所,法人或者其他组织的名称、住所和法定代表人或者主要负责人的姓名、职务;

(二) 诉讼请求和所根据的事实与理由;

(三) 证据和证据来源,证人姓名和住所。

第一百一十一条 人民法院对符合本法第一百零八条的起诉,必须受理;对下列起诉,分别情形,予以处理:

(一) 依照行政诉讼法的规定,属于行政诉讼受案范围的,告知原告提起行政诉讼;

(二) 依照法律规定,双方当事人对合同纠纷自愿达成书面仲裁协议向仲裁机构申请仲裁、不得向人民法院起诉的,告知原告向仲裁机构申请仲裁;

（三）依照法律规定，应当由其他机关处理的争议，告知原告向有关机关申请解决；

（四）对不属于本院管辖的案件，告知原告向有管辖权的人民法院起诉；

（五）对判决、裁定已经发生法律效力的案件，当事人又起诉的，告知原告按照申诉处理，但人民法院准许撤诉的裁定除外；

（六）依照法律规定，在一定期限内不得起诉的案件，在不得起诉的期限内起诉的，不予受理；

（七）判决不准离婚和调解和好的离婚案件，判决、调解维持收养关系的案件，没有新情况、新理由，原告在六个月内又起诉的，不予受理。

第一百二十条　人民法院审理民事案件，除涉及国家秘密、个人隐私或者法律另有规定的以外，应当公开进行。

离婚案件，涉及商业秘密的案件，当事人申请不公开审理的，可以不公开审理。

第一百三十七条　有下列情形之一的，终结诉讼：

（一）原告死亡，没有继承人，或者继承人放弃诉讼权利的；

（二）被告死亡，没有遗产，也没有应当承担义务的人的；

（三）离婚案件一方当事人死亡的；

（四）追索赡养费、扶养费、抚育费以及解除收养关系案件的一方当事人死亡的。

第一百七十条　申请认定公民无民事行为能力或者限制民事行为能力，由其近亲属或者其他利害关系人向该公民住所地基层人民法院提出。

申请书应当写明该公民无民事行为能力或者限制民事行为能力的事实和根据。

第一百七十二条　人民法院审理认定公民无民事行为能力或者限制民事行为能力的案件，应当由该公民的近亲属为代理人，但申请人除外。近亲属互相推诿的，由人民法院指定其中一人为代理人。该公民健康情况许可的，还应当询问本人的意见。

人民法院经审理认定申请有事实根据的，判决该公民为无民事行为能力或者限制民事行为能力人；认定申请没有事实根据的，应当判决予以驳回。

第一百七十三条　人民法院根据被认定为无民事行为能力人、限制民事行为能力人或者他的监护人的申请，证实该公民无民事行为能力或者限制民事行为能力的原因已经消除的，应当作出新判决，撤销原判决。

第一百七十九条　当事人的申请符合下列情形之一的，人民法院应当再审：

……

（九）无诉讼行为能力人未经法定代理人代为诉讼或者应当参加诉讼的当

事人,因不能归责于本人或者其诉讼代理人的事由,未参加诉讼的;

……

第二百二十六条　强制迁出房屋或者强制退出土地,由院长签发公告,责令被执行人在指定期间履行。被执行人逾期不履行的,由执行员强制执行。

强制执行时,被执行人是公民的,应当通知被执行人或者他的成年家属到场;被执行人是法人或者其他组织的,应当通知其法定代表人或者主要负责人到场。拒不到场的,不影响执行。被执行人是公民的,其工作单位或者房屋、土地所在地的基层组织应当派人参加。执行员应当将强制执行情况记入笔录,由在场人签名或者盖章。

强制迁出房屋被搬出的财物,由人民法院派人运至指定处所,交给被执行人。被执行人是公民的,也可以交给他的成年家属。因拒绝接收而造成的损失,由被执行人承担。

第二百三十三条　有下列情形之一的,人民法院裁定终结执行:

……

(三)作为被执行人的公民死亡,无遗产可供执行,又无义务承担人的;

(四)追索赡养费、扶养费、抚育费案件的权利人死亡的;

(五)作为被执行人的公民因生活困难无力偿还借款,无收入来源,又丧失劳动能力的;

……

《中华人民共和国监狱法》

第六章　对未成年犯的教育改造

第七十四条　对未成年犯应当在未成年犯管教所执行刑罚。

第七十五条　对未成年犯执行刑罚应当以教育改造为主。未成年犯的劳动应当符合未成年人的特点,以学习文化和生产技能为主。

监狱应当配合国家、社会、学校等教育机构,为未成年犯接受义务教育提供必要的条件。

第七十六条　未成年犯年满十八周岁时,剩余刑期不超过二年的,仍可以留在未成年犯管教所执行剩余刑期。

第七十七条　对未成年犯的管理和教育改造,本章未作规定的,适用本法的有关规定。

《中华人民共和国继承法》

第六条　无行为能力人的继承权、受遗赠权,由他的法定代理人代为行使。

限制行为能力人的继承权、受遗赠权,由他的法定代理人代为行使,或者征得法定代理人同意后行使。

第十条 遗产按照下列顺序继承：

第一顺序：配偶、子女、父母。

第二顺序：兄弟姐妹、祖父母、外祖父母。

继承开始后，由第一顺序继承人继承，第二顺序继承人不继承。没有第一顺序继承人继承的，由第二顺序继承人继承。

本法所说的子女，包括婚生子女、非婚生子女、养子女和有扶养关系的继子女。

本法所说的父母，包括生父母、养父母和有扶养关系的继父母。

本法所说的兄弟姐妹，包括同父母的兄弟姐妹、同父异母或者同母异父的兄弟姐妹、养兄弟姐妹、有扶养关系的继兄弟姐妹。

第十一条 被继承人的子女先于被继承人死亡的，由被继承人的子女的晚辈直系血亲代位继承。代位继承人一般只能继承他的父亲或者母亲有权继承的遗产份额。

第十三条 同一顺序继承人继承遗产的份额，一般应当均等。

对生活有特殊困难的缺乏劳动能力的继承人，分配遗产时，应当予以照顾。

对被继承人尽了主要扶养义务或者与被继承人共同生活的继承人，分配遗产时，可以多分。

有扶养能力和有扶养条件的继承人，不尽扶养义务的，分配遗产时，应当不分或者少分。

继承人协商同意的，也可以不均等。

第十九条 遗嘱应当对缺乏劳动能力又没有生活来源的继承人保留必要的遗产份额。

第二十八条 遗产分割时，应当保留胎儿的继承份额。胎儿出生时是死体的，保留的份额按照法定继承办理。

《禁止使用童工的规定》

第一条 为保护未成年人的身心健康，促进义务教育制度的实施，维护未成年人的合法权益，根据宪法和劳动法、未成年人保护法，制定本规定。

第二条 国家机关、社会团体、企业事业单位、民办非企业单位或者个体工商户(以下统称用人单位)均不得招用不满16周岁的未成年人(招用不满16周岁的未成年人，以下统称使用童工)。

禁止任何单位或者个人为不满16周岁的未成年人介绍就业。

禁止不满16周岁的未成年人开业从事个体经营活动。

第三条 不满16周岁的未成年人的父母或者其他监护人应当保护其身心

健康,保障其接受义务教育的权利,不得允许其被用人单位非法招用。

不满16周岁的未成年人的父母或者其他监护人允许其被用人单位非法招用的,所在地的乡(镇)人民政府、城市街道办事处以及村民委员会、居民委员会应当给予批评教育。

第四条　用人单位招用人员时,必须核查被招用人员的身份证;对不满16周岁的未成年人,一律不得录用。用人单位录用人员的录用登记、核查材料应当妥善保管。

第五条　县级以上各级人民政府劳动保障行政部门负责本规定执行情况的监督检查。

县级以上各级人民政府公安、工商行政管理、教育、卫生等行政部门在各自职责范围内对本规定的执行情况进行监督检查,并对劳动保障行政部门的监督检查给予配合。

工会、共青团、妇联等群众组织应当依法维护未成年人的合法权益。

任何单位或者个人发现使用童工的,均有权向县级以上人民政府劳动保障行政部门举报。

第六条　用人单位使用童工的,由劳动保障行政部门按照每使用一名童工每月处5000元罚款的标准给予处罚;在使用有毒物品的作业场所使用童工的,按照《使用有毒物品作业场所劳动保护条例》规定的罚款幅度,或者按照每使用一名童工每月处5000元罚款的标准,从重处罚。劳动保障行政部门并应当责令用人单位限期将童工送回原居住地交其父母或者其他监护人,所需交通和食宿费用全部由用人单位承担。

用人单位经劳动保障行政部门依照前款规定责令限期改正,逾期仍不将童工送交其父母或者其他监护人的,从责令限期改正之日起,由劳动保障行政部门按照每使用一名童工每月处1万元罚款的标准处罚,并由工商行政管理部门吊销其营业执照或者由民政部门撤销民办非企业单位登记;用人单位是国家机关、事业单位的,由有关单位依法对直接负责的主管人员和其他直接责任人员给予降级或者撤职的行政处分或者纪律处分。

第七条　单位或者个人为不满16周岁的未成年人介绍就业的,由劳动保障行政部门按照每介绍一人处5000元罚款的标准给予处罚;职业中介机构为不满16周岁的未成年人介绍就业的,并由劳动保障行政部门吊销其职业介绍许可证。

第八条　用人单位未按照本规定第四条的规定保存录用登记材料,或者伪造录用登记材料的,由劳动保障行政部门处1万元的罚款。

第九条　无营业执照、被依法吊销营业执照的单位以及未依法登记、备案的单位使用童工或者介绍童工就业的,依照本规定第六条、第七条、第八条规定的标准加一倍罚款,该非法单位由有关的行政主管部门予以取缔。

第十条　童工患病或者受伤的,用人单位应当负责送到医疗机构治疗,并负担治疗期间的全部医疗和生活费用。

童工伤残或者死亡的,用人单位由工商行政管理部门吊销营业执照或者由民政部门撤销民办非企业单位登记;用人单位是国家机关、事业单位的,由有关单位依法对直接负责的主管人员和其他直接责任人员给予降级或者撤职的行政处分或者纪律处分;用人单位还应当一次性地对伤残的童工、死亡童工的直系亲属给予赔偿,赔偿金额按照国家工伤保险的有关规定计算。

第十一条　拐骗童工,强迫童工劳动,使用童工从事高空、井下、放射性、高毒、易燃易爆以及国家规定的第四级体力劳动强度的劳动,使用不满14周岁的童工,或者造成童工死亡或者严重伤残的,依照刑法关于拐卖儿童罪、强迫劳动罪或者其他罪的规定,依法追究刑事责任。

第十二条　国家行政机关工作人员有下列行为之一的,依法给予记大过或者降级的行政处分;情节严重的,依法给予撤职或者开除的行政处分;构成犯罪的,依照刑法关于滥用职权罪、玩忽职守罪或者其他罪的规定,依法追究刑事责任:

(一)劳动保障等有关部门工作人员在禁止使用童工的监督检查工作中发现使用童工的情况,不予制止、纠正、查处的;

(二)公安机关的人民警察违反规定发放身份证或者在身份证上登录虚假出生年月的;

(三)工商行政管理部门工作人员发现申请人是不满16周岁的未成年人,仍然为其从事个体经营发放营业执照的。

第十三条　文艺、体育单位经未成年人的父母或者其他监护人同意,可以招用不满16周岁的专业文艺工作者、运动员。用人单位应当保障被招用的不满16周岁的未成年人的身心健康,保障其接受义务教育的权利。文艺、体育单位招用不满16周岁的专业文艺工作者、运动员的办法,由国务院劳动保障行政部门会同国务院文化、体育行政部门制定。

学校、其他教育机构以及职业培训机构按照国家有关规定组织不满16周岁的未成年人进行不影响其人身安全和身心健康的教育实践劳动、职业技能培训劳动,不属于使用童工。

第十四条　本规定自2002年12月1日起施行。1991年4月15日国务院发布的《禁止使用童工规定》同时废止。

《国务院关于严禁淫秽物品的规定》

淫秽物品,毒害人们的思想,诱发犯罪,危害极大。为了保护广大人民特别

是青少年的身心健康,维护社会治安,保证社会主义现代化建设的顺利进行,对各种淫秽物品必须严格查禁。为此,作如下规定:

九、对于走私、制作、贩卖、组织传播淫秽物品,构成犯罪的,由司法机关依法惩处;未构成犯罪的,由主管部门根据情节轻重给予行政处分。

对向不满十八岁未成年人传播淫秽物品的,利用工作职务便利将没收的淫秽物品传播的,以及利用职权和所管理的设备复制或传播淫秽物品的,应依法从严惩处。

十、对观看淫秽录像、电影、电视的,应给予批评教育。对传看、传抄淫书、淫画的,应予以批评教育,有实物的应交出实物;对屡教屡犯的,由主管部门给予行政处分。

《最高人民法院关于办理少年刑事案件的若干规定》(试行)

第二条 审判少年刑事案件,必须以事实为根据、法律为准绳,坚持惩罚与教育相结合的政策,执行教育、感化、挽救的方针,落实社会治安综合治理的措施。

第三条 人民法院应当在刑事审判庭内设立少年法庭(即少年刑事案件合议庭),有条件的也可以建立与其他审判庭同等建制的少年刑事审判庭。

最高人民法院和高级人民法院应当设立少年法庭指导小组,指导少年法庭的工作,总结和推广少年刑事审判工作的经验。

第四条 审判第一审刑事案件的少年法庭由审判员或者由审判员和人民陪审员组成,轻微的刑事案件和法律另有规定的案件除外。审判第二审刑事案件的少年法庭由审判员组成。

少年法庭的审判长应当由知识面广、政治和业务素质好、熟悉少年特点、关于做失足少年思想教育工作的审判员担任,并且应当保持相对的稳定。

少年法庭的人民陪审员一般由熟悉少年特点,热心于教育、挽救失足青少年工作的人员担任;也可以特别邀请共青团、妇联、工会、学校的教师、干部或者离退休人员等担任。

少年法庭的审判人员中应当有女审判员或者女人民陪审员。

第五条 少年法庭应当根据少年被告人的生理和心理特点,在审判的方针、方法上,注重疏导,寓教于审,惩教结合;准确、及时、合法地查明被指控的犯罪事实,并且帮助少年被告人认识犯罪原因和犯罪行为的社会危害性。

第六条 少年法庭受理案件的范围:

(一)被告人犯罪时不满十八岁的;

(二)共同犯罪案件中,犯罪集团的首要分子或者主犯犯罪时不满十八岁的;

(三) 共同犯罪案件中,二分之一以上的被告人犯罪时不满十八岁的。

其他涉及少年人的刑事案件是否由少年法庭受理,由法院院长或者审判庭庭长决定。对少年被告人的审判均应参照本规定办理。

第七条　人民法院应当加强同公安机关、人民检察院、司法行政机关的联系,坚持分工负责,互相配合,互相制约的原则,以保证准确、有效地执行法律,共同办理好少年刑事案件。

第八条　人民法院要取得工会、妇联、共青团、少年保护组织、教育等有关部门的协助,以共同做好少年被告人的教育和挽救工作。

第九条　对十四岁以上不满十六岁的少年被告人一律不公开审理。

对十六岁以上不满十八岁的少年被告人一般也不公开审理。如果必须公开审理的,应当经过法院院长或者审判庭庭长批准,并且限制旁听人数和范围。

不公开审理的少年刑事案件不得以任何方式公开被告人的影像。

少年被告人的成年近亲属和教师等人到庭有利于审判工作和教育、感化少年被告人的,经过审判庭庭长批准,可以准许或者邀请到庭,但不得向外界传播或者提供案件审理情况。

第十条　人民法院应当依法保证少年被告人获得辩护。

少年法庭应当告知少年被告人及其法定代理人,除被告人自己辩护外,还可以委托辩护人为他辩护。

对于没有委托辩护人的,人民法院应当为他指定辩护人。

在案件审理过程中,少年被告人可以拒绝辩护人继续为他辩护,也可以另行委托辩护人。

第十一条　少年法庭对提起公诉的少年刑事案件进行审查后,对于事实清楚、证据充分并且符合本规定第六条的,应当决定开庭审判;对于主要事实不清、证据不足的,人民法院可以退回人民检察院补充侦查;对于不需要追究刑事责任的,可以要求人民检察院撤回起诉,少年法庭也可以根据事实和法律作出判决。

决定开庭审判后,审判长应当主动与公诉人联系,了解少年被告人的性格、心理状态和在侦查、起诉过程中的表现。

第十二条　开庭审判前,审判人员应当认真阅卷,进行必要的调查和家访,了解少年被告人的出生日期、生活环境、成长过程、社会交往以及被指控犯罪前后的表现等情况,审查被指控的犯罪事实和动机。

第十三条　少年法庭可以借助家庭和社会的力量,采取座谈会等多种形式,对少年被告人进行法制宣传和教育,并提供必要的帮助。

第十四条　少年法庭向少年被告人送达起诉书副本时,应当向被告人讲明被指控的罪行和有关法律条款,讲解有关政策;并指明在接受审判时,应当实事求是地回答法庭的讯问。

第十五条　在开庭审判前,应当了解少年被告人对被指控罪行的认识和意见。

第十六条　少年法庭应当针对少年被告人的思想顾虑、畏惧心理、抵触情绪进行疏导和教育。

第十七条　对于少年被告人及其法定代理人、辩护人提出的新的事实和证据,人民法院可以退回人民检察院补充侦查;少年法庭也可以自行调查,收集和调取证据,重新进行勘验和鉴定。

第十八条　少年法庭在向少年被告人的法定代理人送达起诉书副本时,应当告知其在开庭审判中的权利、义务和注意事项。

第十九条　在开庭审判前,少年法庭认为必要时,可以安排少年被告人的法定代理人或者其他监护人与少年被告人见面。审判人员应当在场。

第二十条　少年被告人的法定代理人或者其他监护人对少年被告人的成长有不良影响或者教育不当的,审判人员应当促使其进行自我教育。

少年法庭应当告知少年被告人的法定代理人或者其他监护人,不得推卸责任,也不得干扰审判。

第二十一条　少年法庭应当为辩护律师提供阅卷的便利和会见少年被告人的时间。审判人员还可以向辩护人介绍审判少年刑事案件的有关规定。

第二十二条　少年法庭审判前所做的工作和活动情形,应当记录存卷。

第二十三条　少年法庭应当在辩护台靠近旁听区一侧,为少年被告人的法定代理人设置座位。

第二十四条　少年被告人在法庭上可以坐着回答问题。

在法庭上不得对少年被告人使用戒具。司法警察可以不站庭,但应当入庭维持秩序。

第二十五条　少年法庭应当详细告知少年被告人依法享有的申请回避、辩护、发向、提出新的证据、申请重新鉴定或者勘验、最后陈述等诉讼权利,并确保其行使上述权利。

第二十六条　开庭前,少年法庭应当通知少年被告人的法定代理人到庭。法定代理人到庭妨碍、干扰少年被告人正常回答和陈述时,审判长可以制止或者令其退庭。对法定代理人不适宜出庭的,少年法庭可以更换其他监护人或者近亲属出庭。

法定代理人在法庭上享有申请回避、发问、辩护等诉讼权利。在少年被告人最后陈述后,经审判长许可,法定代理人还可以发言。

第二十七条　在法庭审理过程中,审判人员应当根据少年被告人的智力发育程度和心理状态,注意和缓法庭气氛,做到因案审理,因人施教。审判人员的态度既要平缓又不失严肃,用语既要准确又通俗易懂,既要注重疏导又要防止诱供。

第二十八条　法庭调查时,要仔细核实少年被告人在案件发生时的年龄。在查明案件事实和核实证据的同时,还应当查明作案的主观和客观原因。

第二十九条　在庭审过程中,不得对少年被告人进行训斥、讽刺和威胁。如有发生,法庭应当立即制止。

第三十条　经过法庭调查和辩论后,根据案件审理情况,可以进行庭审教育,公诉人和诉讼参与人可以围绕下列内容进行发言:

(一) 教育少年被告人正确对待审判;

(二) 犯罪行为对社会的危害和应受的刑罚处罚;

(三) 分析危害社会的行为发生的主客观原因以及应当吸取的教训。

第三十一条　休庭时,可以允许法定代理人或者其他监护人等会见少年被告人,并且对其进行教育。审判人员或者司法警察应当在场。

第三十二条　对不满十八岁的被告人宣告判决,应当公开进行,但不得召开群众大会。

在群众大会上宣告判决的共同犯罪案件中如有不满十八岁的被告人时,该被告人不得出场。

第三十三条　宣告判决时,应当向少年被告人说明判决认定的犯罪事实、判处的刑罚,以及从重、加重,从轻、减轻或者免除刑事处罚、宣告无罪的法律依据和理由。

对于被判处管制或者拘役宣告缓刑、有期徒刑宣告缓刑、死刑缓期二年执行的,要具体讲解法律的有关规定。

第三十四条　宣告有罪判决时,应当对少年被告人进行认罪服法、接受改造、悔过自新的教育。

第三十五条　宣告判决时,应当通知少年被告人的法定代理人到庭,并向法定代理人送达判决书副本。

对于刑事附带民事诉讼的案件,少年法庭应当讲明少年被告人的法定代理人所应承担的民事赔偿责任。

第三十六条　应当明确告知少年被告人的上诉权利,并且讲明上诉不加刑的法律规定。

上诉期间,不满十八岁的少年被告人及其法定代理人依法均享有上诉权;被告人已满十八岁的,他的原法定代理人、辩护人或者其他近亲属要求上诉的,必须征得被告人的同意。

第三十七条　决定开庭审判的上诉和抗诉案件,参照上述规定进行。

第三十八条　第二审人民法院作出维持或者改变原审判决、裁定的,应当向上诉人讲明维持或者改判的理由和根据。

第二审人民法院判决确认少年被告人有罪时,应当继续向少年被告做好教育工作,巩固、扩大办案效果。

第三十九条 判决宣告少年被告人无罪或者免除刑事处罚,以及判处拘役宣告缓刑和有期徒刑宣告缓刑的,如果被告人在押,在宣判后应当立即释放。

第四十条 中级人民法院判处死刑缓期二年执行的少年刑事案件,由高级人民法院核准。除依法核实事实和证据外,必须核实少年被告人的年龄。

第四十一条 少年法庭应当告知少年被告人及其法定代理人,对终审判决、裁定有提出申诉的权利。

第四十二条 对于被收监服刑的少年罪犯,少年法庭要认真、详细地填写结案登记表,连同生效的判决书副本、执行通知书一并送达执行机关。

第四十三条 对于判处管制、拘役宣告缓刑、有期徒刑宣告缓刑的少年罪犯,人民法院可以协助公安机关同其原所在学校、单位、街道、居民委员会、村民委员会、监护人等共同制定帮教措施,并进行必要的回访考察。

第四十四条 人民法院可以通过多种形式,与少年管教所建立联系,了解少年罪犯的改造情况,协助少年管教所做好帮教、改造工作。

人民法院可以定期或者不定期地对正在服刑的少年罪犯进行回访考察。

第四十五条 对于执行机关依法提出给少年罪犯减刑或者假释的书面意见,人民法院应当及时予以审核、裁定。人民法院对少年罪犯的减刑、假释,在掌握标准上可以比照成年罪犯依法适度放宽。

第四十六条 对于在押的少年罪犯及其家属提出的申诉,人民法院应当指定专人及时办理。

对于少年刑事申诉案件久拖不结的,上级人民法院可以指令下级人民法院限期办理并且报告结果。

第四十七条 被判处管制、拘役宣告缓刑、有期徒刑宣告缓刑的少年罪犯具备就学或者就业条件的,人民法院应当就其安置问题向有关部门提出司法建议,并且附送必要的材料。

第四十八条 少年法庭应当敦促被收监服刑的少年罪犯的父母或者其他监护人及时探视,使少年罪犯重新获得家庭和社会的关怀,增强改造的信心。

对被判处管制、拘役宣告缓刑、有期徒刑宣告缓刑的少年罪犯,少年法庭应适时走访少年罪犯的父母或者其他监护人,了解他们对少年罪犯的管理和教育情况,引导他们正确地承担管教责任,做到不溺爱、不歧视,为少年罪犯重新做人创造良好的环境。

第四十九条 少年刑事案件的诉讼案卷材料,未经批准,不得随意查询和摘录,不得公开和传播。

《公安机关办理未成年人违法犯罪案件的规定》

第一条 为了保护未成年人的合法权益,有利于教育、挽救违法犯罪的未成年人,严格依法办理未成年人违法犯罪案件,根据《中华人民共和国未成年人保护法》及其他有关法律规定,制定本规定。

第二条 办理未成年人违法犯罪案件,必须以事实为根据,以法律为准绳,贯彻教育、感化、挽救的方针,应当照顾未成年人的身心特点,尊重其人格尊严,保障其合法权益。

第三条 办理未成年人违法犯罪案件,应当对违法犯罪未成年人进行法制宣传教育,主动向其提供法律咨询和帮助,并明确告知其依法享有的权利和应当承担的义务。

第四条 办理未成年人违法犯罪案件,严禁使用威胁、恐吓、引诱、欺骗等手段获取证据。严禁刑讯逼供。

第五条 办理未成年人违法犯罪案件,应当保护未成年人的名誉,不得公开披露涉案未成年人的姓名、住所和影像。

第六条 公安机关应当设置专门机构或者专职人员承办未成年人违法犯罪案件。办理未成年人违法犯罪案件的人员应当具有心理学、犯罪学、教育学等专业基本知识和有关法律知识,并具有一定的办案经验。

第七条 本规定是办理未成年人违法犯罪案件的特别规定。规定中未涉及的事项,适用有关法律、法规的规定。

第八条 未成年人违法犯罪案件是指:

(一)已满 14 岁不满 18 岁的人犯罪,需要追究刑事责任的案件;

(二)《中华人民共和国刑法》第 14 条第 4 款规定由政府收容教养的案件;

(三)已满 16 岁不满 18 岁的人予以劳动教养的案件;

(四)已满 14 岁不满 18 岁的人违反治安管理规定,予以治安处罚的案件;

(五)18 岁以下未成年人的收容教育案件;

(六)18 岁以下未成年人的强制戒毒案件。

第九条 公安机关对被扭送、检举、控告或者投案自首的违法犯罪未成年人,必须立即审查,依法作出是否立案的决定。

第十条 对违法犯罪未成年人的讯问应当采取不同于成年人的方式。讯问前,除掌握案件情况和证据材料外,还应当了解其生活、学习环境、成长经历、性格特点、心理状态及社会交往等情况,有针对性地制作讯问提纲。

第十一条 讯问违法犯罪的未成年人时,根据调查案件的需要,除有碍侦查或者无法通知的情形外,应当通知其家长或者监护人或者教师到场。

第十二条 办理未成年人违法犯罪案件,不得少于二人。对违法犯罪未成年人的讯问可以在公安机关进行,也可以到未成年人的住所、单位或者学校进行。

第十三条 讯问违法犯罪的未成年人时,应当耐心细致地听取其陈述或者辩解,认真审核、查证与案件有关的证据和线索,并针对其思想顾虑、畏惧心理、抵触情绪进行疏导和教育。

第十四条 讯问应当如实记录。讯问笔录应当交被讯问人核对或者向其宣读。被讯问人对笔录内容有异议的,应当核实清楚,准予更正或者补充。必要时,可以在文字记录的同时使用录音、录像。

第十五条 办理未成年人违法犯罪案件,应当严格限制和尽量减少使用强制措施。

严禁对违法犯罪的未成年人使用收容审查。

第十六条 对不符合拘留、逮捕条件,但其自身安全受到严重威胁的违法犯罪未成年人,经征得家长或者监护人同意,可以依法采取必要的人身保护措施。危险消除后,应当立即解除保护措施。

第十七条 对正在实施犯罪或者犯罪后有行凶、逃跑、自杀等紧急情况的未成年被告人,可以依法予以拘留。

第十八条 对惯犯、累犯,共同犯罪或者集团犯罪中的首犯、主犯,杀人、重伤、抢劫、放火等严重破坏社会秩序的未成年被告人,采取取保候审、监视居住等方法,尚不足以防止发生社会危险性,确有逮捕必要的,应当提请逮捕。

第十九条 拘留、逮捕后,应当在二十四小时内,将拘留、逮捕的原因和羁押的处所,通知其家长、监护人或者所在学校、单位。有碍侦查或者无法通知的情形除外。

第二十条 办理未成年人违法犯罪案件,对未成年在校学生的调查讯问不得影响其正常学习。

第二十一条 对于被羁押的未成年人应当与成年人犯分别关押、管理,并根据其生理和心理特点在生活和学习等方面给予照顾。

第二十二条 办理未成年人犯罪案件原则上不得使用械具。对确有行凶、逃跑、自杀、自伤、自残等现实危险,必须使用械具的,应当以避免和防止危害结果的发生为限度,现实危险消除后,应当立即停止使用。

办理未成年人违法案件严禁使用械具。

第二十三条 看守所应当充分保障被关押的未成年人与其近亲属通信、会见的权利。对患病的应当及时给予治疗,并通知其家长或者监护人。

第二十四条 对未成年人违法犯罪案件,应当及时办理。对已采取刑事强制措施的未成年人,应尽量缩短羁押时间和办案时间。超过法定羁押期限不能结案的,对被羁押的被告人应当立即变更或者解除强制措施。

第二十五条　案件办理终结,应当对案情进行全面的分析,充分考虑未成年人的特点,从有利于教育、挽救未成年被告人出发,依法提出处理意见。

对违法犯罪未成年人的处理,应当比照成年人违法犯罪从轻、减轻或者免除处罚。

第二十六条　对移送人民检察院审查起诉的未成年人犯罪案件,应当同人民检察院的未成年人犯罪案件检察机构和人民法院的未成年人犯罪案件审判机构加强联系,介绍被告人在侦查阶段的思想变化、悔罪表现等情况,以保证准确适用法律。

第二十七条　对违反治安管理的未成年人,应当尽量避免使用治安拘留处罚。对在校学生,一般不得予以治安拘留。

第二十八条　未成年人违法犯罪需要送劳动教养、收容教养的,应当从严控制,凡是可以由其家长负责管教的,一律不送。

第二十九条　对在公安机关关押执行的违法犯罪未成年人,执行的公安机关应当进行法制教育和思想教育,做好挽救工作,坚持依法管理,文明管理,严禁打骂、虐待和侮辱人格。

执行的公安机关对表现突出或者有立功表现的被执行人,应当及时向原决定机关提出减轻处罚、提前予以释放的意见。

第三十条　对被管制、缓刑、假释、保外就医、劳动教养所外执行的违法犯罪未成年人员,执行的公安机关应当及时组成由派出所,被执行人所在学校、单位,街道居民委员会、村民委员会、监护人等参加的教育帮助小组,对其依法监督、帮教、考察,文明管理,并将其表现告诉原判决或者决定机关。对表现好的,应当及时提出减刑或者减少教养期限的意见。

第三十一条　执行的公安机关应当针对违法犯罪未成年人员的特点和违法犯罪性质制定监督管理措施,建立监督管理档案,并定期与原判决、决定机关及其所在学校或者单位联系,研究落实对其监督、帮教、考察的具体措施。

第三十二条　对于执行期满,具备就学或者就业条件的未成年人,执行的公安机关应当就其就学、就业等问题向有关部门介绍情况,提供资料,提出建议。

《全国人民代表大会常务委员会关于严禁卖淫嫖娼的决定》

(1991 年 9 月 4 日第七届全国人民代表大会常务委员会第二十一次
会议通过,1991 年 9 月 4 日主席令第 51 号公布)

二、强迫他人卖淫的,处五年以上十年以下有期徒刑,并处一万元以下罚金;有下列情形之一的,处十年以上有期徒刑或者无期徒刑,并处一万元以下罚金或者没收财产;情节特别严重的,处死刑,并处没收财产:

（一）强迫不满十四岁的幼女卖淫的；

（二）强迫多人卖淫或者多次强迫他人卖淫的；

（三）强奸后迫使卖淫的；

（四）造成被强迫卖淫的人重伤、死亡或者其他严重后果的。

三、引诱、容留、介绍他人卖淫的,处五年以下有期徒刑或者拘役,并处五千元以下罚金;情节严重的,处五年以上有期徒刑,并处一万元以下罚金;情节较轻的,依照治安管理处罚条例第三十条的规定处罚。

引诱不满十四岁的幼女卖淫的,依照本决定第二条关于强迫不满十四岁的幼女卖淫的规定处罚。

五、明知自己患有梅毒、淋病等严重性病卖淫、嫖娼的,处五年以下有期徒刑、拘役或者管制,并处五千元以下罚金。

嫖宿不满十四岁的幼女的,依照刑法关于强奸罪的规定处罚。

《全国人民代表大会常务委员会关于严惩拐卖、绑架妇女、儿童的犯罪分子的决定》

（1991年9月4日第七届全国人民代表大会常务委员会
第二十一次会议通过 1991年9月4日中华人民共和国主席令
第五十二号公布 自公布之日起施行）

为了严惩拐卖、绑架妇女、儿童的犯罪分子,保护妇女、儿童的人身安全,维护社会治安秩序,对刑法有关规定作如下补充修改:

一、拐卖妇女、儿童的,处五年以上十年以下有期徒刑,并处一万元以下罚金;有下列情形之一的,处十年以上有期徒刑或者无期徒刑,并处一万元以下罚金或者没收财产;情节特别严重的,处死刑,并处没收财产:

（一）拐卖妇女、儿童集团的首要分子;

（二）拐卖妇女、儿童三人以上的;

（三）奸淫被拐卖的妇女的;

（四）诱骗、强迫被拐卖的妇女卖淫或者将被拐卖的妇女卖给他人迫使其卖淫的;

（五）造成被拐卖的妇女、儿童或者其亲属重伤、死亡或者其他严重后果的;

（六）将妇女、儿童卖往境外的。

拐卖妇女、儿童是指以出卖为目的,有拐骗、收买、贩卖、接送、中转妇女、儿童的行为之一的。

二、以出卖为目的,使用暴力、胁迫或者麻醉方法绑架妇女、儿童的,处十年以上有期徒刑或者无期徒刑,并处一万元以下罚金或者没收财产;情节特别严重的,处死刑,并处没收财产。

以出卖或者勒索财物为目的,偷盗婴幼儿的,依照本条第一款的规定处罚。

以勒索财物为目的绑架他人的,依照本条第一款的规定处罚。

三、严禁收买被拐卖、绑架的妇女、儿童。收买被拐卖、绑架的妇女、儿童的,处三年以下有期徒刑、拘役或者管制。

收买被拐卖、绑架的妇女,强行与其发生性关系的,依照刑法关于强奸罪的规定处罚。

收买被拐卖、绑架的妇女、儿童,非法剥夺、限制其人身自由或者有伤害、侮辱、虐待等犯罪行为的,依照刑法的有关规定处罚。

收买被拐卖、绑架的妇女、儿童,并有本条第二款、第三款规定的犯罪行为的,依照刑法关于数罪并罚的规定处罚。

收买被拐卖、绑架的妇女、儿童又出卖的,依照本决定第一条的规定处罚。

收买被拐卖、绑架的妇女、儿童,按照被买妇女的意愿,不阻碍其返回原居住地的,对被买儿童没有虐待行为,不阻碍对其进行解救的,可以不追究刑事责任。

四、任何个人或者组织不得阻碍对被拐卖、绑架的妇女、儿童的解救,并不得向被拐卖、绑架的妇女、儿童及其家属或者解救人索要收买妇女、儿童的费用和生活费用;对已经索取的收买妇女、儿童的费用和生活费用,予以追回。

以暴力、威胁方法阻碍国家工作人员解救被收买的妇女、儿童的,依照刑法第一百五十七条的规定处罚;协助转移、隐藏或者以其他方法阻碍国家工作人员解救被收买的妇女、儿童,未使用暴力、威胁方法的,依照治安管理处罚条例的规定处罚。

聚众阻碍国家工作人员解救被收买的妇女、儿童的首要分子,处五年以下有期徒刑或者拘役;其他参与者,依照本条第二款的规定处罚。

五、各级人民政府对被拐卖、绑架的妇女、儿童负有解救职责,解救工作由公安机关会同有关部门负责执行。负有解救职责的国家工作人员接到被拐卖、绑架的妇女、儿童及其家属的解救要求或者接到其他人的举报,而对被拐卖、绑架的妇女、儿童不进行解救,造成严重后果的,依照刑法第一百八十七条的规定处罚;情节较轻的,予以行政处分。

负有解救职责的国家工作人员利用职务阻碍解救的,处二年以上七年以下有期徒刑;情节较轻的,处二年以下有期徒刑或者拘役。

六、拐卖、绑架妇女、儿童的非法所得予以没收。

罚没收入一律上缴国库。

《全国人民代表大会常务委员会关于禁毒的决定》

（1990 年 12 月 28 日第七届全国人民代表
大会常务委员会第十七次会议通过）

二、利用、教唆未成年人走私、贩卖、运输、制造毒品的，从重处罚。

七、引诱、教唆、欺骗他人吸食、注射毒品的，处七年以下有期徒刑、拘役或者管制，并处罚金。

强迫他人吸食、注射毒品的，处三年以上十年以下有期徒刑，并处罚金。

引诱、教唆、欺骗或者强迫未成年人吸食、注射毒品的，从重处罚。

《幼儿园管理条例》

第一章　总　　则

第一条　为了加强幼儿园的管理，促进幼儿教育事业的发展，制定本条例。

第二条　本条例适用于招收三周岁以上学龄前幼儿，对其进行保育和教育的幼儿园。

第三条　幼儿园的保育和教育工作应当促进幼儿在体、智、德、美诸方面和谐发展。

第四条　地方各级人民政府应当根据本地区社会经济发展状况，制订幼儿园的发展规划。

幼儿园的设置应当与当地居民人口相适应。

乡、镇、市辖区和不设区的市的幼儿园的发展规划，应当包括幼儿园设置的布局方案。

第五条　地方各级人民政府可以依据本条例举办幼儿园，并鼓励和支持企业事业单位、社会团体、居民委员会、村民委员会和公民举办幼儿园或捐资助园。

第六条　幼儿园的管理实行地方负责、分级管理和各有关部门分工负责的原则。

国家教育委员会主管全国的幼儿园管理工作；地方各级人民政府的教育行政部门，主管本行政辖区内的幼儿园管理工作。

第二章　举办幼儿园的基本条件和审批程序

第七条　举办幼儿园必须将幼儿园设置在安全区域内。严禁在污染区和危险区内设置幼儿园。

第八条　举办幼儿园必须具有与保育、教育的要求相适应的园舍和设施。幼儿园的园舍和设施必须符合国家的卫生标准和安全标准。

第九条　举办幼儿园应当具有符合下列条件的保育、幼儿教育、医务和其他工作人员:

(一)幼儿园园长、教师应当具有幼儿师范学校(包括职业学校幼儿教育专业)毕业程度,或者经教育行政部门考核合格。

(二)医师应当具有医学院校毕业程度,医士和护士应当具有中等卫生学校毕业程度,或者取得卫生行政部门的资格认可。

(三)保健员应当具有高中毕业程度,并受过幼儿保健培训。

(四)保育员应当具有初中毕业程度,并受过幼儿保育职业培训。

慢性传染病、精神病患者,不得在幼儿园工作。

第十条　举办幼儿园的单位或者个人必须具有进行保育、教育以及维修或扩建、改建幼儿园的园舍与设施的经费来源。

第十一条　国家实行幼儿园登记注册制度,未经登记注册,任何单位和个人不得举办幼儿园。

第十二条　城市幼儿园的举办、停办,由所在区、不设区的市人民政府教育行政部门登记注册。

农村幼儿园的举办、停办,由所在乡、镇人民政府登记注册,并报县人民政府教育行政部门备案。

第三章　幼儿园的保育和教育工作

第十三条　幼儿园应当贯彻保育与教育相结合的原则,创设与幼儿的教育和发展相适应的和谐环境,引导幼儿个性的健康发展。

幼儿园应当保障幼儿的身体健康,培养幼儿的良好生活、卫生习惯;促进幼儿的智力发展;培养幼儿热爱祖国的情感以及良好的品德行为。

第十四条　幼儿园的招生、编班应当符合教育行政部门的规定。

第十五条　幼儿园应当使用全国通用的普通话。招收少数民族为主的幼儿园,可以使用本民族通用的语言。

第十六条　幼儿园应当以游戏为基本活动形式。

幼儿园可以根据本园的实际,安排和选择教育内容与方法,但不得进行违背幼儿教育规律,有损于幼儿身心健康的活动。

第十七条　严禁体罚和变相体罚幼儿。

第十八条　幼儿园应当建立卫生保健制度,防止发生食物中毒和传染病的流行。

第十九条　幼儿园应当建立安全防护制度,严禁在幼儿园内设置威胁幼儿安全的危险建筑物和设施,严禁使用有毒、有害物质制作教具、玩具。

第二十条　幼儿园发生食物中毒、传染病流行时,举办幼儿园的单位或者个人应当立即采取紧急救护措施,并及时报告当地教育行政部门或卫生行政部门。

第二十一条　幼儿园的园舍和设施有可能发生危险时,举办幼儿园的单位或个人应当采取措施,排除险情,防止事故发生。

第五章　奖励与处罚

第二十六条　凡具备下列条件之一的单位或者个人,由教育行政部门和有关部门予以奖励:

(一)改善幼儿园的办园条件成绩显著的;

(二)保育、教育工作成绩显著的;

(三)幼儿园管理工作成绩显著的。

第二十七条　违反本条例,具有下列情形之一的幼儿园,由教育行政部门视情节轻重,给予限期整顿、停止招生、停止办园的行政处罚:

(一)未经登记注册,擅自招收幼儿的;

(二)园舍、设施不符合国家卫生标准、安全标准,妨害幼儿身体健康或者威胁幼儿生命安全的;

(三)教育内容和方法违背幼儿教育规律,损害幼儿身心健康的。

第二十八条　违反本条例,具有下列情形之一的单位或者个人,由教育行政部门对直接责任人员给予警告、罚款的行政处罚,或者由教育行政部门建议有关部门对责任人员给予行政处分:

(一)体罚或变相体罚幼儿的;

(二)使用有毒、有害物质制作教具、玩具的;

(三)克扣、挪用幼儿园经费的;

(四)侵占、破坏幼儿园园舍、设备的;

(五)干扰幼儿园正常工作秩序的;

(六)在幼儿园周围设置有危险、有污染或者影响幼儿园采光的建设和设施的。

前款所列情形,情节严重,构成犯罪的,由司法机关依。

《学校卫生工作条例》

第二条　学校卫生工作的主要任务是:监测学生健康状况;对学生进行健康教育,培养学生良好的卫生习惯;改善学校卫生环境和教学卫生条件;加强对传染病、学生常见病的预防和治疗。

第五条　学校应当合理安排学生的学习时间。学生每日学习时间(包括自习),小学不超过六小时,中学不超过八小时,大学不超过十小时。

学校或者教师不得以任何理由和方式,增加授课时间和作业量,加重学生学习负担。

第六条　学校教学建筑、环境噪声、室内微小气候、采光、照明等环境质量以及黑板、课桌椅的设置应当符合国家有关标准。

新建、改建、扩建校舍,其选址、设计应当符合国家的卫生标准,并取得当地卫生行政部门的许可。竣工验收应当有当地卫生行政部门参加。

第七条　学校应当按照有关规定为学生设置厕所和洗手设施。寄宿制学校应当为学生提供相应的洗漱、洗澡等卫生设施。

学校应当为学生提供充足的符合卫生标准的饮用水。

第八条　学校应当建立卫生制度,加强对学生个人卫生、环境卫生以及教室、宿舍卫生的管理。

第九条　学校应当认真贯彻执行食品卫生法律、法规,加强饮食卫生管理,办好学生膳食,加强营养指导。

第十条　学校体育场地和器材应当符合卫生和安全要求。运动项目和运动强度应当适合学生的生理承受能力和体质健康状况,防止发生伤害事故。

第十一条　学校应当根据学生的年龄,组织学生参加适当的劳动,并对参加劳动的学生,进行安全教育,提供必要的安全和卫生防护措施。

普通中小学校组织学生参加劳动,不得让学生接触有毒有害物质或者从事不安全工种的作业,不得让学生参加夜班劳动。

普通高等学校、中等专业学校、技工学校、农业中学、职业中学组织学生参加生产劳动,接触有毒有害物质的,按照国家有关规定,提供保健待遇。学校应当定期对他们进行体格检查,加强卫生防护。

第十二条　学校在安排体育课以及劳动等体力活动时,应当注意女学生的生理特点,给予必要的照顾。

第十三条　学校应当把健康教育纳入教学计划。普通中小学必须开设健康教育课,普通高等学校、中等专业学校、技工学校、农业中学、职业中学应当开设健康教育选修课或者讲座。

学校应当开展学生健康咨询活动。

第十四条　学校应当建立学生健康管理制度。根据条件定期对学生进行体格检查,建立学生体质健康卡片,纳入学生档案。

学校对体格检查中发现学生有器质性疾病的,应当配合学生家长做好转诊治疗。

学校对残疾、体弱学生,应当加强医学照顾和心理卫生工作。

第十五条　学校应当配备可以处理一般伤病事故的医疗用品。

第十六条　学校应当积极做好近视眼、弱视、沙眼、龋齿、寄生虫、营养不良、贫血、脊柱弯曲、神经衰弱等学生常见疾病的群体预防和矫治工作。

第十七条　学校应当认真贯彻执行传染病防治法律、法规,做好急、慢性传染病的预防和控制管理工作,同时做好地方病的预防和控制管理工作。

第二十一条 经本地区卫生行政部门批准,可以成立区域性的中小学生保健机构。

区域性的中小学生卫生保健机构的主要任务是:

(一) 调查研究本地区中小学生体质健康状况;

(二) 开展中小学生常见疾病的预防与矫治;

(三) 开展中小学卫生技术人员的技术培训和业务指导。

第二十五条 各级卫生行政部门应当组织医疗单位和专业防治机构对学生进行健康检查、传染病防治和常见病矫治,接受转诊治疗。

第二十七条 供学生使用的文具、娱乐器具、保健用品,必须符合国家有关卫生标准。

第二十八条 县以上卫生行政部门对学校卫生工作行使监督职权。其职责是:

(一) 对新建、改建、扩建校舍的选址、设计实行卫生监督;

(二) 对学校内影响学生健康的学习、生活、劳动、环境、食品等方面的卫生和传染病防治工作实行卫生监督;

(三) 对学生使用的文具、娱乐器具、保健用品实行卫生监督。

国务院卫生行政部门可以委托国务院其他有关部门的卫生主管机构,在本系统内对前款所列第(一)、(二)项职责行使学校卫生监督职权。

第三十三条 违反本条例第六条第一款、第七条和第十条规定的,由卫生行政部门对直接责任单位或者个人给予警告并责令限期改进。情节严重的,可以同时建议教育行政部门给予行政处分。

第三十四条 违反本条例第十一条规定,致使学生健康受到损害的,由卫生行政部门对直接责任单位或者个人给予警告,责令限期改进。

第三十五条 违反本条例第二十七条规定的,由卫生行政部门对直接责任单位或者个人给予警告。情节严重的,可以会同工商行政部门没收其不符合国家有关卫生标准的物品,并处以非法所得两倍以下的罚款。

第三十九条 贫困县不能全部适用本条例第六条第一款和第七条规定的,可以由所在省、自治区的教育、卫生行政部门制定变通的规定。变通的规定,应当报送国家教育委员会、卫生部备案。

《全国中、小学勤工俭学暂行工作条例 》

(1983 年 2 月 20 日国务院批准)

第一章 总 则

第一条 开展勤工俭学活动,实行教育与生产劳动相结合,是坚持马克思主义教育思想,全面贯彻党的教育方针,培养德、智、体全面发展的有社会主义觉悟的有文化的劳动者的有效途径之一;是学校教育工作的组成部分。勤工俭学的开展,对提高教育质量,发展我国社会主义教育事业具有一定的作用。

第二条 勤工俭学的主要任务是:

1. 通过劳动实践对学生进行思想政治教育,培养学生热爱劳动、热爱劳动人民、热爱科学爱护公共财物、有理想、讲文明、懂礼貌、守纪律、艰苦奋斗的道德品质。

2. 理论联系实际,结合教学开展一些科学实验、科学种田活动,培养学生运用理论知识解决实际问题的能力,并使学生学到一定的生产知识和劳动技能。

3. 搞好生产,创造物质财富,为改善办学条件和师生福利提供一定的条件。

第三条 要从实际出发,因地制宜地积极开展多种形式的勤工俭学活动,要坚持社会主义方向和自力更生、艰苦创业的精神,根据当地的自然条件和学校的可能,宜工则工、宜农则农(含林、牧、副、渔),为教学和科研服务,为生产服务,为人民生活服务,有条件的也要为外贸出口服务。

第六条 要按照中、小学教学计划的规定,组织学生参加生产劳动或公益劳动。要正确处理教育与生产劳动的关系,使生产劳动与政治思想教育、生产劳动与教学结合起来。不得随意增减教学和劳动时间,防止学生不参加劳动或参加劳动过多的偏向。

第七条 组织学生参加生产劳动,必须注意学生的年龄、性别、健康状况和知识水平。要加强领导和管理,做好防护工作,保证学生安全。要教育学生严格遵守劳动纪律,服从指导,按操作规程进行操作。严禁组织学生参加有毒、有害和危险的生产作业,以及过重的劳动。

一、中国共产主义青年团

中国共产主义青年团(简称共青团)是中国共产党领导的先进青年的群众组织,是广大青年在实践中学习中国特色社会主义和共产主义的学校,是中国共产党的助手和后备军。中国共产主义青年团原名中国社会主义青年团。1920年8月,中国共产党首先在上海组织了社会主义青年团。在此前后,全国各地在准备建党的同时组织了社会主义青年团。1921年7月,中国共产党成立。1922年5月,在党的直接领导下,中国社会主义青年团在广州召开第一次全国代表大会,成立了全国统一的组织。1925年1月,在中国社会主义青年团的第三次全国代表大会上,决定将中国社会主义青年团改名为中国共产主义青年团。1935年11月,为团结一切抗日青年,反对日本帝国主义的侵略,党决定将共青团组织改造成为民族解放性质的抗日救国的青年团体。抗日战争胜利后,为适应新形势和新任务的需要,党中央在1946年10月提议建立民主青年团。1949年元旦,党中央又做出建立中国新民主主义青年团的决议。1949年4月,召开新民主主义青年团第一次全国代表大会,宣告中国新民主主义青年团正式成立。1957年5月,中国新民主主义青年团召开第三次全国代表大会,决定把团的名称改为中国共产主义青年团。大会还决定把解放前后的中国社会主义青年团、共产主义青年团和新民主主义青年团的历次代表大会衔接起来。"文化大革命"十年,团的工作被迫处于停顿状态。1978年10月,中国共产主义青年团第十次全国代表大会召开。1982年12月,共青团第十一次全国代表大会召开。1988年5月,共青团第十二次全国代表大会召开。1993年5月,共青团第十三次全国代表大会召开。1998年6月,共青团第十四次全国代表大会召开。2003年7月,共青团第十五次全国代表大会召开。

共青团的组织原则是民主集中制。团的全国领导机关是团的全国代表大会和它产生的中央委员会。团的全国代表大会每5年举行一次,由中央委员会召集,在特殊情况下,可以提前或延期举行。在全国代表大会闭会期间,中央委员会执行全国代表大会的决议,领导团的全部工作。团的中央委员会全体会议选举常务委员若干人,组成常务委员会。选举第一书记1人和书记若干人,组成书记处。中央委员会全体会议由常务委员会召集,每年至少举行一次。中央委员会闭会期间,由它选出的常务委员会和中央书记处行使职权,负责全团的日常工作。在全国(除台湾、香港、澳门外)31个省、自治区、直辖市和解放军、武警、全国铁道、全国民航、中直机关、国家机关、中央金融、中央企业等都有团的省级及下属团的地方领导机关和基层组织。截止到2006年年底,全国共有共青团员7349.6万人,基层团委20.5万个,团总支22万个,团支部256.1万个;专职团干部19.3万人。

中国共产主义青年团在现阶段的基本任务是:坚定不移地贯彻党在社会主义初级阶段的基本路线,以经济建设为中心,坚持四项基本原则,坚持改革开放,在建设中国特色社会主义的伟大实践中,造就有理想、有道德、有文化、有纪律的接班人,努力为党输送新鲜血液,为国家培养青年建设人才,团结带领广大青年,自力更生,艰苦创业,积极推动社会主义物质文明、政治文明和精神文明建设,为全面建设小康社会、加快推进社会主义现代化贡献智慧和力量。

二、中国少年先锋队

中国少年先锋队(简称"少先队")是中国少年儿童的群众组织,是少年儿童学习共产主义的学校,是建设社会主义和共产主义的预备队。1949年10月13日是中国少年先锋队建队日。中国少年先锋队的创立者是中国共产党。中国共产党委托中国共产主义青年团直接领导中国少年先锋队。少先队的任务是,团结教育少年儿童听党的话,爱祖国,爱人民,爱劳动,爱科学,爱护公共财物,努力学习,锻炼身体,培养能力,立志为建设中国特色社会主义现代化强国贡献力量,努力成长为社会主义现代化建设的合格人才,做共产主义事业的接班人。中国少年先锋队队章规定:凡是7周岁到14周岁的少年儿童,愿意加入少先队,愿意遵守队章,向中队委员会提出申请,经中队委员会批准,就成为队员。2004年全国有1.3亿少先队员。共青团选派优秀团员或聘请思想进步、作风正派、知识丰富、热爱少年儿童的教师以及各条战线的先进人物来担任少先队的辅导员。他们是少先队员亲密的朋友和指导者,帮助中队或大队委员会进行工作,组织活动。中国少年先锋队全国工作委员会(简称"全国少工委")和地方各级少先队工作委员会是全国和地方少先队的领导机构,它们经同级少先队代表大会选举产生,由同级团组织和教育行政部门组成。少先队全国代表大会每五年召开一次,选举产生全国少工委。第一届全国少工委成立于1984年,第二届全国少工委成立于1990年,第三届全国少工委成立于1995年,第四届全国少工委成立于

2000年。历任全国少工委主任分别是胡锦涛、李源潮、李克强、袁纯清、刘鹏、巴音朝鲁、孙金龙、赵勇、杨岳等。全国少工委的主要任务和职责是：根据中国共产党对少年儿童教育工作的要求，提出每个时期少先队工作的任务，制定工作计划；负责组织发展工作；倡导并指导开展各种形式的少先队活动；加强对少先队辅导员配备、培训、表彰工作的指导；推进少先队理论研究工作的指导与发展等。全国少工委办公室是全国少工委的日常办事机构，设在团中央少年部。办公室内设宣传教育处、组织培训处、校外教育处。

　　中华人民共和国建立前，中国共产党创立和领导的少年儿童革命组织主要有：北伐战争时期的劳动童子团、土地革命战争时期的共产儿童团、抗日战争时期的抗日儿童团和解放战争时期的少先队、儿童团等。1949年10月13日，中国共产党缔造的、全国统一的少年儿童组织——中国少年儿童队成立。1953年6月，中国少年儿童队改名为中国少年先锋队，简称少先队。1950年，中国共产主义青年团中央召开了第一次全国少年儿童工作干部大会。建国初期的少先队，响应党的号召，在共青团的领导下，积极参加了土地改革、镇压反革命和抗美援朝三大运动。在"三反"（反贪污、反浪费、反官僚主义）、"五反"（反行贿、反盗窃、反盗窃国家资财、反偷工减料、反盗窃国家经济情报）的斗争中，少先队员开展了"三要三不要"（要爱护公物，要爱惜时间，要艰苦朴素；不要损人利己，不要浪费，不要贪小便宜和拿别人东西）的活动。1953年开始，少先队遵照毛泽东同志关于"好好学习"的教导，开展了生动活泼的学习活动。1953年11月，团中央召开了第二次全国少年儿童工作会议。在国家"一五"计划鼓舞下，少先队员们努力学习，渴望为祖国建设贡献力量。江苏省宜兴县、辽宁省复县松树区和北京市的少先队员提出开展"小五年计划"活动的倡议，在团中央的支持下，"小五年计划"活动迅速在全国范围内广泛开展起来。少先队员收集废钢铁、拣粮、种植油料作物、饲养小动物，节省零用钱捐献拖拉机。1955年，举行第三次全国少年儿童工作会议。团中央提出了"积极大量地发展"的方针，"让更多的孩子戴上红领巾"；"活跃少年先锋队生活，把少年儿童带领得更加勇敢活泼。"1957年5月，上海少先队首创了以"热爱红领巾，做个好队员"为口号的"红领巾月"活动。在"红领巾月"中，少先队员收集废钢烂铁，向祖国捐献了上海市第一台"红领巾号"拖拉机。1960年，团中央召开了第四次全国少先队工作会议，会议作了题为《高举毛泽东思想的红旗，坚持少年儿童运动的共产主义方向》的报告。1962年，团中央召开了第五次全国少先队工作会议，会议作了题为《为更好地培养共产主义新一代而奋斗》的报告。1963年，党中央、毛泽东同志发出"向雷锋同志学习"的号召，全国少先队普遍开展了"向雷锋叔叔学习"的活动，他们读雷锋故事，和雷锋比童年，参观雷锋事迹展览，和雷锋班战士通信，做针线包、节约箱、建光荣簿等，在校内外做了许许多多的好事。20世纪五六十年代，各地的少先队活动非常活跃。如参观工厂、农村、新的建筑工程；与老前辈、战斗英雄、劳动模范、科学家、作家见面；祭扫烈士墓，开展拥军优属活动，开展行军、野餐、军事游戏活动；举行故事会、诗歌朗诵会；开展"可爱的祖国假期旅行"、"到月球去探险"、"我长大了干什么"活动；组织"45分钟的价值"队会、"大队游戏节"，开展"什么是真正的勇敢行为"讨论；兴办"小工厂"、"小农场"、"小银行"，组织科学兴趣小组，建立少年图书馆、气象站；组织"红领巾合唱团"等等。这些活动为少先队组织的发展和育人作用的发挥打下了长期深厚的基础，影响久远。

"文化大革命"期间，少先队受到摧残。少先队组织的名字、标志被取消，代之以"批判走资派"为目标的"红小兵"组织。

进入社会主义建设新时期以后，1978年10月，共青团十大宣布了党中央关于我国少年儿童组织恢复中国少年先锋队名称的决定。中国少年先锋队重建。共青团十大一中全会通过了新修改的少先队章程，确定了《我们是共产主义接班人》为队歌。干部队伍建设和理论建设并举，是团中央恢复与发展少先队工作的两大措施。1979年10月，团中央举办第一届全国辅导员夏令营，同时成立了中国少先队工作学会。1979年，团中央召开第六次全国少先队工作会议。会议确定了新时期少先队工作的总任务：坚持德智体美全面发展的方针，贯彻"五爱"教育，把全体少年儿童组织起来，把少先队工作活跃起来，为把少年儿童培养成献身人民、热爱科学、具有民主精神和健壮体魄的新一代，为造就一支朝气蓬勃的"四化"建设预备队而奋斗。会议提出了少先队教育的系统化、制度化、阵地化的基本目标。1983年，邓小平同志发出了"教育要面向现代化，面向世界，面向未来"的指示。少先队确立了"面向新世纪，造就新主人"的目标。在社会主义建设新时期，少先队取得了许多突破。以少先队代表大会制的建立和少先队工作委员会的建立为主要标志，少先队实现了在共青团领导下的相对独立，并形成了团教两家齐抓共管少先队工作的新格局。少先队创造教育与创造性活动广泛开展。少先队理论建设与理论队伍取得新发展。1983年，团中央和中国社会科学院召开了全国少年科研规划会议。1984年，全国少工委发起了"全国万名创造杯少先队活动竞赛"，开展了大规模的创造性活动。同期，少年工作者队伍培养、培训、配备和理论建设日益加强。在社会主义建设新时期，各级少先队组织普遍开展了"人人争戴新风尚小红花"、学赖宁、学习"十佳少先队员"、"劳动实践"等教育活动，广大少先队员踊跃参加"我们爱科学"、"红领巾读书读报奖章"等活动，他们走出校园，走向社会，走向大自然，在实践中增长知识，培养能力，全面发展。20世纪90年代以来，少先队活动中关于培养少年儿童素质的内容逐渐增强，特别是1994年以来，为配合基础教育从应试教育向素质教育的战略转变，培养少年儿童健康向上的人格意识和初步的生存、发展技能，共青团中央、全国少工委发起了"中国少年雏鹰行动"（简称"雏鹰行动"）。

三、世界童子军运动组织

世界童子军运动组织(WOSM)是目前世界上影响最为广泛的非赢利性、非政府少年儿童与青年组织之一,其组织遍及 216 个国家和地区,成员达 2 500 万人。

童子军的形成最早源自于 1907 年在英格兰的棕海岛上举行的一次实验性营区活动。该活动的组织者贝登堡把他孩提时代的一些户外经验和在军队时训练士兵的一套方法用于训练 20 名十几岁的男孩,结果不仅深受被训练者的喜爱,而且其方法在训练中也卓有成效。这次活动产生了巨大的影响,青年开始纷纷仿效并自发地组织起来进行类似的活动,由此便发展形成了今天世界上规模最大的青年运动。

到了 20 世纪 60 年代至 80 年代,一些发展中国家的童子军已经被作为一项青年活动深入到青年发展的各个方面。迄今为止,已经有 151 个国家的童子军组织得到了世界童子军组织的承认,其中发展中国家占了大多数。大约有 3 亿人曾经参加过童子军,其中包括许多当今的国家领导、商界、领袖以及各行各业的人才。

世界童子军运动组织作为一个国际性的组织,其组织按活动的范围可分为国际性、地区性、国家性与地方性等各个不同级别。世界童子军会议是童子军的最高立法机构,同时也是其世界组织的管理部门,其成员是由得到童子军世界组织承认的各国童子军组织构成,每个国家只能作为一个成员加入。这些成员每 3 年召开一次会议,会议的目的是为了促进全世界童子军运动的统一、完整和发展,其工作主要包括促进成员国之间的思想和信息交流、制定总的方针和政策、讨论世界童子军委员及其成员组织的报告和建议,处理世界组织的重大事务,如选举、入会申请、管理费用、修订章程等。

世界童子军委员会是世界童子军运动组织的行政职能部门,主要负责贯彻执行世界童子军大会做出的决议以及两次大会之间的日常事务等。委员会由 14 个成员构成,其中的 12 个成员是由各个地区(WOSM 在全世界范围内共分为六个区,即非洲区、亚洲太平洋区、欧洲区、欧亚大陆区和美洲区)的童子军委员会每 6 年一次选举产生。虽然他们来自不同的国家,但他们代表的不是本国的利益,而是整个组织的利益。另外两位成员,即世界童子军运动组织的秘书长、财政部长,他们是委员会中的两个常务委员。各个地区的童子军委员会主席经常以顾问身份参与世界童子军委员会的会议。委员会每两年召开一次会议,如果需要的话,其筹划指导委员会(其中包括主席、副主席、秘书长)就会临时集中起来商讨有关事宜。世界童子军处行使该组织的秘书职能,它接受世界童子军运动组织秘书长的直接领导。秘书长由世界童子军委员会任命,是该组织的主要行政官员。

世界童子军处的主要功能为:帮助世界和各地区的童子军大会、委员会以及其附属机构筹划会议,并为贯彻各个组织做出的决议提供必要的服务;促进童子军在世界各地的发展,加强与各国童子军组织的联系,帮助他们发展本国的童子军;促进童子军在尚未有此活动的国家内发展,指导世界和地区的童子军运动,如世界或地区的少年团体大会(JAMBOREE),加强与世界青年组织的联系。

为了履行其职能,世界童子军处常派出特派人员或工作小组赴世界各地进行指导和联系,并提出建议、给予技术性的帮助,定期印发有关童子军消息的新闻小册子。世界童子军处的日常开支一部分来源于各国童子军组织每年交纳的管理费,管理费的多少以各国的童子军成员数以及该国的人均国民收入来定;另外,一些费用来源于一些基金会、公司、开发商和个人。童子军组织也往往向那些捐助者授予一定的荣誉性称号。

世界童子军基金会是为了支持世界童子军运动组织在世界各地的发展而专门设立的金融机构。该机构把所有来自于个人、基金会、公司、政府等的捐赠金累积起来(其总资产已达 5 000 万瑞士法郎),资助童子军组织的发展。到目前为止,童子军 25% 的资助来源于该基金会的投资,世界童子军基金会为童子军在世界各地的繁荣发展,提供了坚实的财力保障。

童子军的基层组织为各国或地区的童子军协会和童子军组织。然而,不同国家和地区的童子军组织其机构设置和名称并不完全相同。

在日本,童子军组织根据会员的年龄分为 6 ~ 8 岁的海狸军、8 ~ 11 岁的幼童军、11 ~ 14 岁的童子军、14 ~ 18 岁的高级童军以及 18 ~ 24 岁的漂泊军等。

在澳大利亚,6 ~ 7 岁孩子构成幼袋鼠军、8 ~ 11 岁的构成幼童军、10.5 ~ 15 为童子军、14 ~ 18 岁为冒险军、17 ~ 26 岁为漂泊军。

在新西兰,除了以该国特有的动物大嘴鹦鹉替代澳大利亚的幼袋鼠、作为 6 ~ 8 岁少年儿童组织的称谓以外,还设立了成人领袖部,其功能是培训童子军的领袖并帮助这些年轻成人实现自我。

在组织的管理上,各国的童子军组织除了雇用部分专职人员外,主要依赖的是一批青年以及成年的志愿人员。

四、基督教青年会

基督教青年会(YMCA)是基督教性质的国际性青年组织,1844 年始创于英国伦敦,由一位英国基督徒青年乔治·威廉姆斯创立。

基督教青年会和基督教女青年会都是以基督教理念为基础的国际性团体。其宗旨是通过建立健康的精神、头脑和身体以实现基督教的准则。基督教青年会正是依循着《马可福音》第 10 章 44 ~ 45 节的经文精神,以基督为榜样,传扬基督的道，行走基督的路，在弘扬基督的精神的过程中，彰显基督的爱，为基督做美好的见证。基督教青年会的会训："非以役人，乃役于人"，这就是按照《马可福音》第10章45节："因为人子来，并不是要受人的服侍，乃是要服侍人，并且要舍命，作多人的赎价。"在《约翰福音》第8章32节："你们必晓得真理，真理必叫你们得以自由。"这是基督教女青年会的会训"尔识真理，真理识尔"的依据。我们通过服侍，成为众人仆人，以此来见证基督。

18世纪在英国"羊吃人"的圈地运动迅猛异常，成千上万的农民丧失了生产资料。1844年，在英国伦敦有一位基督教徒，名叫乔治·威廉姆斯，看到许多从农村到城市来的青年由于找不到工作而颓废、堕落，他们酗酒、打架、斗殴，乔治就提出作为基督徒有责任用基督耶稣的爱去帮助他们，在帮助中弘扬基督的精神。于是在教会中发起了帮助青年人的活动，基督徒青年人聚在一起帮助其他年轻人熟悉城市的生活，帮助他们寻找工作，帮助他们改变人生。他们一起读《圣经》，讲基督耶稣道成肉身的事，使青年人在生活中燃起了新的希望，产生了新的生命。其目的是为当时处于工作压力、劳累及染上恶习的工人提供信仰的教导，遵循"非以役人，乃役于人"的会训，以"促进会员德、智、体、群全面发展，培养高尚的道德生活及健全之人格，团结之精神，服务社会，造福人群"为宗旨，服务人群不分性别、年龄、国籍、种族和宗教信仰。

后来基督教青年会逐渐传布到西方各国，1851年流传到美国，1885年自美国传入中国，至今已发展成为一个联系广泛的、世界性的社会服务团体。由此基督教青年会在全世界开始了推广，目前世界上有140多个国家和地区建立了基督教青年会。我国北京、天津、上海、南京、成都、西安、武汉、杭州、广州、厦门和香港、澳门、台湾均有设立青年会组织，中华基督教青年会全国协会设在上海。他们以基督耶稣为榜样，秉承"非以役人，乃役于人"的基督精神，致力培育青年建立健全的品格及正确的价值观念，使其获得德、智、体、群四育，培养健全人格，发挥他们的潜能及领袖才能，增进青年人的公民意识和对社会的责任感，提倡服务社会，造福人群。开展各项社会服务工作。

1855年8月22日，世界基督教青年会在巴黎开第一次大会，决定各国青年会宜有一共同宗旨方针，订立"巴黎本旨"，共同恪守。巴黎本旨是：基督教青年会之旨趣在联合同道青年，即凡愿按照圣经，奉耶稣基督为救世主，心信躬行为其门徒，更愿协力推广天国于青年之间者。

第六届青年会世界协会大会于1973年7月18日至25日在康帕拉召开，会议再次确认"巴黎本旨"之原则及实施，同时通过附加下列"康帕拉原则"。"巴黎本旨是表达基督为此一联合各宗派之世界性团体运动中心，一致采取开明的会员政策，以广纳不同的信仰、年龄、性别及社会背景人士。"

巴黎本旨声明，世界协会之成员具有绝对自由采用其他词语，以及表达青年的目的,只要能符合其服务对象的需要及愿望,只要世界协会认为此等用语与巴黎本旨吻合者就可行,认识青年会在今日世界中的特性,确认本旨的行动,即凡青年会及其会员是与上帝同工的,应致力于:

1. 谋求全人类平等机会与正义。

2. 致力及维护人与人的关系,以爱心了解其特有的环境。

3. 致力及维护青年会及社会中之组织与规定,以包容那些忠实、有深度及创造力的事情。

4. 致力及维护领袖人才及同工的典范,以见证基督徒多方面及深远之经验。

5. 致力于完人的建立。

1998 年 7 月,在德国召开第 14 届世界基督教青年会大会,通过了下列原则:

在第三个千年来临之际,认定青年会的使命将继续以 1855 年通过的"巴黎本旨"为基本依据,并对青年会做出如下定义:它是一个世界性的、基督教性质的、普世的志愿活动,它面向所有人,又尤为重视青年的真正参与,它致力于达成基督教中的理想境界——用爱、和平与和谐建公正的、万物美满生活的人类社会。号召 YMCA 所有成员依据各自背景情况,重点关注需优先考虑的某些挑战。依据 1973 年制订的"康帕拉原则",得出以下挑战:

1. 分享耶稣基督教诲,致力于促进人们德、智、体全面发展及社区的完整。

2. 开展面向所有人(尤其是青年和妇女)的赋权运动,让他们以更强的责任心,在不同层面发挥领导作用,为建设一个平等的社会而工作。

3. 支持并推动妇女及少年儿童的权利。

4. 鼓励不同信仰和意识形态的人们进行对话和合作,认可人们不同的文化背景并推动文化的复新。

5. 团结那些贫困的、被驱逐的、面临消亡的人们,以及受压迫的少数民族、种族及少数宗教派别的人们开展工作。

6. 调解矛盾,致力于促进人们的参与和进步,这对于其实现自主极有意义。

7. 保卫上帝创造的万物不受损坏,为后代保存、保护地球的资源。

8. 为充分应对以上的挑战,YMCA 将发展各层面的合作模式,以实现自给自决。

五、中国香港地区少年儿童服务组织

1. 香港扶幼会

香港扶幼会是非牟利性质社会服务团体。1952 年创立,其前身是少年儿童习艺社,1963 年正式改名为香港扶幼会。该会的主要工作是设立及办理男童中心,以寄宿或走读方式收容及照顾年龄 8～18 岁无家可归或家庭问题无法解决的少年儿童,给予他们接受基本教育和品德训练的机会,同时辅以职业先修课程,使他们得到一个健康成长的环境,以及掌握一定的生活技能,能够适应社会。

2. 香港小童群益会

香港小童群益会是非牟利性质社会服务机构。初创于 1935 年,1936 年正式成立,第二次世界大战结束后重组,并于 1951 年 7 月正式登记为注册团体,是香港的一种专为少年儿童与青年提供各类专业服务的组织。最高领导机构为执行委员会,下设管理委员会、从事及训练委员会、营舍发展委员会。小童群益会的服务宗旨是:协助少年儿童与青年在德、智、体、群、美各方面均衡发展;辅助少年儿童与青年成为良好的公民;加强家庭的功能,让少年儿童与青年在健康的家族环境中成长;促进家长和社会人士对少年儿童与青年的关注,为他们争取应有的权利和福利。小童群益会属下设立 40 所少年儿童中心,36 所图书馆,2 所少年儿童与青年中心,服务于 23 家中学。

3. 香港协康会

香港协康会是社会福利机构。1963 年创立,最初的目的是为离开医院后的小儿麻痹症患者提供康乐及训练机会。经过多年的发展,该会现已转向为伤残、弱能、弱智、行动或发展有困难的少年儿童提供服务。1969 年获社会福利署及公益金的资助。1981 年率先推行幼儿辅导计划,将服务范围扩展至刚出生至 6 岁的少年儿童及其家庭成员。

六、中国澳门地区少年儿童服务组织

1. 澳门恩慈院少年儿童之家

由中国布道会于 1953 年创办。服务对象年龄为 5～18 岁,宗旨以"耶稣基督之博爱"为主,以"幼吾幼以及人之幼"的精神为辅,使孤儿有家可归,日后能够自立。院舍过去采用集体管教方式,后来因社会和少年儿童心理之需要而发展成小家庭式的住处。院舍的家长每天替少年儿童安排上下学、功课辅导、节日庆祝和起居生活。为促进少年儿童健康成长,院舍提供各类有益身心的活动,并有社工辅导,另外还有义工带领少年儿童的兴趣学习小组。院内设有宿舍、学习室、图书室、灵修室、活动室和游乐场等。

2. 澳门教育心理辅导暨特殊教育中心

澳门教育心理辅导暨特殊教育中心是澳门地区教育暨少年儿童与青年司属下专门负责特殊教育及学生辅导服务的部门,在学生辅导服务方面的内容包括:个案辅导,包括会谈、家庭探访、转介等;咨询服务,为学生、家长及教师提供资料及意见;小组工作,通过小组活动,帮助学生认识自我、发挥潜能或解决困难;发展性活动,为家长及学生提供讲座、宿营、展览等活动。其中小组工作及发展性的工作是以课外的集体活动形式,为同学就性教育、情绪管理、问题行为、升学就业、人际社交及社会服务等不同题目提供的教育性活动。

3. 澳门明爱

澳门明爱是澳门天主教会成立的民间慈善组织。最初服务对象是难民,除了为他们解决最迫切的食宿问题外,还协助难民的子女有机会接受教育。20 世纪 60 年代,由于当时的贫穷问题,出现不少童工,该会遂派发米粮给贫穷家庭,以减轻生活负担,让他们的孩子有机会上学。1971 年加入"国际明爱"后,工作逐渐向多元化发展,先后建立三所安老院、一所弱智少年儿童与青年住所及明爱托儿所。到了 80 年代,又开办了一所特殊教育学校,直接参与少年儿童教育。1994 年 7 月成立明爱幼稚园,该园以"活动教学法"为主,让小朋友通过亲身体验,从实际生活中学到应有的知识。针对失学的少年儿童与青年,澳门明爱与澳门警务人员协会合办了名为"飞鹰计划"的培训活动,通过两星期的入营训练,培养失学少年儿童的社会归属感及正确的人生观。

4. 澳门弱智人士服务协会

该协会是 1986 年成立的一个非牟利性的志愿团体。该会致力为弱智人士提供教育服务,促进家长、有关部门和社会人士对弱智少年儿童的关注。它先后创办三所训练中心:启智中心、启健中心和启能中心。前两者专为 6 岁以下发展迟缓、学习困难、行为有问题的少年儿童提供早期特殊教育服务。除以上三个中心提供服务之外,该会定期举办各类型的讲座、研讨会及课程,也多次举办教职员及家长与中国内地、香港特别行政区关于对弱智人士服务的交流活动。

七、中国台湾地区少年儿童服务组织

1. 心路文教基金会

该基金会的宗旨是帮助有发展障碍的少年儿童接受早期治疗和教育。早期疗养的少年儿童生理和心理障碍有"智能不足"、"听力障碍"、"自闭症"、"脑性麻痹"、"多重障碍"、"发展迟缓"等,帮助障碍少年儿童和家庭适应"动作发展"、"认知发展"、"语言发展"和"社会化行为发展"等工作。

2. 台湾儿童福利联盟

其工作重点是协助寻找失踪少年儿童。多年来,由于失踪少年儿童不断增加,该单位投入了大量人力,并结合社会各方,出钱出力,经过各个媒体的协助,找回了相当多的失踪少年儿童。于是在民众心目中,"协助寻找失踪少年儿童"与"儿童联盟"几乎可以画上等号。

3. 喜憨儿基金会

以服务台湾痴呆少年儿童为宗旨,协助他们学会一技之长,自力更生,面对社会。在台湾各地已经设立了许多"喜憨儿面包房",由痴呆儿自己动手制作,烘焙面包、西点，并负责店铺的经营，使他们敢于面对社会，树立自信心，成为社会有用之才。现在还有许多类似的辅导机构也都在运作之中。

4. 台湾中华少年儿童福利基金会

该基金会成立于1938年，原为美国教会人士为日本侵华战争中流离失所的中国少年儿童在广州创立的"中国少年儿童基金会"。1950年中华少年儿童福利基金会在台湾设立第一所家庭式育幼院。由于少年儿童最佳的成长环境是家庭，从1964年起，改为以家庭认养为主。目前在台湾设有22个家庭扶助中心、大同育幼院及少年儿童才艺发展中心。由于经济发展，从1977年起，扩大扶幼运动，鼓励民众认养并筹募自立基金。

5. 励馨文教基金会

以扶助受虐待少年儿童和遭受性侵害的少年儿童、妇女为主要任务，帮助他们重新面对社会，迎接未来人生。该基金会每年都举办活动，凝聚社会大众的关怀和帮助。

参 考 文 献

1　曾文星.儿童的心理与辅导.北京:北京大学出版社,2004

2　王思斌,熊跃根.社会工作导论.北京:高等教育出版社,2004

3　沙依仁.人类行为与社会环境.台北:五南图书出版公司,1987

4　林崇德.发展心理学.台北:东华书局,1998

5　朱眉华.社会工作实务手册.北京:社会科学文献出版社,2006

6　吴武典.青少年问题与对策.台北:张老师出版社,1985

7　郑杭生.社会学概论新编.北京:中国人民大学出版社,1987

8　蔡禾.现代社会学理论述评.安徽:安徽人民出版社,1991

9　冯鹏志.迈向共生的理想——关于网络化与人类生存方式前景的思考.新视野,2000(3)

10　岳晓东.青少年明星崇拜与杰出人物崇拜:香港与内地1998—2001年的研究与思考.(2002年5月南京大学"中国社会与中国研究"国际学术研讨会论文)

11　潘一禾.青少年偶像崇拜现象的调查报告.中国青年研究,2003(2)

12　张文新.青少年发展心理学.济南:山东人民出版社,2003

13　张英英.青少年行为偏差的教育社会学分析.哈尔滨学院学报,2004(10)

14　米虫.角色扮演心理游戏.沈阳:辽宁教育出版社,2005

15　陆士桢,王玥.青少年社会工作

16　陆士桢,任苇,常晶晶.儿童社会工作.北京:社会科学文献出版社,2004

17　林朝夫.偏差行为辅导与个案研究.台北:心理出版社,2006

18　钱铭怡.心理咨询与心理治疗.北京:北京大学出版社,1994

19　张明.揭开无意识之谜:精神分析.北京:科学出版社,2005

20　范明林.社会工作理论与实务.上海:上海大学出版社,2007

21　张文新.儿童社会性发展.北京:北京师范大学出版社,1999

22　何雪松.社会工作理论.上海:上海人民出版社,2007

23　侯捷.论环境在青少年发展中的作用及其影响.周口师范学院学报,2006,23(1):136~139

24　杨雄.养成教育与青少年发展.当代青年研究,2004(5):1~5

25　王宏亮译.人类行为与社会环境.北京:中国人民大学出版社,2005

26　杜卫.当代青少年审美发展的特点、问题及对策.江西社会科学,1999,3

27　风笑天.中国独生子女研究:回顾与前瞻.江海学刊,2003,5

28　吕杰.青少年生存心理的危机干预.青年探索,2003,1

29　张大均,吴明霞.社会变革时期青少年心理问题及对策研究的理性思考.西南师范大学学报,2004,4

30　伍洁莹.中国青春期性教育现状与思考.中国初级卫生保健,2004,8

31　王立花,张妍萃.青少年性心理发展特点及性教育策略.辽宁教育行政学院学报,2006,7

32　熊吕茂,王克真.关于青少年性心理和性教育的若干问题刍议.株洲工学院学报,2005,5

33　杨小丽,冯泽永.大学生性心理与性教育.医学与哲学,2005,26(6)

34　张枫.国内青春期性教育的现状及思考.见:中国性学会成立十周年首届中国性科学高级论坛论文汇编,2004

35　魏彦红.论我国青春期性教育策略体系.中国学校卫生,2006,27(8)

36　龚芸.中学生性心理与性教育探讨.中国科技信息,2005,12

37　路得,郑雄.青春的轨迹:90年代中国内地青少年时尚热点概述.中国青年研究,2000(1)

38　邱伟光.透视青少年时尚文化现象.思想.理论.教育,2003(9)

39　刘宏伟,施春华.大众传媒与青年时尚.青年探索,2000(5)

40　吴海亮,唐利平,费剑伟.近十年青年时尚研究述评.青年研究,2000(2)

41　侯志瑾.职业生涯发展与规划.北京:高等教育出版社,2005

42　杨长征.中国青少年流行文化现象报告.北京:中国青年出版社.2003

43　赵靖茹.从"网络疾病"谈青少年媒介素养教育.上海青年管理干部学院学报,2006,6

44　陆士桢.网络为何能左右青少年的成长(透视网络与青少年发展的关系).中国教育报,2005,9

45　吴海民.媒体变局:谁动了报业的蛋糕?.中国报业,2006,2

46　青少年运用互联网现状调查及相关政策法规研究课题组.青少年运用互联网现状及对策研究来(自浙江省的调查报告).中国青年政治学院学报,2005,6

47　向荣高."超级女声现象"透视.青年研究,2005,10

48 路长伟.大众传媒与青少年社会公德的形成.北京青年政治学院学报，2001,4

49 田杰.传媒、权力与权利——现代青少年社会问题的媒介背景及防护策略分析.当代青年研究,1999,5

50 沈杰.中国青年研究的发展走向.当代青年研究,2007,3

51 中央关于加强青少年体育增强青少年体质的意见(全文)

52 陈平.青少年社会支持系统对职业选择影响的思考.当代教育论坛,2005,3

53 米丰.观点与数据——青年.中国青年研究,2002,4

后　记

　　儿童青少年工作是社会建设的重大课题之一,也是涉及家庭、学校、社会方方面面的综合性工程,它既是历史悠久的社会问题,也是引起社会广泛关注的重要现实问题。特别是当前,我国经济体制持续深刻变革,社会结构变动深入复杂,利益格局调整广泛深远,思想观念变化激烈尖锐,各种思想文化相互交织、相互冲击,这不仅给原有的社会控制体系不断带来新的挑战,也给传统的儿童青少年工作带来了新问题。当今世界信息技术快速传递着各种资讯,缩短了人们之间在社会信息上的距离,任何一件事都可以在第一时间传遍世界各个角落;但同时不同人群间又会长时间处于信息隔断的状态,不仅观念价值迥异,而且连话语体系都不尽相同。主流意识的绝对统治地位和强大的社会思想控制力不断地受到冲击,其种种观念认知与生活在网络、明星世界等亚文化圈里的青少年长期不对接,不断加深着处于社会价值构建阶段的青少年的困惑。在和谐社会建设的视野下去思考儿童青少年工作,无论是在指导思想上,还是在方法策略上,都需要有新的变革。

　　在这样的背景下编写一本《儿童青少年社会工作》教材,我们确实面临着多方面的挑战。首先,社会工作起源于西方,20 世纪后期才开始引入中国。而中国原有的社会调节和人的发展理论与实务有着浓厚的传统,作为一个高度重视下一代,高度重视教育的国度,这些传统在儿童青少年问题上尤其根深蒂固,源远流长。如何将传统的东西与现代世界的东西有机融合起来编写一本中国式的《儿童青少年社会工作》,除了我们本身水平素养的缺陷外,整个社会认知的不足也是我们很难越过的障碍。其次,将儿童和青少年放在一起,也增加了总体把握的难度,儿童和青少年在人的发展阶段性角度是两个截然不同的群体,无论是身心发展,还是社会成熟,无论是自我感受,还是社会外部的对应态度,二者都有很大差距,其工作的策略、具体的方法也存在很大差异。但是作为一本教材,在整体理论构架上、学科界定上,都要有统一性和完整性。我们努力了,但缺憾也是难免的。最后,因为种种原因,这是一本拖欠了的书。本来将全国四面八方的人组织起来编写一本书就不是一件容易的事,加之因为某些可以避免的、某些很难避免的、某些根本不能避免的原因,待到所有的人开始动笔的时候,已经离最后交稿的期限很近了。所以尽管我们已经很努力了,但这仍然不可能是一本精雕细刻的书,其中的遗憾交付之时就能够感觉到,但我们会和读者一道,不断补充、修正。

本书由陆士桢教授主编、统稿。各章编写者分别为:第一章,陆士桢、孙晶晶;第二章,于晶莉;第三章,高万红、王永华;第四章、第九章,张明锁;第五章、第七章,王志毅;第六章,陈微;第八章,孙晶晶、蔺文君;第十章,孙晶晶;第十一章,高万红、陆士桢。同时,在编写提纲和最后的统审中,孙莹、孙晶晶做了很多基础性的工作。在成书之际,向所有参与写作者、向协会的组织者、向出版社的编辑,一并表示真诚的感谢。

未尽之处,恳请见谅。

编　者
2008 年 3 月 30 日

郑重声明

高等教育出版社依法对本书享有专有出版权。任何未经许可的复制、销售行为均违反《中华人民共和国著作权法》，其行为人将承担相应的民事责任和行政责任；构成犯罪的，将被依法追究刑事责任。为了维护市场秩序，保护读者的合法权益，避免读者误用盗版书造成不良后果，我社将配合行政执法部门和司法机关对违法犯罪的单位和个人进行严厉打击。社会各界人士如发现上述侵权行为，希望及时举报，我社将奖励举报有功人员。

反盗版举报电话　　（010）58581999　58582371

反盗版举报邮箱　　dd@hep.com.cn

通信地址　北京市西城区德外大街4号
　　　　　　高等教育出版社法律事务部

邮政编码　100120